21世纪应用型本科金融系列规划教材

上海高校市级一流本科课程建设成果

行为金融学

Behavioral Finance

李刚 著

（第四版）

东北财经大学出版社
Dongbei University of Finance & Economics Press

大 连

图书在版编目（CIP）数据

行为金融学 / 李刚著 . —4 版 . —大连 ： 东北财经大学出版社，
2025.8.—（21世纪应用型本科金融系列规划教材）. —ISBN 978-7-
5654-5703-6

Ⅰ.F830.2

中国国家版本馆CIP数据核字第2025U4N843号

行为金融学

XINGWEI JINRONGXUE

东北财经大学出版社出版

（大连市黑石礁尖山街217号　邮政编码　116025）

网　　　址：http://www.dufep.cn

读者信箱：dufep@dufe.edu.cn

大连东泰彩印技术开发有限公司印刷　　东北财经大学出版社发行

幅面尺寸：170mm×240mm　　字数：490千字　　印张：23.75　　插页：1

2025年8月第4版　　　　　　　　　　　2025年8月第1次印刷

责任编辑：田玉海　　　　　　　　　　责任校对：赵　楠

封面设计：张智波　　　　　　　　　　版式设计：原　皓

书号：ISBN 978-7-5654-5703-6　　　　定价：53.00元

第四版前言

2017年，我所讲授的本科课程"行为金融学"获批"上海市本科重点课程"，同年，本教材第一版出版。2019年秋，该课程在中国大学MOOC和超星尔雅上线，至今累计已有两万余人修读。2020年，本教材第二版出版。2023年，本教材第三版出版。8年来，本教材已被数十所大学选用于研究生和本科生的课程教学。

2024年1月，我讲授的"行为金融学"课程获批"上海高校市级一流本科课程"，本教材第四版为这一项目的建设成果。

党的二十大报告提出，"中华优秀传统文化源远流长、博大精深，是中华文明的智慧结晶……同科学社会主义价值观主张具有高度契合性""用社会主义核心价值观铸魂育人，完善思想政治工作体系，推进大中小学思想政治教育一体化建设"。本教材每章开头，均以一个成语典故为引例，凸显中华古圣先贤思想之浩瀚深邃；每章结尾，均设置"思政课堂"栏目，助力学生和读者树立正确价值观和秉承职业操守。

党的二十大报告提出："全面建设社会主义现代化国家，是一项伟大而艰巨的事业，前途光明，任重道远。"同时，针对金融领域提出："深化金融体制改革，建设现代中央银行制度，加强和完善现代金融监管，强化金融稳定保障体系，依法将各类金融活动全部纳入监管，守住不发生系统性风险底线。"本教材第四版详细描述改革开放尤其是新时代以来中国金融领域各方面的发展历程和状况，展示中国在社会主义现代化建设和民族复兴之路上所取得的伟大成就。

根据行为金融学理论与实践的最新发展，同时结合学生和读者们的反馈意见，本次修订修改了部分章节内容，将相关数据更新至2025年4月，更新了一些更具代表性的案例，并增加第17章，内容为行为金融学在体育领域的应用。

这株橡树已从小小幼苗长得根深枝茂，它将继续茁壮成长！

著 者
2025年夏

第三版前言

本教材于2017年在本科母校东北财经大学的出版社首版，2020年再版，时间虽然只有短短6年，但感慨颇多。

国际上，2018年6月26日，通用电气时隔110年再次被剔出道琼斯工业指数；相对于债券，股票的长期表现仍呈压倒性优势。伯纳德·麦道夫未服完150年监禁，于2021年4月在狱中去世；当年以800美元出售苹果公司10%股权的罗纳德·韦恩，2023年仍以89岁高龄健在。在中国，上证指数6年间一直在3 000点上下徘徊；但股票既有涨逾十倍的，也有黯然退市的。2021年11月15日，北京证券交易所正式开市；中国中小股票投资者的心态，仍然整体浮躁。奇瑞连续多年推出概念车，并已量产销售；A股和港币孪生股票价差仍然存在。"我国经济实力实现历史性跃升"，但是"防范金融风险还须解决许多重大问题"。

2019年春，我们完成"行为金融学"课程视频录制工作，当年9月，该课程在中国大学MOOC和超星尔雅上线，选课总人数已超万人。从2020年春开始，我们每学期向上海师范大学商学院修读该课程的学生开展各章调查，并将结果与行为金融学经典文献结果对比。我们发现，80%的情况，中外结果高度一致，15%稍有差异，5%差别很大。例如，中国学生在食物方面的沉没成本误区程度较高，这应当是中华民族对食物强烈的珍爱心理所致。再如，中国学生不易被框架效应迷惑，能清楚判断出两种不同形式的表述实则为同一问题，其原因应当是中国学生数学水平普遍更高。学生们对一些问题的看法，相对于学期初，在学期末都有了一定程度的正向变化。这是我们持续完善本教材的巨大动力！

这些年，我们见证了很多意想不到的事情，对一些事物的看法也有了根本性的改变，但是，耐心是我们一贯坚持的理念。2023年春，我们开始本教材的第三版修订工作，将相关数据更新至2022年12月底，补充一些更具代表性的案例，还对部分章节内容作出较大调整。

这株心爱的橡树，从小小幼苗变得枝繁叶茂，它将继续茁壮成长！

著 者
2023年夏

第二版前言

20世纪80年代以来，关于金融市场的研究和实证都发现了投资者并不是完全理性的，市场也不是完全有效的，这些异象不能够被传统金融学很好地解释。诸多学者开始基于经济学分析范式，放松传统金融学的部分假设，吸取行为心理学相关理论，对这些异象进行了一系列深入的研究，取得了系统的研究成果，由此诞生了一门全新的学科——行为金融学。

2002年，丹尼尔·卡尼曼与弗农·斯密斯获得诺贝尔经济学奖，标志着行为金融学被正式纳入主流经济学领域；2013年，罗伯特·席勒获得诺贝尔经济学奖，标志着行为金融学已经在主流经济学界占据重要地位；2017年，理查德·塞勒获得诺贝尔经济学奖，标志着行为金融学开始引领主流经济界发展方向。

行为金融学将行为心理学相关理论融入传统金融学当中，从"行为人"基础出发，揭示了金融市场中投资者各种非理性的认知和决策，以及这些行为对于金融市场尤其是资产定价方面的影响。

目前，行为金融学在国内外的经济学界都已占据了重要地位。为此，我们结合十余年讲授"行为金融学"课程的实践与经验，撰写了本部教材，其具有如下几个鲜明特点：

（1）吸取经典精华。本教材各章均参考数篇金融学经典文献。经典是永不过时的，甚至会历久弥新。中国经济尤其是金融业，在很多方面正是沿着发达国家数年甚至数十年前的道路前行，并且还会持续相当长的一段时间，因此这些经典文献在当前中国的适用性会更强。基于上述原因，在介绍各项行为金融学理论时，我们尽可能地保持了相关文献框架的完整性，同时也强烈推荐读者深入研读这些文献，因为它们真的会让大家终身受益无穷。

（2）立足中国现实。在多年的授课和讲学过程中，我们发现，由于中外历史和文化背景的不同，国外文献中的一些实验在中国可能会出现相反的结果，另外，发达国家民众习以为常的一些事例，中国读者却不知所云。因此，在保证正确性的同时，本教材尽可能地采用中国事例或者是中国读者易于接受的语言来描述相关理论。特别是，中国金融市场正处于高速发展的过程中，这为行为金融学的研究提供了天然而又理想的实验室。本教材在第3篇的每一章末尾都单列一节，将该章中各项理论用于分析中国当下金融市场的相关问题。

（3）叙述通俗易懂。我们希望财经类专业的本科生就能够看懂本教材，并能够初步体会到科学研究的精妙和乐趣。在每一章开始，都分别用一个传统文化典故和现实事例作为引例，使读者了解各章的主旨。在讲述各项理论时，避免高深晦涩，基本上只涉及数学和经济学入门级的知识。本教材行文上主要采用课堂式的授课语言，并配以现实尤其是贴近大学生生活的鲜活案例，其中的不少案例也恰是历届学生所提供的。

（4）设置开放议题。在科学研究中，利用不同视角、方法和数据，得出的结论往往不同，甚至截然相反。经济学作为一门社会科学，不可避免地涉及价值判断，甚至立场本身就决定了结论。因此，本教材会客观地列出有差异的观点，由读者独立评判。同时，相对于发达国家，中国金融市场堪称日新月异，每年每月甚至每天都会出现新的事物和新的问题，在本教材中尽可能地纳入其中有意义的内容，并利用相关理论来探讨它们未来的可能走势。

（5）体现工匠精神。对于如马歇尔《经济学原理》和萨缪尔森《经济学》等历经数十年完善的旷世巨著，虽然我们只能"高山仰止"，但也不想本教材仅是学生被动选择的课本，而是希望它成为一本优秀的行为金融学教材。我们采取了各种手段，认真核对了每一个数据，精心制作了百余张图表，列出每一个事例的原始出处，还摒弃了不少伪常识。同时我们还建立了数据库，以使相关数据能够在未来得到进一步扩展和及时更新。虽然耗费了大量的时间和精力，但这绝对是一项具有"超额回报"的理性投资。

本教材适用于财经类专业高年级本科生和硕士研究生阶段的教学，也可以作为金融尤其是行为金融理论研究者和工作者的参考书目，还可供对行为金融学有兴趣的读者作为科普读物。

本教材由上海师范大学商学院李刚教授独立完成，写作期间，著者阅读并借鉴了大量文献和数据资料，在此向相关创作者和采集者表示诚挚感谢！同时也盼望广大读者给予宝贵的批评和指正意见。

2020年春，我们再次对教材进行全面修正和完善，希望这株小橡树继续苗壮成长，慢慢成长为参天大树。

著　者

2020年夏

第一版前言

2006年秋，我开始在上海师范大学讲授"行为金融学"课程，此时这门学科已被纳入主流经济学。如今十余年过去，行为金融学已在主流经济学中占据重要地位。但是，在教学过程中我们发现，国际教材立足于所在国市场，在中国往往水土不服，国内教材又定位较高，对于本科生读者略显艰深晦涩。

实际上，中国经济中尤其是金融市场上，存在着众多发达国家不存在或者程度更深的异象，本身就是一个天然实验场，有太多的问题值得解释和解决。当大家都去争捕鼠权力的时候，最后真正能够获得"超额回报"注定是捕鼠笼而不是捕鼠权力。基于这个想法，经过四年构思和一年写作，我完成本教材，种下这株小橡树。

上海师范大学2005级至2014级各专业尤其是投资学和保险学专业的学生，让我深深体会到了教学相长。他们提供了大量教学和写作素材，本教材部分内容源自他们的作业，部分恰当的成语典故和现实事例也由他们提供。特别是2014级本科投资班，他们认真整理了我的课堂讲义，由此形成了本教材的最初草稿。从2012年起，我与历届硕士研究生每周进行一次文献研读，大家共同坚持，互相督促，度过了快乐而又充实的时光。我们还一起翻译了数十篇经典的论文，由此构成了本教材的理论基础。

两位硕士生导师茆训诚教授和郝国喜教授17年来给予我慈父般的关爱，在我数次最关键的人生路口给予了最正确的指导。已故博士生导师洪文达教授一生耿直正派，厚德如山，身体力行地教育学生如何做一个堂堂正正的大写之人。博士后导师刘海贵教授淡定儒雅，闲庭信步，8年前的花甲庆典让我有幸见证了他桃李满天下的欣慰和幸福。

东北财经大学阙澄宇教授和王绍媛教授，20年前把我引入了经济学殿堂，并让我重新拾回了自信和志向。大学同系、现在同事的张震兄弟，在我数次最困难的时候给予了最无私的帮助。爱妻同样本科毕业于东财，9年来，我们一起携手，在上海立足扎根，拥有了一片小小天地。

在此谨向包括但不限于以上的众多人士表示衷心感谢。当然，对于书稿中的不当之处，文责自负。

著 者

2017年夏

目　录

第2篇　有限理性

第15章 股票溢价 / 289

第4篇 领域扩展

第16章 彩票市场 / 316

第17章　体育领域／343

视频目录

第1篇 传统理论

第1章 绪论

学习指南

【学习目标】 行为金融学是基于金融学基本范式并吸取行为心理学相关理论，对传统金融学的不足之处加以修正和完善而形成的新兴交叉学科。通过本章的学习，读者应当熟悉金融与金融学的相关概念以及金融学的各项核心原理，了解中外关于金融学概念的差异，了解数位从事金融学研究的代表性学者的情况，掌握行为金融学的内容及与传统金融学的关系，了解行为金融学的产生与发展过程以及原因，掌握行为金融学的研究特点。

【关键概念】 金融；金融学；金融学专业；行为金融学；决策方式；决策后果。

引例

【传统文化】

人生无几

人之生无几，必先忧积蓄，以备妖祥。凡人生或老、或弱、或强、或怯。不早备生，不能相葬。

——汉·袁康 吴平《越绝书》

【译文】 人的一生很短暂，一定要首先考虑积蓄，以防备不测。人有生老病死，贫穷、富贵、健康、疾病，不提早做准备，（等到事件发生时）就只能听天由命了。

【现实事例】

一位美国孤寡老人的遗物拍卖会

本书作者于2010年在美国一所大学访学期间参加了一场拍卖会。被拍卖的东西包括房子和各种生活用品，如餐具、家用电器等。其中，有一幢独栋别墅，面积200多平方米，加上一个车库和前后院，占地约600平方米，房子里面设施齐全，拎包即可入住。房主是一位孤寡老人，无儿无女，刚刚过世，拍卖这些东西是为了偿还他在银行的欠款。事实上，这些东西的总价值并不够还清他的欠款。显然，这位故去的美国孤寡老人不像我们想象中的那么富裕，实际上根本就没有"钱"，但是他过着大部分人眼中的体面生活。

1.1 金融学

1.1.1 金融与金融学

1.被热捧的金融

金融现在是一门显学，一度受到全社会的热捧。现在尽管热度有所下降，但仍然很受推崇，大众中有很多人认为"金融"就是"赚钱"、金融业就是"赚钱的行业"、金融学就是"赚钱的学问"、金融学专业是"能够赚很多钱的专业"。这些观点的确有一定的道理，也在如下几个例子中得到了某种程度上的支持。

在高校录取方面，财经类高校的录取成绩明显高于同一层次的其他高校。如图1-1所示，在2020年至2024年的5年间，无论是辽宁省还是上海市，相同年份的高考最低录取位次，上海财经大学高于华东理工大学、东北财经大学高于辽宁大学。同一高校金融类专业的录取成绩也明显高于该校的其他专业，如图1-2所示。同样，无论是上海财经大学还是东北财经大学，相同年份的高考最低录取位次，金融学专业都排名较高。

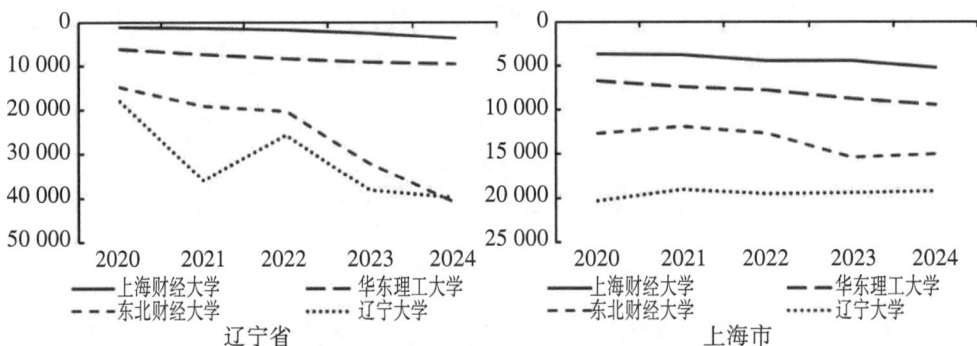

图1-1 四所高校在辽宁省和上海市历年高考最低录取位次

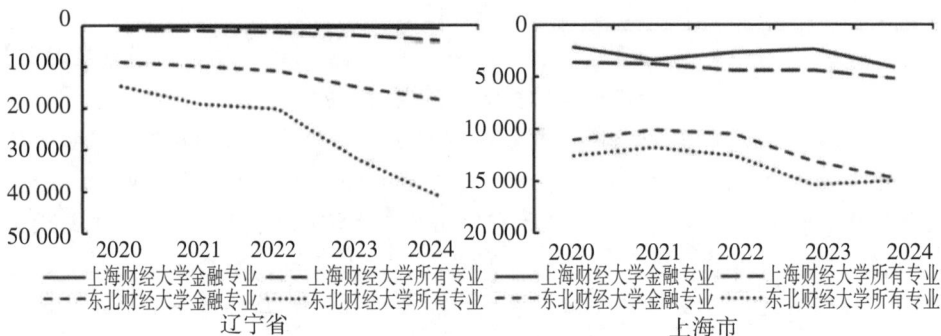

图1-2 两所财经高校金融专业在辽宁省和上海市历年高考最低录取位次

中国国家统计局每年发布19个行业城镇单位就业人员平均工资，如图1-3所示，从该项指标首发年份2005年起，金融业人均工资始终排在各行业的前列。不过，值得注意的现象是，尽管金融行业收入水平一直位居高位，但财经类高校和金融学专业的录取位次却在2020年至2024年间呈非常明显的下降趋势，其原因是家长和学子们选择专业时理性回归还是反应过度，目前还不能判断，待本教材第5版分解。总之，尽管热度有所下降，但金融学仍被热捧，而且学金融确实提供了丰厚的回报。不过，金融专业绝非仅意味着赚钱这样简单。

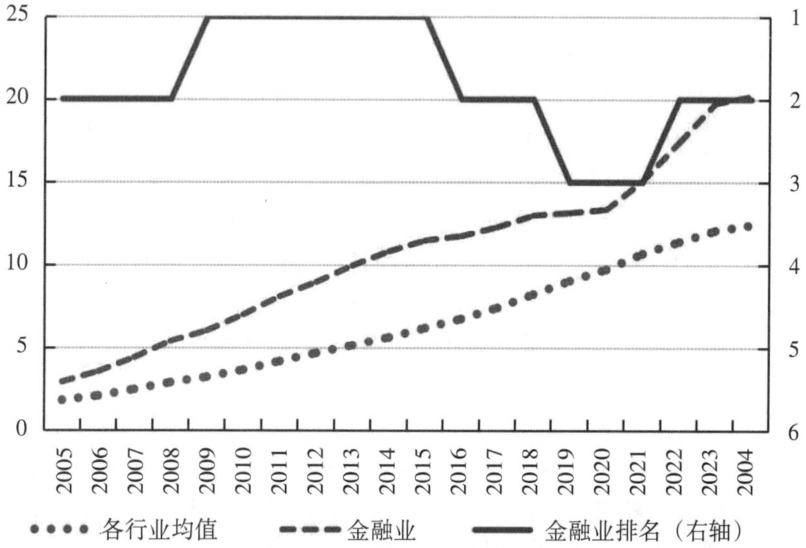

图1-3　历年金融业城镇单位就业人员平均工资与各行业均值对比

2.金融的含义

金融即为"资金融通"，是在"跨时间、跨空间的价值交换或转移过程中，所有涉及价值或者收入在不同时间、不同空间之间进行配置的交易活动"[①]。比如，投资者购买债券，到期后得到本金和利息，这是与货币相关的"跨时间"的价值交换活动；再如，资金供给方即投资者将资金转移至资金需求方即融资者，这是与货币相关的"跨空间"的价值交换活动。还要强调的是，不仅是金融机构，还有政府的财政、企业的财务以及个人的理财，只要涉及与货币有关的跨时间和跨空间的价值交换活动，都是金融的一部分。

3.金融业的含义

金融业即涉及金融活动的行业，相对于其他行业，它有如下3个特点：（1）金融是跨时空的资源配置，金融决策的成本和收益分布在不同的时间和空间。（2）金融决策结果具有不确定性。由于信息不完全以及获取完备的信息存在成本，决策者面临的是一个不确定的市场，最终出现的结果往往是决策者在事前没有预期到的。（3）信用是金融业的基石。金融交易是跨时间和跨空间的，没有交易者彼此之间的信用和保证金融契约执行的制度基础，就不可能产生金融交易，更不可能有现代金融业。

---

①　陈志武. 金融学的逻辑［M］. 北京：国际文化出版公司，2009.

　　　　　　　　　　　　　　　　　　　　　　　　　　第1章　绪论

4.金融学的含义

金融学是"研究跨时间、跨空间的价值交换为什么会出现，如何出现以及怎样发展"①的科学。它原来是经济学的下属学科，但20世纪70年代以后急速发展，原因有二：（1）外部环境。第二次世界大战以后，各种生产要素尤其是资本要素全球化流动，各种金融产品创新和资产证券化，客观上促进和推动了金融学的发展。（2）学术基础。金融学界公认有两次华尔街革命。第一次发生在20世纪50年代，马科维茨提出证券投资组合理论，用数学工具给出在一定风险水平下按不同比例投资多种证券收益可能最大的投资方法；第二次发生在20世纪70年代，布莱克和斯克尔斯推导出了期权定价公式，继而以期权为代表的衍生品交易成为世界金融市场的主要内容。

国际上，金融学包括两个方面：（1）投资，主要探讨的是金融市场和金融资产（股票、债券、期权和期货等）的定价模式，包括资产定价模型、风险套利模型、微观结构、期权与期货以及一般均衡定价模型等。（2）公司金融，主要探讨的是公司实物投资与财务运作的决策对股东权益的影响，包括股利政策、借贷政策、破产与重组、兼并与收购、多元化经营和股权结构等。

在中国，金融学被分为两个领域：（1）微观金融，其内涵与国际标准的"金融学"内涵基本一致。（2）宏观金融，主要研究与宏观总量相关的指标，如货币、银行、利息、汇率，又被进一步细分为货币银行学和货币经济学。从国际上的情况来看，上述内容则不属于金融学，而属于经济学。

5.金融学专业的含义

金融学专业也就是关于跨时间和跨空间的价值交换产生和发展的知识和方法体系。

国际上，金融学专业很少设置在经济学院或经济系，而是被归于包括会计、战略管理、组织行为学、市场营销、决策科学或商业评估等专业的商学院或管理学院。同时，各高校基本上只有一个金融学专业，下设不同的研究方向。

在中国，根据教育部于2025年4月公布的《普通高等学校本科专业目录（2025）》，"02经济学"门类分为0201经济学类、0202财政学类、0203金融学类和0204经济与贸易类等四大类，其中金融学类下设4个基本专业，分别是020301K金融学、020302金融工程、020303保险学和020304投资学；6个特设专业，分别是020305T金融数学、020306T信用管理、020307T经济与金融、020308T精算学、020309T互联网金融和020310T金融科技，1个特设兼国家控制布点专业020311TK金融审计，共计11个专业。

---

① 陈志武.金融学的逻辑［M］.北京：国际文化出版公司，2009.

1.1.2 金融的核心原理

1.未来收益决定现值

不同于其他商品市场，金融市场当中的资产价值与历史无关，只取决于这一资产未来可能获得的收益折合为现在的价值。例如，当企业利用股票上市融资时，股票发行价格几乎都高出每股账面资产价值的数倍甚至数十倍。这是因为，企业股票价格反映的是市场对企业未来盈利的期望，与此前的每股账面资产价值没有直接关系。

1976年4月1日，美国苹果公司成立，上市前共进行了三轮风险资本融资：（1）1978年1月，以每股0.09美元的价格共融资51.8万美元；（2）1978年9月，以每股0.28美元的价格再融资70.4万美元；（3）1980年11月，以每股0.97美元的价格又融资233.1万美元。各轮的每股价格和投资量递增，反映了投资者对苹果公司未来盈利能力的坚定信心。最终，1980年12月12日苹果公司上市，IPO价格为每股22美元，风险投资家共投资355.3万美元，按此价格计算，总回报为23 480.46万美元，收益率高达66倍。2024年12月31日，苹果公司（AAPL）复权收盘价72 212.00美元，是IPO价格的3 282.41倍。

2.收益和风险不可兼得

如本章引例中"人生无几"的例子，生活中存在着各种风险和不确定性，金融活动尤其如此。例如，布莱克与斯克尔斯因期权定价公式获得了1997年的诺贝尔经济学奖，但在1998年他们经营的长期资本管理公司破产了。人们需要采取一些方法利用相关工具对风险加以预防、避免、减少或者转移。一方面，这一过程本身需要支出费用，由此收益相应减少。另一方面，将风险转移给他人，就必然要向后者让渡部分收益作为补偿。这样，人们就面临如下境况：（1）降低风险必然同时会减少收益；（2）获得更大收益必然要承担更高风险；（3）高收益与低风险不能够同时存在。因此，跨空间或跨时间价值交换的金融活动，就要满足如下两个条件中的一项：（1）在风险一定的条件下，实现更大的收益；（2）在收益一定的情况下，承担最低的风险。

这里还要强调，高收益必然伴随着高风险，但承担高风险却未必带来高收益。例如，参与博彩的风险最高，但其预期收益率却总是小于0的。唯有承担了其他人不愿意承担的或者无法转移的风险，投资者才可能得到收益补偿；如果风险本来可以轻易避免或分散但没有这样做，此时投资者承担这些风险就是咎由自取，得不到丝毫的收益补偿。对于这一问题，本教材将在第2章中详细论证。

3.时间具有市场价值

金融涉及跨时间的价值交换活动，投资者在当下将资金的使用权让渡给融资者，目的是在未来取得更高的收益，投资期限即让渡时间越长，要求的收益就越高。而实际上，本教材将在未来各章节反复说明一个真理：时间是投资最好的朋友。最终收益最为丰厚的投资者，不是最聪明的，不是内幕消息最多的，不是最幸运的，而是最有耐心的。

同样以苹果公司为例，成立之初原本共有3个合伙人，其中一位叫罗纳德·韦恩（Ronald Wayne），时年41岁，占有10%的股权。很快苹果公司接到一个订单，乔布斯以公司的名义借入2万美元债务。韦恩担心如果公司倒闭自己也要承担债务，于是仅在公司成立12天后，就以800美元向乔布斯卖出自己的所有股份。如果当时韦恩没有退出苹果公司，而是一直持有那10%股份的话，在2024年12月，其价值高达4000亿美元。许多人认为韦恩是"最没有眼光的人"或"最后悔的人"，但他自己认为当初离开苹果公司是一个正确的决定，否则巨大的工作强度可能会令他过早离世。毕竟，乔布斯于2011年10月仅56岁时就过早去世，而出生于1934年的韦恩在本书出版时的2025年8月仍以91岁的高龄健在。

4.金融提高国家实力

发达和稳定的金融市场，可以使资金在时间和空间上得到高效配置，可以使风险管理和支付结算等功能得到充分发挥。面对内外部冲击时，金融市场也能够迅速自我调整，并使整个经济恢复到稳定状态，进而提高整体社会的福利。工业革命后，英国和美国先后成为世界经济强国，英镑和美元成为国际最重要的储备货币，伦敦和纽约崛起成为世界主要金融中心，这又反过来进一步助推了英镑和美元的国际化，也巩固了英美的全球影响力。哈佛大学亨廷顿教授在《文明冲突与重建世界秩序》一书中列举了西方文明控制世界的14条战略要点，其中第1条就是"拥有和操纵国际银行系统"；第2条和第5条分别是"控制所有的硬通货"和"主宰国际资本市场"。

图1-4显示了2000年至2024年境外持有的美国国债的规模，2024年12月底其达到了8.51万亿美元，相当于平均每个美国人负债2.53万美元。经常有人说"钱不是万能的，但没有钱是万万不能的"，本章引例中的那位故去的美国孤寡老人的现实事例却否定了这句话。这位老人并没有钱，但凭借发达的金融市场，通过借钱，并且这些钱的一部分来源于美国国外，就可以很好地生活，这正是金融的魅力！

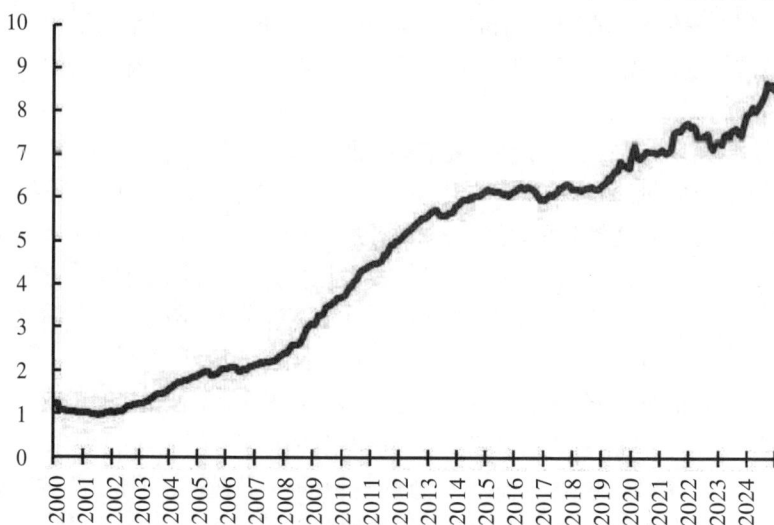

图1-4 境外持有的美国国债规模（单位：万亿美元）

可见，金融不仅能够"赚钱"，还能够使人们过上幸福的生活，能够巩固和提升一个国家长期的、强劲的影响力。

1.1.3 金融学代表性人物

国际上有众多金融学者，本教材只介绍几位代表性人物，他们先后获得了诺贝尔经济学奖。

1.弗里德曼

米尔顿·弗里德曼（Milton Friedman），将在本教材第 2 章、第 5 章、第 14 章和第 16 章出现。他 1912 年 7 月生于美国，逝于 2006 年 11 月，以研究宏观经济学、微观经济学、经济史、统计学，以及主张自由放任资本主义而闻名，被誉为 20 世纪最重要的经济学家之一。他反对政府干预的计划，尤其是对市场价格的管制。

弗里德曼一些重要建议曾被政府采纳。比如，他曾认为 20 世纪 70 年代以前的美国征兵制是一种政府侵权，它不按照劳动市场的工资标准来雇用志愿者，很不公平，同时这也侵犯了年轻人的正常生活，造成系统性浪费。因此，他主张废除强制的征兵制度，改为募兵制，建立"一支完全是志愿者的军队"。通过提高士兵的待遇水平来吸引年轻人自愿入伍。兵源受价格信号指引，通过提高和降低薪水能调节兵源。弗里德曼并不否认雇佣兵听起来像唯利是图，但他进一步认为，即便这种称呼带有某种不怀好意的含义，它也比征兵制好得多。最终，弗里德曼说服了当时的总统尼克松以及兵役改革委员会的将军们。1973 年，美国废除了建国后实行了近两百年的征兵制，改为募兵制。弗里德曼后来将征兵制的废止视为其最值得骄傲的成就。

弗里德曼 1976 年获得诺贝尔经济学奖，被认为在消费分析、货币供应理论及历史和稳定政策复杂性等范畴作出贡献。不仅于此，他从 1946 年至 1976 年的 30 年间，将芝加哥大学的经济系打造成完整的芝加哥经济学派，学派多名成员也先后获得诺贝尔经济学奖。

2.马科维茨

哈利·马科维茨（Harry Markowitz），将在本教材的第 2 章和第 10 章出现。他 1927 年 8 月生于美国，逝于 2023 年 6 月。马科维茨本硕博都毕业于芝加哥大学，同样是芝加哥经济学派的一员，还曾在兰德、通用电气和 IBM 等公司就职，甚至还在 1969 年至 1972 年间任套利管理公司（Arbitrage Management Co.）的董事长。

马科维茨是一位以数学见长的经济学家，研究范围涉及金融微观分析以及数学和计算机在金融经济学方面的应用等，是现代投资组合理论的开创者。他的主要贡献是，发展了在不确定条件下，概念明确且可操作的投资组合选择理论，这个理论进一步演变成为现代金融投资理论的基础，被誉为"华尔街的第一次革命"。马科维茨关于资产选择理论的分析方法——现代资产组合理论，有助于投资者选择最有利的投资，以求得最佳的资产组合，使投资报酬尽量高，风险尽量低。

马科维茨于1990年与威廉·夏普和默顿·米勒共同获得了当年的诺贝尔经济学奖，理由在于他们作出了如下主要贡献：（1）阐述了金融市场上公司证券如何定价和在某种证券投资上风险和收益如何平衡的问题；（2）解释了对风险和收益的评估以及税收变化或公司倒闭是怎样影响和决定证券价格的。

3.夏普

威廉·夏普（William Sharp），将在本教材的第2章出现。他1934年6月生于美国，本硕博都毕业于加州大学洛杉矶分校。马科维茨虽然不是他博士论文的指导教师，但夏普认为："我欠他的债是巨大的。"夏普长期执教于美国斯坦福大学，也曾就职于兰德公司，还是Sharpe-Tint和Financial Engines公司的创始人和主席。

夏普是资本资产定价模型的奠基者，研究领域包括有价证券理论方面对不确定条件下金融决策的规范分析，以及资本市场理论方面关于以不确定性为特征的金融市场的实证性均衡理论。夏普的主要学术贡献有：（1）资本资产定价模型；（2）评估投资表现的夏普比率；（3）期权定价二叉树模型；（4）资产配置最优化梯度方法；（5）评估投资基金的表现。

夏普于1990年与马科维茨和米勒共同获得了当年的诺贝尔经济学奖。发表获奖感言时，他说道："在华盛顿，我教学的题目范围很广，包括微观经济学、金融学、计算机科学、统计学和运筹学领域的内容，我发现学习一个主题的最佳方式就是教它。希望学生们并未因他们参与这个过程而受太多罪。"

4.法玛

尤金·法玛（Eugene Fama），将在本教材的第3章和第10章出现。他1939年2月生于美国，本科毕业于塔夫特（Tufts）大学法语专业，硕士和博士都毕业于芝加哥大学，随后也一直在那里工作。他的导师默顿·米勒（Merton Miller）和哈利·罗伯特（Harry Robert）都是诺贝尔奖得主。1963年，法玛在芝加哥大学开设的第一门课程就是讲授马科维茨的投资组合模型和夏普的资产价格模型。此外，法玛还是多维基金顾问公司的研究部主任。

法玛的研究领域贯穿于经济学、商务学和金融学。其论文以严谨的理论性与实证方法的运用相结合为显著特征，这些实证方法建立在统计与经济分析基础上，用实际数据和具体调查，来证明定义严谨的抽象问题。

法玛的主要学术贡献有：（1）有效市场假说，这是现代金融经济学的基础；（2）三因素模型，解释了绝大部分的美国股票异常收益率现象；（3）所著书籍《财务理论》成为财务学发展的里程碑；（4）经理市场竞争理论，这是激励机制的开创性想法。

法玛于2013年与罗伯特·席勒和拉斯·汉森共同获得了当年的诺贝尔经济学奖。值得一提的轶事是，2008年11月，芝加哥大学商学院获得了大卫·布斯（David Booth）3亿美元的捐赠，并改名为"布斯商学院"，这是截至目前全球商学院得到的最大一笔捐赠，超出原纪录保持者——耐克创始人——向斯坦福大学商学院捐赠的1.05亿美元。布斯是多维基金顾问公司的CEO，他曾于1969年至1971年在芝加哥大学商学院学习并担任法玛的研究助理。虽然只有两年时间，但布斯认为芝加哥大学商学院改变了他的一生。

1.2 行为金融学

英国哲学家大卫·休谟在其著作《人性论》中指出："一切科学与人性总是或多或少地有些关系，任何学科似乎不论与人性离得有多远，它们总会通过这样或那样的途径回归到人性。"

如图1-5所示，行为金融学（Behavioral Finance，BF）是金融学和心理学相交叉的新兴学科，它基于经济学分析范式，放松传统金融学的部分假设，吸取行为心理学相关理论，以"行为人"为基础出发，揭示了金融市场中投资者各种非理性的认知和决策，以及这些行为对于金融市场尤其是资产定价方面的影响。本教材在第3篇各章节将显示，行为金融学能够对在投资者理性或有效市场情况下不能够出现的各种市场异象进行很好的解释。

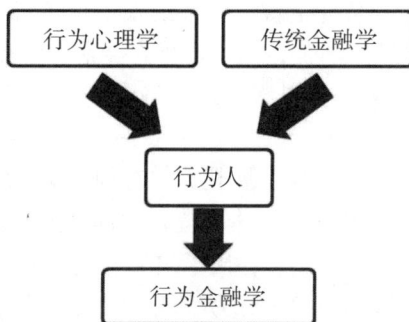

图1-5 行为金融学的理论构成

1.2.1 行为金融学概述

1.行为金融学的产生与发展

塞勒（2016）曾引用乔治·斯蒂格勒喜欢说的话，"经济学没有什么新鲜事"[①]。例如，亚当·斯密早在1776年就在其经济学奠基石的著作《国富论》中写道："在几乎所有情况下，相对于相反和等量的快乐，痛苦都会带来更为强烈的刺激。"[②]这正是本教材第5章前景理论核心内容之一的"损失厌恶"。又如，帕累托在1906年也曾写道："政治经济学的基础，以及每一门社会科学的基础，显然都是

---

① 英文原文：There was nothing new in economics.
② 英文原文：Pain is, in almost all cases, a more pungent sensation than the opposite and correspondent pleasure.

心理学。总有一天，我们将从心理学的原理中探索社会科学的规律。"①

然而，上述这些已故经济学家对心理学之于经济学重要性的论述，大多是"灵光乍现"，现代经济学包括金融学，基本是建立在"理性人"假说基础上的，并且在相当长的时间内，取得了巨大的成效和业绩。然而，"理性人"假说本身却越来越受到质疑。事实上，正如克拉克（John Maurice Clark）指出的那样："经济学家可能会试图忽视心理学，但他绝对不能忽视人性……如果经济学家从心理学家那儿借来观念，他的研究成果会有机会保留纯粹的经济学特点。如果他不这样做，也不能因此避免心理学，相反，他会强迫自己炮制出坏的心理学。"②

20世纪70年代，卡尼曼与特沃斯基研究了风险条件下行为人的判断和决策方式，并由此提出了"前景理论"，这也是行为金融学的理论基石。但当时正是"有效市场假说"的高光时刻，前景理论并未受到金融学界的重视。20世纪80年代以后，金融市场中的研究和实证都发现了大量违背"理性人假说"和"有效市场假说"的市场异象，这些异象并不能很好地被传统金融学所解释。诸多学者开始放松传统金融学的假设，吸取行为心理学的相关理论，并取得了一系列有影响的研究成果，从此诞生了一门全新的学科——行为金融学。很快，这门学科引起了学界的关注，并成为金融学研究的前沿领域。2002年，丹尼尔·卡尼曼与弗农·斯密斯获得诺贝尔经济学奖，标志着行为金融学正式纳入主流经济学界学术领域；2013年，罗伯特·席勒获得诺贝尔经济学奖，标志着行为金融学已经占据主流经济学界重要地位；2017年，理查德·塞勒获得诺贝尔经济学奖，标志着行为金融学开始引领主流经济学界发展方向。

行为金融学能够在50年间迅速发展壮大，有如下4个原因：（1）传统金融学的缺陷。投资者的认知和决策等行为，并不符合"理性人假说"；金融市场当中存在诸多市场异象，对"有效市场假说"提出了挑战。这就需要对传统经济学尤其是传统金融学进行重要的理论修补。（2）行为心理学的发展。心理学尤其是其中的行为心理学，在20世纪对于人类行为的研究取得了突破性进展，这样金融学就可以从中吸取相关理论来进行自身完善。（3）大量数据的可得性。信息技术发展，以及金融业的壮大，为研究者提供了大量可靠并且易加工的数据，众多研究不再局限于"理性思辨"或者"实验模拟"，而是真正的"沙场点兵"。（4）超额回报的动力。如果市场的确是非有效的，那么找出一条打败市场的可行路径和策略，将会获得巨额的投资回报。

2.行为金融学的内容与特点

行为金融学包括如下相互交织不可分割的内容：（1）**决策方式，即研究在现实生活中，人们是如何进行认知、判断进而行动的。**引申到金融市场，即研究投资者

---

① 英文原文：The foundation of political economy, and, in general of every social science, is evidently psychology.A day may come when we shall be able to decide the laws of social science from the principles of psychology.

② 英文原文：The economist may attempt to ignore psychology, but it is sheer impossibility for him to ignore human nature … If the economist borrows his conception of man from the psychologist, his constructive work may have some chance of remaining purely economic in character.But if he does not, he will not thereby avoid psychology. Rather, he will force himself to make his own, and it will be bad psychology.

的投资原因、投资方法以及投资对象。（2）决策后果，即投资者的各种行为决策，是如何作用于金融市场的，特别是对各种金融工具在资产定价方面的影响。

相对于传统金融学，行为金融学具有如下3个特点：（1）行为金融学是心理学、社会学、人类学和经济学等不同学科相互交叉和整合的理论。（2）它将传统理论作为投资者决策和市场均衡的标尺，重点探讨现实市场对于这些标尺的偏离程度以及背后的原因。（3）它的研究方法立足于现实而不是哲学思辨，更注重于利用归纳方法，从现实描述中总结出背后的理论，而不是运用演绎方法，通过理论来预测现实。

3.行为金融学与传统金融学的对比

传统金融学理论的两块基石是"理性人假说"和"有效市场假说"，而行为金融学则以"前景理论"为基础，对如上两个假说提出了有力质疑。

本教材第3章将谈到，传统金融学的"有效市场假说"，是建立在如下3个不断弱化的假设之上的：（1）完全理性。投资者能够准确评估证券价格。（2）随机交易。有部分投资者是非理性的，但他们随机的交易能够相互抵消，进而保证市场的有效性。（3）完全套利。即使大部分投资者非理性，也有少部分理性投资者可以利用套利使市场恢复到有效状态。因此，市场是有效的。

如图1-6所示，行为金融学认为上述3个假设均有不足之处：（1）有限理性。投资者并不能够准确评估证券价格。（2）群体交易。投资者的非理性行为并非随机发生，而是具有群体性一致，不能相互抵消。（3）有限套利。套利会受到一些条件的限制，使之不能充分发挥预期的作用。因此，市场不是有效的。

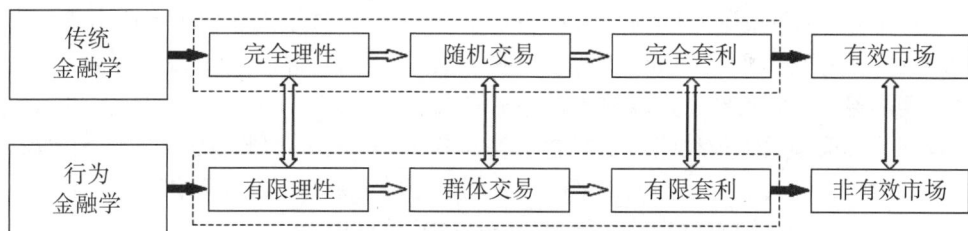

图1-6 传统金融学与行为金融学的对比

1.2.2 行为金融学的地位

现实生活当中的投资者在认知和行为方面会表现出不满足"理性人假说"的偏差，金融市场当中也存在着不符合有效市场假说的"异象"，这意味着传统金融学理论还存在不够完善之处。然而，正如马歇尔所指出的："经济学的发展是——而且一定是——缓慢而又不间断的。在当代的经济学著作中，有些初看上去的确与前人的著作观点不相容，但是当这些著作日久定型，粗糙的棱角被磨平时，人们就会发现它们实际上并没有违反经济学发展的连续性。新的学说补充了旧的学说，并且扩充、发展、修正了旧的学说，甚至还因为重新设定侧重点而常常赋予旧学说不同的特点，不过却很少推翻旧的学说。"①这句话同样适用于描述行为金融学与传统金融学的关系。

一方面，行为金融学将心理学理论中的"行为人"运用到金融市场当中，在近30年间取得了突破性进展，它较好地解释了各类市场异象，在学界受到了广泛认可，同时也在业界得到了现实验证。但另一方面，各种市场异象只是整体金融市场中很小的一部分，目前行为金融学也还没有形成一套完整而又统一的理论体系。这样，无论在理论还是在实证层面，目前学界占主流的仍然是以"理性人假说"和"有效市场假说"为基石的传统金融学理论，行为金融学只是它的一个有益补充，而不能取而代之。

因此，塞勒（2016）指出："不应该把行为经济学当作对传统经济学的一场革命。相反，行为经济学应该被认为只是简单地回归到由亚当·斯密发现，并由越来越强大的统计工具和计算机科学技术所支持的开放思想和直觉驱使的学科。这种以循证为基础的学科依然以理论为基石，但这不能限制我们只关注那些只能从传统原则中推断出的因素。事实上，我的意思是，我们正在进入一个新的理论发展浪潮，我们的注意力应当转向对人性的研究而不是对理性人的研究。"②

1.2.3 行为金融学代表性人物

同样，国际上也有众多从事行为金融领域研究的学者，本教材也只介绍随后将出现的几位代表性人物。

1.卡尼曼

丹尼尔·卡尼曼（Daniel Kahneman），将在本教材第4章和第5章出现。他1934年3月生于以色列，1961年博士毕业于加州大学伯克利分校心理学专业，曾先后在美国普林斯顿大学、密歇根大学、哈佛大学、英国剑桥大学、加州大学伯克利分校和普林斯顿大学任教或访学，逝于2024年3月。他主要研究的是行为经济学以及心理学领域，通过行为心理学来研究人们在不确定条件下的决策和判断。他的主要贡献有：（1）认知偏差；（2）行为科学；（3）前景理论。

卡尼曼于2002年与弗农·史密斯等两人共同分享了当年的诺贝尔经济学奖。诺贝尔奖评委认为，他将源于心理学的综合洞察力应用于经济学的研究，从而为一个新的研究领域奠定了基础。卡尼曼在不确定条件下对人类判断和决策方面的发现，展示了这些行为决策是如何异于标准经济理论预测结果的。这些发现和理论激励了新一代经济学研究人员运用认知心理学的洞察力来研究经济学，使经济学的理论更加丰富。但卡尼曼宣称自己是心理学家而非经济学家，甚至还夸口说，自己一

---

① 马歇尔. 经济学原理［M］. 廉运杰，译. 北京：华夏出版社，2013.
② 英文原文：In this sense I think it is time to stop thinking about behavioral economics as some kind of revolution.Rather，behavioral economics should be considered simply a return to the kind of open-minded，intuitively motivated discipline that was invented by Adam Smith and augmented by increasingly powerful statistical tools and datasets.This evidence-based discipline will still be theoretically grounded，but not in such a way that restricts our attention to only those factors that can be derived from our traditional normative traditions.Indeed，my sense is that we are at the beginning of a new wave of theoretical developments made possible simply by turning our attention to the study of Humans rather than Econs.

生中从未上过经济学课，但获诺贝尔经济学奖的消息传来，他还是高兴得出门忘了带钥匙。有人问他拿奖金做什么？他说："我这把年纪一定会用它做许多大事情。"不过他声称希望生活能够尽快恢复平静，以便继续从事教学和研究工作。

另外，值得一提的是，卡尼曼从1993年开始到普林斯顿大学授课，一直给大一本科生讲授基础课"心理学通论"，他自称喜欢讲这门课，可以引导学生进入心理学领域。

2. 特沃斯基

阿莫斯·特沃斯基（Amos Tversky），将在本教材第4章和第5章出现。他1937年3月生于以色列，逝于1996年6月。1965年，特沃斯基在美国密歇根大学获得博士学位，曾先后在耶路撒冷希伯来大学和斯坦福大学任教。他是著名认知心理学者、数学心理学者，认知科学的先驱人物。他与丹尼尔·卡尼曼长期合作，发展了前景理论，研究人类的各种认知偏差以及如何处理风险。

1969年起，特沃斯基就与卡尼曼在以色列开始了合作，两人对行为金融学这一领域进行了广泛而系统的研究。他们强调，人的行为不仅受到利益的驱使，而且受到多种心理因素的影响。两人从实证角度，从人自身的心理特质和行为特征出发，揭示了影响选择行为的非理性心理因素。他们对著作中的每句话字斟句酌，直到形成一个完美的结论，结果出版时不知将谁的名字放在前面，只好抛硬币决定。

非常遗憾的是，特沃斯基在年仅59岁时英年早逝，否则他完全有资格与卡尼曼一起分享诺贝尔经济学奖。

3. 席勒

罗伯特·席勒（Robert Shiller），将在本教材第5章和第13章出现。他1946年3月生于美国，1972年于美国麻省理工学院获得博士学位，曾先后执教于明尼苏达大学、宾夕法尼亚大学和麻省理工学院，1982年起，他开始在耶鲁大学任教。席勒的研究领域涉及金融市场、金融创新、行为经济学、宏观经济学、房地产、统计理论以及市场道德判断和公共选择等多个方面。

2000年，普林斯顿大学出版社出版了他最为中国人所熟悉的《非理性繁荣》（Irrational Exuberance），并于2005年以15种文字出版了该书的第二版。该书的第三版于2015年面世。此书介绍和分析了投机泡沫的有关内容，对1982年以来的证券和房地产市场进行了特别关注，并获得了2000年共同基金（Commonfund）奖项，被《纽约时报》评为非科幻类最畅销的书。罗伯特·席勒积极参与商业实践活动。1991年，罗伯特·席勒与另外两位学者共同创办了卡魏施有限公司（Case Shiller Weiss，Inc.），致力于研究房地产价格指数和房地产自动估价模型。该公司编制了基于独户住宅重复销售价格数据的指数，后经Fiserv（一家金融服务技术企业）和标准普尔公司发展为"凯斯-席勒指数"，成为反映美国住房市场情况的重要指标。

席勒于2013年与尤金·法玛和拉斯·汉森三人共同获得了当年的诺贝尔经济

学奖。评审委员会表示，他们三位发展出了资产定价研究新方法并将其用于对股票、债券和其他资产价格细节的研究之中，该方法已经成为学术研究的标准，成果不仅给理论研究提供指导，更有助于专业投资应用。可以在耶鲁大学公开课"金融市场"（Financial Market）中直接感受他的大家风采。

4. 塞勒

理查德·塞勒（Richard Thaler），将在本教材第6章、第7章、第15章和第16章出现。他1945年9月生于美国新泽西州，1974年博士毕业于罗切斯特大学，曾先后任教于康奈尔大学约翰逊管理学院和芝加哥大学商学院。塞勒的研究集中于心理学、经济学等交叉学科，他被认为是行为金融学领域的开创者之一，同时在储蓄和投资行为研究等方面具有很高的造诣。他的主要学术贡献有：（1）心理账户；（2）禀赋效应；（3）股票溢价；（4）赢家诅咒。他的畅销书《助推：事关健康、财富与快乐的最佳选择》是美国前总统奥巴马的枕边书。卡尼曼将自己的获奖归功于塞勒，认为塞勒是首个提出将心理学纳入经济学讨论中并衍生出行为金融学这一学科的学者。

塞勒于2017年独自获得了当年的诺贝尔经济学奖。评审委员会表示，他将心理学的现实假设与经济的决策制定结合起来，通过探索有限的理性、社会偏好和缺乏自我控制的结果，展现出这些人性特点对于个人决策以及市场结果的系统影响。

5. 奚恺元

奚恺元（Christopher K. Hsee），将在本教材第5章、第6章和第7章出现。他生于中国上海，后来与父母移民到美国夏威夷，本科毕业于夏威夷大学心理学专业，1993年博士毕业于耶鲁大学心理学专业，现为芝加哥大学商学院教授，也是上海交通大学教授。

奚恺元教授是当代最有成就的行为决策学研究者之一，其研究涉及判断与选择、营销与消费者行为、幸福学、社会认知、行为经济学、文化心理学以及心理学理论对政策制定的应用。他经常回到中国进行研究，是第一个将幸福学和幸福指数概念引入中国的学者。

卡尼曼在诺贝尔经济学奖获奖致辞中特别提到了奚恺元教授，用了近3分钟时间着重讲述奚恺元的餐具实验，以说明人们是有限理性的。

6. 奥丁

特伦斯·奥丁（Terrance Odean），将在本教材第11章和第12章出现。他1953年生于美国，1997年博士毕业于加州大学伯克利分校哈斯商学院金融学专业，先后任教于加州大学戴维斯分校和加州大学伯克利分校哈斯商学院。

奥丁的人生可谓传奇，14岁在一家本笃会修道院学习做牧师，17岁离开修道院，20岁在大学学习半年后又退学，随后的15年时间里曾开过出租车，当过计算机程序员和精算师。奥丁30多岁在旧金山做计算机编程工作时，他和一个朋友购买了一份财务数据，试图从里面找到投资机会，结果发现"通过分析玫琳凯化妆品公司的股价能够预测黄金的价格"。这促使他辞职回到加州大学伯克利分校学习统计，此时他已37岁，已婚，有抵押贷款和一个孩子。获得学士学位后，奥丁原希望继续学习心理学，但在卡尼曼的劝说下，转向研究行为金融学。

奥丁发现，之前关于投资者行为的研究多是采用实验法，而不是基于现实数据。机缘巧合，1994年，在承诺将名单匿名处理后，他获得了一家大型折扣经纪公司提供的多达78 000个账户的数据库。在这份数据库的基础上，他在1997年完成了博士论文，随后在多家经济学和金融学顶级期刊上发表了数篇重量级的论文，这些论文证实了投资者尤其是中小投资者的过度自信、过度交易、羊群效应和一厢情愿。他提出，投资者很多错误的根源在于他们对自身天生劣势的无视，投资者最大的敌人就是自己。

不过，奥丁认为，投资者不应该担心收益，因为金钱买不了幸福。特别是，他认为自己做过的最好投资不是某只股票或债券，而是攻读博士学位。

1.3 本教材介绍

1.3.1 本教材内容

在内容上，本教材包括如下5个方面：（1）传统金融经济学框架与理论的问题和不足；（2）行为主体在决策过程中的认知与决策偏差；（3）行为金融学对传统金融理论的修正和完善；（4）行为金融学对金融学各领域的发展和扩展；（5）行为金融学在理论和现实中的前沿发现。通过各篇章的学习，读者应当掌握：（1）有效市场和理性人假设的缺陷；（2）投资者判断和决策的各种非理性行为；（3）这些行为对于金融市场有效程度特别是对资产价格的影响。广大大学生读者还能够：（1）锻炼思维和能力，培养初步科学素养；（2）将教材内容融入生活，学会不做"正常的傻瓜"；（3）体会到视野宽广的优势，培养工匠精神。

1.3.2 本教材结构

在结构上，如图1-7所示，本教材共4篇17章。第1篇"传统理论"从第1章到第3章，共3章，主要是对传统金融学的基本理论和概念进行简要的回顾介绍。第2篇"有限理性"从第4章至第9章，共6章，描述了现实生活当中人们各种不理性的表现，以及由此发展出的行为金融学理论。第3篇"市场异象"从第10章至第15章，共6章，描述了金融市场当中的各种市场异象，以及从行为金融学视角利用第2篇相关理论对这些异象的解释。第4篇"领域扩展"从第16章至第17章，共2章，描述行为金融学理论在其他领域的扩展和应用，主要为彩票市场和体育领域。

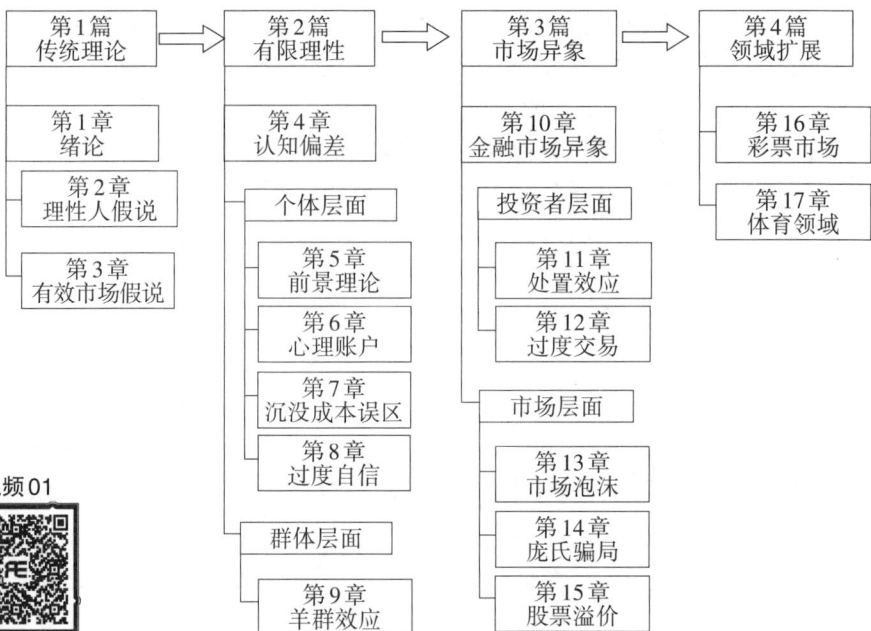

视频01

本教材介绍

图1-7　本教材的篇章结构

1.4　写作感想

在写作本教材的过程中，我们参阅了不少行为金融学领域的经典文献，这里，从如下几个方面简述一些感想，供大家参考，也强烈建议有志于深入研究这一领域的读者认真阅读每一章末的参考文献。

1.4.1　治学的胆识

中国著名思想家和哲学家胡适曾提出："大胆假设，小心求证。"比如，本教材第3章将谈到，早在1900年，法国数学家Bachelier就发现，投资的期望收益为零；1953年，Kendal也发现，各种投资品价格无法预测。但是，他们并没有给出背后的经济学解释，甚至还担心其他学者不接受。而法玛（1970）则在参考了近50篇文献的基础上，提出了"有效市场假说"，这一假说成为现代金融学的基石，作者也因此获得了诺贝尔经济学奖。

1.4.2　治学的漫长

唐代诗人刘禹锡在《浪淘沙》中写道："千淘万漉虽辛苦，吹尽狂沙始到金。"一项理论从提出到完善并非一蹴而就，而需要一个漫长的过程。比如，本教材第7章将谈到，Arkes和Blunmen（1985）证明了由于"沉没成本误区"的非理性，已有投资会导致人们继续追加投资。然而，还存在第二种情况，即已有投资可能会增加人们的经验导致成功概率提高，在这种情况下，追加投资反而是一种理性的行为。直到5年以后，Garland（1990）采用了一个非常简洁而又巧妙的方法，证明了第二种情况并不是主导因素。

1.4.3 治学的包容

宋代诗人苏东坡在《题西林壁》中写道："横看成岭侧成峰，远近高低各不同。"各种理论或观点并不是"非黑即白"，不同的视角、不同的方法特别是不同的价值观，得出的结论和观点往往不同。本教材第10章将谈到，De Bond 和 Thaler（1985）发现了股票市场的反转效应，即此前表现好的股票未来反而会表现差，此前表现差的股票未来反而会表现好。而 Jegadeesh 和 Titman（1993）又发现了股票市场的动量效应，即此前表现好的股票未来会继续表现好，此前表现差的股票未来会继续表现差。他们在论证自己发现的同时，并不否认其他研究者相反的观点，而是指出自身研究的适用性，并且自曝论文的不足，而不是掩饰。

1.4.4 治学的谦逊

《礼记·表记》中写道："君子不自大其事，不自尚其功。"随着理论研究的深入，就会发现更多的未知领域，因此真正的研究者往往是非常谦逊平和的，也更乐于分享自己的成果，为他人提供帮助。比如，本教材第13章将谈到，罗伯特·席勒在2001年客观冷静地详细剖析了2000年美国互联网泡沫破灭的原因，没有一丝炫耀或是幸灾乐祸。自2010年起，本教材作者与研究生们每周一次文献研读，对一些疑惑向作者咨询，都得到了及时和细致的回复，包括Fama和Odean。

1.4.5 治学的敏锐

《周易·系辞上》中写道："仰以观于天文，俯以察于地理，是故知幽明之故。"学术研究同样也需要善于敏锐地发现细微之处。比如，本教材第15章将谈到，从长期视角来看，股票收益远高于债券，之前学者大多将其归咎于股票高风险的补偿。而Benartzi 和 Thaler（1995）则敏锐地发现，风险补偿因素的解释力度是远远不够的。相反，他们基于视野短浅式厌恶损失的视角，非常合理又符合现实地解释了股票溢价现象。

思政课堂 ✔ --●

学好经济学

【思政元素】耐心，踏实。

学习经济学有一些代价，如与他人合作更容易陷入囚徒困境，但收益更大。本章显示了中国金融行业工资水平一直较高，但这只是很小的一个方面。更重要的是，经济学作为一门科学，有着成熟完善的思维理念和分析范式，在学习过程中，这些理论和范式都会潜移默化地植入学习者思维当中。正如美国经济学家曼昆在其经典经济学入门教材《经济学原理》中提出的，学习经济学有助于理解你所生活于其中的世界、将更精明地参与经济、能更好地理解经济政策的潜力与局限性。

具体到本门课程，它有助于读者避免至少是减少各种大量非理性的行为，如沉没成本误区、过度自信和羊群效应；有助于读者更深入地了解中国金融投资市场的实际情况，并作出恰当的投资规划。本教材将从始至终贯穿一个理念，包括投资，无论做任何事，都要耐心。我们也非常欣慰地看到，历届学生学习本门课程后，对这句话的认同度都有了提升，这也成为我们持续完善本教材的巨大动力！

本章小结 ☑ ---●

金融是指跨时间、跨空间的价值交换或转移过程中，所有涉及价值或者收入在不同时间、不同空间之间进行配置的交易活动。金融学是研究跨时间、跨空间的价值交换为什么会出现、如何发生以及怎样发展的科学，它包括投资和公司金融两个方面。

金融包括未来收益决定现值、收益风险不可兼得、时间具有市场价值和金融提高国家实力等四项核心原理。

行为金融学是金融学和心理学相交叉的新兴学科，它基于经济学分析范式，放松传统金融学的部分假设，吸取行为心理学相关理论，以"行为人"为出发点，揭示了金融市场中投资者各种非理性的决策方式和决策后果，以及这些行为对金融市场尤其是资产定价方面的影响，并对在投资者理性或有效市场情况下不能够出现的各种市场异象进行了很好的解释。

由于传统金融学的缺陷、行为心理学发展、大量数据可得性以及超额回报的动力等原因，行为金融学在20世纪末和21世纪初发展迅速，已在主流经济学界中占据了重要地位，并成为金融学研究的前沿领域。

行为金融学是不同学科和流派相互交叉和整合的理论，探讨现实世界对于理性人和有效市场这两项标尺的偏离程度以及背后的原因，这一理论侧重于利用归纳方法，从客观实际情况中总结出背后的原理。

行为金融学较好地解释了各类市场异象，在学界受到了广泛认可，也在业界得到了现实验证。但目前学界占主流的仍然是以"理性人假说"和"有效市场假说"为基础的传统金融学理论，行为金融学只是对传统金融学的有益补充，而不是取而代之。

推荐阅读 ☑ ---●

［1］THALER R H.Behavioral economics：Past，present and future ［J］．American Economic Review，2016，106（7）：1577-1600.

［2］戈登．伟大的博弈：华尔街金融帝国的崛起［M］．祁斌，译．3版.北京：中信出版社，2019.

第2章 理性人假说

学习指南

【学习目标】 传统金融学的一个理论基础是理性人假说，本教材将在第2篇的第4章至第9章详细论述人们各种不完全理性的表现。为找出衡量人们非理性程度的标尺，本章讲述理性人假说。通过本章的学习，读者应当掌握理性人及理性人假说的含义，了解无风险或有风险情况下理性人实现效用最大化的决策方式，熟悉投资组合模型与资本资产定价模型，了解理性人假说的意义和人类不理性的各种表现。

【关键概念】 理性人假说；冯·诺依曼-摩根斯坦效用函数；风险规避者；风险偏好者；风险中性者；收益风险效用函数；收益风险无差异曲线；投资组合区域；投资有效边界；最优投资组合；投资机会线；资本市场线；市场投资组合。

引例

【传统文化】

不忘其功

均地分力，使民知时也，民乃知时日之早晏，日月之不足，饥寒之至于身也；是故夜寝蚤起，父子兄弟，不忘其功。为而不倦，民不惮劳苦。故不均之为恶也：地利不可竭，民力不可殚。不告之以时，而民不知；不道之以事，而民不为。与之分货，则民知得正矣，审其分，则民尽力矣，是故不使而父子兄弟不忘其功。

——春秋·管仲《管子·乘马篇》

【译文】 把土地折算分租，实行分户经营，可以使人们自身抓紧农时。他们会关注季节的变化、光阴的紧迫和饥寒的威胁。这样，他们就能够晚睡早起，父子兄弟全家关心劳动，不知疲倦并且不辞辛苦地经营。而不把土地分配下去的害处，就是土地不能被充分利用，人力不能被充分发挥。不告知农时，人们就不抓紧；不教以农事，人们就不干活。实行了与民分货的制度，人们就切实看到有得有征了；再明确征收的标准，人们就会尽力了。于是，不必督促，父子兄弟都会来关心生产的。

看不见的手

每个人既不打算促进公共利益的发展，也不知道自己是在何种程度上促进了公共利益。他所考虑的只是他自己的利益。许许多多的人，在经济场合中，考虑自身利益的同时，无形中受到了一只看不见的手的指引，去尽力达到了一个并非他本来想要达到的目的。也并不是因为事情并非出于本意，就对社会有害。每个人追求自己的利益往往使他能比在真正出于本意的情况下，更有效地促进社会利益。

——［英］亚当·斯密《国富论·第4篇·第2章》

2.1 理性人假说简介

2.1.1 理性人的含义

理性人假说（Hypothesis of Rational Man）认为，人类思考和行为都是目标理性的，每一个从事经济活动的人都是利己（Selfish）的，或者说是自利的，目标都是为了利用自己有限的资源去获得尽可能多的利益。理性人假说是现代经济学和金融学的理论基石。

第一，理性人的行为动机是为了自己获得最大的好处。正如本章引例中"不忘其功"的传统文化典故，实行了"分货制度"，不用别人督促，农户们为了多生产粮食，自己就会起早贪黑地劳作，正如古语所说，"天下熙熙，皆为利来；天下攘攘，皆为利往"。人的欲望是无穷的，清代胡澹庵编辑的《解人颐》一书中收录了一首《不知足》诗，淋漓尽致地表现了这一点："终日奔波只为饥，方才一饱便思衣。衣食两般比具足，又想娇容美貌妻。娶得美妻生下子，恨无田地少根基。买得田园多广阔，出入无船少马骑。槽头拴了骡和马，叹无官职被人欺。县丞主簿还嫌小，又要朝中挂紫衣。若要世人心里足，除是南柯一梦西。"这样，人们所掌控的资源相对于无穷的欲望永远是稀缺的，鱼和熊掌不可兼得，因此必须合理配置各种资源，也就是"好钢用在刀刃上"。

第二，利己与利他并非矛盾而是大体一致的。亚当·斯密在《国富论》中生动地写道："人总是需要有其他人的帮助，单凭别人的善意，你是无法得到这种帮助的。你如果诉诸他们的自利之心，向他们表明，你要求他们所做的事情于他们自己也有好处，那你就更可能如愿以偿……正是用这种方式，我们彼此得到自己所需要的绝大部分帮助。我们不是从屠夫、酿酒师和面包师的恩惠中得到自己期望的饭食，而是从他们自利的打算中得到。我们不是向他们乞求仁慈，而是诉诸他们的自利之心，从来不向他们谈自己的需求，而只是谈对他们的好处。"就在本章引例所提到的那只"看不见的手"的指引下，在绝大多数情况下，利己的人只有通过利他才能实现更大地利己。亚当·斯密还指出："如果政治家企图指导私人如何运用他们的资本，那不仅是自寻烦恼地去注意最不需要注意的问题，而且是僭取一种不能放心地委托给任何个人，也不能放心地委之于任何委员会或参议院的权力。把这种权力交给一个大言不惭地、荒唐地自认为有资格行使的人，是最危险不过了。"[①]

2.1.2 理性人假说的内容

理性人假说包含如下4个条件：（1）选择性，指消费者总是会选择效用最大或者他最偏好的商品组合。（2）不满足性，指对于所有商品，消费者总是认为越多越好。（3）完备性，指消费者能够根据他的偏好对不同商品或商品组合进行排序，即商品组合X是优于、等于或劣于商品组合Y，在消费者心中有一个明确的排序。（4）传递性，指如果消费者认为商品组合X优于商品组合Y，商品组合Y优于商品组合Z，那么消费者会认为商品组合X优于商品组合Z。

2.2 理性人的决策方式

2.2.1 无风险条件下的理性人决策

传统经济学理论认为，在无风险条件下，理性人利用有限的收入，合理购买商品组合，以实现效用最大化（Utility Maximiztion）。

1.效用最大化的条件

在没有风险的条件下，理性人为了实现效用最大化的目标，要满足如下3个条件：

$$
\begin{cases}
P_1 X_1 + P_2 X_2 + \cdots + P_n X_n = I & \text{（条件1）} \\
\dfrac{\partial^2 U}{\partial X_i^2} < 0 & \text{（条件2）} \\
\dfrac{MU_1}{P_1} = \dfrac{MU_2}{P_2} = \cdots = \dfrac{MU_n}{P_n} = \lambda & \text{（条件3）}
\end{cases}
$$

条件1，是指消费者可以购买的各种商品 X_i 价格分别为 P_i，但只有有限的资金 I；条件2，是指一定时间内，在其他商品消费数量不变的条件下，随着消费者对某种商品消费量的增加，它从该商品新增数量中所得到的效用增量（即边际效用 MU_i）是减少的；条件3，是指每种商品边际效用与该商品价格之比都相等。

2.背后的经济学原因

条件1是显而易见的，即人们在购买商品时面临收入约束限制。

条件2在学术上被称为"边际效用递减规律"，有如下两个原因：（1）随着连

---

① 本教材所引用的亚当·斯密《国富论》原文中的话，均引自陕西人民出版社于2001年出版的杨敬年译本。

续消费某种商品，无论是从生理还是从心理角度，人们从新增单位中得到的满足和对重复刺激的反应都是递减的。正如汉代刘向在《说苑·杂言》中所写的："与善人居，如入兰芷之室，久而不闻其香，则与之化矣；与恶人居，如入鲍鱼之肆，久而不闻其臭，则与之化矣。"（2）某商品具有几种用途时，消费者总是首先将商品用于最重要的用途上，随着商品增加，才依次用到相对不重要的用途。这样，商品的边际效用也随着商品用途重要性递减而递减。比如，按重要性排序，水的用途依次为饮用、清洁和浇花，随着水的数量增加，将被用于越来越不重要的用途，这样它的边际效用也会随之减少。

条件3理解起来稍有难度，我们从反面论证。假设商品X和Y价格相同，都是每单位1元，如果商品X边际效用为2，商品Y边际效用为1。这时，人们就可以减少购买1单位的商品Y，将多余的资金购买商品X。Y减少1单位，消费者效用减少1，但X增加1单位，消费者效用增加2。这样，因为购买商品的调整，消费者总效用增加了1。随着商品X消费数量增加，它的边际效用减少；随着商品Y消费数量减少，它的边际效用增加。这样，当两者的边际效用相同时，消费者就不会再调整两种商品的购买数量了。此时就是条件3满足的情况。如果商品X和Y价格不同，比如X商品每千克2元，Y商品千克1元，那么可以将X商品的计量单位转变，变成每0.5千克1元，两件商品价格相同，可以按照上述方法同样推导出条件3。

3.商品价格的决定

人们对于某种商品的评价，或愿意支付的价格，不是由消费这种商品的总效用决定的，而是由边际效用决定的，即消费某种商品的最后一单位给人们带来的效用。比如，对于大部分人来说，水比钻石重要得多。但是平时水比钻石多得多，它的边际效用远小于钻石，因此价格也就低于后者。当然，一旦在特殊时间或地点，水非常稀缺，一点水甚至就可以挽救生命，这时它的边际效用就非常高，其价格也就远超钻石了。

2.2.2　有风险条件下的理性人决策

在有风险条件下，理性人要综合考虑随机事件的各种结果带来的效用以及这些结果对应发生的概率，实现期望效用（Expected Utility）最大化。

1.冯·诺伊曼–摩根斯坦效用函数

冯·诺伊曼与摩根斯坦于20世纪40年代提出了在有风险条件下的理性人效用函数，即**冯·诺伊曼–摩根斯坦效用函数（Von Neumann - Morgenstern Utility Function）**，包括两个方面：（1）对于每个结果X_i，对应发生的概率为p_i，所有结果发生概率之和为1；（2）人们对于某个风险事件，总效用是每一个结果效用与该结果发生概率之积的加总。

其数学表达式为：

$$\begin{cases} \sum_{i=1}^{n} p_i = 1 & \text{（式1）} \\ U = \sum_{i=1}^{n} p_i U(X_i) & \text{（式2）} \end{cases}$$

式1的含义是，对于每个结果X_i，对应的概率为p_i，所有结果发生概率之和为1。

式2的含义是，人们对于某个风险事件，总效用是每一个结果效用与该结果发生概率之积的加总。

2.风险偏好不同的三类人群

根据对待风险的不同态度，可以分成三类人群：风险规避者（Risk Averter）、风险偏好者（Risk Lover）和风险中性者（Risk Neutral）。三类人群效用函数分别表述如下。

（1）风险规避者。

风险规避者对于确定收益的无风险事件以及期望收益与之相同的风险事件，更偏好前者。

如图2-1所示，收入I_2满足$I_2 = pI_1 + (1-p)I_3$，I_1的效用$U(I_1)$是A点，I_3的效用$U(I_3)$是B点，确定获得I_2的效用$U(I_2)$是C点，"以p概率获得I_1、$1-p$概率获得I_3，期望收益为I_2"的期望效用$pU(I_1) + (1-p)U(I_3)$是D点。显然，C点高于D点，即$U(pI_1 + (1-p)I_3) > pU(I_1) + (1-p)U(I_3)$。

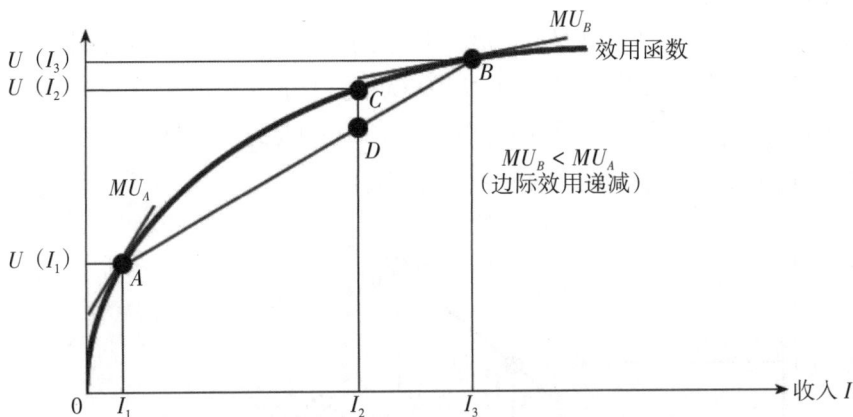

图2-1　风险规避者的效用函数

对于风险规避者来说，随着收入增加，总效用增加，边际效用却是递减的，即总效用函数的斜率逐渐变小。

（2）风险偏好者。

风险偏好者对于确定收益的无风险事件以及期望收益与之相同的风险事件，更偏好后者。

如图2-2所示，收入I_2满足$I_2 = pI_1 + (1-p)I_3$，I_1的效用$U(I_1)$是A点，I_3的效

用 $U(I_3)$ 是 B 点，确定获得 I_2 的效用 $U(I_2)$ 是 C 点，"以 p 概率获得 I_1、$1-p$ 概率获得 I_3，期望收益为 I_2" 的期望效用 $pU(I_1)+(1-p)U(I_3)$ 是 D 点。显然，C 点低于 D 点，即 $U(pI_1+(1-p)I_3) < pU(I_1)+(1-p)U(I_3)$。

图2-2 风险偏好者的效用函数

对于风险偏好者来说，随着收入增加，总效用增加，边际效用也是递增的，即总效用函数的斜率逐渐变大。

（3）风险中性者。

风险中性者对于确定收益的无风险事件以及期望收益与之相同的风险事件，认为两者无差异。

如图 2-3 所示，收入 I_2 满足 $I_2=pI_1+(1-p)I_3$，I_1 的效用 $U(I_1)$ 是 A 点，I_3 的效用 $U(I_3)$ 是 B 点，确定获得 I_2 的效用 $U(I_2)$ 是 C 点，"以 p 概率获得 I_1、$1-p$ 概率获得 I_3，期望收益为 I_2" 的期望效用 $pU(I_1)+(1-p)U(I_3)$ 是 D 点。显然，C 点与 D 点重合，即 $U(pI_1+(1-p)I_3)=pU(I_1)+(1-p)U(I_3)$。

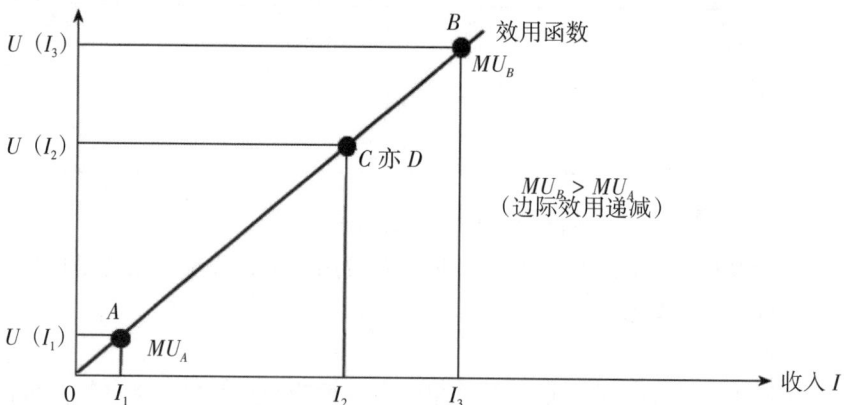

图2-3 风险中性者的效用函数

对于风险中性者来说，随着收入增加，总效用增加，边际效用保持不变，即总效用函数的斜率一直不变。

整体而言，由于收入和财富的边际效用递减规律，多数人属于风险厌恶者。并且，面对的收入越高，人们越倾向于选择规避而不是承担风险。例如，对于如下两个问题：

问题甲：如下两个选项你选择哪个？A：确定得到100元。B：50%概率得200元，50%概率得到0元。

问题乙：如下两个选项你选择哪个？A：确定得到100万元。B：50%概率得200万元，50%概率得到0元。

如图2-4所示，根据我们的调查，对于问题甲（低收入水平），选择A也即规避风险的比例为65.84%；对于问题乙（高收入水平），选择A的比例则升至85.97%。

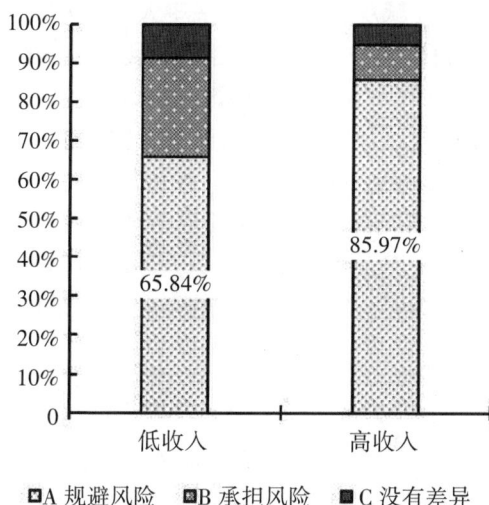

图2-4　不同收入水平下人们对风险态度的差异

2.3　理性人与金融市场

2.3.1　投资组合模型

马科维茨（1952）提出了投资组合模型（Portfolio Model），下面我们在保持理论性的基础上，尽量用简洁的语言对其加以说明。

1.收益风险效用函数

金融市场当中，投资者的效用函数用纵轴为收益和横轴为风险的曲线来表示，即收益风险效用函数（Revenue - Risk Utility Function）。

理论上，均值（Mean）、众数（Mode）和中值（Median）都可以在某种程度上度量收益，最终金融学界选择"均值"作为度量收益的指标，原因有三：（1）对称性。均值两端各值加总相等，指标有中心趋势。（2）唯一性。众数可能存在多个值，但均值是唯一的。（3）简单性。各种证券均值与组合均值间的数学关系很简单，但如果是众数或中位数，在合成时计算要相对复杂。

一阶矩 $\sum p_i |(r_i - Er)|$、二阶矩 $\sqrt{\sum p_i (r_i - Er)^2}$ 和三阶矩 $\sqrt[3]{\sum p_i |(r_i - Er)|^3}$ 都可以在某种程度上度量风险，最终金融学界选择二阶矩即"标准差（Standard Deviation）"作为度量风险的指标，原因有三：（1）兼容性。标准差在统计学上已广泛使用。（2）准确性。相对于一阶矩绝对值，标准差可以适度放大偏离均值的情况。（3）简单性。相对于更高阶的矩，标准差计算更便捷。

这样投资者的收益风险效用函数可以表达为 $U = U(Er, \sigma)$，其中均值 $Er = \sum p_i r_i$，标准差 $\sigma = \sqrt{\sum p_i (r_i - Er)^2}$。

由于收入的边际效用递减规律，现实生活中大部分人在大部分情况下都是风险规避者，因此对于投资者来说，收益越高越好，但风险越小越好。当风险增加时，如果收益不变，效用将减少，为保证效用保持在原来水平，收益也要相应增加。这样，**满足相同效用水平的收益和风险组合的所有点的轨迹，就构成了收益风险无差异曲线**（Revenue - Risk Indifference Curve）。如图2-5所示，收益风险无差异曲线有如下两个特点：（1）从横向来看，收益相同，风险越小，效用越大；从纵向来看，风险相同，收益越大，效用越大，即 $I_3 > I_2 > I_1$。（2）收益风险无差异曲线的斜率逐渐变大，即风险增加时，增加相同风险人们需要更高的收益作为补偿才能达到原来的效用水平。

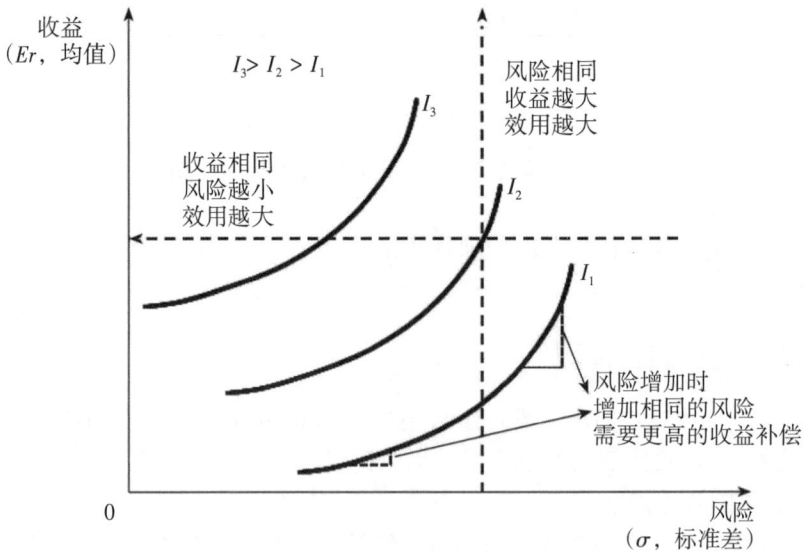

图2-5　收益风险无差异曲线

2.投资组合的优势

两种投资品可能存在如下4个关系：（1）完全正向相关，即它们涨跌同向，并且幅度固定在同一比例上，比如投资品A上涨1%，投资品B同步上涨2%；投资品A下降2%，投资品B同步下降4%。在统计学上，两种投资品的相关系数$\rho = 1$。（2）完全负向相关，即它们涨跌反向，并且幅度固定在同一比例上，比如投资品A上涨1%，投资品B同步下降2%；投资品A下降2%，投资品B同步上涨4%。在统计学上，两种投资品的相关系数$\rho = -1$。（3）完全不相关，即它们的涨跌没有任何同向或者反向关系。在统计学上，两种投资品的相关系数$\rho = 0$。（4）上述情况是3种极端，更多的情况是：①两种投资品有一定的关系，但涨跌并没完全同向或者反向。②两种投资品的涨跌虽然同向或者反向，但幅度并不保持同一比例。两种投资品的正向相关程度多一些，则$0 < \rho < 1$；反向相关程度多一些，则$-1 < \rho < 0$。

总体来说，收益高的投资品风险也高，如图2-6所示，假设有两种投资品，投资品A收益和风险都较小，投资品B收益和风险都较大，两者的效用相同，即它们处在同一条收益风险无差异曲线I_1上。

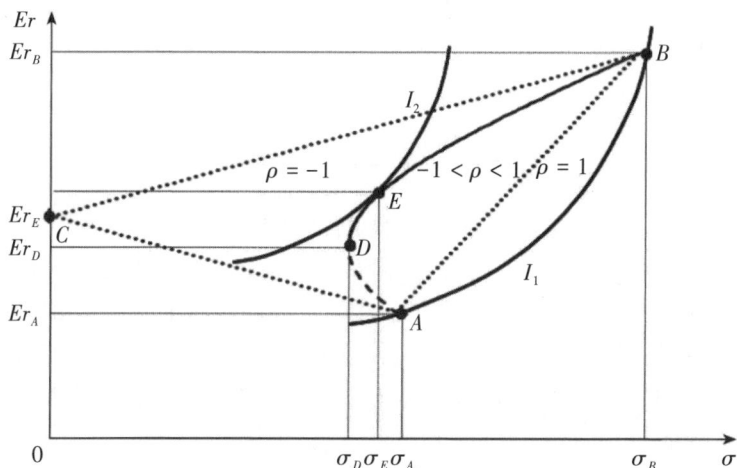

图2-6　两种投资品组合后的收益风险无差异曲线

如果人们不是单纯投资A或者B，而是两者都投资一定比例，形成投资组合。如图2-6所示，不同比例的投资组合的收益与标准差形成一条曲线：（1）当A与B完全正向相关时，即$\rho = 1$时，其形状为线段AB。（2）当A与B完全负向相关时，即$\rho = -1$时，其形状为折线ACB。（3）A与B既不完全正向相关又不完全负向相关，即$-1 < \rho < 1$时，其形状为曲线ADEB。当然两者正相关性越强，即相关系数ρ越接近于1，则越靠近线段AB；两者负相关性越强，即相关系数ρ越接近于-1，则越靠近折线ACB。

在ADEB曲线上的任何一点的效用，都要比A点或B点高。D点表示标准差也就是风险最小的那一点，它与A点相比，收益却更高。因此，理性的投资者不会选择D点右下方的投资组合比例。最终，理性投资者将会选择E点对应的投资组合，此时收益风险无差异曲线与投资组合线相切，对应的效用水平$I_2 > I_1$。

3.投资有效边界

金融投资市场存在众多的投资品，它们的收益与风险各不相同，投资者可以自由选择各种不同投资品以及不同的投资比例。**所有投资品各种比例的投资组合的均值和标准差，构成了"投资可行区域"。**其具体表现为图2-7中的阴影部分。**在投资可行区域当中，能够实现收益固定风险最小或风险固定收益最大的所有点的轨迹，构成了"投资边界（Investment Frontier）"。**其具体表现为图2-7中左侧的 XZY 曲线。

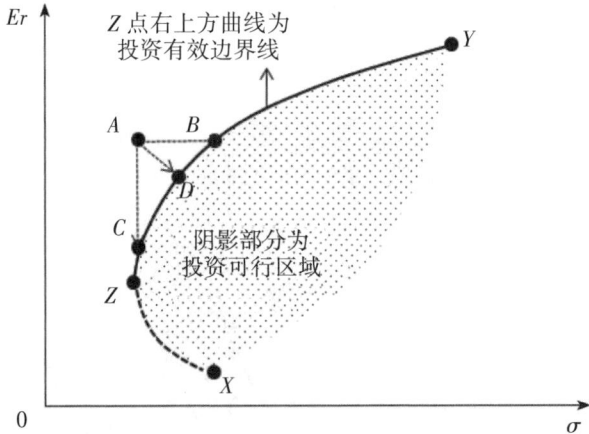

图2-7　投资有效边界

在投资边界曲线 XZY 上，Z 点的风险最小。在 Z 点的右下方，收益下降，但风险增加，理性的投资者当然不会选择。因此，Z 点的右上方，即 ZY 曲线，满足：（1）在投资可行区域内，收益一定，风险最小；（2）风险一定，收益最大；（3）收益增加，风险也随之增加。因此，ZY 曲线即为理性投资者会最终选择的"投资有效边界（Investment Effective Frontier）"。

设想如果市场当中存在某种投资品或投资组合的收益和风险落在了投资有效边界的上方，如 A 点，那么大量投资者将选择这一投资品，其结果就是：（1）价格提高，即收益下降，垂直向下移动至 C 点；（2）风险上升，水平向右移动至 B 点；（3）收益下降并且风险上升，向右下方移动至 D 点。最终，不管上述哪种情况发生，这种投资品或投资组合都会移动至投资有效边界曲线上，甚至移动到曲线的下方。

4.最优投资组合的确定

如图2-8所示，收益风险无差异曲线 I_3 的效用水平最高，但市场中的各类投资组合都无法满足这一要求。投资者可以选择 Z 点或 Z′点，取得无差异曲线 I_1 的效用水平。但此时他可以调整投资组合适当地同时增加收益和风险，达到 Y 点，取得无差曲线 I_1' 的更高效用水平；通过不断调整，最终到达 X 点时，此时，投资者实现了最高的效用水平。**无差异曲线与投资有效边界线的切点，为最优投资组合。**

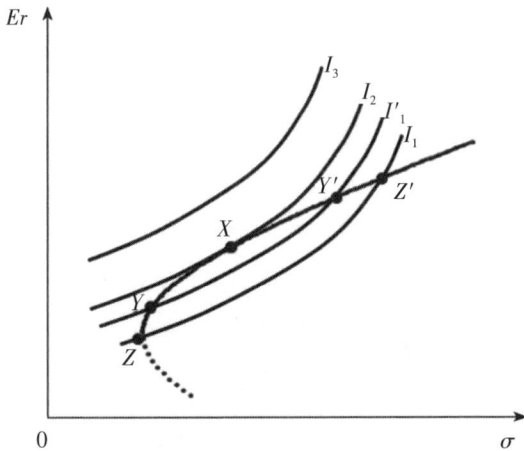

图2-8 最优投资组合的确定

可见，投资者实行投资组合，而不是仅选择一项投资品，将获得更高的效用水平，这就是投资组合的优势，用马科维茨的形象比喻就是："不要把鸡蛋放在一个篮子里。"

2.3.2 资本资产定价模型

马科维茨的投资组合模型还可以在如下5个方面进一步发展：（1）市场当中某些资产的风险基本上为0，比如短期国债或者活期存款，它们被称为无风险资产，对应的收益称为无风险利率。（2）金融市场有借（Borrow）有贷（Lend），部分投资者并非完全把资金都投向有风险资产，有时还投资于无风险资产，如活期存款，获得无风险利率；还有部分投资者会借入资金，并将这些资金加上原有资金全部投资于有风险资产。（3）投资组合的确可以降低风险，但不能将其降低至0。需要进一步考察哪些风险可以分散掉，哪些不能。（4）高收益必然产生高风险，但高风险却未必有高收益，需要进一步分析哪些风险能够得到补偿，而哪些风险投资者即使承担也不能提高收益。（5）个别投资品或者投资组合与整个投资市场整体情况的关系，也需要进一步研究。

夏普（1964）的资本资产定价模型（Captial Asset Pricing Model，CAPM），从以上5个方面对投资者决策以及最终市场均衡情况进行了简洁而有效的解释。

1.资本市场线

假设不存在"无风险资产"以及借贷市场的情况，投资者为实现效用最大化，选择了X点。存在无风险资产和借贷市场，进一步假定存款与贷款的利率相同，都等于无风险利率，并且人们可以自由借入或者贷出资金。如果投资者只将部分资金投资于X点，另一部分资金投资无风险资产，由此实现的收益和风险组合点在X点的左下方X'点。如果投资者借入部分资金，连同自有资金都投资于X点，由此实现的收益和风险组合点在 X 点的右上方 X'' 点。如图2-9所示，X' 和 X'' 都在投资有效边界线之外，可见，无风险资产和借贷市场的引入，扩展了投资者能够实现的收益和风险组合的范围。

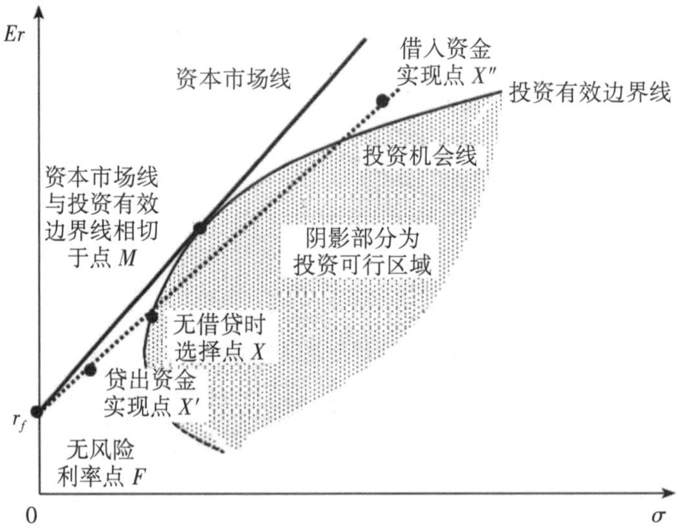

图2-9 资本市场线

图2-9纵轴上无风险利率点 F 与投资有效边界线上任一点的连线便是"投资机会线（Investment Oportunity Line）"，它表示投资者对无风险资产和各种有风险资产进行组合，所能够实现的收益和风险组合。在所有的投资机会线当中，有且只有一条线与投资有效边界相切，这条线被称为"资本市场线（Capital Market Line，CML）"，这一切点 M 为"市场投资组合"，是指由市场当中所有风险投资品构成的投资组合，每种投资品的比例是该投资品的市值与所有投资品总市值之比。显然，资本市场线在其他任意一条投资机会线的上方。这意味着在相同风险情况下，资本市场线的收益要高于或等于其他投资机会线，因此，理性的投资者必然会选择资本市场线上的点。

在资本市场线上，规定投资组合 p 投资于"市场投资组合"的比例为 x，投资于"无风险资产"的比例为 $1-x$。这样投资组合 p 的收益 $r_p = xr_M + (1-x)r_f$，风险 $\sigma_p = \sqrt{x^2\sigma_M^2 + (1-x)^2\sigma_f^2} = x\sigma_M$，推出 $x = \dfrac{\sigma_p}{\sigma_M}$，代入收益公式，可得 $r_p = r_f + \dfrac{r_M - r_f}{\sigma_M}\sigma_p$。如图2-10所示，这就是资本市场线的解析式。

2.两类投资者

（1）贷出资金者。如图2-11所示，一些投资者在没有借贷时，全部资金投向有风险资产的 X 点投资组合，实现无差异曲线 I_1 对应的效用水平；有借贷时，部分资金投向"市场投资组合"，部分资金投向无风险利率 F 点，实现无差异曲线 I_2 对应的效用水平，且 $I_2 > I_1$。这类投资者为贷出资金者。

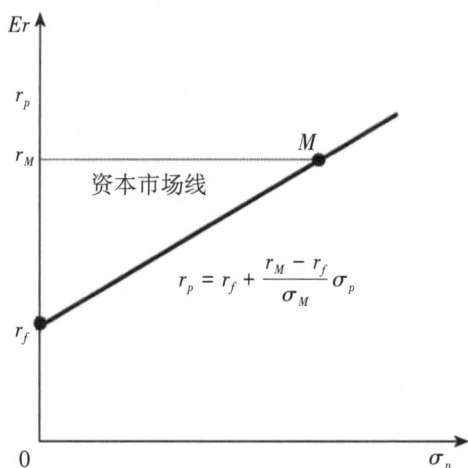

图2-10 资本市场线的解析式

$$r_p = r_f + \frac{r_M - r_f}{\sigma_M} \sigma_p$$

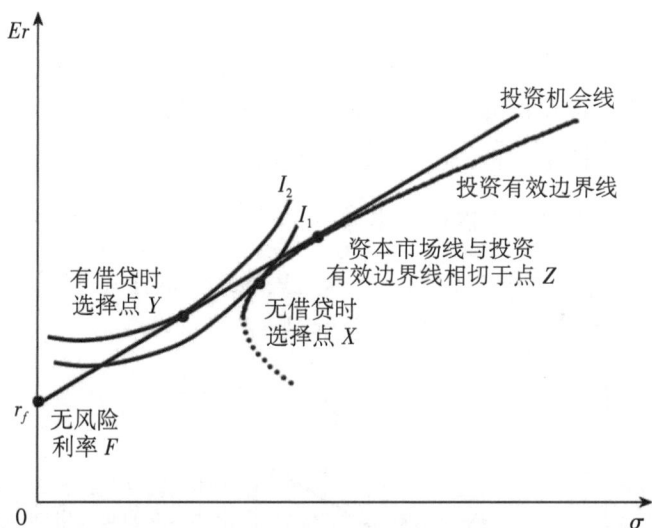

图2-11 贷出资金者的最优投资组合

（2）借入资金者。如图2-12所示，一部分投资者在没有借贷时，全部资金投向有风险资产，选择 X 点投资组合，实现无差异曲线 I_1 对应的效用水平；有借贷时，借入部分资金，再加上原有资金全部投向"市场投资组合"，实现无差异曲线 I_2 对应的效用水平，且 $I_2 > I_1$。

大家可以发现，由于无风险资产的引入，无论是贷出资金者还是借入资金者，效用水平都得到了提高。

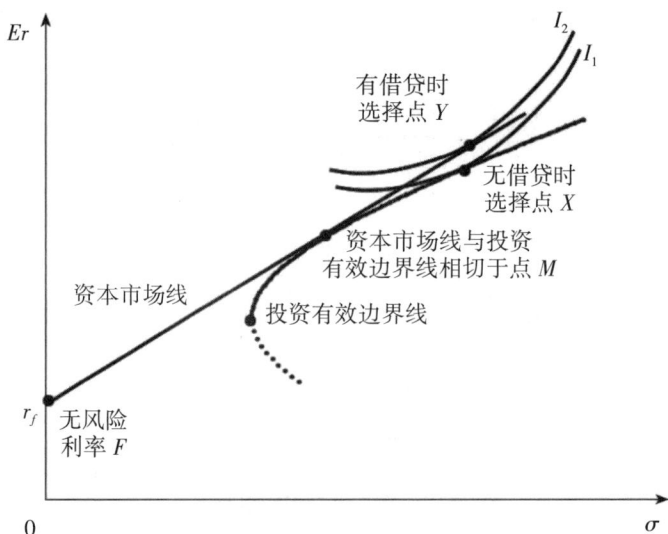

图2-12 借入资金者的最优投资组合

3.证券市场线

进一步，假定某投资组合 q 中包含某个有风险资产 i 的比例为 x_i，其他全部为"市场资产组合"，即比例为 $1 - x_i$。那么投资组合 q 的收益为 $r_q = x_i r_i + (1 - x_i) r_M$，风险为 $\sigma_q = \sqrt{x_i^2 \sigma_i^2 + 2x_i(1 - x_i)\sigma_{iM} + (1 - x_i)^2 \sigma_M^2}$。

当市场达到均衡时，可以推导出 $r_i - r_f = (r_M - r_f)\dfrac{\sigma_{iM}}{\sigma_M^2}$，规定 $\beta_i = \dfrac{\sigma_{iM}}{\sigma_M^2}$，则可推出 $r_i = r_f + \beta_i(r_M - r_f)$。如图2-13所示，这一表达式就是有风险投资 i 的"证券市场线（Security Market Line，SML）"，也是资本资产定价模型。

图2-13 证券市场线

当 q 为市场投资组合 M 时，$\beta_q = 1$，证券市场线经过点 $(1, r_M)$；当 q 为无风险资产时，$\beta_q = 0$，证券市场线经过点 $(0, r_f)$。这两点，就确定了证券市场线的形状。

此外，如图2-13所示，某只有风险的投资品，收益可以分为3个部分：（1）无风险利率，为时间价值的补偿；（2）市场资产组合收益，为投资市场整体的风险补偿；（3）个体投资品收益，为该项投资品超过市场整体风险的风险补偿。

此外，β_i反映了单项风险投资品或组合相对于市场组合收益变化的敏感程度。$\beta_i < 0$说明此项投资品或组合的波动与市场组合波动反向；$0 < \beta_i < 1$说明此项投资品或组合的波动与市场组合波动同向，但幅度较小，一般为大企业股票；$\beta_i > 1$说明此项投资品或组合的波动与市场组合波动同向，且幅度较大，一般为中小企业股票。

2.4 理性人假说的评价

2.4.1 理性人假说的意义

1.经济学帝国主义

理性人假说自提出以来，被不断地公式化、模型化，成为经济学最为基本的假设之一和经济学家们最基本的信条，并且"理性选择模型为所有社会科学的学者能有一个统一的方法来分析社会，提供了现有的最可望成功的基础"。由此产生了"经济学帝国主义"，即经济学超出了自己的传统领域（至少是19世纪末期它给自己划定的领地），向社会学、政治学、人类学、法学和生物学等学科领地进行了帝国式的扩张。这种"侵略"是沿着多条道路进行的，并且多数"侵略"取得了令人瞩目的成就。

2.理性人假说的可靠性

上海财经大学经济学院的田国强教授指出，人是自利的，即人主要追求自己的利益，这是现代经济学中的一个基本假设。如果人不是"自利"的，也许就不会有经济学。即使这一自利行为假设有误，也不会造成严重后果；如果采用利他性假设，一旦假设有误，所造成的误差要比前者大得多。那些经常唱着高调、宣称一心为公但实质上却是非常自私的人，一旦他们有机可乘，相对于不具有欺骗性的自利人，无论是给国家还是给他人都会带来更加严重的后果。[①]

2.4.2 人类非理性的表现

在现实生活当中，人们的行为并非总是理性的，具体有如下6种表现：（1）力所不逮，即行为人的生理或心理功能是有限的，不可能精确处理纷繁复杂的各种事情。（2）七情六欲，即行为人是有情感和偏好的，而这些情感或者偏好并不一定总是符合理性。（3）轻举妄动，即行为人在行动之前，并非全面考虑问题以及后果，也就是"冲动是魔鬼"。（4）双重标准，即人们对不同的人或者事物，会采取不同

---

① 田国强. 现代经济学的基本分析框架与研究方法［J］. 经济研究，2005，2（11）：113-124.

的标准。（5）朝三暮四，即行为人的偏好并非稳定，而是会发生变化。（6）见仁见智，"每个人的立场、观念、心态和思维模式都不一样，获取的信息和解读信息的方式也不一样"[1]。这样，不同的人对于同一个事物的看法是不同的，但行为人往往认为其他人的看法是不理性的。

还要强调，有时候，人们认为其他人不理性的行为，恰恰却是理性的；认为别人不理性的人自己恰恰是不理性的。这里举一个笑话来说明这一问题。某人去买牛奶，小贩说："1瓶3块，3瓶10块。"他掏出3块钱买了1瓶，如此3次，然后他充满成就感地对小贩说："哈哈，看到没，我花9块就买了3瓶。"小贩也充满成就感地说："哈哈，自从我这么干，每次都能一下卖掉3瓶。"

2.4.3　理性人假说支持者的回应

Friedman 和 Savage（1946）承认，理性人假说与人类实际的行事方式和选择方式相抵触，但提出，理性人有其正确性。他认为理性人假说的意义不在于它是否符合现实，而在于经济学家采用这一假说能够准确地预测出人们的行为。

视频02

理性人假说
的评价

比如，台球手丁俊晖未必懂得很多的几何学或者力学知识，但他在打台球时所有的动作一定是完全遵循着几何学定理或者是力学定律，否则就打不进球。这样，就可以假定丁俊晖通晓这些知识，并根据这些知识准确地计算出击球的角度和力度。同样，除非"理性人假说"对人们行为的预测是错误的，否则就不能认为这一假说本身是不合理的。

思政课堂 ☑ ------------------------------●

利己、利他和自私的关系

【思政元素】利他，不做"精致利己主义者"。

2022年5月10日，庆祝中国共产主义青年团成立100周年大会在北京人民大会堂隆重举行，中共中央总书记、国家主席、中央军委主席习近平出席大会并发表重要讲话，指出："新时代的中国青年，更加自信自强、富于思辨精神，同时也面临各种社会思潮的现实影响，不可避免会在理想和现实、主义和问题、利己和利他、小我和大我、民族和世界等方面遇到思想困惑，更加需要深入细致的教育和引导，用敏锐的眼光观察社会，用清醒的头脑思考人生，用智慧的力量创造未来。"

对于如下两个问题，"利己与自私的关系"和"利己与利他的关系"，根据我们的调查，如图2-14左侧所示，第一个问题，64.85%认为"多数矛盾"，14.52%认为"总是矛盾"，两者合计79.37%。说明，人们普遍认为利己与自私是矛盾的。不过，如图2-14右侧所示，第二个问题，尽管有41.75%认为"基本一致"，但有

---

[1]　豆豆. 遥远的救世主［M］. 北京：作家出版社，2024.

54.95%认为"多数矛盾"，2.31%认为"总是矛盾"，两者合计57.26%。

北京大学钱理群教授曾提出"精致的利己主义者"一词，并认为"他们高智商，世俗，老道，善于表演，懂得配合，更善于利用体制达到自己的目的。这种人一旦掌握权力，比一般的贪官污吏危害更大"。马克思提出，"人的本质是一切社会关系的总和"。经济学假定人是利己的，但利己的方式有很多种。通过利他而不是损人来利己，对于自身和社会，效果都要更好。

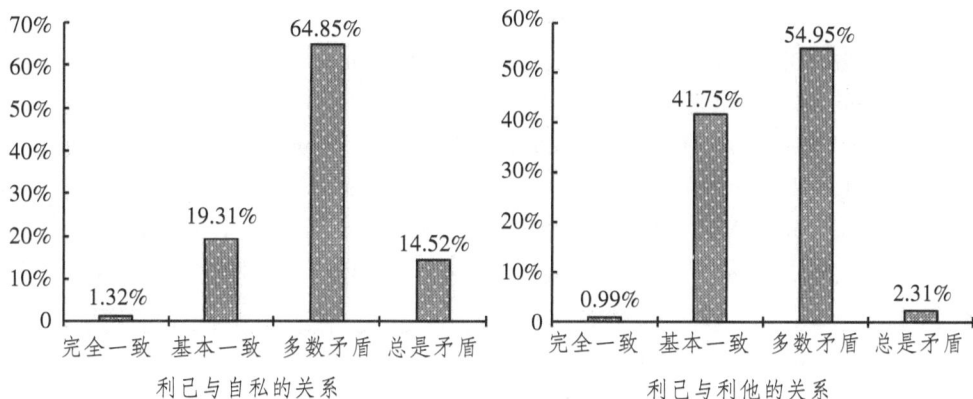

图2-14　利己、利他和自私关系的调查

本章小结 ☑

理性人假说认为，每一个从事经济活动的人都是利己的，目标都是为了利用自己有限的资源去获得尽可能多的利益，利己与利他并非矛盾而是大体一致的。在无风险条件下，理性人要在有限的收入水平下，合理购买商品组合，以实现效用最大化；在有风险条件下，理性人要综合考虑随机事件各种结果带来的效用以及这些结果对应发生的概率，实现期望效用最大化。

根据对于风险的态度，人们可分为风险规避者、风险偏好者和风险中性者。由于收入边际效用递减规律，大部分人是风险规避者。

收益风险效用函数是用收益和风险来表示投资者效用的函数，其中收益由均值来衡量，风险由标准差来衡量。

投资有效边界满足如下条件：（1）收益一定，风险最小；（2）风险一定，收益最大；（3）收益增加，风险也随之增加。投资者实行投资组合，而不是选择一项投资品，将获得更高的效用水平，这是投资组合的优势。

投资机会线表示投资者对无风险资产和有风险资产进行组合，所能够实现的收益和风险所构成的线性关系。在所有投资机会线当中，有且只有一条与投资有效边界相切，这条线即为更高的效用水平。

有风险的投资品，收益可以分为3个部分：（1）无风险利率，为时间价值的补偿；（2）市场资产组合收益，为投资市场整体的风险补偿；（3）个体投资品收益，为该项投资品风险超过市场整体水平的补偿。

理性人假说是经济学最基本的假设和经济学家们最基本的信条，并为所有社会科学的学者能有一个统一的方法来分析社会、经济现象奠定了基础。理性人假说的意义不在于它是否符合现实，而在于采用这一假说能够准确地预测出人们的行为。

推荐阅读 ✔ --●

［1］FRIEDMAN M，SAVAGE L J. The utility analysis of choices involving risk ［J］. Journal of Political Economy，1948，56（4）：279-304.

［2］MARKOWITZ H.Portfolio selection ［J］. The Journal of Finance，1952，7（1）：77-91.

［3］MODIGLIANI F，MILLER M H. The cost of capital，corporation finance and the theory of investment ［J］. The American Economic Review，1958：48（3），261-297.

［4］SHARPE W F. Capital asset prices：a theory of market equilibrium under conditions of risk ［J］. The Journal of Finance，1964，19（3）：425-442.

［5］尼茨，李斯特. 隐性动机：日常生活中的经济学和人类行为背后的动机 ［M］. 鲁冬旭，译. 北京：中信出版社，2015.

第3章 有效市场假说

学习指南

【学习目标】为找出衡量市场非有效程度的标尺，本章介绍有效市场假说。通过本章的学习，读者应当掌握有效市场的含义及其3个级别，熟悉有效市场的形成机理，了解在市场有效情况下高收益的3个来源以及在市场有效程度不同情况下对应的投资策略，掌握有效市场假说的验证方法，熟悉有效市场假说的意义和不足。

【关键概念】有效市场假说；弱有效市场；半强有效市场；强有效市场；无交易悖论；信息收集悖论；有限套利。

引例

【传统文化】

路边李苦

王戎七岁，尝与诸小儿游，看道旁李树多子折枝，诸儿竞走取之，唯戎不动。人问之，答曰："树在道旁而子多，此必苦李。"取之，信然。

——南朝·宋·刘义庆《世说新语·雅量》

【译文】王戎七岁时，有一次与一群小孩游玩，看到路边的李树果实累累，压弯了树枝。那群小孩争相跑去摘，只有王戎站着不动。有人问他为什么，他回答说："李树长在道路旁还能有这么多的果实，这李子一定是苦的。"采来一尝，果真如此。

【现实事例】

县里检查早知道

镇长：老板你坐，我问你，你是怎么知道县里要来人检查工作呢？

餐馆老板：天机不可泄露。

镇长：我添俩鸡爪。

餐馆老板：但咱俩是有缘人，你没看吗，栏杆开始刷油漆了，垃圾桶不让倒垃圾了，洒水车都开始出动了，那地砖缝儿都抠干净了，不来检查能这个样吗？

镇长：那他来检查什么工作呢？

餐馆老板：天机不可泄露。

镇长：我加俩鸡腿。

餐馆老板：卫生大检查呗，但级别不是很高。

镇长：什么级别？

餐馆老板：天机不可泄露。

镇长：再加俩鸡翅。

餐馆老板：他这个级别，你看我老说天机不可泄露，我泄露得太多了。

镇长：我添只整鸡。

餐馆老板：我整个都告诉你。

镇长：来吧。

餐馆老板：你得看那洒水车洒多少水。你没看见吗，刚才就洒了一遍，所以就是个普通干部。

——2025年央视春晚小品《花架子》部分台词

3.1 有效市场假说简介

3.1.1 先驱性研究

传统金融学的另一个理论基础是有效市场假说。有效市场假说（Efficient Market Hypothesis，EMH）最早可追溯到100多年前，法国数学家巴切列（Bachelier）在1900年出版的专著《投机理论》（Théorie de la Spéculation）中提出，投资是一个比较公平的博弈（Fair Game），除掉机会成本以外，投资者期望收益等于零，但这一发现长期没有被经济学界所关注。Kendal 和 Hill（1953）分析了英美股票和大宗商品期货市场价格，结果发现，这些金融产品的价格走势如下："价格序列好像一名醉汉，几乎每周一次，机会之神从具有固定离差的对称总体中随机抽出一个数字，把它加入现价，以确定下周的价格。"[①]但是作者却没有试图提供这一现象的经济学原理，甚至觉得经济学家一般都会否定它。Godfrey 和 Granger（1964）提出了"股票市场行为的随机游走假说（The random walk hypothesis of stock market behavior）"，也就是说，股票价格如同布朗运动（Brown Motion），投资者不可能通过对历史价格的分析来预测未来趋势。这样，"价格决定的机制与市场参与者追求利润最大化所导致的机制是一致的"[②]。如果不满足这一机制，投资者发现未来期望价格与当前价格不同，那么其可以以此建立一个决策规则并将其运用到市场当中，

---

① 英文原文：The series looks like a wandering one, almost as if once a week the Demon of Chance drew a random number from a symetrical population of fixed dispersion and added it to the current price to determine the next week's price.

② 英文原文：The price-determining mechanism described in Section 11 is the only mechanism which is consistent with the unrestrained pursuit of the projt motive by the participants in the market.

进而取得净利润①。

3.1.2 飞镖实验

麦基尔在《华尔街漫步》（Random Walk in Wall Street）中讲述了这样一则故事：在20世纪90年代早期，《华尔街日报》进行了一场"飞镖比赛"，内容是由4名专家选出的股票去对抗4只飞镖"选出"的股票。截至20世纪90年代末，专家的选择表面上优于飞镖。然而，如果专家的表现是从股票选定之日起就开始衡量，而且与此有关的后续追踪报道得以在《华尔街日报》上公开的话，那么，实际上飞镖选出的股票将以微弱的优势领先于专家选出的股票。

对于这一现象，麦基尔甚至认为"恐怕更好的类比是，一个人将一条毛巾掷向报纸的金融版面，也就是说人们去买市场上所有的股票，简单地说这就是指数基金所做的事情，其一贯的表现要好于由专业人员管理的基金"②，这进一步检验了证券价格随机游走假说。

3.1.3 有效市场的含义

在金融学当中，**有效市场（Efficient Market）的含义是指证券价格能够迅速、完整和准确地反映相关信息**。如果市场是有效的，对预测证券未来价格所付出的时间、金钱和努力都是徒劳的，无论采用主动或被动的方法，投资者能够取得的期望回报都是相同的。正如本章引例中"路边李苦"的传统文化典故。如果路边李子树上的李子是甜的，早就被别人摘走了；反过来，如果树上还有李子，就说明李子必然是苦的。

这个传统文化典故还有很深的现实意义。我们也建议大家在遇到一个"便宜"的时候最好反过来想一想，为什么这个"便宜"轮到了我，而别人没有发现。世上的确存在不少占便宜的机会，但是更多的却是假机会。天上不会掉馅饼，一些看似"馅饼"，实际上却很可能是"陷阱"，而且是很深的陷阱。

3.2　有效市场假说的内容

3.2.1 有效市场的机理

第一，如果投资者是理性的，就能够准确地评估证券市场价格，在这种情况下，市场必然是有效的。

第二，尽管投资者并非完全理性，但有效市场假说支持者认为市场仍然会达到有效状态。其论证思路是，非理性投资者在市场中的交易是随机进行的，好比物理

---

① 英文原文：If the mechanism were such that the mathematically expected value of the price at future times differed from the current price then an investor could establish a predictive decision rule which would result in a net profit when exercised in the market.

② 麦基尔. 从华尔街漫步到长城 [N]. 第一财经日报，2010-03-20.

学中"力的合成"原理，尽管各种非理性交易的方向和大小各不相同，但它们的合力为零，彼此之间可以相互抵消。这样，最终证券价格是由理性投资者所决定的，因此市场是有效的。

第三，有些时候投资者是非理性的，并且非理性的方向群体一致，也即本教材第9章将探讨的"羊群效应"，但有效市场假说支持者认为市场仍然会达到有效状态。其论证思路是，市场会有一小部分理性投资者反其道而行之进行套利，恰如巴菲特所讲的，"别人贪婪我恐惧，别人恐惧我贪婪"。在这种情况下，套利可以使得证券价格恢复到合理价格，进而实现有效市场。

从上述层层推进式的论证来看，有效市场假说在逻辑上是非常严谨的。

3.2.2 有效市场的3个级别

根据有效程度，有效市场可分为3个级别：弱有效、半强有效和强有效。划分市场有效程度的标准很多，我们采用市场价格反映信息的程度标准来划分。

信息分为两类：历史信息和当前信息，当前信息又可细分为：①公开信息；②内幕信息。根据公开信息和内幕信息，又会有两种价格：①公开信息价格。对于同样的信息，不同人的认知程度和判断是不一样的，有人觉得是利好信息，有人觉得是利空信息，不同的认知和判断交织在一起，最终形成了公开信息价格。②内幕信息价格，也就是根据内幕信息所形成的价格，只有少部分知道内幕信息的人才知道这一价格。

1.弱有效市场

弱有效市场（Weak Efficient Market），是指当前证券价格已充分反映了所有的"历史信息"，未来走势与历史信息无关，因此投资者无法通过对历史价格的分析来预测价格。 在这种情况下，以历史信息为基础的技术分析是不能够获得超额期望回报的。

要强调的是，弱有效市场并不否认通过对当前信息的分析而获得超额回报，比如通过基本面分析或者提前获得内幕信息。

2.半强有效市场

半强有效市场（Semi-strong Efficient Market），是指当前证券价格已充分反映了所有的"历史信息"和当前信息中的"公开信息"，未来走势与这些信息无关，因此投资者无法通过对历史信息和公开信息的分析来预测价格。 在这种情况下，不仅技术分析，以公开信息为基础的基本面分析也不能够获得超额期望回报。

要强调的是，半强有效市场并不否认提前获得内幕信息能够获得超额回报。比如，2024年9月24日上午，中国人民银行、国家金融监管总局、证监会联合出台一揽子金融政策。资本市场反响强烈，当天上证指数相对9月23日上涨4.15%，至9月30日累计上涨21.37%。但这是极为保密的内幕信息，事前知道的投资者几乎没有。

3.强有效市场

强有效市场（Strong Efficient Market），是指当前证券价格已经充分反映了所有信息，包括历史信息、当前信息中的公开信息和内幕信息，未来趋势只与未来信息有关，因此投资者无法通过任何对历史信息和当前信息的分析来预测价格。在这种情况下，即使拥有内幕信息，也不能够获得超额期望回报。

在市场强有效的情况下，内幕信息即使尚未公开，聪明的投资者也能够利用各种渠道或方法判断出来，进而提前采取行动，证券价格就反映了内幕信息。比如本章引例所讲的事例，县里有人要来检查卫生工作，消息保密，但餐馆老板却可以通过镇上的蛛丝马迹准确地判断出这件事，甚至还精确地预测出来的就是个普通干部。类似的故事还很多。

举一个极端的例子，某家上市公司高管已经罹患绝症，只是尚未病发，这位高管还不知道自己患病，但在强有效市场的情况下，他的健康问题已经被充分、及时、准确地反映到其公司股票的价格上去了。

3.2.3　高收益的3个来源

要强调的是，即使市场是强有效的，也只能说是投资者事前的期望回报相同，事后的最终回报可能是完全不同的。但要指出的是，在市场是强有效的情况下，事后回报的差异与投资者的投资水平没有直接关系，其原因如下：（1）承担高风险；（2）凭借好运气；（3）更加有耐心。

1.承担高风险

我们计算了2017年至2024年间，A股市场所有股票每年的收益率和标准差，根据沪市主板、深市主板、中小板、科创板和新三板共5个市场，将同一市场内所有股票按收益率排序，计算每个十分位范围内所有股票的平均收益率和标准差，结果如图3-1和图3-2所示。中小板2021年4月并入深市主板，为便于比较，2021年至2024年仍单独计算收益率。北京证券交易所的新三板，2021年11月15日才开始正式交易，此前年份无数据。

如图3-1和图3-2所示，各年份收益率与标准差构成的曲线都表现出相同的两个规律：（1）高收益伴随着高风险，也即如果投资者想取得更高的回报，就必然要承担更大的风险。注意，承担了高风险收益也未必高，甚至还有可能降低。（2）从投资价值来说，不同市场有所差别。在收益相同的情况下，沪市股票风险最小。沪市股票的收益率与标准差曲线在最左侧，右侧是深市主板，再右侧依次是中小板、创业板、科创板和新三板。

可见，投资者希望取得合理的收益率，最好还是投资沪市主板或深市主板。同时，两图也显示，虽然在相同收益水平下，创业板、科创板和新三板的风险最大，但每年收益率最高的股票都集中于此。因此，这些市场也吸引了旨在获得更高收益的投资者。

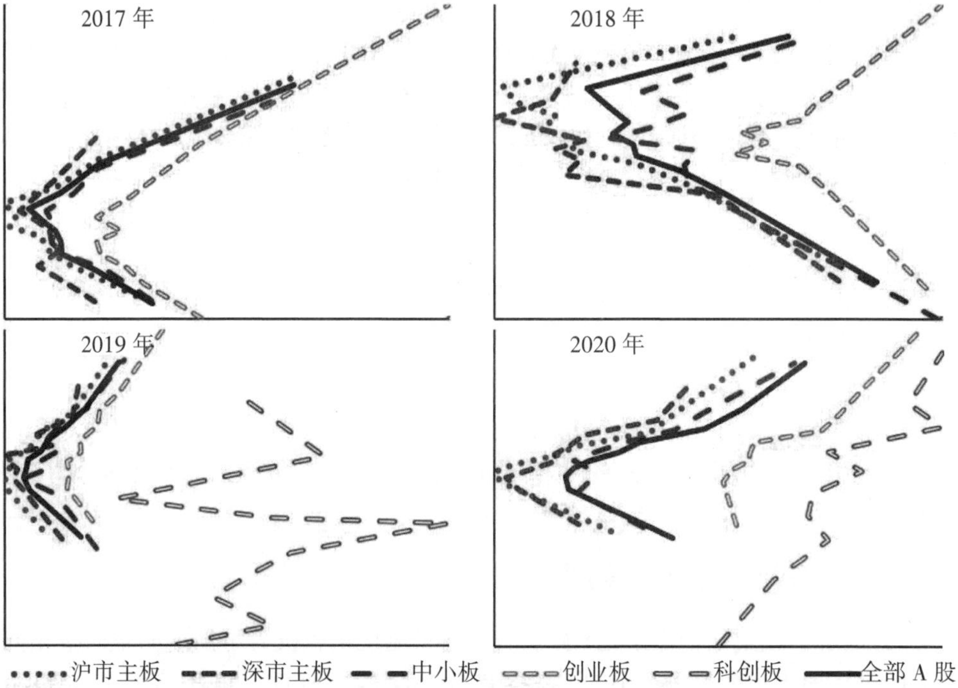

2017 年   2018 年

2019 年   2020 年

•••••• 沪市主板 ━━━ 深市主板 ━━ 中小板 ━━━ 创业板 ━ ━ 科创板 ━━━ 全部 A 股

图3-1　A股各市场2017年至2020年按收益率排序每十分位的收益率与标准差的关系

2021 年   2022 年

2023 年   2024 年

•••••• 沪市主板 ━━━深市主板 ━━ 中小板 ━━━创业板 ━ ━科创板 ━━━新三板 ━━━全部 A 股

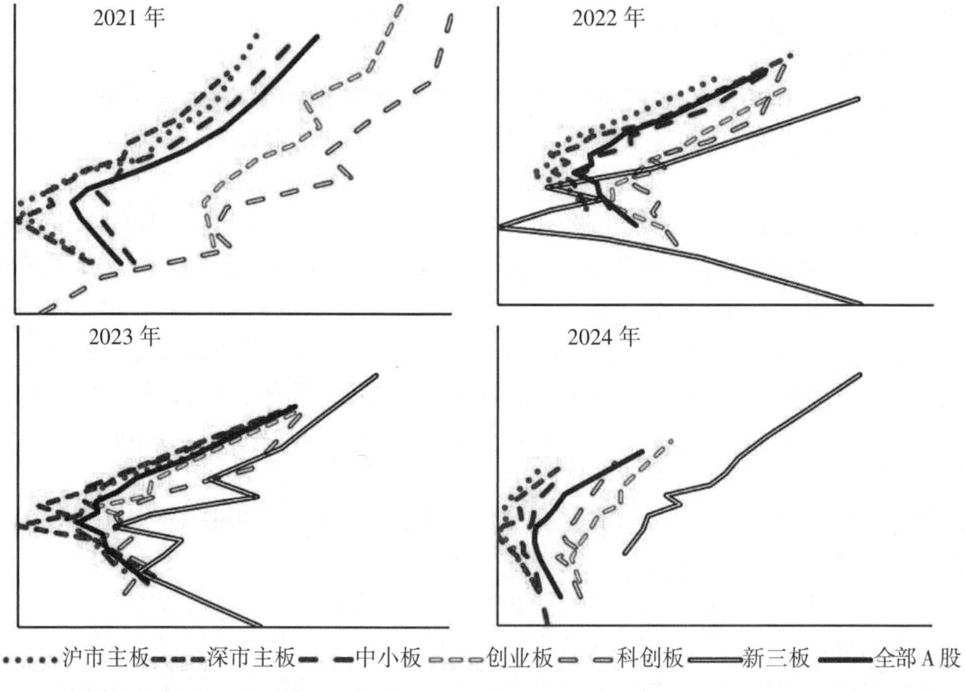

图3-2　A股各市场2021年至2024年按收益率排序每十分位的收益率与标准差的关系

此外，北京证券交易所的新三板，2021年11月15日才开始正式交易，数据不足够，其各证券的收益与风险关系我们未来将做进一步研究。

2.凭借好运气

1987年，深发展A（000001.SZ）发行股票，票面价20元/股，市场反应冷淡。在这种情况下，政府要求大家带头支持国家建设，甚至有单位为了完成发行任务，规定凡认购股票者，单位出钱补贴一半，非党员每人认购1 000股，党员每人认购2 000股。当时某位老干部"被"投资了5 000元。1997年，深发展大幅上涨，前复权价最高至500元/股，他卖出股票变现了12.5万元，涨了24倍。这个故事的后续更令人动容。老干部卖出股票后心潮澎湃，不是因为赚了很多钱，而是觉得工作了一辈子就是为了消灭剥削，结果到老却成了资本家剥削别人。他的党性非常强，把5 000元本金留下，其余12万元都交了党费。

2017年1月15日，郑渊洁的父亲在微信公众号上回忆了一段往事：20世纪八九十年代，郑渊洁每天收到大量小读者的来信，以至于北京市邮局为他设立了专门的邮箱。最多的时候，每天的小读者来信数以千计。当家里的读者来信越来越多时，家人说放不下了怎么办？郑渊洁说："这些信绝对不能处理掉，一是小读者信任我，才给我写真情实感的信，我必须善待；二是给我写信的小读者中会有未来的大科学家、大作家、大领导，我珍藏着这些信，将来可以拍卖呀。"于是郑渊洁决定买房子来存放这些读者来信。当时北京的房价是每平方米1 400元，他嫌贵，但卖房子的人说也许20年后就能涨到2 400元了。就这样，郑渊洁一口气买了10套房子，让小读者给他写的信件住进去。到了21世纪20年代，这10套房子的价格已过亿元了！郑渊洁本来的目标是未来拍卖信件赚钱，于是买了房子收藏小读者的信件。结果还没等拍卖信件，存放信件的房子已经升值到令人难以置信的地步了。

2021年4月23日下午，一则大连大妈炒股忘记密码13年后5万元变为500多万元的新闻刷爆网络。2008年初，这位大妈用5万元买了"长春高新"股票，之后因为忘记了交易密码就一直没有交易。这只股票是一只大牛股，被称为"医药界的茅台"，复权价每股价格从2008年4月23日的4.02元涨到了2021年4月23日的480.17元。结果这位大妈2021年4月23日本打算去销户，却发现账面资金达到了500多万元。

显然，上述人士取得高收益，原因只能归结于他们"运气好"。

3.更加有耐心

当前中国股票市场的确存在很多问题，其中不少问题还相当严重。很多人认为中国股票市场是赌场，甚至连赌场都不如。我们也曾一度持类似看法，不过现实并非如此。

投资收益包括价差收益和分红收益两部分。本教材第3版曾计算了从2012年1月初至2022年12月底中国五大银行A股股票的表现，见表3-1。这5只股票价差收益表现一般，价差收益率最高的建设银行也不过25.11%，低于同期上证指数43.66%的涨幅。但是，这5只股票在这段时间，每年都至少有一次分红，分红收益率最低的工商银行也高达67.32%。这样，5只股票投资总收益率都超过了65%，最低的工商银行也高达70.16%，年化收益率为4.95%。以此计算，某位投资者在2012年1月初有10 000元资金，各2 000元分别投资这5只股票，那么到了2022年12月底，总资金会变成18 414.13元，年化收益率为5.70%。在增加的资金8 414.13元当中，价差总收益1 099.71元，占13.07%；分红总收益7314.42元，占比86.93%。

表3-1　中国五大银行A股股票投资收益情况（2012年1月初至2022年12月底）

银行	工商银行	农业银行	中国银行	建设银行	交通银行
2012年1月初价格	4.22	2.60	2.91	4.50	4.45
2022年12月底价格	4.34	2.91	3.16	5.63	4.74
价差总收益	0.12	0.31	0.25	1.13	0.29
分红总收益	2.84	2.00	2.11	3.42	3.26
价差总收益率	2.84%	11.92%	8.59%	25.11%	6.52%
分红总收益率	67.32%	76.94%	72.34%	75.93%	73.19%
投资总收益率	70.16%	88.87%	80.93%	101.04%	79.71%
投资年化收益率	4.95%	5.95%	5.54%	6.56%	5.48%

进一步，本版将投资期限延长至2024年12月底，见表3-2。从2012年1月初至2024年12月底，中国五大银行A股股票，价差收益表现很好，价差收益率最低的工商银行也达到63.98%，高于同期上证指数54.50%的涨幅。同时，这5只股票的分红收益率也很高，分红收益率最低的工商银行也高达77.97%。这样，5只股票投资总收益率都超过了140%，最低的工商银行也高达141.95%，年化收益率为7.03%。同样，以此计算，某位投资者在2012年1月初有10 000元资金，各2 000元分别投资这5只股票，那么到了2024年12月底，总资金会变成27 128.97元，年化收益率为7.98%。在增加的17 128.97元中，价差总收益8 573.06元，占50.05%；分红总收益8 555.91元，占49.95%。未来这5只股票的出色表现是否会延续，待本教材第5版分解。

可见，从长期来看，中国股票市场中的很多股票，比如银行类股票，具有较高的投资价值，并且风险较低。但前提是投资者要有足够的耐心，买入之后长期持有，坐等分红。

表3-2　中国五大银行A股股票投资收益情况（2012年1月初至2024年12月底）

银行	工商银行	农业银行	中国银行	建设银行	交通银行
2012年1月初价格	4.22	2.60	2.91	4.50	4.45
2024年12月底价格	6.92	5.34	5.51	8.79	7.77

银行	工商银行	农业银行	中国银行	建设银行	交通银行
价差总收益	2.70	2.74	2.60	4.29	3.32
分红总收益	3.29	2.35	2.46	4.01	3.81
价差总收益率	63.98%	105.38%	89.35%	95.33%	74.61%
分红总收益率	77.97%	90.30%	84.61%	89.20%	85.71%
投资总收益率	141.95%	195.68%	173.96%	184.53%	160.32%
投资年化收益率	7.03%	8.70%	8.06%	8.38%	7.64%

3.2.4　市场有效性与投资策略

投资者的目标是获得尽可能高的回报。基于这一目标，在不同程度的有效市场情况下，投资策略应各不相同，见表3-3。

表3-3　　　　　　　　　　　　市场有效性与投资策略

项目	弱有效市场	半强有效市场	强有效市场
价格包含的信息	历史信息	除内幕信息	全部信息
超额收益来源	当前信息	内幕信息	无
技术分析	无效	无效	无效
基本面分析	有效	无效	无效
内幕信息	有效	有效	无效
投资理念	积极	努力	消极保守
投资方式	择时	择股	买入持有
投资期限	短期	中期	长期

在市场是弱有效的情况下，证券价格包括了历史信息，超额收益源自当前信息，技术分析是无效的，但基本面分析和内幕信息是有效的。在这种情况下，投资者应当积极努力分析市场情况，做好择时择股，侧重于短期投资。

在市场是半强有效的情况下，证券价格包括了除内幕信息以外的所有信息，超额收益源自内幕信息，技术分析和基本面分析都是无效的。在这种情况下，投资者应当积极努力分析市场情况，做好择时择股，侧重于中期投资。

在市场是强有效的情况下，证券价格包括了全部信息，技术分析、基本面分析和内幕信息都是无效的。在这种情况下，投资者应当消极保守，被动地买入股票持有，侧重于长期投资。

3.3　有效市场假说的验证

3.3.1　美国的情况

法玛（1970）综合了当时的47篇文献研究成果，发现了支持有效市场假说的证据，而否定的证据很少，其论证方法如下。

1.弱有效

证明市场是弱有效状态的方法是，考察证券价格是否是随机游走的，也即投资者是否能通过历史趋势来预测未来。当时的各项研究成果都支持这一假说。例外的是，Niederhoffer 和 Osborne（1966）发现，股票连续两条阳线再出阳线的概率大，连续两条阴线再出阴线的概率也大。这一现象在统计上是显著的，但在实际操作中，必须进行大量交易才能获得足够回报。然而，交易是有费用的，交易越频繁，费用越高，因此，这一发现没有应用价值。

2.半强有效

证明市场是"半强有效"状态的方法是，考察证券价格是否充分、及时和准确地反映了公开信息，也即投资者是否能够准确判断出各种公开信息。法玛自己的一项研究发现，如果股票拆分，70%的情况下企业会增加分红，因此股票拆分是利好信息。如图3-3所示，在企业拆股信息公布之前的一个月，股票价格就开始上涨，到了信息发布之日，价格达到最高值，随后价格平稳。

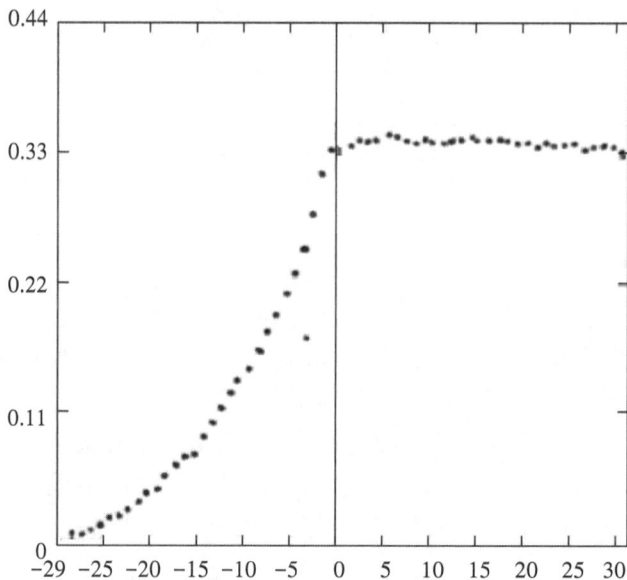

图3-3　股票拆分利好信息发布前后的股价走势

这意味着，市场投资者会根据一些迹象提前知道企业即将拆分股票的信息，等到信息公布之后，价格已经充分地反映了利好信息，而且非常准确，没有"等靴子落地"的心态。

Ball 和 Brown（1968）发现，公司年报公布之前的一个月，只有10%～15%的年报内容没有被市场预测出。Waud（1969）考察了市场对于美国联邦贴现率变化的反应，发现贴现率变化公告后的首个交易日，市场整体没有变化，原因在于市场此前就准确地预测出了这个公告。Scholes（1969）发现，公司增发后，公司内部人或一些机构的股票数量增加，尽管如果他们卖股票，在10天内报告即可，但市场会在事前就预测出他们的行为，并作出反应。

上述这些发现，都支持市场是"半强有效的"。

3.强有效

证明市场是"强有效"状态的方法是，考察证券价格是否充分、及时和准确地反映了所有信息，也即拥有内幕信息的投资者是否能够获得超额回报。

Niederhoffer 和 Osborne（1966）指出，纽约交易所的一些专家有时具有某独家信息的优势；Scholes（1969）指出，部分公司高管有时能够取得关于他们公司的独家信息。两项研究都发现内幕信息拥有者有时的确能够取得超额利润，法玛认为，这些事例只是个别情况，并且可能只是"后此谬误"。

为科学地考察市场是否"强有效"，法玛的论证思路是，首先要找出一类人群，他们要符合3个条件：（1）他们的确拥有内幕信息；（2）他们的投资收益能够被准确地观察到；（3）这类人群要有足够的规模。显然，基金经理群符合上述3个条件。Jensen（1965）考察了1955年至1964年10年间美国的115只共同基金的收益情况，结果发现：（1）有89只基金的毛收益比"标准普尔500指数"同期情况要差，115只基金的总体平均收益率比标准普尔500指数要低14.6%；（2）把手续费扣掉，有72只基金表现比大盘要差，平均收益率要低8.9%；（3）把所有费用都扣掉，有58只基金的表现比大盘要差，平均收益率要低2.5%。这一发现支持市场是"强有效"的。

进一步，Jensen（1965）认为，根据计算结果，共同基金产业几乎没有预测证券价格的能力。甚至，也没有证据表明存在个别基金有预测证券价格的能力。

4.结论与启示

法玛（1970）综合上述项研究，提出除了极少数情况以外，各项事例都不能否认市场是有效的。作者认为，可能有两类群体拥有内幕信息，即公司内部人和专业投资者，但没有证据表明这两类群体获得了超额收益[①]。

强有效市场是一个理想状态，现实生活可能并不存在，但它可以作为衡量市场有效程度的标尺。就好比牛顿第一定律：如果物体受力为零，将保持静止或匀速直线运动。虽然现实中，物体不可能受力为零，也就不可能保持静止或匀速直线运动，但它却是力学甚至物理学的理论基础。

---

① 注意，作者只是说"没有证据表明"，并没有彻底否定这两类群体不能获得超额回报。

3.3.2 中国的情况

有关中国证券市场的有效性问题，少部分研究认为尚未达到"弱有效"状态，大部分研究认为已经达到"弱有效"状态。党的二十大报告指出，健全资本市场功能。2000年1月至2024年12月，中国A股市场共有5 958个交易日，其中上证指数3 126天上涨，比例为52.47%；深圳成指3 035天上涨，比例为50.94%，都略大于50%。我们统计了这些日期，两市出现N连阳或N连阴后，下一交易日上涨的概率。如图3-4所示，不管是N连阳或N连阴后，或者是沪市还是深市，下一交易日上涨的概率都非常接近于50%。这说明，不能通过前几日两市大盘走势来判断其当日变化情况。

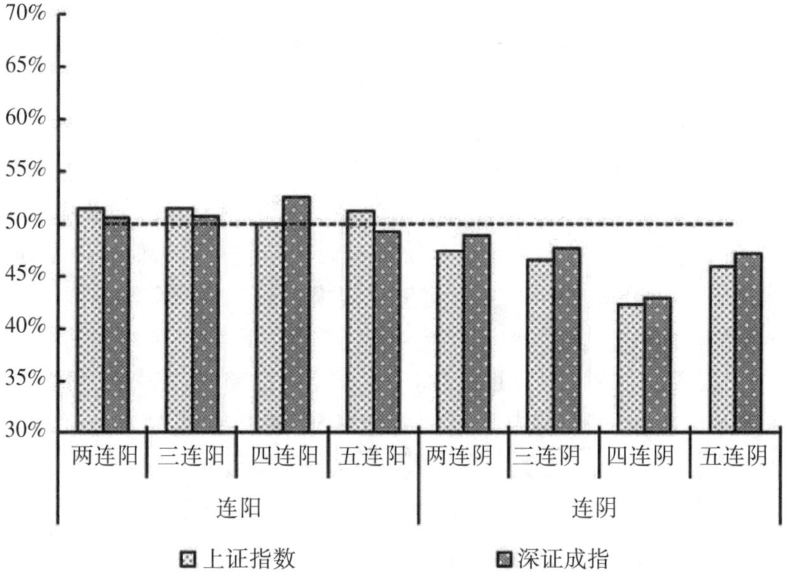

图3-4　中国A股市场连阳或连阴后下一交易日上涨比例

我们还统计了同一时段，美国各股票市场的相关情况，如图3-5所示，3个指数都无一例外地显示，N连阴后，下一交易日上涨的概率明显小于50%；并且连阴日数越长，下一交易日上涨的概率越小，其中标普500指数尤其突出。因此，至少在这一方面，中国A股市场是"弱有效"的，并且有效程度强于美国。

进一步，我们用一些事例来说明中国市场是"非半强有效"或是"非强有效"的。

1.非半强有效的证明

（1）隐秘性信息。

2017年4月1日，中共中央、国务院印发通知，决定设立国家级新区河北雄安新区。这一决策被视为国家大事、千年大计。对于这一事件，涉及的股票有冀东装备（000856.SZ）等，为利好信息。

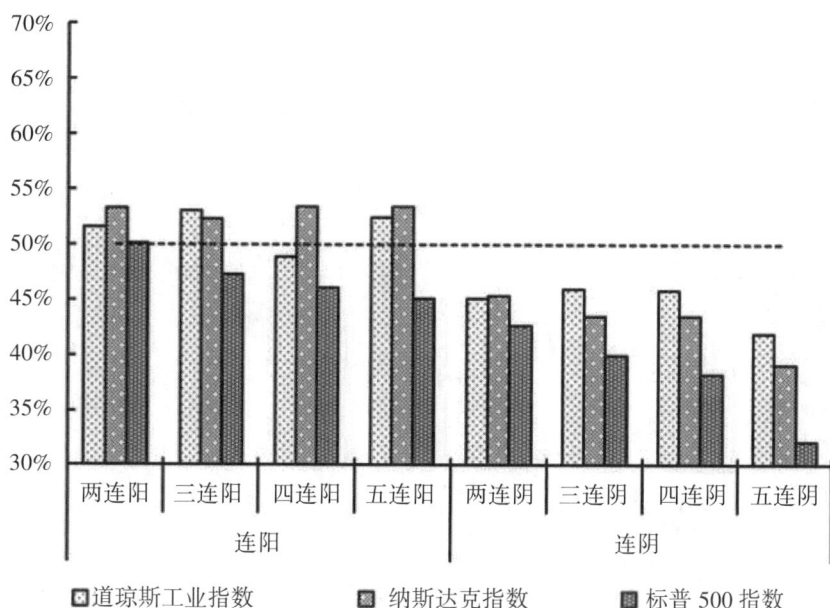

图3-5 美国股票市场连阳或连阴后下一交易日上涨频率

2021年5月22日，"共和国勋章"获得者、中国工程院院士、国家杂交水稻工程技术研究中心主任、湖南省政协原副主席袁隆平因病逝世。对于这一事件，涉及的股票有隆平高科（000998.SZ），为利空信息。

2025年1月29日，中国农历大年初一，电影《哪吒之魔童闹海》登陆全国院线，此后票房不断刷新多项纪录，成为创造神话的现象级影片。对于这一事件，涉及的股票有光线传媒（300251.SZ），为利好信息。

我们计算了这三只股票在对应事件前后的价格变化情况，结果如图3-6所示。这些信息在事前高度隐秘，市场无人知晓，股价也没有提前异动。信息发布日之后，股价根据相关信息的属性迅速调整。

（2）可预期信息。

2017年3月8日晚，中际旭创股份有限公司发布公告，其购买苏州旭创100%股权事项获得证监会有条件通过，后者由美国著名创投家和海归博士发起创立的光通信企业，主要从事10G/25G/40G/100G等高速光模块的研发、设计和制造。对于这一事件，涉及的股票有中际旭创（300308.SZ），为利好信息。2023年7月15日，江苏金迪克生物技术股份有限公司发布公告，公司所在地江苏省泰州市医药高新区近期出现特大暴雨，公司厂房被淹，部分车间停产，预计当年7至9月公司营业收入可能为0。对于这一事件，涉及的股票有金迪克（688670.SH），为利空信息。

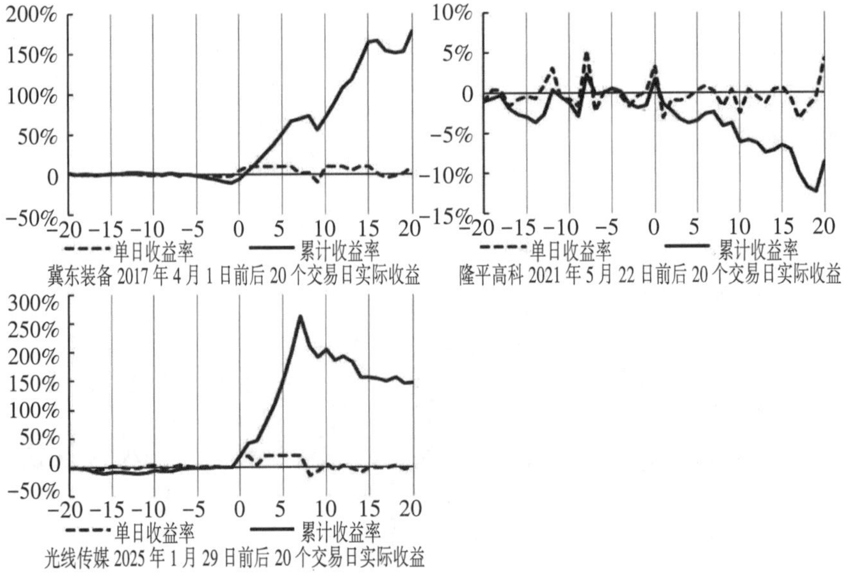

冀东装备 2017 年 4 月 1 日前后 20 个交易日实际收益

隆平高科 2021 年 5 月 22 日前后 20 个交易日实际收益

光线传媒 2025 年 1 月 29 日前后 20 个交易日实际收益

图3-6　隐秘性信息对相关股票价格的影响

2024年10月18日晚，上海电气发布公告，其全资子公司自动化集团拟以30.82亿元现金收购电气控股持有的宁笙实业100%股权，从而间接持有上海发那科机器人有限公司50%的股权。对于这一事件，涉及的股票有上海电气（601727.SH），为利好信息。

同样，我们计算了这三只股票在对应事件前后的价格变化情况，结果如图3-7所示。市场信息发布之前，信息已经在事前被部分预测，三股股票价格都有提前异动。待信息正式发布后，价格又延续了之前的走势。

（3）虚假性信息。

2022年8月18日，一则关于长春高新生产的生长激素被列入南部某省第三批药品集中带量采购列表的传闻流传开来，"集采"一般会使药品价格大幅下降、药企营收受到冲击，这导致长春高新股价连续多日大幅下跌。当年9月16日，该省公开的第三批药品集采目录当中，并不包含生长激素。对于这一事件，涉及的股票有长春高新（000661.SZ），为利空信息。

2024年11月21日至12月2日，因沾边人工智能概念及与华为的关系，华胜天成（600410.SH）收获"八连板"。12月2日晚间，公司发布公告称："截至2024年9月30日，公司向华为的供货金额不足1 000万元；公司AI应用相关产品主要为智能客服、智能数据助手等，前述业务确认收入占业务收入比例较小，对公司业绩不构成重大影响。"

2024年年底，国内外厂商举行了密集的"AI眼镜"发布会，因与此业务沾边，卓翼科技（002369.SZ）在12月11日至18日的6个交易日中有4天涨停。12月19日，公司发布公告称："公司产品没有应用在AI眼镜相关领域，没有签署相关协议或订单。公司具备AR智能眼镜产品相关设计制造能力，但公司没有签署过AR智能眼镜产品的订单，对公司营业收入没有影响。"

中际旭创 2017 年 3 月 9 日前后 20 个交易日实际收益

金迪克 2023 年 7 月 14 日前后 20 个交易日实际收益

上海电气 2024 年 10 月 18 日前后 20 个交易日实际收益

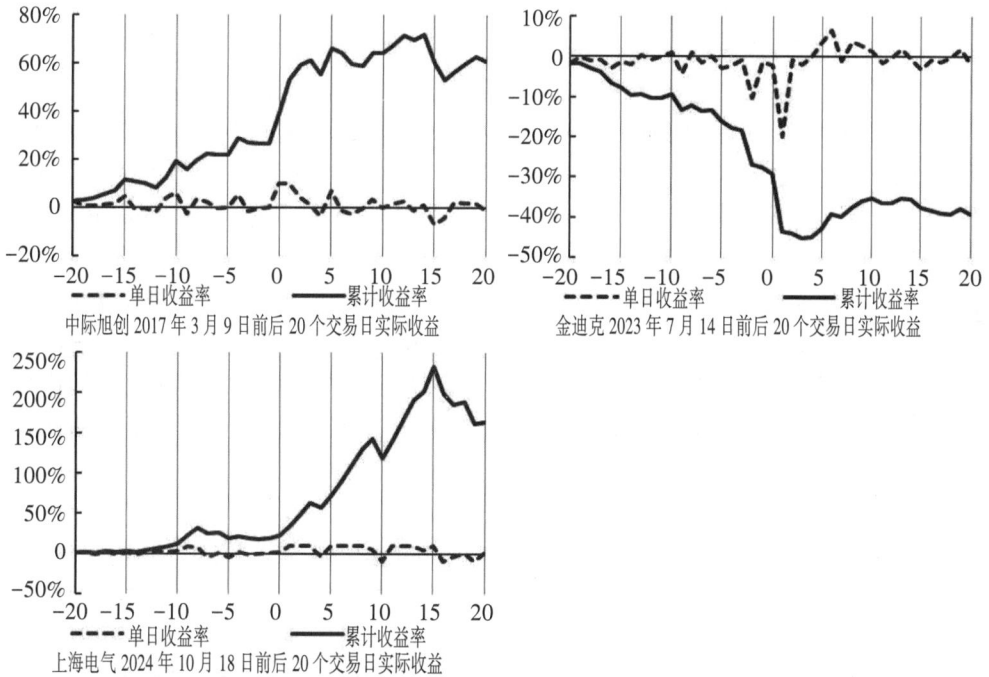

图3-7　可预期信息对相关股票价格的影响

同样，我们计算了这三只股票在对应事件前后的价格变化情况，结果如图3-8所示，虚假性信息在被澄清之前，股价大幅异动，在被澄清之后，价格又回调至原位。

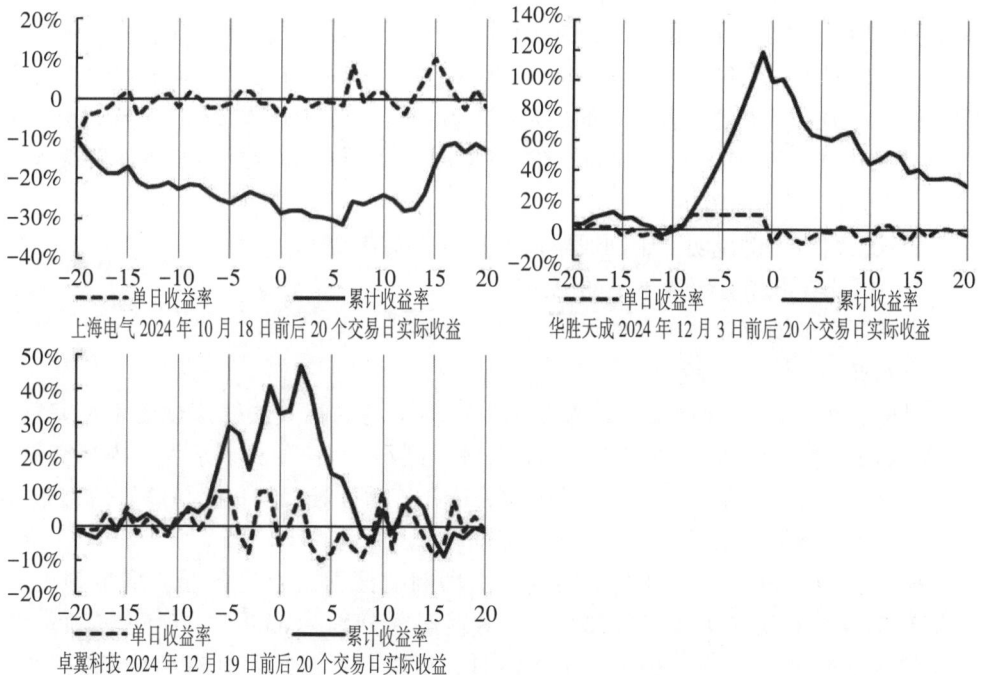

上海电气 2024 年 10 月 18 日前后 20 个交易日实际收益

华胜天成 2024 年 12 月 3 日前后 20 个交易日实际收益

卓翼科技 2024 年 12 月 19 日前后 20 个交易日实际收益

图3-8　虚假性信息对相关股票价格的影响

（4）总结。

首先，大家可以看到，对于不同信息，市场的可预测程度不同：①河北成立雄安新区、袁隆平院士去世和《哪吒之魔童闹海》票房火爆，这些信息在事前隐秘性很高，不易被外界获得，股价稳定。信息发布后，股价迅速作出反应。②中际旭创收购苏州旭创、金迪克所在地遭遇特大暴雨和上海电气间接持股机器人企业，这些信息已经在正式发布前，市场已部分预测出，并提前作出反应，待信息发布被正式确认时，股价走势会有一定延续。③长春高新集采生长激素、华胜天成沾边人工智能概念和卓翼科技的产品应用于AI眼镜，这些信息属于谣言，但在被澄清之前仍然引起了相关股票的异动。

综合上述三组事例，大家可以看到，股票价格并不能完全反映公开信息，并且有投资者利用公开信息获利，这意味着中国股票市场应当不是"半强有效"的。

2.非强有效的事例

在中国，利用内幕信息在资本市场当中获利的事例很多。比如，2010年4月至2014年1月22日，厉某超在担任中邮基金旗下的中邮核心优选基金的基金经理期间，利用职务便利获取内幕信息及其他未公开信息，使用其控制的多个证券账户，先于中邮核心优选基金1至5个交易日、同步或者稍晚于1至2个交易日买入、卖出与中邮核心优选基金投资的相同股票，累计趋同交易金额约9.1亿元，累计趋同交易获利约1 682万元。

又如，2016年10月24日，闰土股份公司发布"公司拟筹划购买医药类资产"的重大事项，拟以发行股份及支付现金的方式购买万邦德制药集团有限公司全部股权。该事项属于《中华人民共和国证券法》第六十七条第（二）项规定的"公司的重大投资行为和重大的购置财产的决定"，为内幕信息，敏感期为2016年8月27日至10月21日13时。而在这一期间，茹某刚净买入1 735 446股公司股票，交易金额2 819.73万元，获利116.09万元。

显然，这些事例说明，中国股票市场不是"强有效"的。

3.中国证券市场有效性不足的原因

中国证券市场有效性不足的原因可以归为如下几点：

（1）外部环境不完善。

目前整个中国正处于发展转型阶段，证券市场的相关法律法规还不尽完善。《中华人民共和国刑法》（2017年11月4日修订版）第一百八十条为"内幕交易、泄露内幕信息罪"，第一百八十一条为"编造并传播证券、期货交易虚假信息罪"，第一百八十二条为"操纵证券、期货市场罪"。

根据我们于2023年2月在中国裁判文书网的搜索，上述各罪名刑事判决分别只有34项、0项和9项；在2025年5月搜索，分别为63项、0项和21项。以上述的内部交易案为例，2016年4月15日，厉某超被终审判处有期徒刑3年半，罚金1 700万元。2019年11月11日，茹某刚被终审判处有期徒刑5年，罚金120

万元。作为对比，2006年4月21日，广州青年许霆利用ATM机故障取款，窃取17.5万元，金额只是前者的1%，但一审被判无期徒刑，在全国人民的关注下，2008年2月22日重审改判5年有期徒刑。2015年7月，河南三名在校大学生掏鸟窝抓了16只鸟出售，因涉嫌犯非法收购、猎捕珍贵、濒危野生动物罪，主犯于2015年12月被河南新乡中院二审判刑10年。2016年4月，其再审申诉也被法院驳回。

如前所述，长春高新因一则谣言，一个月内市值蒸发约250亿元，同时也有不少投资者遭受很大损失。2022年9月19日，上海某律师事务所发布《长春高新（000661.SZ）投资者征集方案》，公开征集符合条件的长春高新投资者向编造、传播虚假信息的行为人进行索赔。这是A股市场首次投资者因虚假信息遭受损失而向造谣者索赔。同年11月，这一事件被正式立案。2023年4月17日，在江苏省南京市鼓楼区人民法院开庭审理此案，在当年9月一审判决中，法院否认被告江苏某公司发布、福州市某公司转载案涉文章的行为具有违法性，否认被告具有主观故意，否认原告长春高新股票投资者的损失与案涉文章的发布传播存在因果关系，否认原告遭受实际损失，遂判决驳回原告的诉讼请求。截至2025年2月，此案尚无后续结果，其最终结果如何，作者将保持关注。我们深信，人民法院对此案会依法作出公正的判决。

（2）监管制度不完善。

以前，中国企业上市仍然实施的是审批制而不是注册制。表面上，审批制要经过层层把关批准，而不是像注册制那样相对容易上市。但恰恰是因为审批制，导致了许多腐败寻租的问题。

我们计算了2000年至2024年间，中国企业在A股市场IPO融资额、发行费用以及注册资本等相关数据，结果如图3-9和图3-10所示。①上市费率（发行费用/IPO融资金额）一直很高，2014年以来，各市场基本都在10%左右，甚至更高。为了上市付出一些费用是必要的，但总体上这些费用远远不应当达到如此高的比例。②从上市回报来看，一旦企业上市，融资金额远超此前企业的注册资本，对于创业板和科创板企业更是如此，在2024年，创业板企业上市后，平均而言，企业融资金额是此前注册资本的6.33倍，科创板是5.84倍。

可见，在当前中国，企业上市虽然费用高昂，但上市成功后，取得的收益巨大，为上市本身而付出的费用就显得微不足道了。因此，监管的机构的腐败和寻租行为很难避免。

此外，导致中国股票市场有效性不足的原因还有上市公司造假多和投资者心理浮躁等，对于这些问题，本教材将于第3篇各章节详细描述。

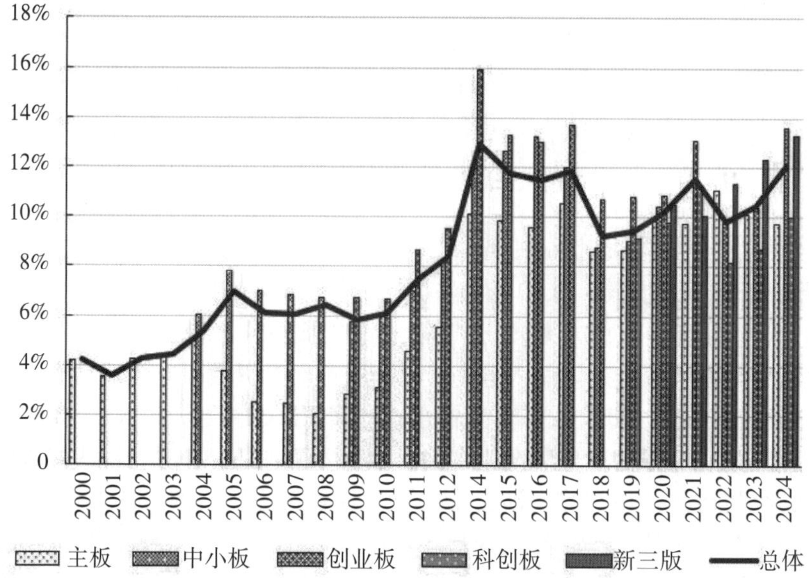

图3-9　中国企业A股IPO发行费用比IPO融资额

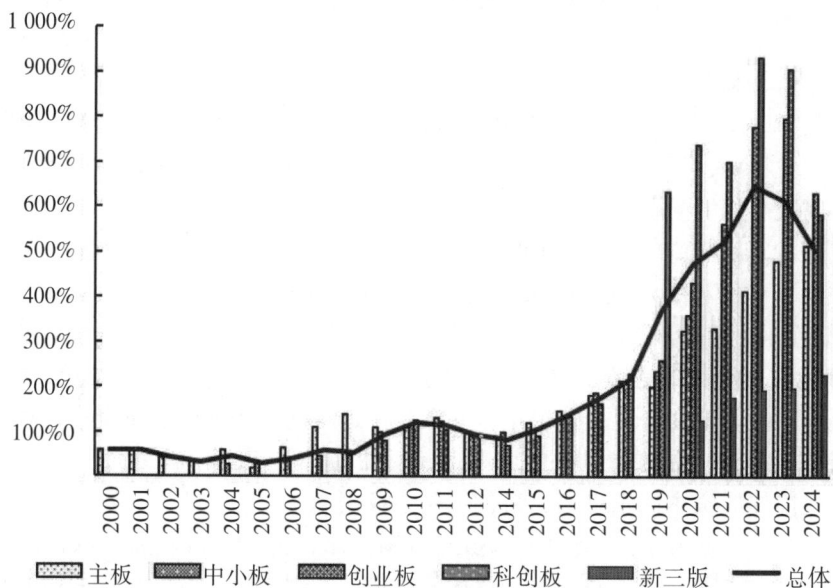

图3-10　中国企业A股IPO融资额比注册资本

3.4　有效市场假说的评价

3.4.1　有效市场假说的意义

有效市场假说自提出以后，无论在理论方面还是在实证检验方面，这一假说都取得了巨大的成功。它也成为现代金融理论的核心命题，金融理论绝大多数的研究，特别是证券分析方法，基本上都是在这一假说及其应用的基础上建立起来的。正因为如此，约翰逊在1978年声称："迄今为止，没有任何一个经济学命题能像有效市场假说那样获得如此坚实的实证检验的支持"。

3.4.2　有效市场假说受到的质疑

本教材将在第3篇详细论证各种金融市场异象，因此有效市场假说并不总是成立的。

1.无交易悖论

无交易悖论是指，如果人们都是完全理性的，会产生同样的信念，就不会发生交易；但因为没有交易，价格不能反映信息，市场就是无效的。

现实是，正是因为人们对于相同信息的判断不一致，才会产生交易。例如，甲认为某只股票值10元，乙认为其值20元，甲就可以用15元的价格将股票卖给乙，双方都认为这是使自己能够获利的交易。并且，在实际情况中，证券市场的交易频率是非常高的，也即存在"过度交易"异象，对于这一问题我们将在本教材第3篇的第12章详细探讨。

2.信息收集悖论

信息收集悖论是指，如果市场有效，证券价格已经充分地反映了所有信息，投资者就没有必要去收集信息，但如果没人去收集信息，证券价格就不能反映信息，市场就是无效的。它由 Grossman 和 Stiglitz 提出，因此又被称为 Grossman–Stiglitz 悖论，这是一个逻辑学中的"二律背反"。

3.非有效的长期市场

罗伯特·席勒认为，有效市场假说仅仅对了一半：（1）对于新手和业余投资者而言，这一假说能够通过展示"有效市场"的概念，避免他们相信一夜暴富。现实是，在泡沫市场中通过交易很难快速致富，分钟交易、日交易或者月交易等短线投机并不存在盈利的机会。（2）上面的事例并不足以推出市场是"长期"有效的。以市盈率为例，传统智慧将其视为预测未来收益的重要指标，但这些研究使用的只是非常短的时间间隔。长期来看，这种市场基本上是失效的。因为，相信有效市场假说的人过于理想化，他们没有考虑现实市场的真实情况。

3.4.3　有限套利

如前所述，有效市场假说的支持者认为，即使绝大部分投资者是非理性的，并且非理性方向一致，但是只要存在理性投资者，哪怕他们只占投资者全体的很小一部分，也可以"逆向操作"进行套利。结果是：一方面是使自己获得超额回报；另一方面也能纠正非理性投资者行为导致的市场价格的偏离，进而使得市场最终达到有效状态。但在实际操作过程中，套利行为也存在一定的有限性。例如，Shleifer 和 Vishny（1997）指出，投资者实施套利行为将面对多种风险，并承担一定成本。

1.基本风险

基本风险（Fundamental Risk），是指由于证券基本价值变化所带来的风险。例如，当套利者认为证券价格被高估，而采取卖空证券的投资策略时，他们会面临证券的基本价值进一步上升所带来的风险；相反，当套利者认为证券价格被低估，而采取买入证券的投资策略时，套利者会面临证券的基本价值进一步下跌所带来的风险或成本。

2.噪声交易者风险

噪声交易者风险（Noise Trader Risk），是指噪声交易者导致证券价格进一步偏离基本价值所导致的风险。金融市场中存在着一些噪声交易投资者，当证券价格低于其基本价值时，悲观的噪声交易投资者会认为价格有可能进一步下跌，从而抛掉这只证券，导致其价格进一步下跌；同样，当证券价格上涨时，乐观噪声交易投资者会认为价格有可能进一步上涨，从而买入这只证券，导致其价格进一步上涨。这两种情况都会使证券价格进一步偏离其基本价值。

3.模型风险

模型风险（Model Risk），是指套利投资者所依靠的模型缺陷导致的风险。实施套利的关键是对证券基本价值的准确估算，目前的方法通过现有理论模型来推断，根据这些模型所估计出的证券价值并不能保证完全正确。

4.执行成本

执行成本（Implementation Cost），是指投资者执行套利策略所支付的成本。例如，为了防范基本风险，需要卖空有替代关系的证券，但即使能找到有很好替代关系的证券，有时也可能出现卖空的供给不足。同时，当套利投资者要卖空证券时，现实规则的限制也将导致卖空无法被实施。另外，交易费用也会限制卖空的实施。

综上所述，套利者实施套利时将面临诸多风险和成本，它们会限制套利行为在金融市场上发挥作用，这一现象被称为"有限套利"。这就意味着市场可能并不总是"有效"的。

3.4.4　有效市场假说支持者的回应

在经济学中有两个定律：（1）对于任何一位经济学家而言，一定存在另一位实力相当，同时观点相反的经济学家；（2）唯有经济学这一门学科，会出现两位学者互唱反调，却共享诺贝尔经济学奖。这两个定律在2013年被同时证实。

视频03

有效市场假说的评价

罗伯特·席勒和尤金·法玛一起获得了当年的诺贝尔经济学奖。席勒认为："有效市场最根本的问题在于它只说对了一半，如果一个人关注较长间隔的数据，便会发现证券市场根本就不是有效的。"而法玛则主张："没有证据表明有摒弃市场有效性的必要，市场有效假说认为非正常现象是偶然的。"两位学者都是金融学泰斗级人物，谁对谁错，无人知晓。

思政课堂 ☑️ --●

《国务院关于加强监管防范风险推动资本市场高质量发展的若干意见》出台

【思政元素】遵纪守法，职业操守。

2024年4月12日，国务院印发《关于加强监管防范风险推动资本市场高质量发展的若干意见》，该意见共9个部分。这是继2004年、2014年两个"国九条"之后，时隔10年国务院再次出台资本市场指导性文件，并推出配套制度，形成了"中国资本市场的'1+N'政策体系"。

该意见的第三条严格上市公司持续监管，内容包括"依法从严打击以市值管理为名的操纵市场、内幕交易等违法违规行为"；第四条加大退市监管力度，内容包括"进一步强化退市监管。严格退市执行，严厉打击财务造假、操纵市场等恶意规避退市的违法行为。健全退市过程中的投资者赔偿救济机制"。第九条推动形成促进资本市场高质量发展的合力，内容包括"推动出台背信损害上市公司利益罪的司法解释、内幕交易和操纵市场等民事赔偿的司法解释，以及打击挪用私募基金资金、背信运用受托财产等犯罪行为的司法文件"。

本章小结 ☑️ --●

在金融市场当中，有效市场的含义是指证券价格能够"迅速、完整和准确"地反映相关信息。理性投资者能够准确评估证券价格，非理性投资者的随机交易能够相互抵消，套利可以使群体一致非理性导致的价格偏差恢复到正常水平，因此在理论上市场是有效的。

市场有效性分为3个级别：弱有效市场是指当前证券价格已充分反映了所有的历史信息；半强有效市场是指当前证券价格已充分反映了所有的"历史信息"和当前信息中的公开信息；强有效市场是指当前证券价格已经充分反映了所有信息，包括历史信息、当前信息的公开信息和内幕信息。

在完全有效的金融市场，任何投资方法获得的预期收益都完全相同，但因为承担高风险，凭借好运气或者更加有耐心，部分投资者的事后回报会高于其他投资者。

不同程度的有效市场对应不同的投资策略。在弱有效或者半强有效的市场，投资者应当积极主动，做好择时择股，侧重于中短期投资。在强有效市场下，投资者应当消极保守，被动择时择股，侧重于长期投资。

当前中国证券市场有效性不足，部分原因可归为外部环境不完善、监管制度不完善、上市公司造假多和投资者心理浮躁等。

有效市场假说是现代金融理论的核心命题，但并非总是成立的。在理论上，这一假说存在某些逻辑悖论，在实际中，套利行为存在着一定的局限性。

推荐阅读 ☑ -- ●

[1] KENDALL M G, HILL A B. The analysis of economic time-series-part I: Prices [J]. Journal of the Royal Statistical Society, Series A (General), 1953, 116 (1): 11-34.

[2] GODFREY M D, GRANGER C W J, MORGENSTERN O.The random walk hypothesis of stock market behavior [J]. Kyklos, 1964, 17 (1): 1-30.

[3] JENSEN M C. The performance of mutual funds in the period 1945 - 1964 [J]. The Journal of Finance, 1968, 23 (2): 389-416.

[4] FAMA E F.Efficient capital markets: a review of theory and empirical work [J]. The Journal of Finance, 1970, 25 (2): 383-417.

[5] FAMA E F.Efficient capital markets: II [J]. The Journal of Finance, 1991, 46 (5): 1575-1617.

[6] SHLEIFER A, VISHNY R W.The limits of arbitrage [J]. The Journal of Finance, 1997, 52 (1): 35-55.

[7] 伯顿·麦基尔. 漫步华尔街 [M]. 张伟, 译. 北京: 机械工业出版社, 2012.

第2篇 有限理性

第4章 认识偏差

学习指南

【学习目标】现实生活中人们并非完全理性，在认知过程中存在各类偏差。通过本章的学习，读者应当熟悉理性人假说的缺陷，掌握有限理性的含义，了解认知决策的两套系统以及使用启发法的优势和代价，掌握代表性启发、可得性启发和锚定与调整等启发式偏差的相关内容，熟悉禀赋效应、框架效应、偏好反转和证实偏差的相关内容，掌握视野短浅的含义以及工匠精神的意义。

【关键概念】启发式偏差；代表性启发；可得性启发；锚定与调整；禀赋效应；框架效应；偏好反转；证实偏差；视野短浅；即时满足；拖延症；工匠精神。

引例

【传统文化】

智子疑邻

宋有富人，天雨墙坏。其子曰："不筑，必将有盗。"其邻人之父亦云。暮而果大亡其财，其家甚智其子，而疑邻人之父。

——战国·韩非子《韩非子·说难》

【译文】宋国有个富人，因下大雨，家里的围墙坍塌下来。他儿子说："如果不（赶紧）修好它，一定会有盗贼进来。"隔壁的老人也这么说。（可富人不听他们的话）这天晚上果然丢失了大量财物。他家人很赞赏儿子聪明，却怀疑财物是隔壁那个老人偷的。

【现实事例】

三角形的高度

如图4-1所示，某直角三角形底边长1千米，斜边长1千米零1厘米。大家可以猜猜这个三角形的高X是多少？

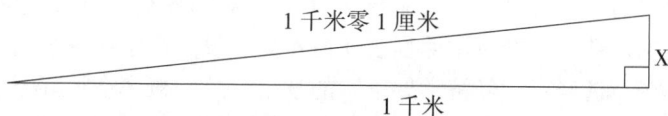

图4-1 直角三角形的高

大部分人凭着直觉会认为三角形的高度不会超过10厘米，但实际上，通过勾股定理计算可得：

$$X = \sqrt{1\,000.01^2 - 1\,000^2} = \sqrt{(1\,000 + 0.01)^2 - 1\,000^2}$$
$$= \sqrt{1\,000^2 + 2 \times 1\,000 \times 0.01 + 0.01^2 - 1\,000^2} \approx \sqrt{20}$$
$$= 4.47(米) = 447(厘米)$$

结果三角形的高度是447厘米，即4.47米，远远超出直觉的高度。

第2篇第4~9章讲述行为金融学6个方面的基本理论。

4.1 有限理性简介

4.1.1 理性人假说的缺陷

尽管采用理性人假设使得经济学取得了巨大的成功，但人们对于这一假设的争议从来就没有停止过，并且争论的范围从经济学本身一直延伸到心理学、伦理学、逻辑学直至哲学层面，争论的焦点包括其是否与事实相一致、逻辑上是否矛盾、是否符合伦理等。尽管理性人假说仍然是当前经济学研究的基础，但它在如下4个方面与现实有较大的差异，或者说存在如下缺陷：

第一，把人视为机器，单纯追求利益，甚至有人认为："诚实之所以有用是因为诚实能够带来信誉，从而能够带来金钱；守时、勤奋以及节俭等都是如此。如果推演下去，就是说，假如诚实的外表能达到相同的目的，那么有个诚实的外表也就足够了，而过多的这种美德只能浪费。"这显然完全忽略了现实人类生活当中丰富的道德和伦理等层面的问题。

第二，现实生活中，只有比例不高的人群是完全彻底的自私自利，即所谓的"杨子取为我，拔一毛而利天下，不为也"，但还有一部分人会为他人或者理想而牺牲自己，即所谓的"墨子兼爱，摩顶放踵利天下，为之"；当然大部分人会选择自利利他，在追求自身利益的同时，还会兼顾他人利益，即所谓的"子莫执中"。

第三，有些人正是因为学习了经济学理论才变得更加自私自利。例如，如图4-2所示，Bauman 和 Rose（2011）通过模拟捐款实验发现，经济学专业的学生平均捐款概率要显著小于非经济学专业学生（7.5%对11%）。尤其有趣的是，对于非经济学专业学生，选修了经济学课程会变得吝啬。没有修过经济学课程的学生，平均捐款率是17%；选修了"经济学导论"的学生，这一概率会下降至13%；选修了"经济学导论"又选修了"中级经济学"的学生，这一概率进一步下降至9%。可见，"经济学学得越深，会让人们变得越自利"。

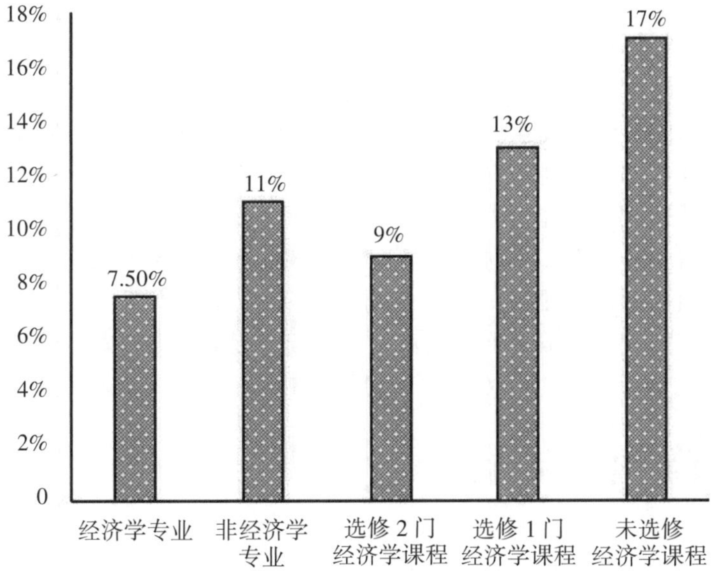

图4-2 学习经济学之后变得更自私自利

第四，过于理性反而有害。例如，弗洛伊德的精神分析理论认为，人类的意识可以分为显意识和潜意识。前者只是"水面冰山一角"，后者才是"冰山的主体"。现代人由于科技的发展，生活方式的改变，变得过于理性了，潜意识深层的原始本能遭到压抑，意识与潜意识严重脱节，这对于人的身心产生负面影响。

4.1.2　有限理性的含义

面对各种质疑，1978年诺贝尔经济学奖得主赫伯特·西蒙（Herbert Simon）基于生理学及心理学层面的思考，认为经济学家应该认识到人类理性和非理性的界限，要考虑人的基本生理限制，以及由此而引起的认知限制、动机限制及其相互影响的限制。进一步，西蒙提出了有限理性理论，对传统经济学理性人假说进行了修正。简单来说，有限理性（Bounded Rationality）是指"现实状况中，人们所获得的资讯、知识与能力都是有限的，能够考虑的方案也是有限的，未必能作出使得效用最大化的决策"。

西蒙用"草中寻针"的例子来说明完全理性与有限理性的区别。在草垛上零星地分布着一些针，为找到一根好用的针，在完全理性的情况下，人们要把所有针都找出来，从中选择最锋利的那一根；在有限理性的情况下，人们不需要找出所有的针，只要找出适合的一根就可以了。西蒙明确指出，人类认知能力的限度、信息的不完全和对结果预测的不确定性等因素，决定人类的理性是有限的。另外，人类的目标往往并不是单一的，人们在做决策时，会受到个人的价值观、效率标准和社会联系等多方面的限制，因而只能以"满意的原则"作为界定人类理性的标准。[1]这

---

①　靳涛. 理性的深化与经济学的发展［J］. 新华文摘，2003（9）.

样人们的选择就不一定是"效用最大"的那一项，但是"相对不差"的那一项。

比如以下场景经常发生。一对男女朋友相约去吃饭。男：你想吃什么？女：随便！男：那去吃牛排好了。女：不好，吃那个太腥了！男：那就去吃素食好了。女：不好，吃那个太单调了！男：那吃肉燥饭好了。女：不好，吃那个太没情调了！男：那去吃日本料理好了。女：不好，吃那个太贵了！男：那去吃麦当劳好了。女：不好，吃那个太没营养了！男生快受不了了，就很大声地问：那你到底要吃什么？女生有点不好意思，又有点娇羞地说了句：随便！

视频04

有限理性简介

这个时候，男生要清楚，一起吃饭只是增进双方感情的手段，主动选择一个"相对不差"的餐厅即可。

4.2 启发式偏差

4.2.1 启发式认知

1.认知决策的两套系统

卡尼曼在《思考，快与慢》书中引用了基思·斯坦诺维奇（Keith E. Stanovich）和理查德·韦斯特（Richard West）的研究成果。他们认为，人们在进行决策判断时，大脑中有两套系统：系统一是启发法（Heuristic），其特点是运行无意识且快速，不费脑力，处于自主控制状态。系统二是计算法（Analytic），其特点是注意力转移到费脑力的活动上，与行为、选择和专注等主观体验相关。

两套系统分工协作，共同完成人类的决策判断：（1）系统一平时自主运行，同时向系统二提供信息。例如，对于中国人来说，看到天气预报说温度是20摄氏度时，利用启发法自然会联想到温暖。（2）人们要考虑复杂问题的时候，系统一遇到了阻碍不能解决，系统二被激活。例如，中国人到了美国，看到天气预报说温度是20华氏度，就要将其换算成零下6.67摄氏度，才会联想到寒冷。

2.使用启发法的原因

人们在绝大多数情况下会使用系统一的启发法，具体原因如下：（1）没时间，即缺乏足够的时间来认真思考所要解决的问题；（2）没能力，即没有足够的能力来充分加工整理信息；（3）没必要，即手中问题并不重要，不必思考太多；（4）没依据，即缺乏做决策所需的可靠知识或信息。

3.使用启发法的代价

系统一的启发法在大部分情况下会得出一个"未必最优却相对合理"的结果，但有时也会出现严重和系统的错误。如本章引例中的"三角形高度"问题，凭借启发法，几乎所有人都认为它高度不会超过10厘米，但实际高度却是447厘米。

Tversky 和 Kahneman（1974）总结了人们使用启发法时遇到的决策偏离，具体可分为：代表性启发、可得性启发和锚定与调整。

4.2.2 代表性启发

代表性启发（Representatitiveness Heuristic），是指人们根据事件代表总体的情况来判断其发生的频率。 它具体又细分为如下6种情况。

1. 对先验概率不敏感

对先验概率不敏感（Insensitivity to Prior Probability Outcomes），是指人们受到其他无用信息的干扰，而忽略先验概率。比如，某位是华裔，他最可能是哪个国籍：新加坡、马来西亚还是印度尼西亚。

根据2023年的数据，实际结果是印度尼西亚。其原因在于，新加坡人口当中华裔比例虽然最高，但总人口数量最少，华裔人口总量在3个国家当中是最少的；印度尼西亚人口当中华裔比例虽然最低，但总人口数量最大，其华裔人口总量在3个国家当中是最多的，见表4-1。因此，这位华裔是新加坡国籍的概率仅为19.45%，是印度尼西亚国籍的概率却高达43.43%。

表4-1   3个东南亚国家人口情况

国家	该国华裔人口	该国总人口	该国华裔比例	该国国籍的实际概率
新加坡	307	415	74.0%	14.0%
马来西亚	768	3 370	22.8%	35.1%
印度尼西亚	1 115	28 073	4.0%	50.9%

注：人口单位为万人，相关数据为2023年情况。

但在现实生活当中，相当多数人会认为此位华裔是新加坡国籍。例如，根据我们的调查，如图4-3所示，当被问到上述问题时，有55.44%的比例选择新加坡，只有18.36%的比例选择印度尼西亚。原因就在于，被调查者受到了"新加坡华裔人口比例最高"这个无用信息的干扰。

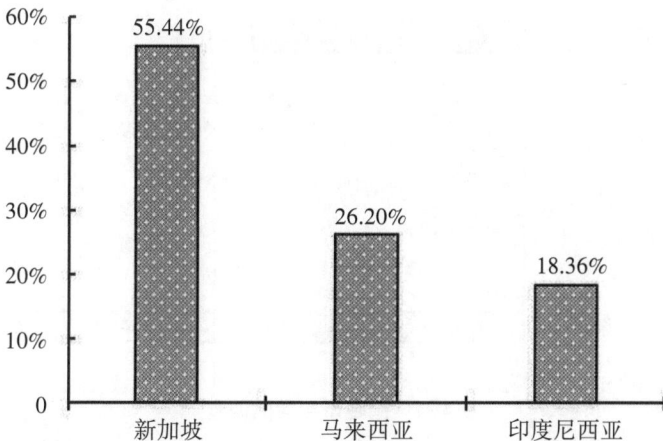

图4-3   无用信息干扰导致的代表性启发偏差

2.对样本规模不敏感

对样本规模不敏感（Insensitivity to Sample Size），是指人们直觉判断受样本比例的影响，忽略样本规模的决定性作用。从统计学来说，样本数量越多，统计结果才越可靠。但现实生活中，人们往往是从少数样本来推断整体情况，即更关注频率而忽略了样本规模。

比如说，某个装满红色和白色小球的瓶子，这些小球中的2/3是一种颜色，1/3是另一种颜色。（1）情况一：从中随机抓取5个小球，结果4红1白；（2）情况二：从中随机抓取20个小球，结果12红8白。在哪种情况下，2/3的小球是红色的可靠性最大？

从概率统计学上讲，（1）如果瓶子中小球2/3是红色的，在情况一，发生的概率是 $1 - C_5^4 \times 1/3^4 \times 2/3 = 1 - 0.0412 = 0.9588 = 95.88\%$；（2）在情况二，发生的概率是 $1 - C_{20}^{12} \times 1/3^{12} \times 2/3^8 = 1 - 0.00007 = 0.99993 = 99.993\% > 95.88\%$。因此，情况二更可靠。

但在现实生活当中，大部分人会忽略样本规模，而认为情况一更可靠。

3.误解机会

误解机会（Misconceptions of Chance），是指人们将局部或者暂时的频率误以为全局或者长期的概率，即使事件是随机发生的，人们也会认为短期的频率要等于长期的概率。

以抛硬币游戏为例，连续抛6次，如下哪种情况发生的概率更大？（1）情况一：正-反-正-反-反-正。（2）情况二：正-正-正-反-反-反。从概率上来看，只要硬币是均匀的，两种情况发生概率都是1/64。

但在现实生活当中，如图4-4所示，根据我们的调查，尽管被调查者学习过概率论和数理统计学知识，但仍有超过1/3（34.05%）的同学认为情况一的发生概率更大，因为它看起来更"随机"。

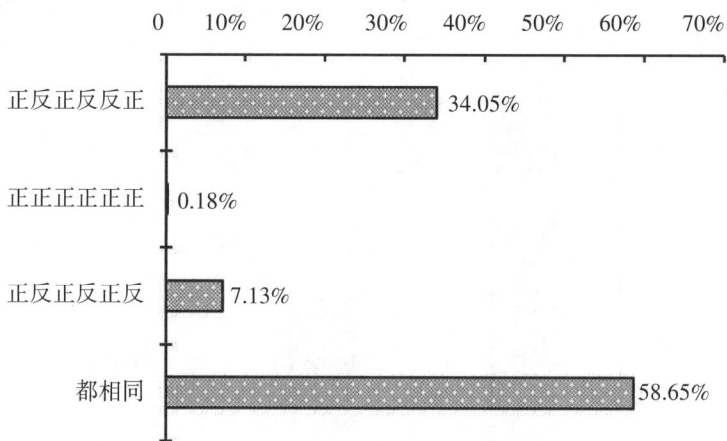

图4-4 抛硬币实验的调查

4.对可预测性不敏感

对可预测性不敏感（Insensitivity to Predictability），是指人们有时会加工一些冗长但没有用的信息，实际上这些信息对预测没有任何帮助。例如，年轻人当中流行"星座预测"，我们曾以"星座不会轻易爱上一个人，一旦爱上就会很致命"多年来在各种搜索引擎上搜索，发现同一时间利用不同搜索引擎的结果不一样，不同时间利用同一搜索引擎的结果也不一样。我们也以此问题向学生们做调查，结果如图4-5所示，各星座比例基本一致。因此，星座预测除了作为无聊时没话找话的谈资以外，没有其他任何用处。

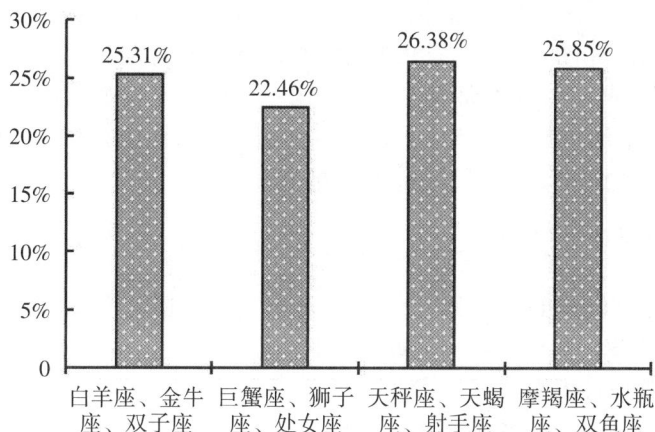

图4-5　星座与恋爱性格关系的调查

5.效度错觉

效度错觉（Illusion of Validity），是指人们利用某种方式产生错觉或偏差后，即使他意识这种方式的存在会降低预测精确性，仍会继续这样做。

例如，一个典型甚至是共识的例子是，考试过程中，如果不清楚某个单选题答案，大部分人会倾向于选择C。例如，根据我们的调查，如图4-6所示，选择C的比例基本都在75%左右。但实际上，在我们的课堂中，有学生专门统计了历年各省份高考数学和物理题最后一道选择题的答案，结果发现答案是每个选项的可能性都是25%。

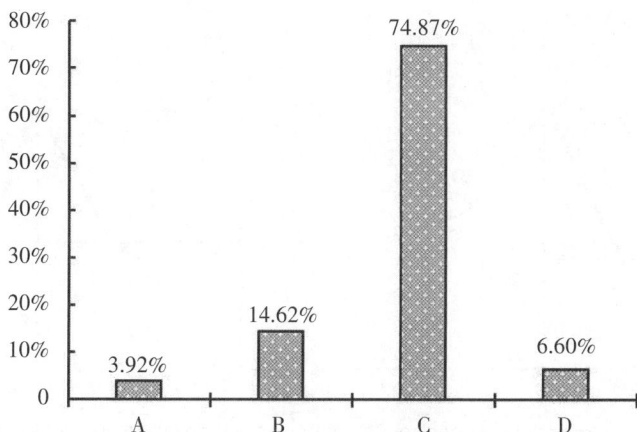

图4-6　不会的单选题选什么

6.误解回归

误解回归（Misconceptions of Regression），是指人们误以为均值回归是由于外力作用导致的，但实际上，在许多肯定会发生回归的情况下，并没有发生期望的回归；而当发生期望的回归时，人们会进行虚假的因果解释。

例如，Kahneman 和 Tversky（1973）发现，在对飞行员进行训练时，教练发现赞扬一次平滑着陆，通常会伴随下一次糟糕的着陆；而对糟糕着陆的严厉批评，则通常会伴随下一次着陆的改善。根据这一现象，教练认为："言语奖赏对学习是有害的，相反言语惩罚是有益的。"但实际上，表扬或批评与否，对下一次着陆情况没有任何影响。再如，投资大师巴菲特曾用一个生动比喻来描述投资者的自我感觉："如果你是池塘里的一只鸭子，由于暴雨的缘故水面上升，你开始上浮。但此时你却以为上浮的是自己，而不是池塘中的水。"

4.2.3 可得性启发

可得性启发（Availability Heuristic），是指人们根据一个事件在脑海中的印象来判断其发生频率。具体又细分为如下4种情况。

1.例证可提取性引发的偏差

例证可提取性引发的偏差（Biases due to the Retrievability of Instances），是指根据例证的可得性来判断类别的规模时，例证容易提取的类别比之频率相同但其例证更难提取的类别，人们会认为前者类别在数量上会更多。比如，亲眼看到而不是看报纸报道，人们会认为火灾发生的主观概率要大。又如，2016年5月13日起，红星发展（600367.SH）连续3个交易日涨停，原因竟然是当时热播的电视剧《欢乐颂》中女主角将一家名为"红星集团"的虚构公司作为收购对象。再如，2020年4月19日晚间，中电电机股份有限公司发布公告，承认其创始人、原董事长和上市公司的董事兼总经理王建裕翻墙进入同行宜兴华永电机有限公司偷拍并被警方带走一事。结果如图4-7所示，次日中电电机（603988.SH）价格却从此前8.18元上涨至8.70元，涨幅6.42%。

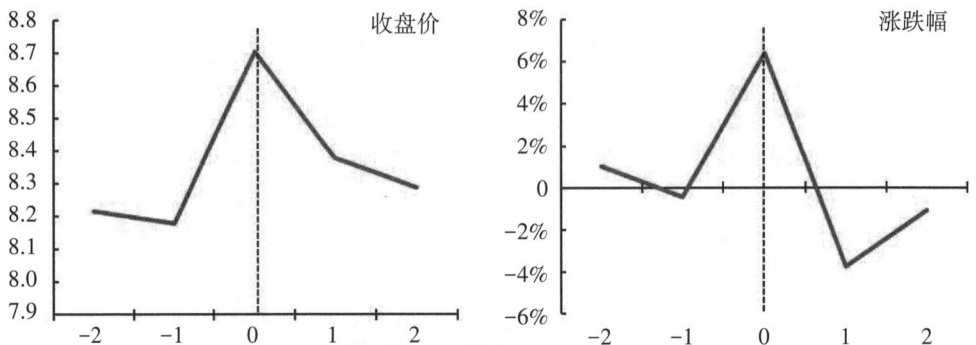

图4-7　中电电机（603988.sh）在2020年4月20日前后2个交易日走势

2.搜索集有效性引发的偏差

搜索集有效性引发的偏差（Biases due to the Effectiveness of a Search Set），是指不同的任务激发不同的搜索集，导致了人们的认知与实际产生偏差。例如，家庭当中丈夫与妻子认为各自承担家务劳动比例之和必然是大于1的，因为无论是丈夫还是妻子，更多想到的是自己而不是对方所承担的家务数量。再如，在英文中，第一个字母是 R 的单词数量，要少于第 3 个字母是 R 的单词数量。但由于搜索记忆中单词的便利性，人们会认为前者更多。

3.想象力偏差

想象力偏差（Biases of Imaginability），是指人们要评估一类事件的频率，当这类事件在脑海中无法找到实例时，就会通过相关的容易被建构的例证来形成想要评估的例证进而进行评估，最终主观得出的频率或概率与实际并不总是一致。想象力偏差导致的一个结果就是信息出现的次序会对人们产生影响，这又分为首因效应和近因效应。

首因效应，是指最先呈现的信息对个体判断的影响较大。比如，在 Asch（1946）的实验中，女士甲：嫉妒、倔强、吹毛求疵、冲动、节俭、聪慧；女士乙：聪慧、节俭、冲动、吹毛求疵、倔强、嫉妒。大部分人认为女士乙更招人喜欢，原因就在于描述这位女士时先出现的是招人喜欢的品质。

近因效应，是指最后呈现的信息对个体判断的影响较大。比如，坏人做了一辈子坏事，最后做了一件好事，会有人赞扬说这个人其实还不坏；而好人做了一辈子好事，最后做了一件坏事，就会有人说他装了一辈子，最后露出了狐狸尾巴。

总结起来，若信息是连续呈现出来的，但判断或决策是过段时间作出的，则首因效应主导；若信息是间隔呈现出来的，但判断或决策是紧接着作出的，则近因效应主导。

4.伪相关

伪相关（Illusory Correlation），是指判断者抗拒相互矛盾的资料，无法觉察存在的真实关系。伪相关由此导致的一个结果就是"光圈效应"，它是指"某人具有某个突出优点，就被积极肯定的光环笼罩，并被赋予更多好感；反之，某人具有某个突出的缺点，就被消极否定的光环笼罩，并被赋予更多的坏感"。

例如，许多中国人因为日本曾经对中国造成巨大伤害，就认为日本人以及与日本相关的所有事物都坏。"许多人并不愿花太多气力去了解日本。他们对日本的认识多是道听途说和影视作品中的模糊片段，相较于认真地了解、分析、研究对手，他们更相信自己的直觉，相信自己愿意相信的，甚至于，当相关资讯的获取已经十分便捷，当已有人将大量事实和例证呈现在其面前，他们仍选择紧闭双眼，逃避真相，采取一切方式'捍卫记忆'。而当这种存在缺陷的认识同高涨的爱国情绪相结合，往往会导致非理性言行出现，将爱国变成害国。"[①]

---

① 佚名. 让我们冷静下来，好好了解一下日本［N］. 晶报，2012-09-19.

又如，2022年2月8日，谷爱凌在北京冬奥会上，以1 620度超高难度动作夺得自由式女子大跳台冠军。结果一只名为"远望谷（002161.SZ）"股票当日和次日连续两个涨停，如图4-8所示。而这只股票的公司，业务与体育没有任何关系，而且当年1月发布的公告显示上一年净亏损6 000万元~8 500万元。

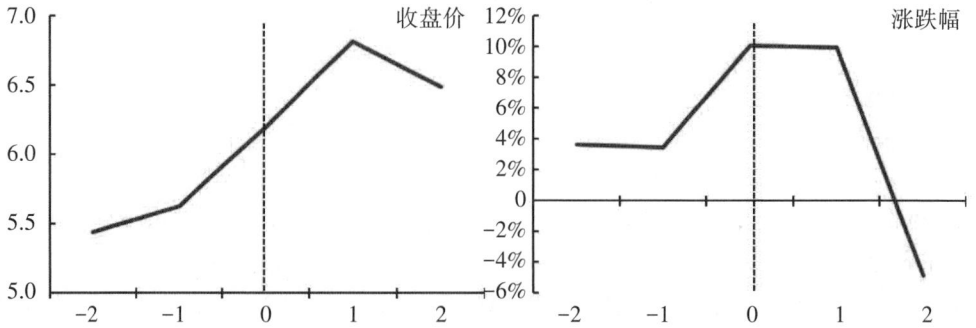

图4-8　远望谷（002161.SZ）在2022年2月8日前后2个交易日走势

4.2.4　锚定与调整

锚定与调整（Anchoring and Adjustment），是指人们在决策时以初始值为参照点，不同初始值会产生不同判断。其具体细分为如下3种情况。

1.不充分调整

不充分调整（Insufficient Adjustment），是指人们通常以一个初始值为开端进行估计和调整，但调整是不充分的，不同的初始值会产生不同的估计，并偏离实际值。比如，快速计算"3个人3天用3桶水，9个人9天用几桶水？"正确答案是27桶，但许多人会受到题干中连续3个3的锚定影响，而认为是9桶。一个营销学案例是：两家卖粥小店，客流、价格和租金等因素完全相同，但左边店一直每天多赚百十块钱。细心人发现，右边粥店的服务员问的是"加不加鸡蛋"；左边粥店的服务员问的是"加一个鸡蛋还是加两个鸡蛋"。顾客受到服务员提问的锚定影响，左边粥店也就多卖了鸡蛋。

2.连续事件偏差

连续事件偏差（Biases in the Evaluation of Conjunctive and Disjunctive Events），是指人们会高估连续事件发生的概率，低估非连续事件发生的概率。例如，如下3个事件哪个发生概率最高：（1）连续事件：连续7次从装有90%红色10%白色小球的瓶子里拿出一个红色小球；（2）简单事件：从装有一半红色一半白色小球的瓶子里拿出一个红色小球；（3）非连续事件：如在连续7次的尝试中至少有一次从装有10%红色90%白色小球的瓶子里拿出一个红色小球。通过计算，连续事件的概率为0.48，简单事件的概率为0.50，非连续事件的概率是0.52。因此，非连续事件的发生概率最高。但人们往往会错误地以为是连续事件，原因就在于人们会高估连续事件的发生概率。

3. 评价主观概率分布的锚定

评价主观概率分布的锚定（Anchoring in the Assessment of Subjective Probability Distributions），是指在决策分析中，人们要以概率分布形式来表示他们对某个数值的信念，这些信念往往与合理的校准之间存在巨大并且系统的偏差。比如，股票可以分为热门型和价值型，前者是指短期内涨幅较高的股票，后者是指公司盈利能力较高的股票。Lakonishok 等（1994）发现，如图4-9所示，绝大多数年份价值型股票的收益率都高于热门型股票，但人们受到此前涨幅的锚定影响，更喜欢追逐热门型股票。

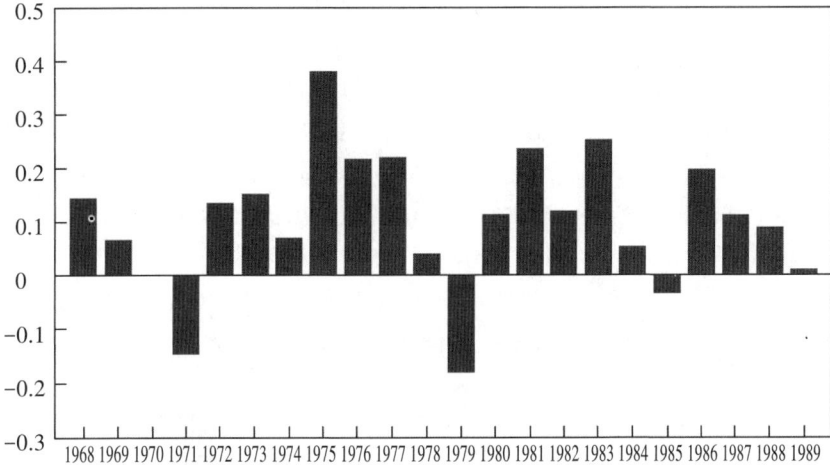

图4-9　价值型股票和热门型股票年收益率的差额

又如，2016年3月31日，市场传言360公司将在A股借壳上市。结果在没有任何利好的情况之下，如图4-10所示，同德化工（002360.SZ）只是因为代码上有"360"，就被投资者"锚定"为360公司借壳的对象。而实际上，2017年11月，360公司最终借壳江南嘉捷（601313.SH）回归A股，并且将代码改为601360.SH。

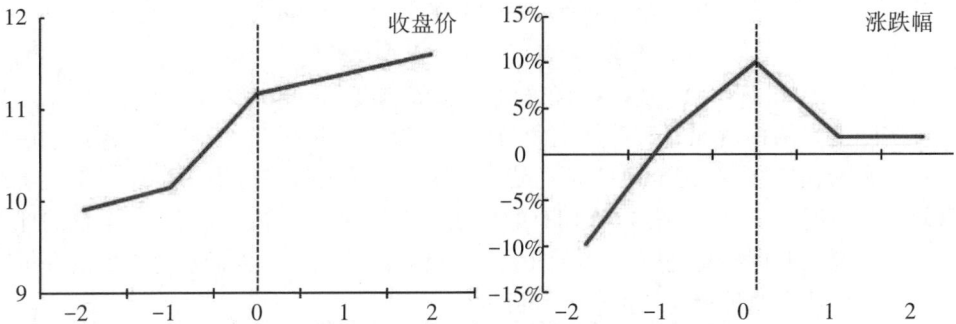

图4-10　同德化工（002360.SZ）在2016年3月31日前后2个交易日走势

4.3 其他认知偏差

现实生活中，除了启发式偏差，人们还存在其他认知偏差，具体又可细分为如下4种情况。

4.3.1 禀赋效应

禀赋效应（Endorsement Effect），是指人们拥有物品时的评价，高于未拥有时的评价。中国古代成语"敝帚自珍"正是这一现象。

1.塞勒实验

塞勒（1980）进行了一项病毒模拟实验：（1）拿钱买命，假设已经染上某种病毒，死亡可能性是0.1%，问被试者愿意付多少钱购买药品来治愈病毒。被试者最高出价2 000美元。（2）拿命换钱，假设参与医学实验，会染上第一组病毒，问被试者需要多少钱补偿来参与这个实验。被试者最低出价50 000美元。

我们也设置类似问题，对中国学生调查，结果发现，如图4-11所示，对于"拿钱买命"问题，只有53.12%的比例最低出价高于1 000元；而对于"拿命换钱"，则高达90.10%，并且有70.30%最低出价高于10 000元。

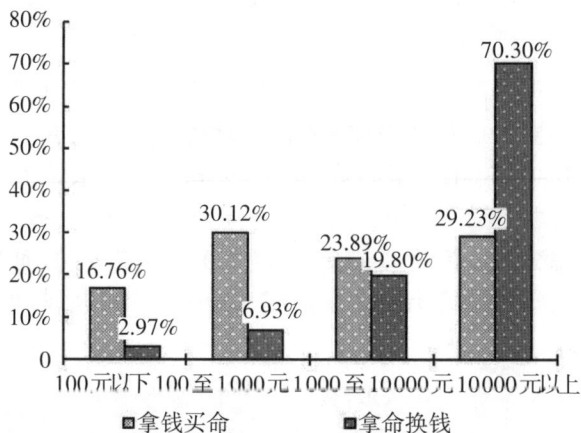

图4-11　拿钱买命和拿命换钱的最低出价分布比例对比

实际上，两种情况其实都是生命与金钱的交换：情况一是"拿钱买命"；情况二是"拿命换钱"。在完全理性的情况下，两种情况的报价应当一致。但是由于禀赋效应，情况一要付出的是原来拥有的金钱，得到的是生命，人们会对金钱的评价更高。情况二要付出的是原来拥有的生命，得到的是金钱，人们会对生命的评价更高。这就导致了两种情况的报价差别巨大。

进一步，我们对比了本科生与研究生选择的差异，发现相对本科生，研究生的禀赋效应更强。如图4-12所示，对于两种情况，出价在1万元以上的比例，研究生都高于本科生。原因应当是相对本科生，研究生对未来收入预期更高。

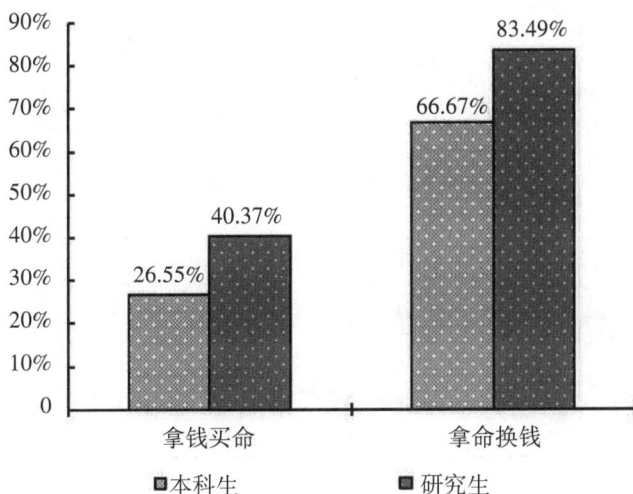

图4-12　本科生与研究生对塞勒问题的差异

2.无理由退房

某地产公司2015年4月16日推出无理由退房政策，范围覆盖其所有楼盘的住宅。此一条款可谓优惠，凡购买其住宅的业主只要在办理入住手续前任何时间，均可无理由退房。该公司2015年累计销售额为2 013.4亿元，销售面积为2 551.2万平方米，均创历史新高，但退房率仅为0.91%。对此，该公司副总裁认为，出现这一现象的原因是其产品的高品质与高性价比。这一解释有一定的合理性，但更可能是禀赋效应起到了很大作用：置业者一旦买了房子，对房子的评价就会高于未买时的评价，即使可以"无理由退房"，也舍不得退了。值得一提的是，该公司2021年陷入财务危机，负债高达2.58万亿元，大量房产项目烂尾。2023年9月28日晚，公司发布公告，执行董事及董事会主席因涉嫌违法犯罪，已被依法采取强制措施。

4.3.2　框架效应

框架效应（Framing Effect），是指同一问题采用不同表达方式会导致不同的决策判断。中国古诗"横看成岭侧成峰"描写的情形就是这一现象。

图4-13中，椅子的上半部和下半部的颜色深浅程度其实是一样的。但大部分人会感觉上半部颜色更深。原因在于上半部与背景颜色是一致的，显得它的颜色较深；而下半部背景颜色比较复杂，显得它的颜色较淡。读者如果不信，只要用手指遮住中间部分，就会立即发现上下两部分颜色深浅相同。

4.3.3　偏好反转

偏好反转（Preference Reversal），是指人们会采用不同标准评价同类事物，导致了不同的评价结果，也即本章引例中的传统文化典故"智子疑邻"。

图4-13　同样颜色的不同感觉

1.撒谎的男朋友

对于偏好反转，一个经典段子是：（1）如果一个穷小子冒充有钱人和女孩恋爱，然后被发现，90%的女孩子会选择"断绝关系"，理由是"诚实是最重要的品质"。（2）如果一个有钱人冒充穷小子和女孩恋爱，然后被发现。90%的女孩子会选择"继续交往"，理由是"我爱的是他的人，又不是他的钱"。

根据段子所述的情况，我们对302名女孩子进行了调查，结果如图4-14所示。对于第一种情况，的确有近90%（89.04%）的比例选择"断绝关系"；对于第二种情况，选择"继续交往"的比例并没有传说中的90%那样高，不过也超过了50%，为51.32%。

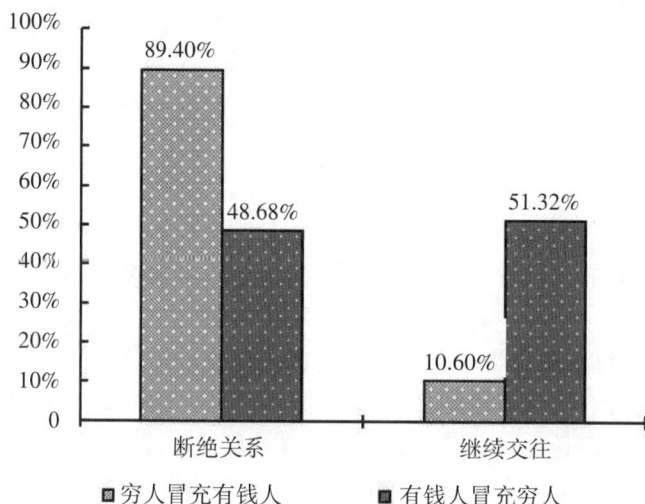

图4-14　有钱人和穷人的差别

同样是撒谎，但有钱和没钱，结果却截然相反，甚至有钱人冒充穷小子被发现后，还会被看成一个"小浪漫"。

2.是否公平的降薪

假设一家小店只雇用一名员工，月薪5 000元，已工作6个月。现在经济不景气失业率上升，同样工作的市场价月薪只要3 000元：（1）在岗员工，将该员工月薪降至3 000元/月，是否公平；（2）新招员工，该员工因个人原因辞职，新招员工月薪3 000元/月，是否公平。根据我们的调查，对于在岗员工，认为非常或比较公平的比例为38.86%；而对于新招员工，则高达86.99%，如图4-15所示。

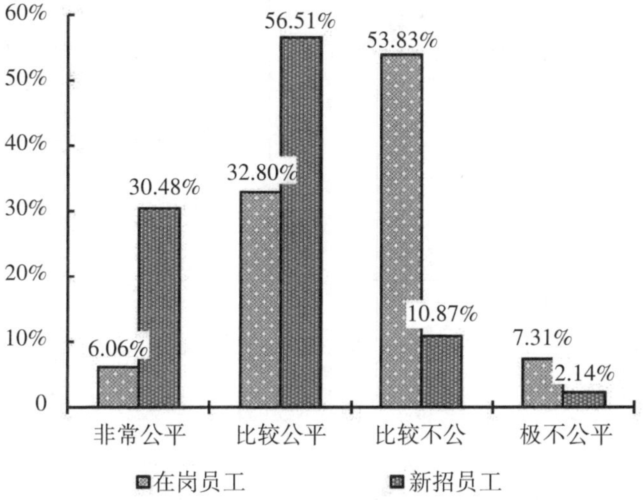

图4-15　不同员工相同工资的看法

4.3.4　证实偏差

证实偏差（Confirmation Bias），是指人们形成某信念后，会把无关事项误读为佐证，不关心或有意避免反面信息，信念进一步加强，就如成语"智子疑邻"所描述的样子。

1.皮格马利翁效应

皮格马利翁效应（Pygmalion Effect），是指内心常常带着负面期望的人们将会失败；而内心常常带着正面期望的人们将会成功。这一效应源自一个希腊神话故事，皮格马利翁是一位雕刻家，他爱上了自己用象牙雕刻出来的女性雕像，他每天对着雕像说话，最后那座女性雕像变成真人，与他相亲相爱。

有一个悲剧故事是，某员工下班后被误锁在"冷库"里，第二天被发现时已死亡，而且死亡症状与冻死无异。但事实却是，那天晚上停电，冷库是常温状态。这一悲剧之所以发生，原因就是该员工心理上以为自己在冰冷的冷库里。

2.预期自我实现

预期自我实现（Self-fulfilling Prophecy），是指人们普遍预期经济中某个特定事件会发生，于是就一致地按照这个预期采取预先行动，结果这些行动本身导致预期事件真的发生。

例如，2016年4月，民生证券研究院执行院长管清友发微博称："别问我股市了。除了股市，我们还有诗和远方。"这段话随后被股民"神解读"：诗和远方=SHYF=石化油服。受此影响，4月23日，石化油服大涨5.03%，24日继续上攻，25日涨停。又如，2021年是中国农历牛年，春节在2月12日，有"牛"字的金牛化工（600722.SH）当月5日收盘价为3.87元，此后连续7个交易日涨停，至23日涨至7.57元，累计涨幅达95.61%，如图4-16所示。

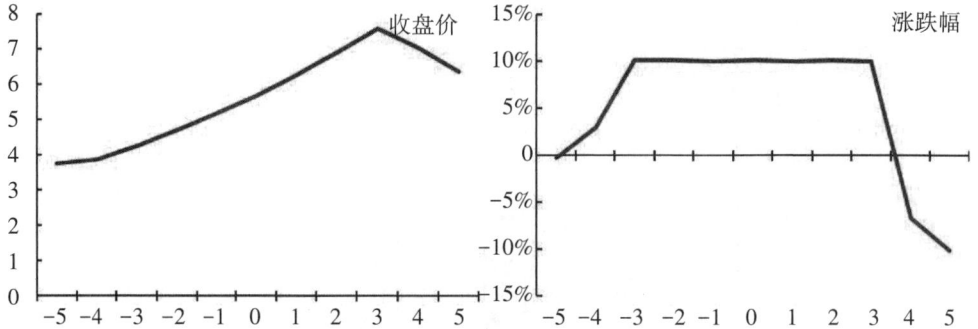

图4-16　金牛化工（600722.SH）在2021年牛年春节前后5个交易日走势

预期自我实现导致的一个结果就是羊群效应，这一问题本教材的第9章将详细论述。

4.4　视野短浅

视野短浅（Myopic），是指人们更关注于当下，而忽视未来，也即古诗"有花堪折直须折"所描述的状态。它也属于一种认知偏差，为了突出它的重要性，我们将其单列为一节。

4.4.1　纽约出租车司机

本教材第15章将说明，不论理论预测还是现实情况，视野宽广（Farsighted）而不是视野短浅将会带来巨大的回报，本小节参考Camerer等（1997）关于美国纽约出租车司机"收入目标法"的案例，来说明视野短浅存在的普遍性以及背后的代价。

1.出租车司机工作的特点

不管中国还是美国，出租车司机工作都具有如下3个特点：（1）工作时间长度自主选择。出租车司机可以自由选择每天开工和收工的时间。（2）每天工资水平差别很大。如果某一天的天气不好或者所在城市有个大型活动，搭载出租车的人很多，司机空载时间很少，单位小时工资水平就会很高；反之，如果某一天生意不好，司机到处寻找客人，空载时间长，工资水平就低。（3）工资差别由外来事件决定。出租车司机的每天单位小时工资水平的差别是客观因素导致的，出租车司机本身无法控制，只能被动接受。

2.工资水平与工作时间的反向关系

根据供给定理，当天生意好，工资水平上升，出租车司机应当把握机会，延长工作时间以获得更高收入。这样，工资水平与工作时间应当呈正向的关系。

为验证上述推断是否属实，Camerer 等（1997）收集了 2 000 多张美国纽约出租车司机的行车记录单据，上面载有详细的每笔行程时间、里程和费用。作者以此计算出了司机每天的工资水平和工作时间，结果却发现：（1）当天每小时工资率与前一小时工资率相关系数为 0.493，说明同一天各小时的工资水平基本稳定。（2）每天工资水平差别较大，单位小时平均工资率为 16.91 美元，标准差为 3.21，差异系数为 0.190。（3）每天工作时间差别也很大，平均工作时间为 9.16 小时，标准差为 1.39，差异系数为 0.1517。（4）最关键的，每天收入弹性小于 0，即工资水平越高，工作时间反而越短，这违背了供给定理。

进一步，Camerer 等（1997）根据司机的就职时间把他们分成两组：（1）一组就职时间较长，意味着经验相对丰富；（2）另一组就职时间较短，意味着经验相对缺乏。结果发现，经验相对丰富的那一组，工作时间与工资水平呈显著的正向关系；而经验相对缺乏的那一组，则呈更显著的负向关系，并且收入弹性非常接近于 −1。作者又按交"份子钱"的方式，将司机分成三组：（1）第一组是每周或每日交一次份子钱，收入弹性为 −0.197，与零并没有显著差异；（2）第二组是每月交一次份子钱，收入弹性为 −0.978，非常接近于 −1；（3）第三组是自有车辆司机，不需要交份子钱，收入弹性为 −0.867，也接近于 −1。

3.每日收入目标法

作者认为，出租车司机实际工作情况遵循的不是供给定理，而是"每日收入目标法"，它是指出租车司机在每天开工之前，先确定一个收入目标，达到这一目标时就收工回家。这样，如果当天生意好，工资水平高，较早实现了这一收入目标，工作时间就短，反之工作时间就长。不过出租车司机工资水平与工作时间负向相关的原因，可能还有另外解释。在正式得出结论之前，还要用严谨的逻辑论证来说明"每日收入目标法"相对于其他解释的优势，或者是用强有力的事实来证实其他各种解释存在问题。

总结起来，存在 5 种可能的解释。

（1）流动性限制。出租车司机要交足份子钱，如果当天生意不好，工资水平较低，为赚足份子钱，就要延长工作时间，也会表现为工资水平与工作时间负向相关。自有车辆的出租车司机流动性限制最小，而每日支付份子钱的出租车司机流动性限制最大。如果这条解释合理的话，一个必然推论是，每日交份子钱的出租车司机的收入弹性应当最小，但根据前文结果，事实恰恰相反。因此，"流动性限制"这种解释是不成立的。

（2）休息时间长。生意不好时，出租车司机虽然在工资低的日子里很晚才收工，但是当天大量时间被用来休息，所以实际工作时间更短。作者剔除了司机长时间休息的样本后，发现计算结果与之前的相比并没有很大的差别。因此，"休息时间长"这种解释是不成立的。

（3）工作更辛苦。生意好时，开车比平时更累，劳动强度更大，这样工作成本增加，因此司机较早收工。但作者通过实地调查发现，出租车司机一致认为，相比于接载乘客，他们在生意不好时漫无目的、毫无收获地搜寻乘客是更累的。生意好时只是身体累，而生意不好是身心俱疲。因此，"工作更辛苦"这种解释是不成立的。

（4）样本选择偏差。可能恰好作者选择的出租车司机样本偶然地表现出了与供给定理相悖的现象，并不能代表出租车司机整体情况。作者指出，现实中司机是按照每周排定的轮班安排参与工作，即样本选择是随机的，而非有偏估计，结果可以代表出租车司机整体情况。因此，"样本选择偏差"这种解释是不成立的。

（5）喜欢圆满结局。出租车司机喜欢一个圆满的结局，会等到接到一笔"大单"之后才收工。如果这一解释合理的话，一个必然推论就是：出租车司机最后一小时的工资率应当远高于当天其他小时的工资率，但作者通过计算，并没有发现这种情况。因此，"喜欢圆满结局"这种解释是不成立的。

由此可见，出租车司机遵循"每日收入目标法"，工资水平与工作时间反向相关，违背了供给定理。导致这一现实的原因就是本节所讲的"视野短浅的损失厌恶"，出租车司机只是考虑当天的收入情况，如果没有达到收入目标，即遭受损失，负效用非常大。这样，司机在生意不好时，将会一直工作，直到赚足收入目标。

4.视野宽广的潜在收入增长空间

进一步，Camerer 等（1997）计算了如果出租车司机不遵循"每日收入目标法"，也即视野宽广时，潜在的收入增长空间。

（1）固定时间法。不管生意好坏，出租车司机都选择一个固定的工作时间，比如每天9小时，时间一到就收工回家。在这种情况下，比起"每日收入目标法"，收入会增加5%。

（2）供给定理法。反其道而行之，当天工资水平高，就增加工作时间，反之发现当天生意不好，就知难而退，及早收工回家。在这种情况下，比起"每日收入目标法"，收入会增加10%。

可见，出租车司机，尤其是经验缺乏的出租车司机，因为视野短浅带来收入损失。而经验丰富的出租车司机，通过长期总结反思，会在一定程度上克服视野短浅，进而提高收入。

同时，作者也不否认"每日收入目标法"的好处：（1）通过制定每日收入目标，司机不需要关注开车时间，只需要关注赚到足够的钱，这样使得他们更方便地决定何时收工。（2）有助于解决司机的自我控制问题，防止司机把多赚的钱轻易花掉，甚至花去更多钱。

5.视野短浅存在的普遍性

出租车司机劳动市场只是整个劳动市场很小的一部分，并且这个职业的风险性也很大。作者调查发现，纽约出租车司机大部分都是移民，他们在经济以及个人和孩子教育等方面进行着长期投资，并没有过着"今朝有酒今朝醉"的生活，没有理由认为这类人比普通人更加视野短浅，由此证实了视野短浅存在的普遍性。当然，对于不同的人，其程度可能有所不同。

4.4.2 即时满足

即时满足（Instant Gratification），是指人们对于收益想立即得到，对于付出想尽量拖后。它是视野短浅的一种表现。例如，某餐厅此前卖充值卡，顾客储值一定金额即享8折，结果很难卖。此后改变推销方法，充值本次消费4倍金额，本餐免费，结果很好卖。其实对于餐厅来说，两种方式并没有本质差异。但对于顾客，此前需要立即大额支出，但收益却在以后，他们就不愿意买充值卡。而后一方式，顾客感觉即期收益大幅增加，就愿意买了。

1.拖延症

拖延症也称延宕（Procrastination），是指人们以推迟的方式逃避执行任务或做决定的一种特质或行为倾向。拖延症在当前大学生当中颇为流行，由于不善管理时间、学习技巧不足、学业压力，以及各种外来活动和事件，学生往往不能够按期完成作业。

心理学家用如下3个标准来界定拖延症：（1）这种行为会阻碍人们达到预期目标，它是没有必要的，仅仅拖延完成事务；（2）拖延给自身带来压力和负罪感；（3）拖延会恶性循环，导致进一步的拖延行为。

传统智慧认为，拖延症是不好的行为，正如古诗所说的"少壮不努力，老大徒伤悲"。在科学上，这一问题同样得到了证实。拖延症不仅会耽误工作和学业，影响情绪，破坏团队协作和人际关系，甚至还会损坏身体。比如，拖延症严重的人也很难建立起良好的生活习惯。特别是对于慢性病患者来说，拖延症将会使他们错过体检和早期治疗的时机。

2.米歇尔实验

关于"即时满足"及其相对应的"延迟满足（Delayed Gratification）"，典型的案例是米歇尔棉花糖实验（Marshmallow Experiment）。瓦特·米歇尔（Walter Mischel）是美国心理学家，20世纪六七十年代在斯坦福大学就职期间，曾对多名4岁左右的小孩子进行实验。首先给他们一块好吃的棉花糖，然后让小孩子们在如下两个选项当中选择：选项一：随后再得到一块糖；选项二：等15分钟得到两块糖。对于小孩子来说，15分钟是一个漫长的过程，不过受到两块糖的吸引，有近1/3的小孩子经受了考验，得到两块糖。

随后在长达40余年的追踪调查中发现，两组小孩子的未来表现总体上差别很大。当年忍住了诱惑的小孩子们，通常拥有较佳的社会适应能力，较好的人际关系，也较自信，较能面对挫折与压力。比如，在高中阶段，他们的SAT成绩要比对照组高出210分；35岁时，他们身材保持得更好，染上毒品的可能性也更低。2011年，当年的小孩子已经步入中年，米歇尔及合作研究者又找到了当年参与实验的59位人士，再次对他们进行调查实验，由此完成的论文①再次印证了此前的结论。

米歇尔提出，延迟满足是为了有价值的长远结果而放弃即时满足，以及在等待过程中展现自我控制能力，它属于人格中自我控制的一个部分，是心理成熟的表现。

4.4.3　工匠精神

工匠精神是指"甘守寂寞，一生只做一件事；精益求精，使成果日臻完善"，它与视野短浅相反。唐代诗人贾岛《题诗后》的诗句"两句三年得，一吟双泪流"，正是一千年前工匠精神的生动体现。党的二十大报告提出，"加快建设制造强国、质量强国"，新时代更加需要工匠精神。

已故美国哈佛大学教授费正清（John King Fairbank）在1948年出版的《中国与美国》一书中，尖锐地指出："按照古典经济学家的说法，经济生活中的人要通过生产来谋取最大的好处，要通过增加产品来获取市场给予的利润。"②但大家如果不是造出更好的捕鼠笼来捕捉更多的老鼠而去争捕鼠的特权，也就不大可能制造出更好的捕鼠笼，生产力就得不到提高。

如今，工匠精神已成为国人的共识。北京大学陆风教授曾发出感想："中国的大飞机项目是许多人、几代人争取来的，其中包括'运十'那一代人的牺牲。因此，虽然商飞要做成一个在商业上成功的公司，但它所承担的是一个民族的托付。我们每一个中国人都应该支持商飞做下去。就算是我们现在与先进水平有50年的差距，但如果坚持做200年，那这50年的差距就不算什么。"2017年5月5日，国产大飞机C919首飞成功，正是有了这些飞机"工匠"们的不懈努力、埋头苦干，才让国产大飞机得以翱翔蓝天，我国走向航空工业强国。2021年3月，中国东方航空与中国商飞正式签署首批5架C919购机合同，成为全球首家启动用户，并专门组建成立了C919飞行部。2022年12月26日，东航接收的全球首架C919国产大飞机开始总计100小时的验证飞行，全面检验东航各系统迎接、准备C919商业运行各项工作的可靠性，为后续投入商业载客飞行奠定坚实基础。2023年5月28日上午10时32分，中国东方航空使用中国商飞全球首架交付的C919大型客机执行MU9191航班，从上海虹桥机场起飞，飞往北京首都机场，开启这一机型全球首次商业载客飞行。2024年2月15日，C919首次飞出国门，抵达新加坡参加航空展，同年12月19日，迎来了第100万名旅客。2025年1月1日，东航的C919飞机从上海虹桥机场飞往香港，首次开启地区航线的商业运营。截至2025年2月，C919的

①　CASEY B J, SOMERVILLE L H, GOTLIB I H, et al. Behavioral and neural correlates of delay of gratification 40 years later [J]. Proceedings of the National Academy of Sciences, 2011, 108 (36): 14998–15003.
②　费正清. 美国与中国 [M]. 张理京，译. 北京：世界知识出版社，1999.

部分重要零部件和材料仍需要进口，还需要继续努力。

2025年春节期间，AI大模型 DeepSeek 与动画电影《哪吒之魔童闹海》横空出世，共同书写了"中国创造"的伟大传奇。"若前方无路，我便踏出一条路；若天地不容，我便扭转这乾坤！"这不仅是一句台词，更是古老而年轻的中国向全世界的宣言。我们欢迎全球化，反对闭关锁国，但关键核心技术是要不来、买不来、讨不来的，还需要中华儿女为之努力！继续发扬工匠精神！

思政课堂 ✔ --------------------------------------- ⊙

关于留学

【思政元素】工匠精神。

青年人刚从学校毕业，不把他送入大学，却把他送往外国游学，这件事一度成为流行的风尚。他在游学中，一般获得一两种外国语能力。不过，这种能力很难使他说得流利、写得通顺。另外，他回国之后，一般变骄傲了，更随便，更放纵，更不能专心用功、勤奋做事。像这样毫无意义的早期漫游的风尚，之所以流行，不外乎社会对于各大学的不信任，而无其他原因。为人父母者，不忍见到他的孩子在自己面前无所事事、漫不经心地堕落下去，所以不得已，暂时把他们送往外国。

许多人看到这段话，会使用启发法想当然地认为，这是在批判当下中国一些家庭有些盲目的"游学潮"。但实际上，这是亚当·斯密《国富论》第五篇《论君主或国家的费用》第一章《论君主或国家的费用》第三节《论公共工程和公共机关的费用》第二项"论青年教育设施的费用"的原文，描述的是两百多年前英国18世纪后叶的情况，但如此恰当地适于21世纪初中国的情况，这就是经典永不过时的伟大力量！

《国富论》是亚当·斯密构思数十年写作6年又修改3年才正式出版的，这部著作之所以成为经典，成为经济学的奠基石，除了亚当·斯密的天才智慧，认真负责的工匠精神也是重要原因。对于这一点，另一个佐证是，亚当·斯密在临终前坚持把未完成的十多部手稿付之一炬，实践了他认真负责的一贯理念。

资料来源：斯密.国富论 [M]. 杨敬年，译.西安：陕西人民出版社，2006.

本章小结 ✔ --------------------------------------- ⊙

现实生活中人们并非完全理性而是有限理性，这是指人们所获得的资讯、知识与能力以及所能够考虑的方案都是有限的，因此未必能作出效用最大化的决策。

人们在进行决策判断时，依靠启发法和计算法两套方法系统，前者使用得更加广泛，在大部分情况下会得出"未必最优却相对合理"的结果，但有时也会出现严重和系统的错误。

代表性启发是指人们根据事件代表总体的情况来判断其发生频率，细分为6种情况：对先验概率不敏感、对样本规模不敏感、误解机会、对可预测性不敏感、效度错觉和误解回归。

可得性启发是指人们根据事件在脑海中的印象来判断发生频率，细分为4种情况：例证可提取性引发的偏差、搜索集有效性引发的偏差、想象力偏差和伪相关。

锚定与调整是指人们在决策时以初始值为参照点，不同初始值会产生不同判断，细分为3种情况：不充分调整、连续事件偏差和评价主观概率分布的锚定。

禀赋效应是指人们拥有物品时的评价，高于未拥有时的评价；框架效应是指同一问题采用不同表达方式会导致不同的决策判断；偏好反转是指人们会采用不同标准评价同类事物，导致了不同的评价结果；证实偏差是指人们形成某信念后会把无关事项误读为佐证，不关心或有意避免反面信息，信念进一步加强。

视野短浅是指人们更关注当下，而忽视未来，这一现象普遍存在并且代价很大。工匠精神是指甘守寂寞，一生只做一件事，精益求精，使成果日臻完善。工匠精神与视野短浅相反，它对我们意义巨大。

推荐阅读 ✔ --------------------------------●

［1］TVERSKY A，KAHNEMAN D. Judgment under uncertainty：heuristics and biases［J］. Science，New Series，1974，185（4157）：1124-1131.

［2］THALER R. Toward a positive theory of consumer choice［J］. Journal of Economic Behavior & Organization，1980，1（1）：39-60.

［3］KAHNEMAN D，KNETSCH J L，THALER R H. Anomalies：the endowment effect，loss aversion，and status quo bias［J］. The Journal of Economic Perspectives，1991，5（1）：193-206.

［4］LAKONISHOK J，SHLEIFER A，VISHNY R W.Contrarian investment，extrapolation，and risk［J］. The Journal of Finance，1994，49（5）：1541-1578.

［5］CASEY B J，et al. Behavioral and neural correlates of delay of gratification 40 years later［J］. Proceedings of the National Academy of Sciences，2011，108（36）：14998-15003.

［6］SCHLAM T R，WILSON N L，SHODA Y，et al. Preschoolers' delay of gratification predicts their body mass 30 years later［J］. The Journal of Pediatrics，2013，162（1）：90-93.

［7］BAUMAN Y，ROSE E. Selection or indoctrination：Why do economics students donate less than the rest?［J］. Journal of Economic Behavior & Organization，2011，79（3）：318-327.

［8］卡尼曼. 思考，快与慢［M］. 胡晓姣，李爱民，何梦莹，译. 北京：中信出版社，2012.

第5章 前景理论

学习指南

【学习目标】前景理论是行为金融学的理论基石，它更加准确地描述了人们在风险条件下的决策方式，本章详细论述这一理论。通过本章的学习，读者应当熟悉前景理论的意义，了解风险条件下人们决策时编辑和评价的两个阶段，掌握价值函数基本内容及其相对于预期效用函数的特点，掌握权重函数基本内容及其相对于客观概率的特点，熟悉前景理论对于阿莱悖论、镜像效应和概率保险等"反常"现象的解释，掌握"少少益善效应"的内容和发生条件，了解幸福相对论、弗里德曼-萨维奇悖论和选项过载的基本内容以及前景理论对这些现象的解释。

【关键概念】前景理论；价值函数；权重函数；小概率错估；镜像效应；少少益善效应；幸福相对论；弗里德曼-萨维奇悖论。

引例

【传统文化】

曾经沧海

孔子登东山而小鲁，登泰山而小天下。故观于海者难为水，游于圣人之门者难为言。

——战国·孟轲《孟子·尽心上》

【译文】孔子登上东山，就觉得鲁国变小了；登上泰山，就觉得整个天下都变小了。所以，看过大海的人，便难以被其他水所吸引了；在圣人门下学习过的人，便难以被其他言论所吸引了。

【现实事例】

伤心的小明

10岁的小明不小心弄丢了爸爸给的10元钱，坐在路边嚎啕大哭。一位好心人路过，知道了原因后，就说："小朋友别哭了，叔叔给你10元钱。"小明接过钱，破涕为笑，但随即又大哭起来，好心人问他为什么还哭，小明拿着钱说："如果刚才不丢那10元钱，现在就有20元钱了！"

5.1　前景理论简介

5.1.1　前景理论的提出

本教材第1章所介绍的两位心理学家卡尼曼和特沃斯基于1979年提出前景理论（也译为展望理论，Prospect Theory）。前景理论将心理学和经济学结合起来，揭示了人们在风险条件下的判断和决策机制：（1）用价值函数（Value Function）取代传统理论的效用函数；（2）用权重函数（Weight Function）取代事件发生的客观概率。这是前景理论与本教材第2章所讲的传统期望效用理论的两点重要区别。

要强调的是，前景理论研究的内容与"前景（Prospect）"并没有直接关系，之所以采用"前景（Prospect）"这个词，是因为发明者为了使这个理论看起来有吸引力，能够让更多人记住它。

5.1.2　前景理论的意义

前景理论相对于期望效用理论，它的优势是：（1）凡是后者可以解释的问题，前景理论都可以解释，或者说，期望效用理论是前景理论的一个特例。（2）前景理论还能够更恰当地解释后者所不能解释的问题。因此，前景理论是人们风险决策研究领域"质"的突破，它提供了一套全新的分析范式，是行为金融学的理论基石。

视频05

前景理论
简介

还要说明的是，前景理论是从心理学中的行为心理学发展出来的，但心理学本身还处在发展甚至是萌芽阶段，这也注定了前景理论只是稍稍打开了"人们如何决策"黑箱子的一角。与经典经济学理论相比，前景理论缺乏精密模型和数理推导，只是对人们在风险条件下决策进行统计性描述。此外，前景理论过分强调"相对收益或损失"的作用，而忽视了收益或损失绝对量的作用。

5.2　前景理论的内容

5.2.1　人们决策的两阶段

在风险条件下，人们的决策过程分为编辑和评价两个阶段。

1.编辑阶段

编辑阶段（Editing Phase）又分为3个步骤：（1）编码（Coding），人们首先确定一个参考点，计算出事件结果相对于参考点的偏离程度。（2）组合（Combination），人们将各项损益结果按相同的概率进行组合，以对事件进行评价。（3）分类（Segregation），将无风险损益与有风险损益分离。此外，在这3个步骤中，还包括舍弃、简化和搜寻等过程。

2.评价阶段

人们完成编辑阶段后进入评价阶段（Evaluation Phase），在被编辑好的各项评价结果当中，选择评价就是"前景效用"最高的那一项结果，前景效用V有两个刻度，价值函数v和权重函数π。

这样，在风险条件下，人们决策遵循的规则是：如果$p+q=1$，$x>y>0$或者$x<y<0$，前景效用$V(x, p; y, q) = v(y) + \pi(p)[v(x) - v(y)]$。

5.2.2 价值函数

前景理论用**价值函数（Value Function）取代了传统理论中的效用函数，具有评价取决于参考点、边际价值递减和价值函数非对称性等3个特点。**

1.评价取决于参考点

人们对事件进行评价时，不是取决于事件的绝对数量，而是取决于其偏离参考点的程度。低于参考点的结果为损失，高于参考点的结果为收益。这样，参考点的定位，直接影响人们对事件结果的评价。参考点定位很高，即使结果绝对量很大，但如果小于参考点，人们仍然感觉是损失，或者说是负价值。反之，参考点定位较低，实际得到的高于参考点，人们就感觉是收益，或者说是正价值。一个段子可以说明这一道理。年末高层会议，董事长说今年利润大幅下滑，年终奖由原来的6个月工资改为1个月。总经理面露难色道："员工士气肯定会低落。"董事长想了想说："马上宣布下去，由于业绩不佳，年底裁员。"公司顿时人心惶惶。一周后，总经理又宣布："公司虽然艰苦，但也不愿牺牲共患难的同事，只是年终奖金可能发不了了。"员工都松了一口气。又一周后，董事长召开全公司中层会议。半小时后，主管们纷纷冲进自己部门，兴奋高喊："有年终奖，整整1个月的工资，马上发下来，让大家过个好年！"整个公司爆发出一片欢呼！

参考点的选择会因人而异。比如，对于顶级富豪来说，1亿元只是个小目标，如果只赚到了9 000万元，对他们来说就是负价值了，但对于普通人来说，就是正价值，而且是极其高的正价值。1亿元是小目标的故事虽然有被误传和断章取义的成分，但从不同人参考点不同这个角度说，还是没什么问题的。

2.边际价值递减

前景理论价值函数的收益或者损失，都满足如下两个条件：（1）收益越大越好，损失越小越好，也即在数学上，价值与收益或者损失的一阶导数都大于0。这与本教材第2章关于理性人的"不满足性"是一致的。（2）在有收益的情况下，随着收益的增加，新增收益带来的正价值会减少；在有损失的情况下，随着损失的增加，新增损失带来的负价值的绝对值也会减少，也即在数字上，价值与收益或者损失的二阶导数都小于0。这与传统经济学中的边际效用递减规律是一致的。

3.价值函数非对称性

相对等量收益，人们对损失感受更强烈，也即在数学上，$x>0$，$v(x) < -v(-x)$。就像本章引例中的小明同学，得到10块钱时会开心，丢失10块钱时会沮丧，

第5章 前景理论

但得到 10 块钱的开心程度要小于丢失 10 块钱的沮丧程度，好心人给的 10 块钱，并未对冲掉丢失的 10 块钱。小明同学天真地以为，如果没丢 10 块钱，就有 20 块钱了，因此总体前景效用是负的。根据 Tversk 和 Kahneman（1992）的研究，等量的损失给人们带来负价值的绝对值是等量收益给人们带来正价值的 2 倍以上。

因此，如图 5-1 所示，价值函数在收益或损失情况下的价值曲线不是关于原点中心对称的。

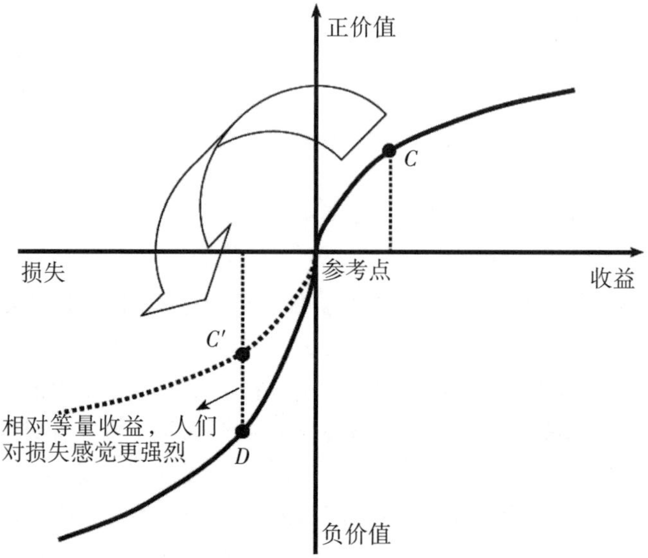

图5-1　前景理论的价值函数

5.2.3　权重函数

1.权重函数的性质

前景理论用权重函数取代了传统理论中的客观概率，它是客观概率的函数，但又具有单调性、次可加性、小概率错估、次确定性和次比例性等特点。

（1）单调性。π（p）是 p 的增函数。特别是，p-0，π（p）=0；p=1，π（p）=1。

（2）次可加性。数学上，0<r<1，π（rp）>rπ（p）。

（3）小概率错估。p 值很小，π（p）>p 或者 π（p）<p。

（4）次确定性。两个互补的事件，概率和为 1，但权重之和小于 1。在数学上，π（p）+π（1-p）<1。

（5）次比例性。对于一个固定的概率 p，当它很小时所对应的决策权数比例要比它很大时对应的更接近 1。在数学上，$\frac{\pi(pq)}{\pi(p)} \leqslant \frac{\pi(pqr)}{\pi(pr)}$。

2.小概率错估

小概率错估是指，人们对于小概率事件，并不能准确判断其客观发生概率，要么将其高估，要么将其忽视。例如，中彩票头等奖和过马路出车祸的概率都非常小，但人们会高估前者低估后者的概率。根据人们对小概率的错估情况，存在两种权重函数：

（1）小概率被高估，在这种情况下，如图5-2左侧图所示，主观权重高于客观概率（即45度角的直线），虚线与实线之间的差额就是小概率被高估的部分。

（2）小概率被低估，在这种情况下，如图5-2右侧图所示，主观权重低于客观概率（即45度角的直线），实线与虚线之间的差额就是小概率被低估的部分。

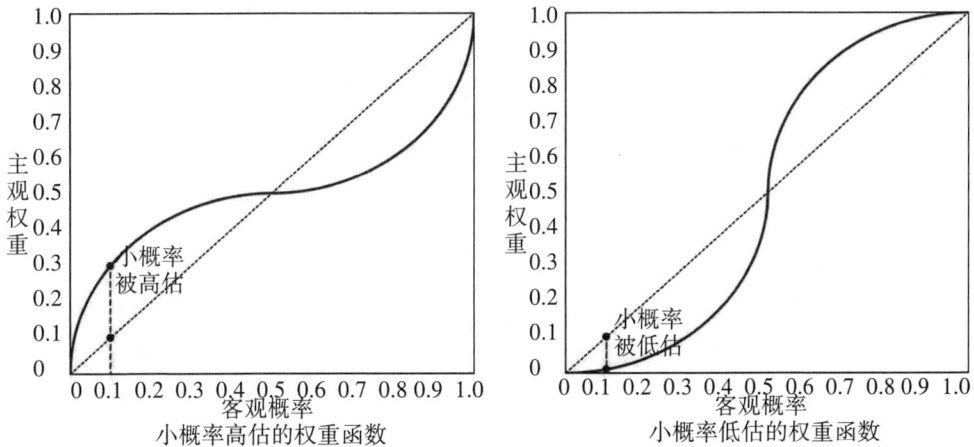

图5-2　小概率被错估的情况

5.3　前景理论相对传统理论的优势

本教材在第2章所介绍的冯·诺伊曼与摩根斯坦于20世纪40年代提出的有风险条件下的理性人效用函数，目前仍然是金融学广泛采用的分析范式，在绝大部分情况下，它都能够对人们在风险条件下的选择作出准确的描述。但是，现实生活中，也存在部分这一范式所不能合理解释的现象，其中非常代表性的，就是偏好反转现象。

5.3.1　偏好反转现象

20世纪70年代，Kahneman 和 Tversk（1979）对美国密歇根大学和瑞典斯德哥尔摩大学的师生进行了调查，主题就是关于本节内容。我们对 Kahneman 和 Tversk（1979）的问卷内容稍加修改，对21世纪20年代中国大学生进行了调查。二者的对比情况如图5-3所示。

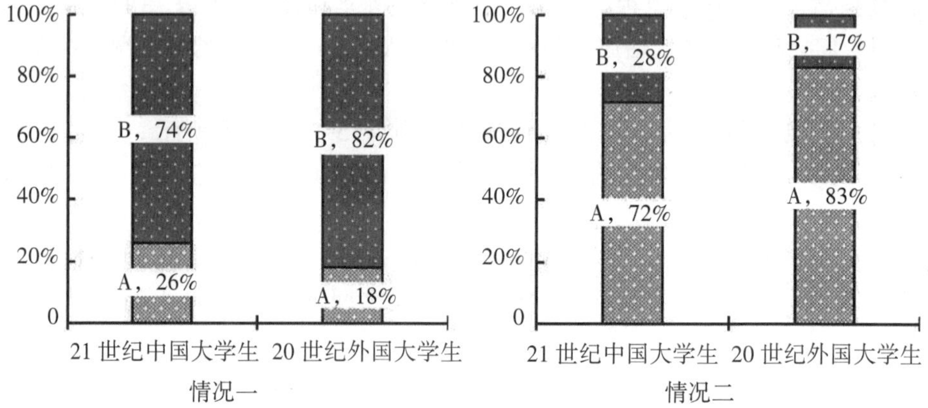

图5-3 "阿莱悖论"实验中的中美大学生调查结果对比

1.阿莱悖论

1952年，法国经济学家、诺贝尔经济学奖获得者阿莱做了一个著名的实验，来说明人在决策时过度重视确定性结果的现象，这一现象也被称为"阿莱悖论（Allais Paradox）"。

对比如下两种情况：

（1）情况一，在以下给定的A和B选项中选择一项：A选项表示，33%的概率获得2 500元，66%的概率获得2 400元，1%的概率获得0元；B选项表示，100%的概率获得2 400元。

这种情况下，如图5-3左侧所示，大部分人选择B，背后的原因在于，为了避免1%获得0元的风险，绝大部分人会选择确定的但期望收益少的选项B。

在数学上，U（2 400）>0.33U（2 500）+0.66U（2 400），也即0.33U（2 500）<0.34U（2 400）。

（2）情况二，在以下给定的A和B选项中选择一项：A选项表示，33%的概率获得2 500元，67%的概率获得0元；B选项表示，34%的概率获得2 400元，66%的概率获得0元。

这种情况下，如图5-3右侧所示，大部分人选择A。背后的原因在于，为了获得更高的收益2 500元，绝大部分人会选择收益高但概率稍小的选项A。

在数学上，0.33U（2 500）>0.34U（2 400）。

传统经济学理论认为，理性人的偏好应该是稳定的，但对比情况一和情况二，大家可以发现，人们的偏好发生了反转。

2.小概率事件

进一步，Kahneman 和 Tversk（1979）又对比了收益在大概率和小概率时，人们不同的反应。我们也对21世纪20年代中国大学生进行了相关调查，二者的对比情况如图5-4所示。

行为金融学

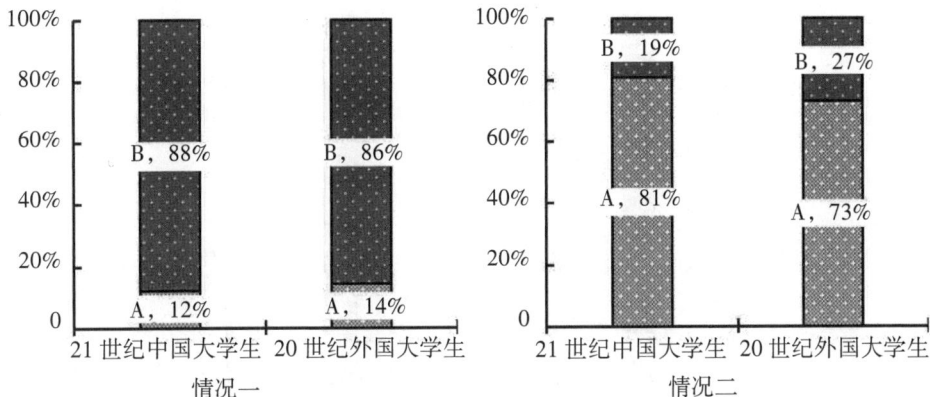

图5-4 "小概率事件"实验中的中美大学生调查结果对比

（1）情况一，在以下给定的A和B选项中选择一项：A选项表示，45%的概率获得6 000元，55%的概率获得0元；B选项表示，90%的概率获得3 000元，10%的概率获得0元。

这种情况下，如图5-4左侧所示，大部分人选择B。背后的原因在于，为了更可靠地获得收益，绝大部分人会选择收益低但概率很大的选项B。

在数学上，0.45U（6 000）<0.9U（3 000）。

（2）情况二，在以下给定的A和B选项中选择一项：A选项表示，1%的概率获得6 000元，99%的概率获得0元；B选项表示，2%的概率获得3 000元，98%的概率获得0元。

这种情况下，如图5-4右侧所示，大部分人选择A。背后的原因在于，在获得收益的概率很小时，为了获得更高的收益6 000元，绝大部分人会选择收益高但概率很小的选项A。

数学上，0.01U（6 000）>0.02U（3 000），也即0.45U（6 000）>0.9U（3 000）。

对比情况一和情况二，大家可以再次发现，人们的偏好发生了反转。

3.镜像效应

以上两个事例都是考察人们在面对收益时的选择，Kahneman和Tversk（1979）又以小概率事件为例，考察了当人们面对损失时的选择，如图5-5所示，结果发现：(1) 在遭受损失时，人们的选择也同样违背了期望效用理论；(2) 人们在损失时的选择会与在收益时恰恰相反，这种现象被称为"镜像效应（Reflection Effect）"。也就是说，人们在收益和损失之间的选择偏好是相反的。另外，需说明的一点是，Kahneman和Tversk（1979）原文未展示阿莱悖论的镜像效应。

我们在对中国大学生的调查中，也发现了面对收益和损失时的镜像效应现象，见图5-6。综合图5-3至图5-6，21世纪中国大学生与20世纪西方国家大学生的选择结果，几乎完全一致，这就是经典的伟大力量和永恒魅力！

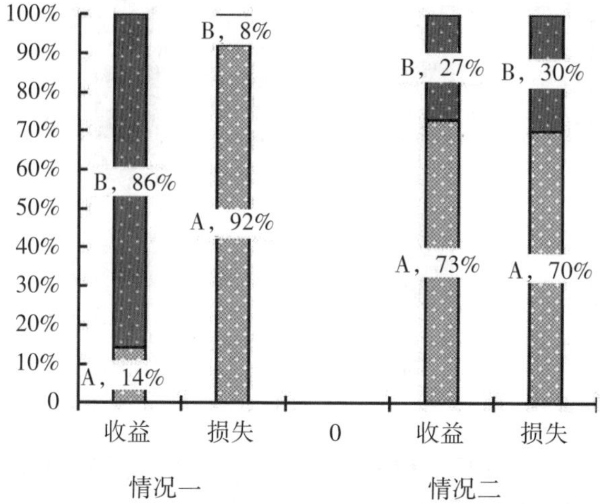

图5-5 "小概率事件"实验中美国大学生的镜像效应

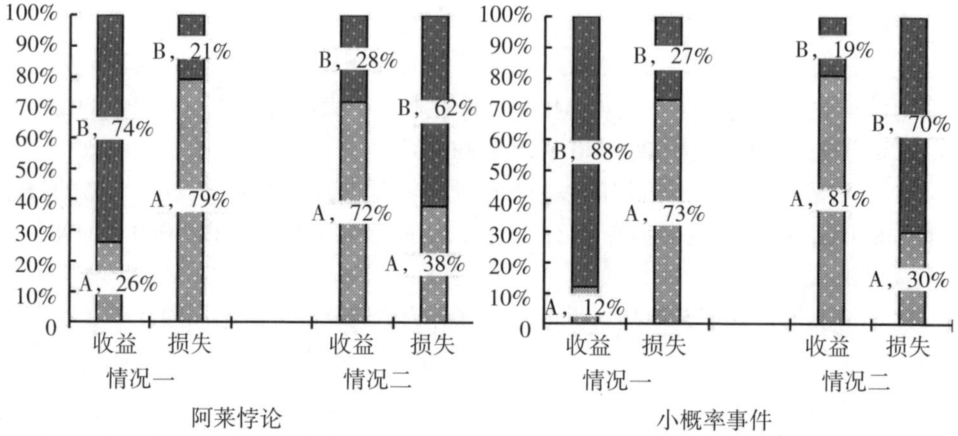

图5-6 "阿莱悖论"实验和"小概率事件"实验中中国大学生的镜像效应

4.概率保险

人们看到一个保险产品时，会根据它的保费及事件发生概率来决定是否购买。这时候保险公司为了提高人们的购买欲望，推出一种保险产品。它的好处是购买者只需要交纳一半的保费，价格低廉，但代价是，当事故发生投保人向保险公司要求索赔时，只有50%的可能从保险公司取得全额赔付，另外有50%的可能得不到任何补偿，只能自己承担全部损失。这种保险产品被称为"概率保险（Probabilistic Insurance）"。

如果处在资产点 w 时，某人愿意支付 y 来防范以概率 p 损失 x，那么他应当愿意支付更少的 ry 来减少从概率 p 降到概率 $(1-r)p$ 的损失 x，其中 $0<r<1$。进一步，如果某人认为 $(w-x, p; w, 1-p)$ 和 $(w-y, 1)$ 没有区别时，那么他应当更偏好概率保险 $(w-x, (1-r)p; w-y, rp; w-ry, 1-p)$，而不是常规保险 $(w-y, 1)$。因

此，按照预期效用理论，概率保险要比常规保险更好。

Kahneman 和 Tversk（1979）针对斯坦福大学生的调查发现，当人们认为是否参加全额保险处在同一效用水平的情况下，只有20%的被调查者会购买概率保险，而有80%的被试者不会购买。

5.3.2　前景理论的解释

上述几个事例中，人们的偏好都发生了反转，期望效用理论失效，相反，前景理论则可以进行很合理的解释。

1.阿莱悖论

情况一中，选项 A 存在1%获得0元的结果，大部分人选择确定的但期望收益少的选项 B；情况二中，选项 D 的收益小，大部分人选择收益高但概率稍小的选项 C。这说明：相比于不确定收益减少期望的满足度的减少，人们对于从确定收益转为不确定所得的满足度的减少，反应更强烈。这一现象可以用权重函数的次确定性来解释，数学上 $\frac{\pi(0.33)}{\pi(0.34)} > \frac{v(2\,400)}{v(2\,500)} > \frac{\pi(0.33)}{1 - \pi(0.66)}$。

2.小概率事件

情况一中，选项 A 获得收益的概率较小，大部分人选择收益低但概率很大的选项 B；情况二中，选项 D 可能获得的收益较小，大部分人选择收益高但概率低的选项 B。这说明，当获得收益的概率很小时，人们对于收益的大小反应更强烈。这一现象可以用权重函数的次比例性来解释，即 $\frac{\pi(0.01)}{\pi(0.02)} > \frac{v(3\,000)}{v(6\,000)} > \frac{\pi(0.45)}{\pi(0.9)}$。

3.镜像效应

镜像效应解释了人们排除由不确定性和多样性带来厌恶感的选项，而这种厌恶感是由不确定性和多变性带来的。同时，在获得收益或遭受损失时，人们对于风险的态度出现了反转，即在获得收益的情况下，人们往往是风险规避者；在遭受损失情况下，人们往往是风险偏好者。

在获得收益的情况下，如图5-7所示，无风险条件下收益为 x_2，此时价值是 $v(x_2)$；有风险条件下，p_1 的概率收益为 x_1，p_3 的概率收益为 x_3，且 $x_2 = p_1 x_1 + p_3 x_3$，此时价值为 $v(p_1 x_1 + p_3 x_3) < v(x_2)$。

在损失情况下，如图5-8所示，无风险条件下损失为 $-x_2$，此时价值是 $v(-x_2)$；有风险条件下，p_1 的概率损失为 $-x_1$，p_3 的概率损失为 $-x_3$，且 $x_2 = p_1 x_1 + p_3 x_3$，此时价值为 $v(-p_1 x_1 - p_3 x_3) > v(-x_2)$。

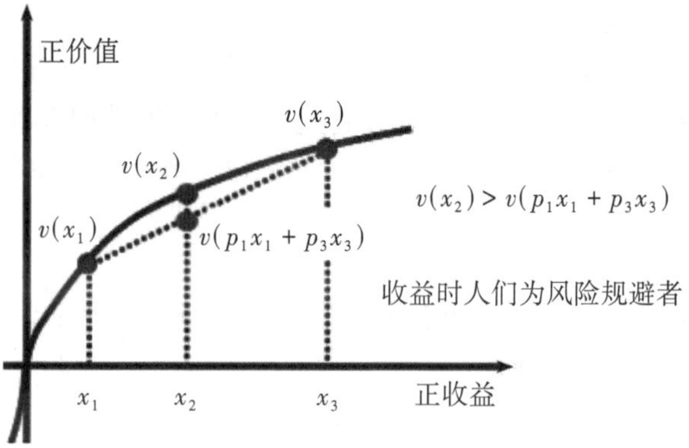

图5-7 在获得收益情况下人们为风险规避者

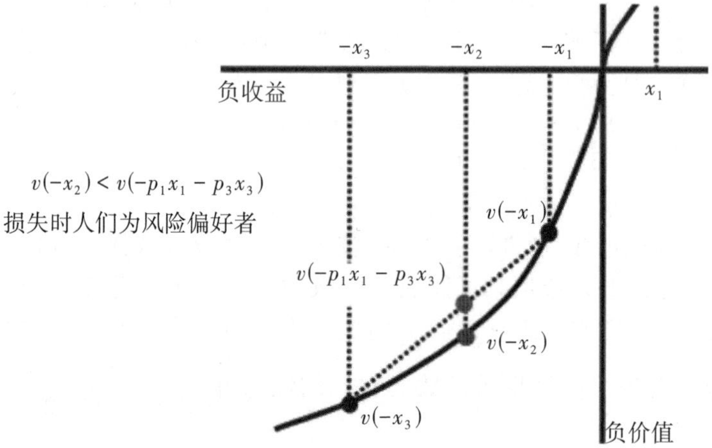

图5-8 在损失情况下人们为风险偏好者

4.概率保险

概率保险之所以不受欢迎，原因在于，将损失概率从 p 降到 $p/2$ 的意义要远小于从 $p/2$ 降到 0 的意义。人们购买保险的目的就是在事故发生时，将自己的损失转移给保险公司，为自己提供一份保障。显然"概率保险"业务，只能够保证事故发生时，只有 50% 的概率得到补偿，这不符合人们购买保险的初衷，也就失去了保险的本意。因此，这种保险产品不会受到广泛的欢迎。

进一步，现实生活中，有些人根本不购买保险，还有些人会过度购买保险。例如，发生重大空难后，航空险的购买量往往会上升。但实际上，飞机出现安全事故后，机组人员以及航空公司会采取各项措施，近期出现空难的概率应当是下降，因此航空险的购买量应当下降。而前景理论认为，人们会错估小概率事件，有时甚至会忽略小概率事件，即"侥幸心理"；有时又会高估小概率事件，即"过度乐观"或"过度悲观"。对于这一问题，本教材将在第8章中加以详细论述。

5.4 少少益善效应

关于偏好通常有两种看法，传统经济学认为人的偏好是持久稳定的，如谚语所言"江山易改，本性难移"。但行为金融学认为人们的偏好是临时构建的。这就出现了"少少益善效应（Less-is-Better Effect）"，是指人们对"少的或差的"比"多的或好的"评价更高的反常现象。它由本教材第1章所介绍的奚恺元教授提出。例如，在体育比赛中，铜牌得主常常比银牌得主高兴，这是因为他们的参考点不同。银牌得主以金牌得主为参考点，心想自己只差一点就能取得金牌，心有不甘。而铜牌得主则以其他没有获得奖牌的选手为参考点，认为自己能取得奖牌就已经是一件非常开心的事情了。

2002年诺贝尔经济学奖得主卡尼曼教授在诺贝尔奖获奖演说中，用近3分钟时间着重提到了下文5.4.3节中将讲述的奚恺元餐具实验，以说明人的理性是有限的。

5.4.1 送礼物实验

为说明这一问题，大家先来看如下的送礼物实验。

我们向学生询问如下问题：一种是古驰（GUCCI）男女通用小精灵钥匙扣，价格为580元；另一种是中兴（ZTE）Blade A2（BV0720T）手机，价格为599元。设想上面两种商品分别作为礼物送出去，收到礼物的人会认为送哪一种礼物的人更慷慨大方？如图5-9所示，有超过70%的学生认为是价格稍低的古驰钥匙扣。

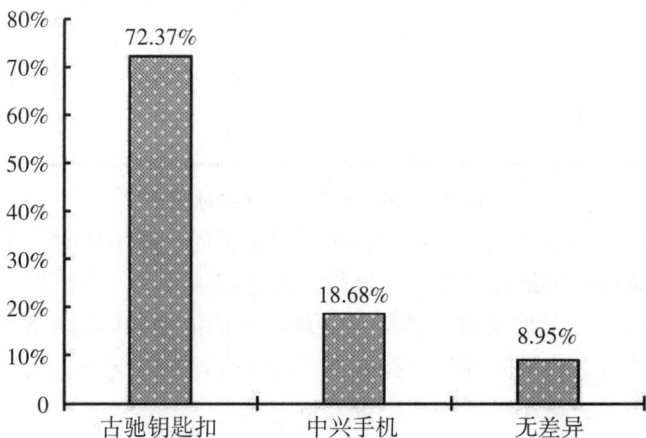

图5-9 对古驰钥匙扣和中兴手机的选择

大家都知道，古驰钥匙扣价格低，中兴手机价格高，但结果是，作为礼物接受者的大部分人认为古驰钥匙扣的送出者更慷慨大方。奚恺元教授认为，评价送礼者的慷慨程度是礼品的贵重程度而非实用性或者是实际价格。

现实是，便宜货中的高档商品给人们带来的满足感常常超过高档货中的便宜商品，背后的原因是人们对这两种商品选择的参考点不同。在上述赠送礼物的事例中，人们通常将钥匙扣的参考点设为20元左右，而将手机的参考点设为2 000元左右。显然，580元的古驰钥匙扣高出参考点很多，而599元的手机却低于参考点很多。因此，收到礼物的人会认为古驰钥匙扣的送出者比中兴手机的送出者更加慷慨大方，收到古驰钥匙扣也会更加开心。

5.4.2　冰淇淋实验

商品的属性分为关键属性和次要属性。关键属性决定了商品的实际价值，但有时候不易评价；次要属性不决定商品的价值，但往往较易评价。当人们同时面对两种商品，即联合评价时，关键属性相对更容易得到显现；而当人们分别面对不同商品，即独立评价时，关键属性不易得到显现，这样真正高价值的商品反而被人们认为价值相对较低。

奚恺元教授运用"冰淇淋实验"生动地说明了这一现象。如图5-10所示，一个容量为10盎司的杯中装了8盎司冰淇淋，另一个容量为5盎司的杯中装了7盎司冰淇淋。10盎司的大杯虽然装有更多冰淇淋，但没有装满；而5盎司的小杯虽然装的冰淇淋略少，但装满了杯子还有外溢。

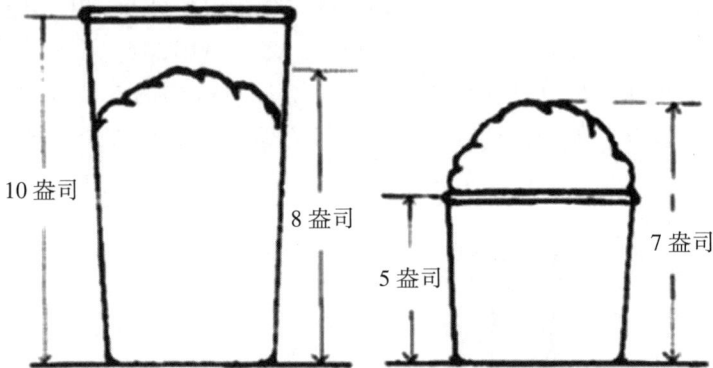

图5-10　不同容量的杯子装冰淇淋

奚恺元教授发现，当这两个杯子放在一起以相同价格出售时，大部分人会选择前者，因为它装的冰淇淋比后者多。显然，当它们被放在一起出售时，人们可以进行联合评价，这时商品的关键属性得以显现：人们清楚地知道8盎司冰淇淋比7盎司冰淇淋多，所以会毫不犹豫地选择前者。在联合评价情况下，人们愿意为大杯子平均出价1.85美元，为小杯子平均出价1.56美元。

但是，当它们被分别出售时，答案就不会这么显而易见了。当两个杯子被单独出售时，人们只能对单件商品进行独立评价，这时，人们就会根据杯身的容量来选择参考点。大杯子的参考点是10盎司，杯子没有被装满，人们认为这杯冰淇淋较少；小杯子的参考点是5盎司，杯子不仅被装满还有外溢，人们认为这杯冰淇淋很多。在单独评价情况下，人们愿意为大杯子平均出价1.66美元，为小杯子平均出价

2.26美元。

在生活中大家也可以发现，一些连锁快餐店会用很小的袋子将薯条装得很满。同样，这也是利用了人们以袋子的容量作为参考点的心理，袋子虽然很小，但装得很满就可以使人们觉得获得了更多的薯条。

5.4.3 餐具实验

见表5-1，有两套餐具，套件A共有40件餐具，套件B共有24件餐具。套件A除包括套件B中所有的餐具外，还包括杯子和杯托，但这些杯子和杯托中有部分是瑕疵品。

表5-1   两套数量不同的餐具

项目	套件A：40件餐具		套件B：24件餐具	
	数量	瑕疵情况	数量	瑕疵情况
餐盘	8	全部完好	8	全部完好
汤碗	8	全部完好	8	全部完好
点心盘	8	全部完好	8	全部完好
杯子	8	2件瑕疵品	无	无
杯托	8	7件瑕疵品	无	无

奚恺元教授发现，如果将两套餐具放在一起出售，即消费者可以对他们进行联合评价时，餐具的关键属性显现：因为套件A包含的餐具比套件B多，所以套件A的价值更高。在联合评价情况下，人们愿意为套件A平均出价32.03美元，为套件B平均出价29.07美元。

但对它们独立评价时，人们往往更喜欢套件B。因为在独立评价时，套件B中的餐具全部完好，而套件A中却包含瑕疵品。在这种情况下，人们以餐具全部完好为参考点，由于套件A中有几个是坏的，高价值的商品被低估了。结果是人们愿意为套件A平均出价23.25美元，为套件B平均出价32.69美元。

生活中大家也会发现，如果一个人做了很多好事，偶尔把一件事搞砸了，别人对他的评价就会大幅降低。可见，成语"宁缺毋滥"是非常有道理的。

5.4.4 少少益善效应发生的条件

综合来看，在对商品分别进行联合评价与独立评价时，人的偏好可能发生反转。对商品进行联合评价时，人们的选择与商品实际价值更一致。但独立评价往往更符合消费者在生活中的实际体验。因此，有时客观上低价值的商品可能获得比高价值商品更高的评价。但是，如果商品的关键属性很容易被评价时，少少益善效应通常就不会出现了。

5.5 前景理论实例

5.5.1 幸福相对论

幸福相对论是指人们评价生活质量的标准是基于参考点而非绝对值，人们的幸福感取决于相对于参考点的收入水平。

1.幸福的收入

大家先来看现实生活中的一个案例。以下两种情况，选择哪一种：（1）年收入20万元，周围的人年收入50万元；（2）年收入15万元，周围的人年收入5万元。

根据我们的调查，如图5-11所示，有近60%的学生选择第一种情况，即自己收入较高，但低于周围的人；但同时有超3/4的学生认为第二种情况更幸福，自己收入较低，但高于周围的人。

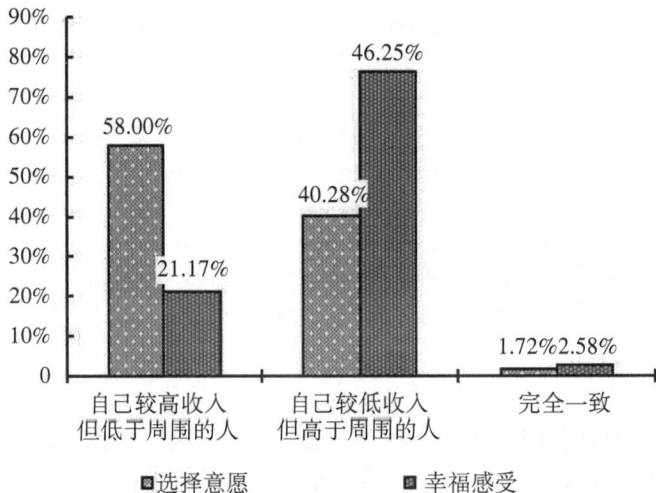

图5-11 选择意愿与幸福感受的差异

第一种情况，自己年收入20万元，与周围年收入50万元的人相比，会感到自己收入很少，就会感觉不幸福。第二种情况，自己年收入15万元，尽管比第一种情况下要少，但与周围年收入只有10万元的人相比，会感到自己收入很高，就会感觉很幸福。

再比如说，对于"最幸福的男人"这一问题，回答的结果众说纷纭，见仁见智，可以是长得高的、长得帅的、很有钱的或者性格很好，等等。但是有一个有趣的观点认为，尤其对于结了婚的男性来说，绝对是相当有共识的，就是"比妻子的闺蜜的老公收入高30%~50%的男人"。原因在于，当一个男人结婚后，跟妻子在一起，难免会被妻子拿来与别人进行比较，而最有可能的比较对象就是妻子闺蜜的老公。所以当一个男人比妻子的闺蜜的老公收入高30%~50%时，妻子在对比时会产生优越感，觉得比闺蜜要生活得好，因此这个男人也会感觉很幸福。为什么高出的数量是30%~50%呢，300%~500%可以吗？不可以！因为这样的话，妻子和她闺蜜的收入差距太大，就没有可比性了。

2.曾经沧海与朝花夕拾

本章引例中，举了"曾经沧海"心理，下面再结合"朝花夕拾"心理，进一步说明"幸福相对论"。

Brickman等（1978）研究了普通民众、彩票大奖得主与交通事故截瘫患者这三类人对幸福感受的区别。他让这三组人评价他们对过去、现在和未来的幸福感。如图5-12所示，大奖得主和普通民众普遍认为过去不错、现在很好、未来会更好，这体现出他们乐观的心态。而截瘫患者认为自己过去很幸福、未来也会幸福，但现在很不幸，这体现出他们朝花夕拾的心态，即失去了才会珍惜曾经的美好时光。

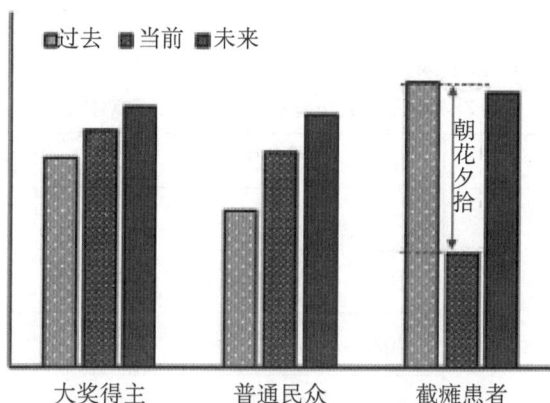

图5-12 三类人群对各期生活的整体评价

有一种观点认为，彩票大奖得主往往会因挥霍无度而收获一个不太好的结果。但其实这反映了没有中奖的人"羡慕嫉妒恨"的心理。根据对彩票中奖者的调查，虽然的确有一些中大奖的人遭遇了"大奖诅咒"，但大部分彩票大奖得主，不论是身体健康程度还是主观幸福感都获得了显著的提升。

当然，中了大奖之后的感觉肯定没有中奖前想象的那样好。作者对比这3种人对当前日常活动幸福感的评价，如图5-13所示，可以看到大奖得主对日常生活幸福感的评价明显较低，反映出大奖得主如本章引例所述的"曾经沧海"心理，其原因就是人们是基于相对参考点偏离的相对值而非绝对值进行评价。例如，一个人没有中奖，捡到100元会非常开心；但当他中了500万元大奖之后再捡到100元，幸福感就会大幅下降。

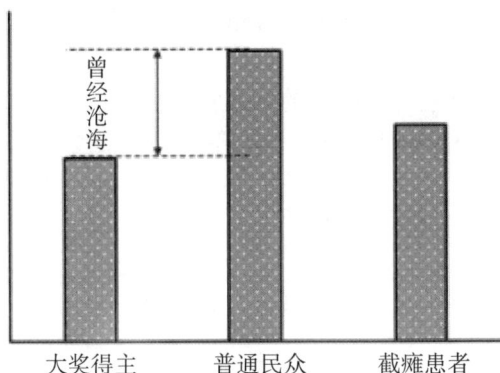

图5-13　三类人群对当下各项日常活动的评价

5.5.2　弗里德曼-萨维奇悖论

Friedman 和 Savage（1948）发现，购买保险是规避风险，参与博彩会招致风险，但同一个人会同时买保险与彩票，它与传统经济学中的期望效用理论不符，这一现象被称为"弗里德曼-萨维奇悖论（Friedman-Savage Paradox）"。表5-2显示了2020年至2024年香港与内地保险业和博彩/彩票业的情况，香港居民的博彩投注额与保费收入之比，远高于内地。

表5-2　　　　　香港和内地保险业和博彩/彩票业的历年对比情况

地区	年份	博彩投注额	保费收入	博彩投注额/保费收入
中国香港（亿港元）	2020	2 194	5 814	37.73%
	2021	2 799	5 817	48.12%
	2022	2 901	5 560	52.18%
	2023	3 056	5 497	55.59%
	2024	3 036	6 378	47.60%
中国内地（亿元人民币）	2020	3 320	45 257	7.34%
	2021	3 733	44 900	8.31%
	2022	4 247	46 957	9.04%
	2023	5 797	51 247	11.31%
	2024	6 235	56 963	10.95%

资料来源：根据中国财政部（www.mof.gov.cn）、中国香港赛马会（www.hkjc.com）和中国香港保险业监管局（/www.ia.org.hk）的相关资料整理。

关于人们参与预期收益小于0的博彩活动的原因，本教材将在第16章加以详细论述，本章只是基于前景理论，对"弗里德曼-萨维奇悖论"进行简单解释。根据前景理论，人们会错估小概率事件。对于彩票来说，大部分人往往是主观地认为自己会比其他人幸福，高估了中大奖的概率，进而购买彩票。我们深知中大奖是一个概率非常小的事件，但当某次被赠送一张彩票时，还是舍不得将其扔掉，而是等到晚上开奖。当然，往往是毫无收获。

2022年卡塔尔世界杯期间，中国各地都销售足球彩票，我们分别统计了中国南方和北方各一个省的各阶段比赛的场均投注金额。如图5-14和图5-15所示，场投注额呈指数型增长，若以小组赛场均投注额为1，则1/8决赛为2，1/4决赛为3，半决赛为2，决赛为8。导致这种现象的一个原因是淘汰赛尤其是决赛的比赛更激烈，更加吸引购彩者。但另一个原因则是很多人在之前的投注中都输了钱，处于损失状态，是风险偏好者，到了淘汰赛尤其是决赛时，他们不仅想赌赢这场比赛，还希望把之前输的钱都挣回来，所以投注了更高的金额。

5.5.3 选项过载

生活中人们常常认为选项越多越好，但当选项太多时，人们反而会觉得挑花了眼难以选择，最终可能随便选一项，甚至什么也不选，这就产生了选项过载（Choice Overload），其含义是指当人们面对太多的选项时，"多样化和个性化的优势被消费者决策过程的复杂性所抵消"，由此产生某些负向的结果。比如有些女生往往花很长时间来挑选要穿哪件衣服出门，因为实在难以抉择，最后只好随便挑一件穿。前景理论同样可以对这一现象进行比较合理的解释，其背后的原因在于，每个选项具有多个维度属性，人们的参考点是各个选项最优维度构成的"最优选项"，而这个最优选项往往在现实中是不存在的。这样，相对于参考点，每个选项因某个或多个维度劣于最优选项的对应维度，表现为损失，人们对于每个选项的前景效用都为负。

2018年，西班牙Navarra大学商学院的Elena Reutskaja与合作者们，使用功能性磁共振成像（fMRI）技术，从生理学角度证明，选项数量对决策质量的影响呈倒U形，最佳选项数量在8至15，选项数量过高，脑神经活动下降，决策质量也而之下降低。由此看来，选项过载是一条规律，只能遵循而不能违背。

金融市场上也存在选项过载现象。在金融市场当中，存在太多的投资工具，这会使投资者变得保守，不愿意为获得收益承担相应的风险，最终只好采取一种简单策略：要么随便选一种，要么什么都不选。

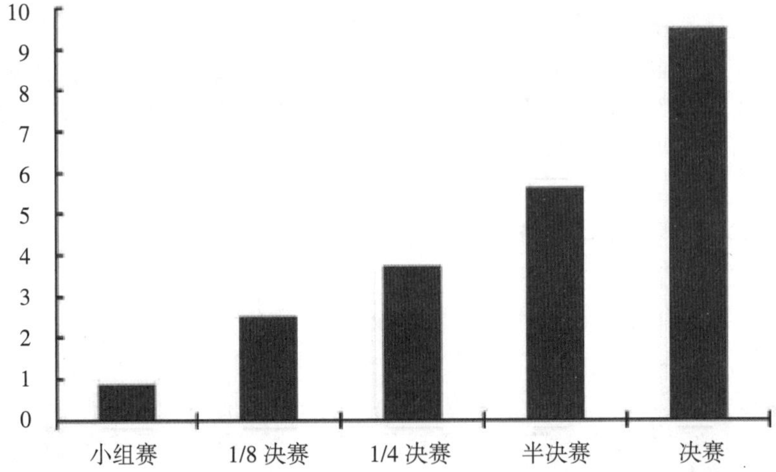

图5-14　卡塔尔世界杯期间中国南方某省足球竞彩各阶段场均投注额

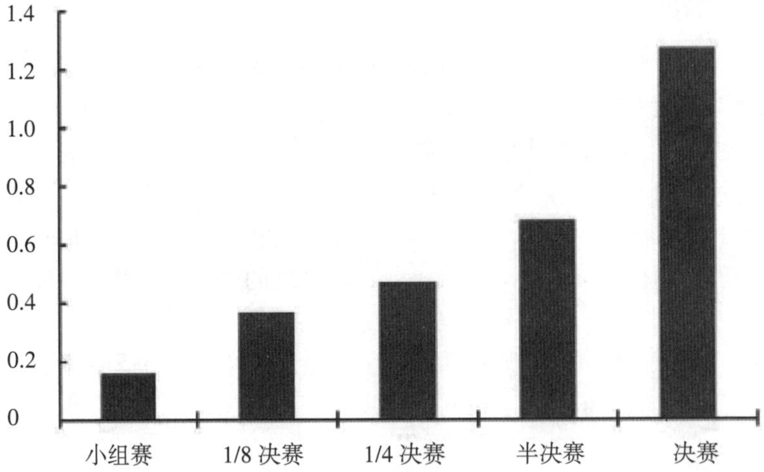

图5-15　卡塔尔世界杯期间中国北方某省足球竞彩各阶段场均投注额

思政课堂 ✓ --●

多回家看看

【思政元素】传统美德，常怀感恩。

父母深恩，经百千劫，犹不能报！贫寒家庭的父母，尤为如此。他们终日奔波，省吃俭用，用血汗换取一份微不足道的收入，企盼孩子不再重复他们曾经走过的路，过上安稳甚至富足的日子，实现他们当年为生活所迫不得不放弃的理想。但是，好多寒门学子离家读书学有所成之后，父母都却因劳累过早离世，子欲养而亲不待之痛，终身难抚。

《诗经·小雅·蓼莪》中说：

蓼蓼者莪，匪莪伊蒿。哀哀父母，生我劬劳。

蓼蓼者莪，匪莪伊蔚。哀哀父母，生我劳瘁。

瓶之罄矣，维罍之耻。鲜民之生，不如死之久矣。无父何怙？无母何恃？出则衔恤，入则靡至。

父兮生我，母兮鞠我。抚我畜我，长我育我，顾我复我，出入腹我。欲报之德。昊天罔极！

南山烈烈，飘风发发。民莫不穀，我独何害！南山律律，飘风弗弗。民莫不穀，我独不卒！

父母在，人生尚有来处，父母去，人生只剩归途。离家在外的学子们和在职人士们，父母健在，这是一件非常幸运和幸福的事，有空的时候，一定要多回家看看！

本章小结 ✅ --●

前景理论把心理学和经济学结合起来，揭示了人们在风险条件下的判断和决策机制，它用价值函数取代效用函数，用权重函数取代客观概率。这一理论提供了一套全新的分析范式，是行为金融学的理论基石。

在风险条件下，人们的决策过程分为编辑和评价两个阶段。价值函数具有评价取决于参考点、边际价值递减和价值函数非对称性等3个特点。权重函数具有单调性、次可加性、小概率错估、次确定性和次比例性等5个特点。

阿莱悖论是指人在决策时过度重视确定性结果的现象；镜像效应是指人们在损失时的选择会与在收益时相反。前景理论可以很合理地解释这些现象。

少少益善效应是指人们对于"少的或差的"比"多的或好的"评价更高的反常现象。在分别进行联合评价与独立评价时，当商品关键属性不容易被评估时，人的偏好可能发生反转。

幸福相对论是指人们评价生活质量的标准是基于参考点而非绝对值，人们的幸福感取决于相对于参考点的收入水平。弗里德曼-萨维奇悖论是指人们会同时购买保险和彩票的现象。选项过载是指多样化和个性化的优势被消费者决策过程复杂性所抵消，由此产生的负向结果。前景理论可以合理解释这些现象。

推荐阅读 ✅ --●

[1] BRICKMAN P, COATES D, JANOFF-BULMAN R.Lottery winners and accident victims: is happiness relative？[J]. Journal of Personality and Social Psychology, 1978, 36 (8): 917-927.

[2] KAHNEMAN D, TVERSKY A.Prospect theory: an analysis of decision under risk [J]. Econometrica: Journal of the Econometric Society, 1979: 47 (723), 263-

291.

［3］HSEE C K. Less is better: when low-value options are valued more highly than high-value options ［J］. Journal of Behavioral Decision Making, 1988, (11): 107-121.

［4］TVERSKY A, KAHNEMAN D. Advances in prospect theory: cumulative representation of uncertainty ［J］. Journal of Risk and Uncertainty, 1992, 5 (4): 297-323.

［5］REUTSKAJA E, LINDNER A, NAGEL R, et al. Choice overload reduces neural signatures of choice set value in dorsal striatum and anterior cingulate cortex ［J］. Nat Hum Behav. 2018, 2 (12): 925-935.

［6］奚恺元. 别做正常的傻瓜 ［M］. 2版.北京: 机械工业出版社, 2008.

第6章 心理账户

【学习目标】本教材第5章前景理论指出：人们在进行决策判断前，先要将各选项加以分类组合。本章所讲述的心理账户理论，将对这一问题进行更加深入的分析。通过本章的学习，读者应当掌握心理账户的含义，熟悉心理账户的算法，了解享乐编辑假说的内容以及4个不同收益和损失情况下的价值函数，熟悉交易效用函数理论的内容，掌握"黄牛"存在的必然性以及热门商品低价销售的智慧，熟悉违背交易效用理论的代价，了解基于交易效用理论商家提高商品价格的三项策略，了解意外之财效用的内容以及人们对其在消费倾向和风险偏好上的特点，熟悉社会规范和市场规范的内容，了解基于心理账户送礼物的学问，了解"剁手族"和网购成瘾的成因及治疗。

【关键概念】心理账户；享乐编辑假说；交易效用理论；参考价格；交易效用；意外之财。

引例

【传统文化】

祁奚举贤

晋大夫祁奚老，晋君问曰："孰可使嗣？"祁奚对曰："解狐可。"君曰："非子之仇耶？"对曰："君问可，非问仇也。"晋遂举解狐。后又问："孰可以为国尉？"祁奚对曰："午也可。"君曰："非子之子耶？"对曰："君问可，非问子也。"

——汉·刘向《新序·杂事第一》

【译文】祁奚请求告老退休，晋悼公问他："谁可以接替你的职务？"祁奚回答："解狐可以。"晋悼公问："他不是你的仇人吗？"祁奚回答说："大王问的是谁可以接任，而不是问谁是我的仇人。"晋悼公就立解狐为中军尉。后来晋悼公又问他："谁可以当国尉？"祁奚回答说："祁午可以。"晋悼公问祁奚："他不是你的儿子吗？"祁奚回答说："大王问的是谁可以担任，而不是问谁是我的儿子。"

【现实事例】
老大爷智斗顽童

一个老大爷喜欢安静，但一群孩子每天在他家门口玩，蹦蹦跳跳，又吵又闹。老大爷实在忍受不了，想了个办法。一天他出去给每个孩子5元钱，说："你们让这儿很热闹，我心情很愉快，像回到年轻时一样，给你们每个人一点钱，略表心意。"这些孩子觉得在这儿玩耍还有钱拿，很开心。第二天，老大爷给每个孩子两元钱，并解释说："我也没有什么收入，只能少给点。"这些孩子觉得两元钱还算可以，勉强接受。第三天，老大爷给每个孩子5毛钱，并说："我真的没什么钱，只能再少给点儿。"孩子们非常生气，立即离开了，并向老大爷宣告，再不会来他家门口玩了！

6.1　心理账户简介

6.1.1　心理账户的含义

传统经济学认为，各种资金是可以替代的，是完全等价的。2009年的热播电视剧《潜伏》中有句台词："这有两根金条，你能告诉我哪一根是高尚的，哪一根是龌龊的？"

实际上，虽然是相等数额的钱，但人们对不同资金的态度和方式是不一样的。买彩票中得的1 000元与辛苦工作挣到的1 000元相比，理论上来说是等价的。但实际上，买彩票中奖得到的钱可能一下子就花光了，甚至是得1 000元花2 000元，就当作商品打对折；而辛苦工作挣的钱，就会很珍惜，舍不得花掉。同样都是钱，为什么对待方式不一样呢？

这就涉及本章所讲的内容——**心理账户（Mental Accounting），是指因各项资金的来源和用途不相同，决策者在心理上将它们置于不同的账户中，每项心理账户都被分割，互不相关。人们会独立核算每个心理账户的损失与收益，并非通盘考虑。**就像本章引例中"祁奚举贤"那样，晋国国君问谁能接替他的位子，祁奚推荐仇人，因为祁奚有两个心理账户：一个是胜任者账户，一个是仇人账户，两者毫不相关。总结成一句俗语就是：一码归一码。

6.1.2　心理账户的事例

再看本章引例中"老大爷智斗顽童"的故事。为获得清静，老大爷还可能有其他选项：（1）利诱。就是给点钱让孩子们离开，但这个方法不妥当。今天孩子得到1元钱，明天就可能要更多，甚至孩子们缺钱了就会故意到老大爷家门口去吵闹。（2）报警。孩子未成年，警察来了也不能解决实质性问题。（3）找家长。家长有可能偏向自己家的孩子，即使管教，效果也不会很好。（4）威胁。这更不妥当，小孩不一定怕老大爷，老大爷还可能被反威胁。（5）搬家。俗话说，故土难离，老大爷在这里住了好多年，也不愿意离开。因此，上述方法都是权宜之计。而老大爷"欲擒故纵"的做法，则是本章主题"心理账户"灵活运用的体现。首先，老大爷让孩子们将蹦蹦跳跳从"嬉闹账户"转变为"赚钱账户"。孩子们此前蹦蹦跳跳是为了玩，但得到钱以后，蹦蹦跳跳是为了赚钱。接着，老人在设置了一个参考价格5元后，逐步调低孩子们的报酬，从5元到2元再到5毛钱，孩子们认为"劳动"没有得到合理的回报，自然就会抱怨，而这正好就达到了老大爷的目的。大家甚至可以想象，从这以后，孩子们再从老大爷家门口路过的时候，都会轻手轻脚，不会发出一丝声音。

再举两个事例来帮助我们深入理解心理账户：（1）突然在要洗的衣服口袋里发现100元钱，是一件十分开心的事情。因为本以为口袋里是没有钱的，但是现在突然多出了100元，就会很开心，但事实上钱还是自己的。（2）微信抢红包。平时走路发现1元钱，大多数人觉得无所谓，会选择忽略，而不是弯腰去捡。但在微信抢红包中抢到1元钱就会非常开心。同样是得到1元钱，感受却差别很大，原因是什么呢？这是因为，在大多数人平时的认知里，上网应该是花钱，但抢到红包时忽然发现上网能够赚钱，虽然赚得少，可由于参考点是花钱，就会将微信抢红包时抢到的钱置于"网络心理账户"，此时网络账户中的1元钱比现实生活中的1元钱更值钱。

6.2　心理账户的算法

6.2.1　3个典型事例

事例1：一家人在外地钓到了很多鲑鱼，这些鱼被托运回家，结果在路上却被遗失了。托运公司向他们赔偿了600元，一家人用了其中的450元吃了一顿大餐。此前，他们从未像这样犒劳过自己。

事例2：J夫妇为了他们的梦想存了15万元，他们预期在5年内购房，这笔资金在资本市场每年以10%的增幅增长。后来，他们以3年15%的利率贷款购置了一辆新车，价值11万元。

事例3：S先生看中了一件羊绒衫，但是1 250元的价格让他望而却步。后来，S先生的妻子把这件衣服作为生日礼物送给了S先生，S先生十分开心。但实际上S夫妇俩用的是一个联名账户。

微观经济学中消费者效用理论认为，面对不同商品价格以及个人收入约束，需要达到以下均衡条件才能满足消费者的效用最大化：各种商品的边际效用与该商品的价格之比都要相等。用公式表示即为：

$$\begin{cases} P_1 X_1 + P_2 X_2 + \cdots + P_n X_n = 1 \\ \dfrac{MU_1}{P_1} = \dfrac{MU_2}{P_2} = \cdots = \dfrac{MU_n}{P_n} = \lambda \end{cases}$$

不难发现，该均衡条件忽略了商品价格以及商品本身属性之外的其他因素，这些因素被卡尼曼和特沃斯基称为"框架"。而以上3个事例都表明，"框架"在人们做决策时会起作用，结果就会发生各种商品的边际效用与该商品的价格之比不一定都相等的情况，用公式表示即为：

$$\frac{MU_1}{P_1} \neq \frac{MU_2}{P_2}$$

6.2.2 享乐编辑假说

享乐编辑假说（Hedonic Editing Hypothesis），是指人类通常具有享乐主义心理倾向。情绪和情感体验在人们的心理账户核算中起着重要作用。人们并不追求理性意义上的效用最大化，而是追求情感满意上的价值最大化。这意味着消费者在购买商品的时候不仅仅关注商品本身的效用，还要考察在购买商品或者消费决策过程中的情感体验，即要考虑消费时获得的感觉。以喝咖啡为例，某些品牌的咖啡并不一定就比其他品牌好喝，但其实消费者并不是关注咖啡本身的味道，更看重的是一种消费体验，对某些品牌来说，"人们不仅爱它的咖啡，也爱着它的故事"。

这就意味着人们并不是追求理性人假设中的效用最大化，而是追求情感满意上的享乐体验最大化。同样是咖啡，在浪漫环境下喝和在荒郊野岭喝的感觉肯定是不一样的。这就是所谓的情感体验最大化，它相对更符合现实中的情况。

塞勒（1985）设计了如下4个问题，并对美国康奈尔大学87位大学生进行调查，我们对这些问题将美元换成人民币并在数量上根据当前中国的情况稍加调整，然后对中国的大学生进行了调查，结果见表6-1。

表6-1　　　　　　　　　　　中美大学生调查结果对比

问题	被调查者	选择 A	选择 B	无差异
（1）好事成双	20世纪美国大学生	64.37%	18.39%	17.24%
	21世纪中国大学生	75.86%	16.09%	8.05%
（2）祸不单行	20世纪美国大学生	75.86%	16.09%	8.05%
	21世纪中国大学生	78.53%	11.38%	10.09%
（3）瑕不掩瑜	20世纪美国大学生	25.29%	70.11%	4.60%
	21世纪中国大学生	15.41%	79.82%	4.77%
（4）来苏之望	20世纪美国大学生	21.84%	72.41%	5.75%
	21世纪中国大学生	28.81%	64.04%	7.16%

（1）好事成双：别人送 A 先生一套彩票，其中一张中了 50 元，还有一张中了 25 元；同样，别人送了 B 先生一套彩票，只中了一张 75 元。总奖金同样都是 75 元，谁会更开心？大部分人会认为是 A 先生。原因在于，虽然总奖金一样，但 A 先生中了两次奖，好事成双，会更开心。

（2）祸不单行：A 先生收到了 50 元的交通罚单，同时当天丢了 100 元；B 先生收到了 150 元的交通罚单。总损失同样都是 150 元，谁更不开心？大部分人会认为是 A 先生。原因在于，虽然总损失一样，但 A 少了两次钱，祸不单行，会更不开心。

（3）瑕不掩瑜：A 先生买了一张彩票中了 100 元，同一天弄坏了邻居家的东西赔偿了 80 元；B 先生买了一张彩票中了 20 元。谁会更开心？大部分人会认为是 B 先生。原因在于，虽然总收入一样，但 A 先生还有其他损失，那会降低开心程度。

（4）来苏之望：A 先生的汽车出现了小问题，修理花了 200 元，同一天他打赌赢了 25 元；B 先生的汽车也出现了小问题，修理花了 175 元。谁更不开心？大部分人会认为是 B 先生。原因在于，虽然总损失一样，但 A 先生还获得了一丝惊喜，会弥补不开心程度。

总结上述 4 种情况下人们的心理变化，大家会发现：（1）好事成双：两次小赚比一次大赚更好；（2）祸不单行：一次大坏事与两次小坏事相比，稍微不坏一些；（3）瑕不掩瑜：一次小赚要比一次大赚小赔更好；（4）来苏之望：大赔小赚要比一次小赔更好一些。

以上只是通过比较事例得出的心理感觉，接下来，我们用前景理论的价值函数从理论上对其进行更深入的解释。

1.好事成双的价值函数

如图 6-1 所示，如果一件大好事得到 $2x$ 的收益，正好是小好事收益 x 的两倍，那么一次性得到一件大好事的前景效用是 $V（2x）$；如果分成两件小好事，每件都得到 x 的收益，那么这时候总前景效用是 $2V（x）$。显然，分两件事获得的总前景效用比一件大好事获得的前景效用更大。这进一步说明了在都是好事的情况下，相对于比单件收益大的好事，大家对发生数量多但收益小的好事评价更高。

2.祸不单行的价值函数

假设一件大坏事的损失刚好是两件小坏事每次损失的两倍。如图 6-2 所示，如果大坏事一次性发生，那么这时候它的效用是 $V（-2x）$；如果分两次，每次发生一件损失小一点的坏事，那么总的效用是 $2V（-x）$。此时，人们更倾向于一次性发生一件大坏事，而不是发生两件小坏事。让坏事一次性发生完，不要分多次打扰，这与遇到好事时恰好相反。

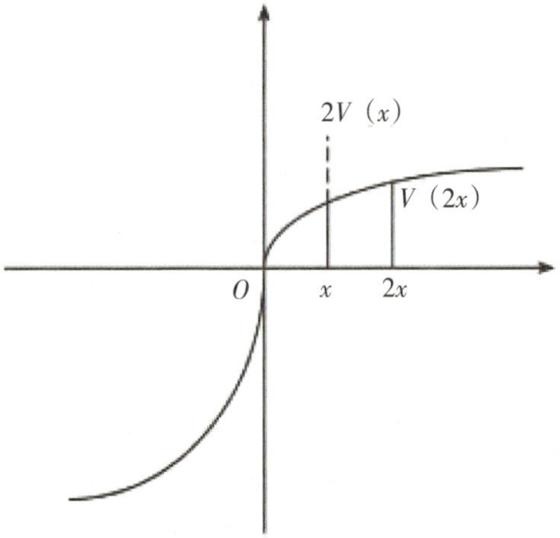

图6-1 好事成双的价值函数

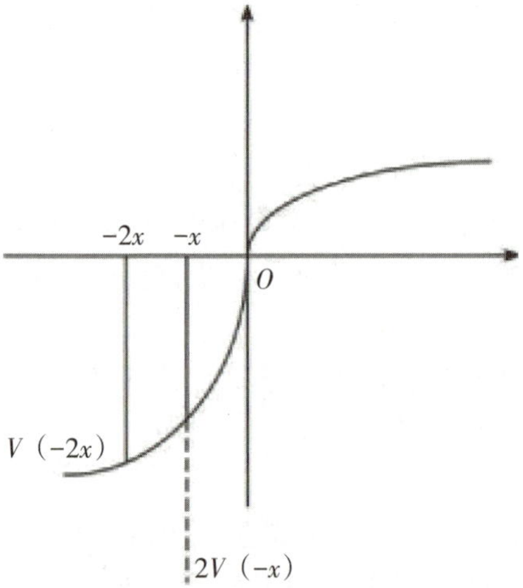

图6-2 祸不单行的价值函数

3.瑕不掩瑜（大赚小赔）的价值函数

如图6-3所示，假设遇到一件大好事大赚一笔，得到的效用是 $V(x)$；又遇到一件小坏事小赔一下，得到的效用是 $V(-y)$。当把小赔的效用平移到大赚的效用上，不难发现遇到一件大赚一件小赔的事情的总效用为 $V(x)+V(-y)$，而一次小赚得到的效用为 $V(x-y)$，由图可知，小赚的效用是大于大赚小赔得到的效用的。

4.来苏之望（大赔小赚）的价值函数

如图6-4所示，一件大赔的效用是 $V(-y)$，被小赚的效用 $V(x)$ 抵消了一部分，所以大赔小赚的总效用是 $V(x)+V(-y)$，而小赔的效用则是 $V(x-y)$，可以发现，大赔小赚的效用比小赔的效用更高。

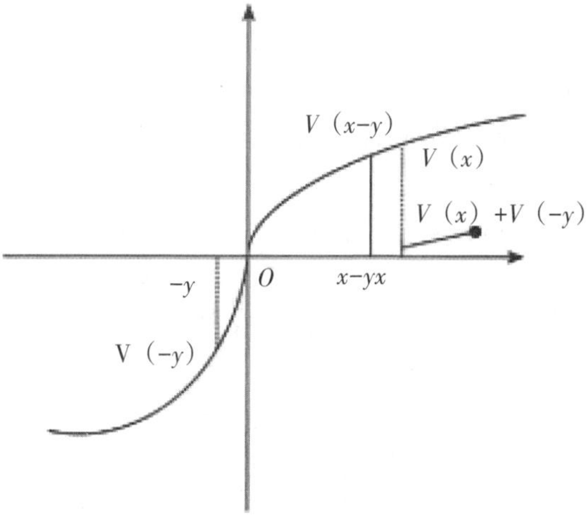

图6-3　瑕不掩瑜的价值函数

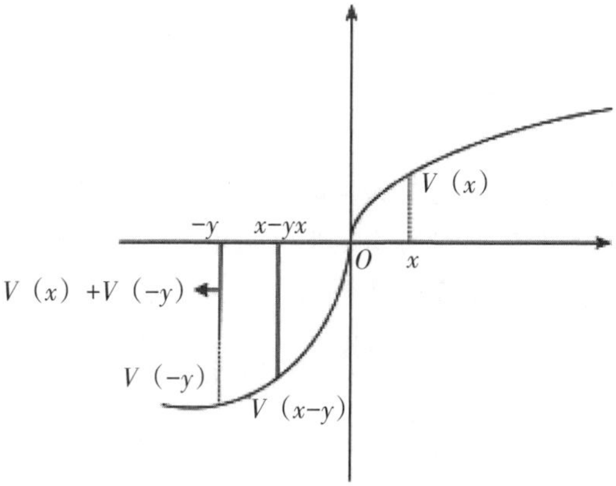

图6-4　来苏之望的价值函数

6.3.1　交易效用理论的含义

传统消费者效用理论认为，消费者只需要考虑交易价格和效用价格。**交易效用理论（Transaction Utility Theory）认为，人们在进行消费时，所考虑的因素不仅包括商品本身的属性，还包括在购买过程中的体验。**这些因素包括：（1）交易价格（Transaction Price），即购买该商品所花费的金额；（2）效用价格（Utility Price），即使用该商品所取得的效用；（3）参考价格（Reference Price），即购买该商品时所参考的价格。

这样，根据传统经济学的消费者效用理论，消费者只需要考虑获得效用（Acquisition Utility）。它是效用价格与交易价格之差。但根据行为金融学的交易效用理论，消费者同时还要考虑**交易效用（Transaction Utility），它是参考价格与交易价格**

之差的函数。当参考价格高于交易价格时，消费者会感觉占了便宜，交易效用为正；反之，当参考价格低于交易价格时，消费者会感觉吃了亏，交易效用为负。

显然，相对于传统消费者效用理论，交易效用理论更符合现实生活。例如，某个女孩子用500元买到了其他人平时要用1 000元才能够买到的衣服，她就会很开心。原因在于交易价格为500元，而参考价格是1 000元，前者小于后者。

2017年，本教材作者曾出差到法国巴黎，恰好一位朋友正在追求一位女孩子，作者受托给其带瓶香水送人用。托微信的福，在老佛爷商场我们通过视频"直播"选货，看到某品牌香水有3种包装，50毫升的100欧元，100毫升的130欧元，150毫升的150欧元。这样，以第一种包装计算，每毫升2欧元，那么150毫升包装的参考价格为300欧元，而实际价格只有150欧元。于是，我们不约而同地决定买150毫升的。结果，当一位懂行的同行者看到这瓶熊掌大小的一瓶香水，眼睛瞪得像100瓦灯泡一样大，憋了半天，说了句："这么多的香水要猴年马月才能用完啊！"后来，朋友也没好意思送出这瓶熊掌大的香水，但也没舍得扔，一直静静地躺在他家的一个角落里。

6.3.2　转售球票

再看下面的例子：设想自己拥有一张球票，比赛之前忽然有事情看不了，要把票转售给他人，此时市场价格和起初的购买价格可能会有差别。那么问题来了，是卖给朋友还是卖给陌生人，转售价格是否相同？综合塞勒（1985）对美国康奈尔大学大学生以及我们对上海师范大学大学生的调查，结果如下。[①]

1.第一种情况

如果这张票是免费得到的，而该票市场价格是100元，如图6-5所示，当面对朋友时，此时大部分人会免费转让，只有很少一部分人会按市场价格100元转售；当面对陌生人时，没有人会免费转让，大部分人会按市场价格100元转售。面对不同的人，转售价格会有巨大差异，原因在于，朋友的参考价格是0元，以市场价格100元转售，会给朋友带来非常高的负交易效用。而陌生人的参考价格就是市场价格，以市场价格转售，交易效用基本为0；如果以低于市场价格的价格转售，则会给陌生人带来非常高的正交易效用。

2.第二种情况

如果这张票是花费100元得到的，而该票的市场价格也为100元，如图6-6所示，当面对朋友时，大部分人会按市场价格转售，只有少部分人会按低于市场价格的50元转售，而没有人会免费转让；当面对陌生人时，几乎所有人都会按市场价格100元转售。面对不同的人，转售价格基本没有差异，原因在于，无论是朋友还是陌生人，参考价格都是市场价格100元。此时，以低于市场价格的价格将球票转售给朋友，会给他们带来很高的正交易效用。

---

① 1985年的球票价格为10美元。

图6-5 将一张免费得到的球票转卖给不同人的价格

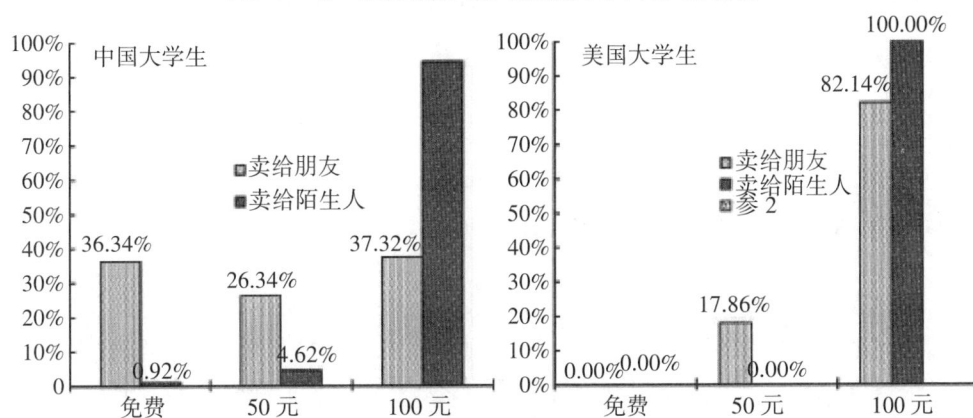

图6-6 将一张100元买到的球票转卖给不同人的价格

另一项有趣的结果是，当球票是免费得到或者卖给陌生人时，中美大学生表现几乎一致。但球票是按市场价格得到且卖给朋友时，有相当高比例的中国大学生愿意免费或者半价。当我们询问原因时，有学生回答是，"反正自己也去不了又不能退，白送给朋友，会增加与朋友的友谊！"

6.3.3 沙滩喝饮料

再来看一个值得大家铭记在心的事例：假设自己现在躺在沙滩上晒太阳，感到口渴，想让朋友从附近买一瓶饮料，此时有两种选择：（1）在附近的五星级宾馆买；（2）在附近的流动小摊买。两处销售的都是同一个品牌同样品质的饮料，而且，喝饮料的过程都发生在沙滩上。你是否愿意出相同的价格？

根据传统的消费者效用理论，虽然在不同的地方购买，但是同样的饮料，并且在相同的地方饮用，消费者愿意支付的价格应当是相同的。但实际上，对于五星级宾馆销售的饮料，人们却能够接受更高的价格，根据塞勒（1985）的调查，五星级宾馆销售的饮料的价格要比流动小摊高出76.83%，其原因可以用交易效用很好地解释。

在大家的印象中，五星级宾馆的商品价格都是很昂贵的，人们在这里购买饮料，参考价格相对也很高；相反，流动小摊所售商品的价格都是很便宜的，人们从这里购买饮料，参考价格就相对较低，如果这里出售的饮料价格较高，人们的交易效用为负，就会拒绝购买。

同样的例子还发生在职场，两位员工做的工作是一样的，贡献也是相同的，但名牌高校毕业的员工工资很可能就比普通高校毕业的员工要高。背后的原因一是统计性歧视，二是名牌高校毕业的员工的确工作能力强，三是公司对两位员工所支付工资的参考价格有所不同（公司对名牌高校毕业生支付的工资的参考价格高，愿意为他们支付一个较高的工资，仅此而已）。

由上述事例可以发现：消费者会将各种商品分成不同的心理账户进行消费，最终导致均衡时各商品的边际效用与价格之比并不相同，即 $\frac{MU_1}{P_1} \neq \frac{MU_2}{P_2}$。用上述例子来说，就是 $MU_{五星级宾馆饮料} = MU_{流动小摊饮料}$，但 $P_{五星级宾馆饮料} > P_{流动小摊饮料}$，因此 $\frac{MU_{五星级宾馆饮料}}{P_{五星级宾馆饮料}} < \frac{MU_{流动小摊饮料}}{P_{流动小摊饮料}}$。

6.4　心理账户与营销学

心理账户理论给营销学带来了很多启示。比如，一个商品有很多卖点，可以把它们单独地分开展示或是一起展示，但哪种展示方式的效果更好呢？显然是前者，把各个卖点分开展示，可以提升这种商品的交易效用，从而吸引更多的消费者来购买。现进一步说明交易效用理论在营销学中的意义。

6.4.1　"黄牛"存在的必然性

2015/2016赛季，莱斯特城队获得英超冠军，成了当赛季英国甚至全世界足球圈最大的一匹黑马。2016年4月13日，莱斯特城队预售当赛季最后一个主场比赛（5月8日）的球票。这场比赛不仅是一场比赛，球迷还会见证英超冠军的颁奖仪式，因此非常热门，球票仅在90分钟内就售罄了。

但是球票的官方售价比较便宜，每张仅需22英镑，没买到票又想看比赛的球迷就只能转手从"黄牛"手中买票，售价竟然达到了每张3 000英镑的高价。那么，许多人会提出疑问：这场比赛如此热门，俱乐部为何不直接提高球票价格，反而让"黄牛"倒票获利呢？何况俱乐部不是慈善机构，它的经营目的也是盈利，那么它为什么把这近150倍的利润让给"黄牛"了呢？俱乐部这样的行为是真的不理性吗？其实不然，"黄牛"的存在是必然的。

首先，"黄牛"存在的意义是替人背黑锅。莱斯特城队的主场皇权球场仅有3.25万个座位，对这场比赛来说，明显球票供需不平衡。此时，如果俱乐部直接销售球票，就面临着艰难选择，究竟把票卖给谁？无论卖给谁，其他人都会不高兴，这时"黄牛"便起到背黑锅的作用。俱乐部也有了给球迷的解释托词:"不是我不卖给你,而是'黄牛'抢票太厉害了,票都被'黄牛'提前抢光了。"于是,这个因为供需不平衡而引起的球迷买票情绪问题也就迎刃而解了。

其次,俱乐部的这3万多张球票并不全都公开销售,而是分为销售的单场票、赛季票和不销售的赠票。对于收到赠票的人,虽然票面价格是22英镑,但此时他对这张球票的参考价格已经达到了3 000英镑,内心会感到很满足,从而凸显了赠票价值。

最后,俱乐部给忠实球迷提供方便渠道,以每张22英镑的价格把球票销售给他们,此时忠实球迷的参考价格也是每张3 000英镑。俱乐部这样做可以达到培养忠诚球迷的目的。

综合以上几个方面因素来考虑,黄牛是必然存在的。所以,俱乐部不直接提高球票价格而让"黄牛"倒票获利并非不理性的,反而是一种更高明的做法。

还要强调的是,黄牛们也面临着巨大风险。例如,2022/2023赛季,英超阿森纳队曾连续248天占据榜首,一度领先8分,无限接近结束19年的冠军荒。5月28日最后一轮主场的球票,球场中心下层球票仅41.5英镑,在3月曾一度被炒高至53 000英镑。结果4月以后,阿森纳在多个关键场次连续失分,最终被曼城赶超,球票也狂降至正常水平。

6.4.2 热销商品低价的智慧

总结起来,一些需求旺盛的热销商品价格有时会很低,如上面提到的莱斯特城最后一个主场比赛的球票,票面价格很低,这种低价销售的智慧体现在以下三个方面:

第一,参考价格为平时价格,票面价格过高会导致很强的负交易效用。球迷的心理很奇特,以上述英超球队莱斯特城队为例,如果球迷花22英镑买到门票,参考价格会是3 000英镑,但如果售价为3 000英镑,参考价格又会变成22英镑,从而带来很强的负交易效用。

第二,此种商品销售额占商家总体收入的比重不高。仍然以英超为例,它一共有20支球队,一个赛季每支球队共进行19场主场赛事,这次英超莱斯特城队赛季最后一个主场比赛仅仅是其中的一场。英超联赛作为当今世界足坛商业运作最成功的联赛之一,它的最大收入并不是销售球票,而是电视转播。莱斯特城队主场皇权球场有3.25万个座位,2015/2016赛季该队获得了英超冠军,当季的门票总收入为1 000万英镑。同年,它的转播权收入则高达9 000万英镑,而当年因夺冠而获得1.29亿英镑的收入。

第三,长期薄利多销胜于短期囤积居奇。销售球票应当作长远考虑而非只图短期利益。2022年5月18日,开始销售于当地时间22日开球的意甲最后一轮AC米兰客场挑战萨索洛的比赛,AC米兰只要在当场比赛获得1分,即可获得阔别11年之久的冠军。但萨索洛队也仍然按原价出售球票,而任凭黄牛们将其炒高10至20

倍。这提高了萨索洛球迷的忠诚度，也获得了 AC 米兰球迷的巨大好感，从商业角度更符合长期薄利多销胜于短期囤积居奇的原理。

6.4.3　违背交易效用理论的代价

如果商家违背交易效用理论，片面追求短期的高收益而提高票价，代价会相当严重。例如，从 1995 年 CBA 创办至 2017 年，辽宁男篮曾 6 次进入总决赛，但都失败，被戏称为"万年老二"。这显然不能简单归咎于命运不好，而应当从俱乐部经营管理等多个方面去找更深层次的原因。

2015 年 3 月 20 日，辽宁男篮 CBA 总决赛第六场，俱乐部决定门票临时涨价，并且网络预售球票全部作废、退款，见表 6-2。

表6-2 　　　　　　　　　　　　**辽宁男篮球票调整前后价格对比**　　　　　　　　　　　单位：元/张

等级	VIP	特甲	甲票	乙票
之前	1 600	1 200	1 000	600
调整后	2 200	1 800	1 400	800

结果，辽宁男篮遭遇了球迷倒戈，而且在比赛中被北京队击败，第五次进 CBA 总决赛，第五次获得亚军。对于这一事件，辽宁男篮俱乐部总经理声称："票价本身是随行就市的，是根据市场的供求关系来调整的，球迷要团结一心，不要受蛊惑。"其实，他错误地理解了市场的核心，市场的核心应该是信任，绝不是价格。2016 年，辽宁男篮第六次闯入总决赛，但又是夺得亚军，2017 年 3 月，辽宁男篮俱乐部在半决赛中再次对球票提价，又一次震动了球迷和业界，这次连决赛也没进入。

2018 年至 2024 年的 7 年间，辽宁男篮连续 6 次进入 CBA 总决赛，其中 4 次获得冠军，而且都是 4∶0 横扫对手。值得一提的是，这 7 年间主场球票没有再临时涨价。

大连有着悠久的足球历史和深厚的足球文化底蕴，也曾有辉煌的战绩。但是从 2012 年起，与整个城市一样，大连足球也逐渐没落，一度没有中超球队。中甲联赛 2024 年赛季，大连英博作为升班马不被看好，表现神勇，梭鱼湾足球场也吸引了众多球迷现场观赛，数次刷新中甲现场观察人数纪录。当年 11 月 3 日最后一轮比赛只要取胜即可冲超，不过俱乐部没有提升球票价格。最终，现场 60 951 名观众，与球队和大连整个城市，共同见证了大连英博冲超成功，共享了成功的喜悦。

6.5 心理账户实例

6.5.1 提高价格的方法

商家经营的最终目的是取得更高的收益，基于本章所讲的交易效用理论，可以在不给消费者带来负交易效用的情况下，通过如下策略来提高商品的销售价格：

1.提高参考价格

当今，一些奢侈品品牌会生产"中看不中用"的概念商品，如宝马价值20吨黄金的M1概念车、维多利亚的秘密价值5 000万美元的钻石文胸……其实这些商品并不适合在现实中使用，那商家生产这些"中看不中用"的概念商品目的何在呢？其实，商家别有用心，想通过这种方式提高参考价格。例如，当你去购买宝马车时（市场上宝马车通常比普通车要贵），如果买100万元的宝马车，和同功能的大众车相比，就会显得很贵，但是此时如果和概念车进行比较，参考价格就变成了20吨的黄金，那么100万元似乎也没那么贵了，也就增强了人们的购买欲望。与此同时，疑问随之就来了，低端品牌做概念性商品能否成功？比如，奇瑞汽车于1997年成立，1999年12月首辆轿车下线，在2012年推出了"TX SUV"概念车，它被定位为奇瑞高端车型，价格13万元；2016年推出概念车FV2030；2019年推出概念车瑞虎，价格8.88万元~15.99万元；2023年开始正式量产概念车"旅行者"，号称"实力超越坦克300"，当年销售2.56万辆，2024年销售10.36万辆，当年奇瑞集团汽车销量达到创纪录的260.39万辆，其中出口114.46万辆。奇瑞连续推出概念车是东施效颦还是择善而从，在撰写本教材前三版时，虽然从情感角度希望是后者，但我们当时还不能确定。现在看来，奇瑞汽车已经和中国其他众多企业一样，成功开辟了一条中国式发展之路。

2.进行捆绑销售

很多互补性商品搭配在一起捆绑销售，某项商品暗中提价但是消费者可能却察觉不到。例如，《2013—2017年中国食用油市场分析与投资前景研究报告》在网络上电子版售价为8 900元，印刷版售价也为8 900元，但是电子版和印刷版一起买全价为9 500元。很多消费者会被这样的销售方式所迷惑，其实最划算的买法是购买电子版自己打印。

3.淡化参考价格

在特殊或不寻常的情况下，可以淡化参考价格来销售商品。例如，每年2月14日的情人节，玫瑰花的价格都比平均价格高出许多。为何消费者普遍接受当天某些商品价格的大幅上涨呢？其中的原因就是淡化了参考价格，消费者在情人节这天能接受单枝蓝色妖姬从10元涨至20元。如图6-7所示，根据我们的调查，只有10.83%的学生认为应当保持原价，余下89.17%的同学可以接受不同程度的涨价，其在"2倍以内"的比例最高，为49.72%。

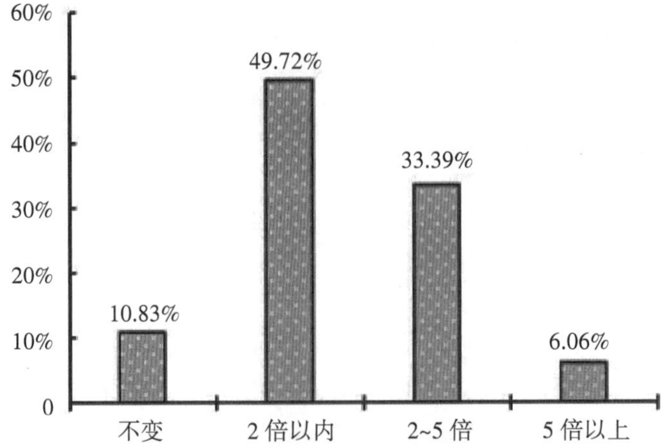

图6-7 情人节玫瑰花涨价程度的接受比例

那么康乃馨的价格为何没涨呢？答案显而易见，寓意赞美母爱的康乃馨在情人节这天并没有特殊需求，其参考价格没有变化，所以价格自然就没有变化，但在母亲节其价格会上涨。

6.5.2 意外之财效应

意外之财（Windfall Money），是指人们凭借运气或者表面上很小的代价而获得的钱财。相比于通过辛勤工作等正常渠道获得的钱财，人们往往将意外之财置于消费倾向很高或者风险偏好很大的心理账户。消费倾向和风险偏好都存在显著的差异。这里有一个非常极端的案例，2007年4月，任晓峰与马向景在短短几个月内从农行邯郸分行的金库里盗取了5 100万元现金，其中4 300万元用于购买彩票，一心想挣大钱，让他们万万没想到的是，4 300万元血本无归。他们在盗窃银行金库后每天吃方便面，但是购买彩票却花上了几千万元。这是因为他们有两个心理账户，一个是"买彩票账户"，另一个是"吃饭账户"。两者泾渭分明，毫不关联。

6.5.3 社会规范与市场规范

人们之间的交往有两种规则：一种是社会规范，注重感情、友谊；另一种是市场规范，注重金钱、利益，这两种规范不能相互混淆。

这里讲一个发生在以色列的故事：一家幼儿园的家长接孩子有时会迟到，为了解决这个问题，幼儿园对迟到的家长会进行罚款。结果令人意外，迟到的家长反而更多了。原因是罚款前，老师和家长是社会关系，用社会规范约束迟到，家长会因迟到而感到内疚。但罚款后，幼儿园用市场规范取代了社会规范，家长用钱买时间，迟到的内疚感自然就消失了。后来幼儿园又取消了迟到罚款制度，以为迟到现象会有所缓和，但事与愿违，家长仍然用市场规范约束自己，认为迟到是免费的，迟到现象便进一步增多了。这个故事给我们的启示是，社会规范与市场规范发生碰撞时，前者就会退出，并且短期内很难恢复。

6.5.4　送礼物的悲剧

经常有一些男孩子，想当然地送一些古怪的礼物，结果却让人啼笑皆非。例如，以下几个女同学提供的例子：生日的时候，男朋友从日本给我带回来两盒拉面，我去机场接他，一提，还死重死重的。前男友曾经含情脉脉地送了我一把手工做的榔头，实习时做的，其实挺实用，可以敲核桃之类的坚果吃。最为经典的一个事例是，以前有个追我的男生送了我一瓶"敌敌畏"，"雷"死我了，原来我室友告诉他一直有"小强"光顾我们寝室，吓到我了，然后第二天，悲剧的敌敌畏就送过来了，还附赠一句——"有我以后就不用怕了……"。大家可以想象女孩子收到这瓶"敌敌畏"时的窘迫。

送礼时大家应该选择同类商品中的高端商品，并且选择礼品时要考虑收礼者的喜好而不是送礼者的喜好。另外，送礼时最好是实物而不是等值现金。

6.5.5　"剁手族"与网购成瘾

近几年，我国网购业务快速发展，网购的方式也由PC端进一步发展出了移动端。如图6-8所示，2010年，中国网上零售额为0.46万亿元，占当年社会商品零售总额的6.13%；2019年为10.63万亿元，首次超过10万亿元大关，占比25.83%，首次超过1/4。到了2022年，中国网上零售额为13.79万亿元，占比31.36%，首次超过30%。2023年和2024年分别为15.43亿元和15.52亿元，都超过了15亿元，占比则相对稳定。同样，根据我们的调查，有60%以上的学生每年网购金额超过2 000元，而200元以内的不到2%，如图6-9所示。

随着网购业务的快速发展，"剁手族"也逐渐兴起，这类群体非常热衷于网络购物，但事后看账单却又特别后悔。用本章所讲述的心理账户理论同样可以对此作出很好的解释：（1）购买过程方便快捷；（2）将网购置于其他心理账户，与线下购物的心理账户分开；（3）电子支付对花钱的感觉迟钝：在现实中购物，数钱时会很心痛，而网购时输入不同的金额也不会有太大的区别。

如下心理实验对于"剁手族"与网购成瘾的治疗有重要参考意义：对以下3组女性的消费额进行对比：第一组，给每个人20张百元现钞；第二组，给每个人100张20元现钞；第三组，给每个人200张10元现钞。随后，把这3组女性同时带到商场，过3个小时之后，比较各组的消费情况。结果显示：第一组的钱所剩无几；第二组的消费额比第一组少30%多，还剩下600元；第三组的消费额比第二组少30%多，还剩下1 000元。究其原因，同样的额度，第一组拿钱的次数较少，不觉得消费额很大，导致消费额最多。

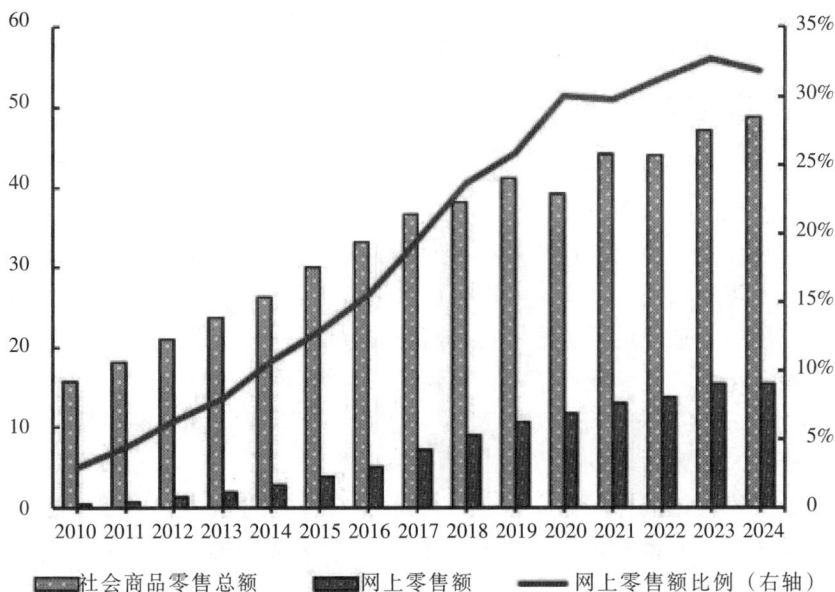

图6-8　中国社会商品零额与网上零售额的历年情况

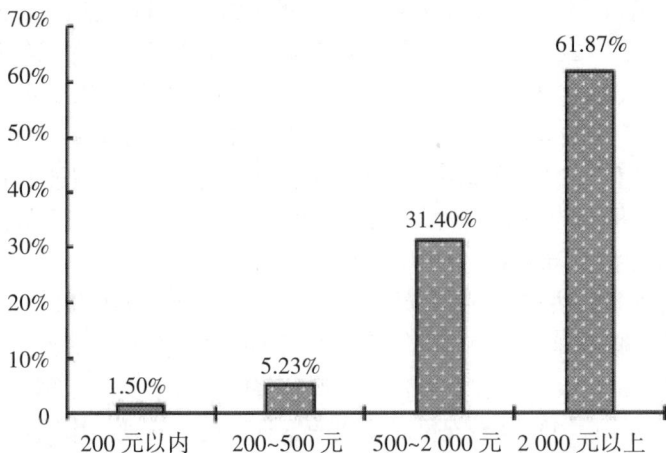

图6-9　大学生年网购金额

党的二十大报告明确指出"坚持节约优先"。结合本章所讲的心理账户，对于"剁手族"与网购成瘾者，有如下可行的治疗办法：（1）资金分置多个账户。（2）货到付款，现金交易：有些东西可买可不买，当送货到门时，可能就不会买了。（3）设置最高消费额：超过消费额之后，需要操作很多程序才能继续消费，这样因为麻烦就不会再花钱了。（4）同一网站多个账户：根据商品种类，设置不同的账户，并赋予其不同的用途，同时也不要只在一家网站购物。如果能做到以上四点，就可能降低人们网购上瘾的程度。

如何送适合的礼物

【思政元素】别做正常的"傻瓜"!

关于如何送适合的礼物,心理学专家奚恺元对此提出了他的建议。(1)大中之小不如小中之大,在一个不太昂贵的礼物类别中选择一个比较贵的礼物。(2)有用的不如没用的:最好的礼物是吃不掉、用不掉、送不掉也扔不掉的。(3)说要的不如想要的:送人(对方)想买却舍不得买的礼物,或其不好意思自己买或开口要的礼物。(4)有选择不如无选择:送礼不要让对方选择。(5)晚说不如早说:让朋友在期待中提前享受礼物带来的快乐。(6)单次不如多次:送一次不如送两次。

不过,我们对第6条持保留态度,现实可能因人而异,有的人喜欢一步到位,流星贯日远胜于细水长流。

资料来源:奚恺元. 别做正常的傻瓜 [M]. 2版.北京:机械工业出版社,2008. 根据该书第9章"你想让朋友和员工更开心吗? ——赠送礼物和激励员工的艺术"的相关内容整理。

本章小结 ☑ ------------------------------------●

心理账户指决策者将不同来源、所在或用途的资金置于不同的账户中,每项心理账户都被分割,人们会独立核算每项心理账户的损失与收益,并非通盘考虑。

享乐编辑假说是指人类通常具有享乐主义心理倾向,情绪和情感体验在人们的心理账户核算中起着重要作用。人们并不追求理性意义上的效用最大化,而是追求情感满意上的价值最大化。消费者会将各种商品置于不同的心理账户进行消费,从而导致均衡时各商品的边际效用与价格之比并不相同。

交易效用理论认为,人们在进行消费时考虑的因素除了交易价格和效用价格以外,还包括参考价格,即购买某种商品时所参考的同类商品的价格。交易效用是参考价格与交易价格之差的函数,当参考价格高于交易价格时,交易效用为正;当参考价格低于交易价格时,交易效用为负。

热销商品以低价出售,会给消费者带来很高的正交易效用;长期薄利多销胜于短期囤积居奇,这是智慧的做法。同时,这也意味着黄牛是必然存在的。而违背交易效用、片面追求短期收益的代价非常大。

基于交易效用理论,商家可以在不给消费者带来负交易效用的情况下,通过提高参考价格、进行捆绑销售和淡化参考价格等策略来提高商品的销售价格。

意外之财是指人们凭借运气或者很小的代价而获得的钱财,相对于正常渠道获得的钱财,人们将意外之财置于消费倾向很高或者风险偏好很大的心理账户。

人际交往有两种规则:社会规范和市场规范,前者注重感情、友谊,后者注重金钱、利益，两种规范不能相互混淆。心理账户对于更有效地赠送礼物以及治疗网购成瘾也有一定的作用。

推荐阅读 ✔ -- ●

［1］THALER R. Transaction utility theory ［J］. Advances in Consumer Research, 1983, 10 （1）: 229-232.

［2］THALER R. Mental accounting and consumer choice ［J］. Marketing Science, 1985, 4 （3）: 199-214.

［3］THALER R. Mental accounting matters ［J］. Journal of Behavioral Decision Making, 1999, 12 （3）: 183-206.

［4］SOMAN D, CHEEMA A. The effect of windfall gains on the sunk-cost effect ［J］. Marketing Letters, 2001, 12 （1）: 51-62.

［5］泰勒，桑斯坦. 助推：事关健康、财富与快乐的最佳选择 ［M］. 刘宁，译. 北京：中信出版社，2015.

第7章 沉没成本误区

【学习目标】本教材第5章前景理论中指出了人们在遭受损失时表现为风险偏好，本章所讲述的沉没成本误区，对这一问题进行了更加深入的分析。通过本章的学习，读者应当掌握沉没成本误区的含义以及人们陷入沉没成本误区的原因，熟悉前景理论对沉没成本误区的解释，了解旁观者和决策者的沉没成本误区的异同，掌握沉没成本误区非理性的证明过程，熟悉沉没成本误区与认知失调、陷阱、登门槛效应和抛低球策略等理论的联系与区别，了解钓鱼工程和斜坡博弈的产生原因，熟悉正向或逆向利用沉没成本误区来使自身获益的方法。

【关键概念】沉没成本；沉没成本误区；风险偏好反转；确定效应；认知失调；陷阱；登门槛效应；抛低球策略；钓鱼工程；斜坡博弈。

引例

【传统文化】

堕甑不顾

孟敏，字叔达，巨鹿杨氏人也，客居太原。荷甑堕地，不顾而去。林宗（郭太）见而问其意，对曰："甑已破矣，视之何益？"

——南朝宋·范晔《后汉书·郭太传》

【译文】孟敏，字叔达，巨鹿郡杨氏县人。在客居太原的时候，有一天他扛着一个甑，不小心掉地上摔破了。他看也不看一眼就走了，郭林宗看见这一过程就问他为什么这样，孟敏回答说："甑已经破了，看又有什么用呢？"

【现实事例】

天价理发案

2016年初，家住在上海市浦东新区益江路附近的小杨，到益江路131号的上海震轩美容美发管理有限公司益江店理发，本想花68元剪头发，没想到却在免费体验清理头皮、办会员卡有优惠、充值转卡等建议下，先后支付了50 408元。

如图7-1所示，事件的发展过程可谓步步惊心。1月26日，小杨去上海震轩美容美发管理有限公司益江店理发，花费68元，在洗头发时，被店里的工作人

员告知可以免费加药水，但工作人员事后告知药水不是免费的，需要收 5 152 元，但办理会员卡只收 600 元，剩下的 4 552 元可以把卡转给其他人，于是小杨在 1 月 27 日花费 600 元办理了会员卡。1 月 28 日，小杨去还卡，想把卡转给其他人，却被工作人员告知转给他人不行，小杨还必须充值 6 000 元才能够转卡，小杨没办法，只得交了 6 000 元。2 月 19 日，春节过后，小杨回到店里要求把卡给退了，结果店员告诉小杨：必须凑足钱才能转卡，需要再交 10 200 元，他们会在 2 月 25 日给小杨退 20 600 元，于是小杨又交了 10 200 元。2 月 21 日，店员告诉小杨帮他找到了转卡的下家，但下家购买的项目和小杨的不匹配，下家做了一个亚麻籽疗程，需要补 7 668 元，小杨又交了这笔费用，总花费变成了 28 868 元。2 月 26 日，小杨又去店里要求退钱，被告知下家做了养生疗程，需要补 7 040 元，小杨又交了这笔费用。2 月 28 日，店员告知小杨可以给小杨退款，但服务费要走账，必须再交 5 000 元。3 月 8 日，小杨被告知还需补下家差价，又交了 9 500 元，总金额已达 50 408 元。3 月 9 日，小杨再去店里要求退钱，但是原店长已走人，新店长只退给小杨 19 000 元，小杨拒绝了。3 月 14 日，小杨找相关部门解决此事，被告知说可以处理，但要等 60 个工作日。相关部门找到了震轩美容美发管理有限公司说此事是不对的。之后，震轩美容美发管理有限公司找到小杨说："如果你撤诉，可以退给你 31 000 元，但必须收 19 408 元的手续费，作为诚意，我先退给你 9 500 元。"小杨不想撤诉，于是在 3 月 18 日找记者曝光了此事，这一新闻被广泛转载。3 月 22 日，相关部门二次约谈震轩美容美发管理有限公司。震轩美容美发管理有限公司退给小杨 35 756 元，但要收取进口药水的费用 5 152 元。事发后，震轩美容美发管理有限公司益江店因恶意欺骗消费者被罚款 50 万元，并停业整顿 7 天。

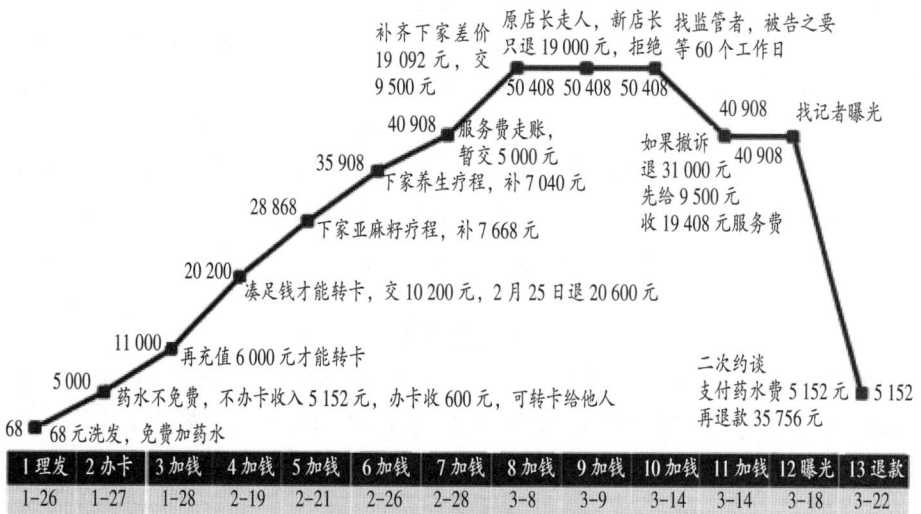

图7-1 天价理发案的过程

7.1 沉没成本误区简介

7.1.1 沉没成本误区的含义

沉没成本（Sunk Cost），是指已经发生的不可以收回的支出，如时间、金钱、精力和感情等。根据传统经济学理论，既然沉没成本已经发生，不能收回，那么理性人在做决策的时候不应当考虑它。就像引例中讲的"堕甑不顾"事例，甑已经碎了，再看也无济于事。

然而，在现实生活中，人们一旦对某件事情有了投入，他们会继续在这件事情上追加投入。虽然从理论上讲，前期投入不会对决策有什么影响。但现实是，之前的投入往往是促使人们继续投入的重要影响因素，人们往往会为了弥补或者挽回这些已经发生但事实上不能够挽回的沉没成本而继续投入，这种行为就被称为沉没成本误区（Sunk Cost Fallacy）。在本章引例中，商家就是利用了小杨的沉没成本误区心理，并将其发挥到极致。可以想象，如果最开始要小杨花5 152元理发，他绝对不会答应，但在支付了50 408元，再被退回45 256元后，对于支付的5 152元，小杨则可以接受。

再如，在购物时，很多时候人们买东西不是因为想买，而仅仅是因为已经逛了一天但还没有买东西，感觉如果不买东西这一天就浪费了。结果往往是买完东西又觉得不合适，最后只能闲置。又如，一些政客想兴建一项人们反对的工程，他们往往在反对的抗议行动之前，就投入巨资建设厂房、运来设备。当反对这项工程的人们准备行动的时候，工程已经建了一半，投入很大。这些反对的人们会因为已经投入那么多的资金而放弃反对。其理由是：已经花了那么多钱，投入那么大，不能再浪费了。

7.1.2 陷入沉没成本误区的原因

1.不想认输

好比一个男生追女生，追了10次追不上，他还会追第11次。因为如果不追了，那他之前10次花费的时间、精力和感情就"覆水难收"了，这种情况下，他往往会选择坚持而不是放弃。

2.不想浪费

许多人在当饭菜还剩一点时，就是因为不想浪费，会选择吃光。其实想一想，已经吃饱了再吃一口实际上是负效用，而不是满足感。

3.坚持到底

肯德基创始人山德士上校当年推销他的炸鸡翅方法时，用了两年的时间从美国东部开车到美国西部，其间连续被拒绝1 009次，但他还是坚持下来了。到了第1 010次，终于有一个人同意购买他的炸鸡翅配方，和他合作。山德士上校从60岁开始创业，到80岁肯德基终于成为世界品牌。但是，需要指出的是，成功的山德士上校只是一个分子，长期坚持而没有成功的分母更多。

视频07

沉没成本误区简介

4.期望奇迹

有时候人们选择坚持，往往是期望奇迹的发生。例如，《愚公移山》中的愚公那样："虽我之死，有子存焉；子又生孙，孙又生子；子又有子，子又有孙；子子孙孙无穷匮也，而山不加增，何苦而不平？"最后感动了上天，把山给移走了。虽然这只是一个故事，但其中蕴含的道理是一样的。

7.2 沉没成本心理学

Arkes 和 Blumer（1985）通过相关实验，发现人们很容易陷入沉没成本误区。例如，作者以美国俄亥俄大学的60位大学为实验对象，当他们购买该大学剧院季票时，售票员随机售出3种不同价格的季票，分别是15美元的正价票、13美元的优惠票、8美元的优惠票，当售票员出售优惠票时，会告诉实验对象，他们被选中了剧院的促销活动。这样，根据购票价格，大学生被分为三组。此后，作者跟踪调查了这些大学生观察演出情况。此一表演季该大学共举行了10次演出，作者以前后各5场分为"前季"和"后季"。结果发现，总体来说，以"正价票"购买季票的学生，会观看更多的表演，原因是他支付的成本最高。特别是，在"前季"，三组大学生观看表演的次数差别并不大；但在"后季"，这一差别则非常明显。原因在于，购买优惠票的大学生，特别是以8美元购票的大学生，会认为在"上季"就看回本了，观看"后季"表演的兴趣就会下降。而购买全价票的大学生，会认为如果不观看全部表演，就吃了大亏。但实际上，在戏票不能退回或者不能转售的情况下，不管以何种价格购买，支付的费用都是沉没成本，未来是否观看表演，不应当受购票价格的影响。

类似的现象，也发生在中国。比如，德云社的相声段子："看相声提前走的人，票一定不是自己买的，是朋友送的。如果说这一张票是一两百块钱买的，那就一定会坐到最后一分钟，因为花钱了。"背后的原因在于，票都是别人送的，就不珍惜。而自己买的，就要一定要坚持看完，不能浪费了买票的钱。

7.2.1 实验案例结果

Arkes 和 Blumer（1985）以俄亥俄大学和俄勒冈大学的50余位大学生为实验对象，设置了多个问题，调查他们的沉没成本误区现象。我们将相关调查问题内容稍加修改，以适用于中国，并将调查结果与 Arkes 和 Blumer（1985）进行对比。

1.滑雪之旅

情况一，自费：假设某人花了3 000元购买了甲地的周末滑雪之旅，几个星期后，他又花了1 500元购买了乙地的周末滑雪之旅。结果两个滑雪之旅同在一个周末，并且无法退票，只能二选一。

情况二，免费：假设某人中奖免费获得了周末滑雪之旅行，在两项中只能选择一个：市场价为3 000元的甲地，市场价为2 000元的乙地。

两种情况，都是乙地虽然价格便宜，但此人相对更喜欢。询问被调查者是选择"贵但不太喜欢"，还是选择"便宜但更喜欢"。

结果如图7-2所示，自费或免费的结果差别不大；不论是自费还是免费，中美大学生都在相当大的比例选择"贵但不太喜欢"的；相对于中国大学生，美国大学生选择"贵但不太喜欢"的比例更高。

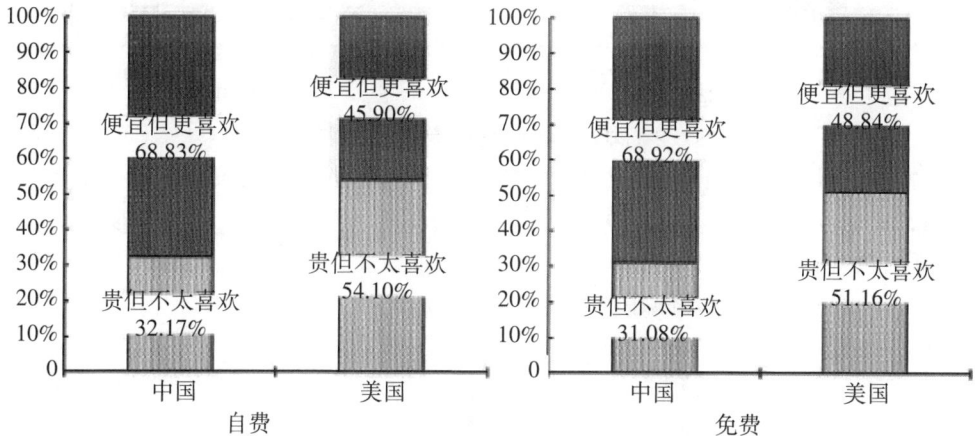

图7-2　滑雪之旅问题中美大学生调查结果

2.购买印刷机

情况一，已买运输车：一家印刷公司，此前花费20万元买了运输车，运输效率提高1倍。

情况二，已买打印机：一家印刷公司，此前花费20万元买了印刷机，印刷效率提高1倍。

两种情况都是，另一家印刷公司破产、出售一台全新的印刷机，比该公司已有的印刷机效率高1倍，售价1万元。询问被调查是否购买被出售的全新印刷机。

结果如图7-3所示，此前是否已购买印刷机，对两国大学生再购买印印机的意向都有显著正向影响。不论是否已经购买印刷机，美国大学生选择不买的比例，相对中国大学生更高。

7.2.2　前景理论初步解释

上述两项事例都说明，受沉没成本误区的影响，在已有投入的情况下，即使这些投入不能被收回，它们也会给人们后续的决策带来影响。利用本教材第5章的前景理论，可以对这一现象进行解释。

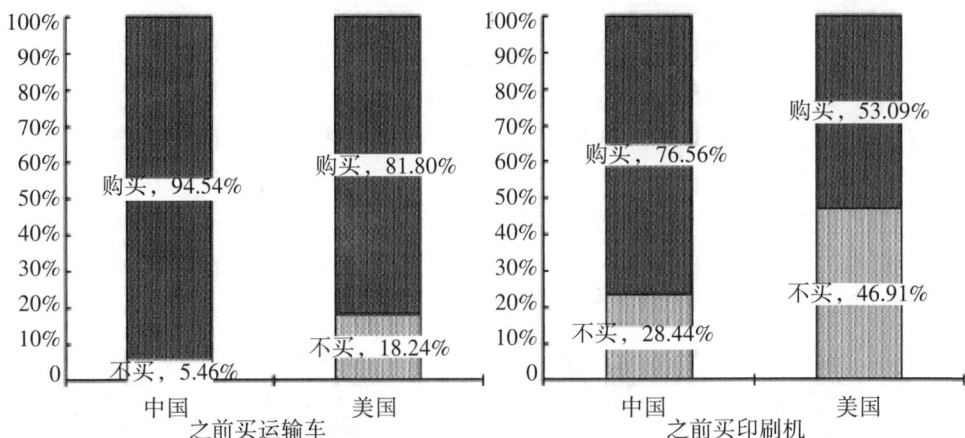

图7-3 购买印刷机问题中美大学生调查结果

根据前景理论，当存在收益和损失时，人们的风险偏好会发生反转。如图7-4所示，此前没有投入时，人们决策的参考点为B点，此时人们是风险规避者，不喜欢冒险；然而有了投入以后，特别是有了投入而没获得回报时，人们的决策参考点是A点，此时人们是风险偏好者，倾向于冒险继续投入。

图7-4 前景理论解释沉没成本误区

Arkes 和 Blumer（1985）还引用了2017年诺贝尔经济学奖得主塞勒的一个例子。某人得到了一张免费球票，不想独自去，于是说服一位朋友花12美元买票同去。比赛前下了一场大雪，这时他不想去观看比赛了，但朋友却坚持要去。原因在于，此人的球票是免费获得的，此时觉得冒着大雪的负效用大于观看比赛的正效用；但朋友的球票是花钱买的，此时觉得如果不去就浪费了。

这里规定观看比赛得到的前景效用是$v(g)$，损失12美元的前景效用为$v(-12)$，冒着大雪的成本是c。假设观看比赛的正效用与冒着大雪的负效用相等，即$v(g)=-v(-c)$。这样，免费得到球票的人会觉得是否去观看比赛无所谓，但花钱买票的人会认为应该去观看比赛。其数学证明如下：

$$v(g)+v(-(c+12))>v(-12) \tag{7.1}$$
$$v(g)=-v(-c) \tag{7.2}$$

将（7.2）式代入（7.1）式，可以得出$v(-(c+12))>v(-12)+v(-c)$。

进一步设定球票价格为p，可以发现，只要关于球票价格的前景效用是单调递增的凹函数，就会有$v(-(c+p))>v(-p)+v(-c)$。也就是说，在免费得到球票的人觉得是否去观看比赛处在相同前景效用水平的情况下，对花钱购买球票的人来说就一定会选择去观看比赛。

如图7-5所示，从价值函数曲线可以看到，无论是收益还是损失，相对于不确定情况，确定情况下的前景效用绝对值要更高，这一现象被称为"确定效应"（Certainty Effect）。

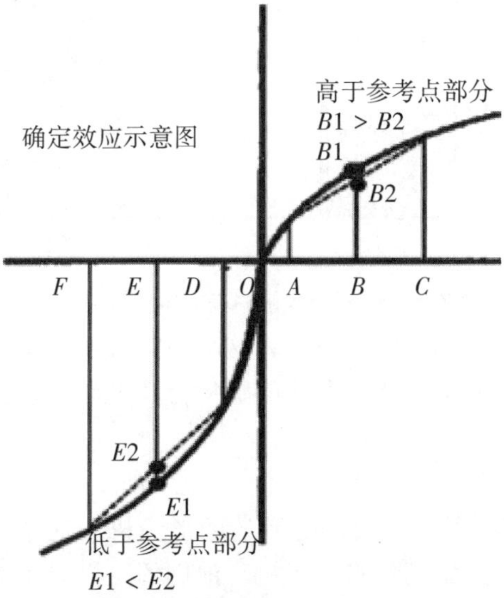

图7-5 前景理论的确定效应

7.2.3 其他因素进一步补充

前景理论能在一定程度上解释沉没成本误区，但是还有两点因素需要考虑：（1）人们对确定损失的厌恶；（2）人们对沉没成本的心理。

1.吃哪份盒饭

某人花了10元钱买了一份正在打五折的外卖盒饭，为了请朋友过来聊天，他又花了20元买了同样一份但却是原价的外卖盒饭。盒饭刚被加热之后，朋友来电说临时有事不能来了，这时两份盒饭因已被加热不能再保存，而只能吃一份扔一份。在无法确定哪一份打折哪一份是原价的情况下，大家可能会随便选择一份。但在知道每份价格的情况下，情况就不一样了。如图7-6所示，根据 Arkes 和 Blumer（1985）类似实验的调查，有23.60%的美国大学生，根据我们的调查有45.86%的中国大学生，会选择吃按20元原价买的那一份。背后的原因同样是沉没成本误区。

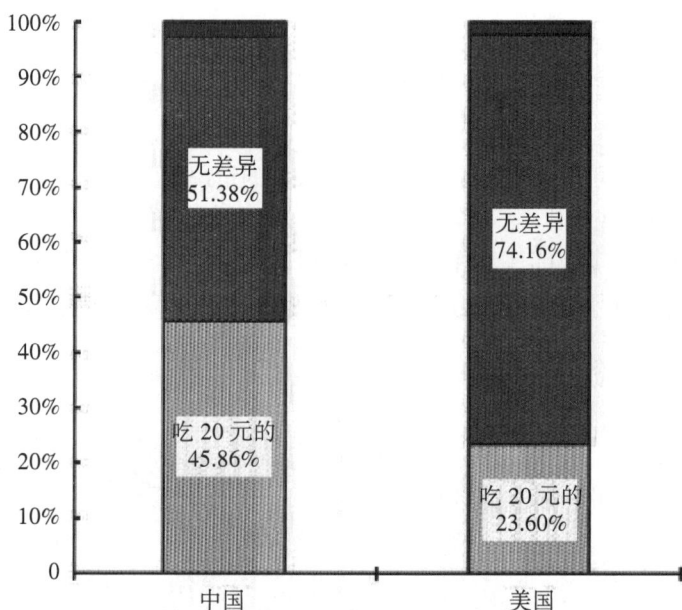

图7-6 吃哪份盒饭中美大学生调查结果

不过，与本章前几项调查结果不同，这次中国大学生反而是沉没成本误区的程度相对更高，这应当是中华民族对食物的节俭心理更甚所致。

2.飞机研制

情况一，已有投资，决策者是一家航空公司的总裁。总裁代表公司投资了1 000亿元在一个研究项目上，目的是制造隐形飞机。这个项目投资了900亿元的时候，另一家公司已经开始销售隐形飞机。他们的飞机要比本公司即将研制出来的飞机更快更节能。

情况二，尚未投资，决策者是一家航空公司的总裁。总裁收到一个员工的建议，投资100亿元在一个研究项目上，目的是制造隐形飞机。这时候，自己知道另一家公司已经开始销售隐形飞机。他们的飞机要比本公司能够研制出来的飞机更快更节能。

情况三，已有投资，旁观者是某家航空公司的总裁。总裁代表公司投资了1 000亿元在一个研究项目上，目的是制造隐形飞机。这个项目投资了900亿元的时候，另一家公司已经开始销售隐形飞机。他们的飞机要比该公司即将研制出来的飞机更快更节能。

情况四，尚未投资，旁观者是某家航空公司的总裁。总裁收到一个员工的建议，投资100亿元在一个研究项目上，目的是制造隐形飞机。这时候，该总裁知道另一家公司已经开始销售隐形飞机。他们的飞机要比该公司能够研制出来的飞机更快更节能。

对以上4种情况，分别询问被调查者，作为决策者或旁观者，是决定投资还是放弃该项目。

如图7-7所示，以身份为决策者、已有投入时，中美两国大学生，都有极高比例学生选择投资；美国大学生，选择投资的比例更高。尚无投入时，中美两国大学生，都有极高比例学生选择放弃；两国大学生，选择放弃的比例接近。

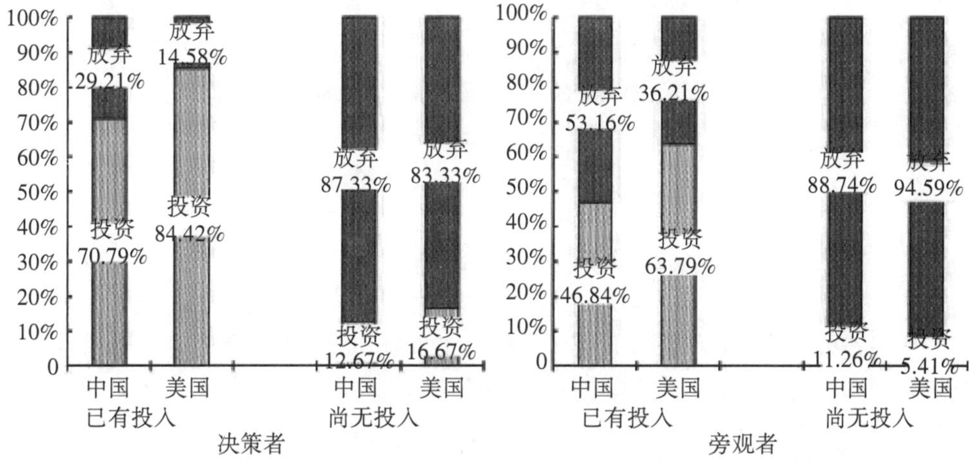

图7-7 飞机研制问题中美大学生调查结果

以身份为旁观者、已有投入时，中美两国大学生，都有一定比例学生选择投资。同样，美国大学生选择投资的比例更高。尚无投入时，中美两国大学生，都有极高比例学生选择放弃；两国大学生，选择放弃的比例也接近。

综合对比，不论是否已有投入，以决策者身份选择投资的比例都更高；而以旁观者身份则选择放弃的比例则相对更高。这说明，当人们要对一个投资项目负责的时候，其对浪费现象更加排斥，也更容易陷入沉没成本误区，也就是古语所说的"当局者迷，旁观者清"。

3.学习经济学的好处

对于滑雪之旅实验，Arkes 和 Blumer（1985）还将学生分成三类：经济学专业，心理学专业且学过经济学，心理学专业没学过经济学，三类学生选择"贵但不太喜欢"的比例分别为47.50%、48.78%和56.41%。我们的调查对象都是经济学专业学生，不过有本科生和研究生，选择"贵但不太喜欢"的比例分别为34.06%和35.37%，两类学生几乎完全一致。结果如图7-8所示。

图7-8 滑雪之旅实验的不同专业或学历学生的调查结果对比

这说明，只要学习过经济学专业课程，就会在一定程度上缓解"沉没成本误区"心理。

7.3 沉没成本误区的非理性

上述各项实验或现实例证证实了这样一个现象：对于某一项目，有了投入而没有达到预期时，人们往往会继续投入。如图7-9所示，这个现象发生的路径可能有两条：（1）非理性路径：由于陷入沉没成本误区，因此继续追加投资；（2）理性路径：由于之前的投入使经验增加和投资的成功概率提高，这样预期收益变大，进而继续追加投资。

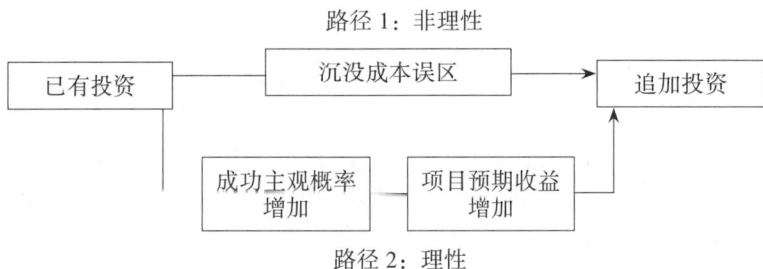

图7-9 两条性质不同的路径

7.3.1 论述思路

Garland（1990）设计了简单而又巧妙的方法，找出了图7-9中两条路径中占主导的路径，即路径1：非理性的沉没成本误区。其具体方法如下：首先，作者考察了如下3个层面的问题：（1）投资是一项连续性行为。考察已经投资一定的比例时，是否进行额外投资？（2）额外投资对投资意愿有影响，这可能是理性选择，而非沉没成本误区。对比以下两种情况：①投资全部余额的意愿；②投资下一个100

万元的意愿。考察两者的差别。（3）沉没成本越大，投资者认为主观上成功的概率越高，那么沉没成本误区是由主观概率提高导致期望收益增加所致的，而非沉没成本本身所致。考察各种情况下的已有投资、投资者的主观概率。

基于这3个层面，Garland（1990）对本章的飞机研制实验稍加改进：设想自己是一家航空公司的总裁，在一个项目上计划投资1 000亿元，目的是研制某一型号的飞机。当这个项目投入了一定比例的资金时，另一家公司已经开始销售同一型号的飞机，而且他们的飞机要比本公司能够研制出来的飞机更快、更节能。这一投资比例分别是10%、30%、50%、70%及90%。作者向被试者提出了如下3个问题：（1）有多大意愿投资全部剩余资金来继续完成这个项目？（2）有多大意愿再投资100亿元来继续这个项目？（3）如果将剩余资金全部投入到这个项目中，公司成功的主观概率有多大？

沉没成本与3个因变量指标的关系如图7-10所示。

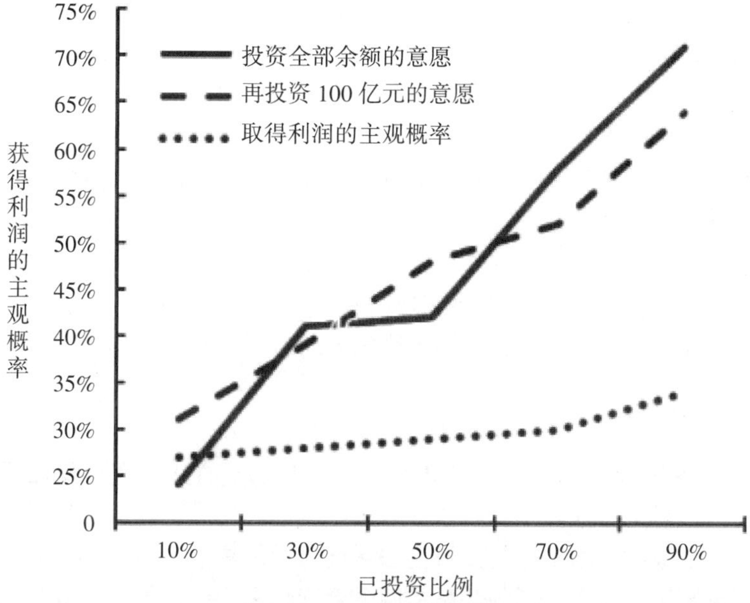

图7-10　沉没成本与3个因变量指标的关系

7.3.2　论证结果

这样，5种沉没成本和3个投资问题，构成了共计15项方案。被试者是407名在美国西南部一所规模较大的州立大学学习管理学及行为科学的商学院在校大学生。如图7-5所示，首先看实线，随着沉没成本的增加，投资全部余额的意愿也随之增强；再看间断线，随着沉没成本的增加，再投资100亿元的意愿也随之增强；最后看虚线，随着沉没成本的增加，被试者认为能够取得利润的主观概率基本稳定。这样，Garland（1990）就证明了图7-4中占主导地位的是非理性路径，即已有投资导致追加投资，是一种非理性的行为，原因在于沉没成本误区。

7.4 沉没成本误区与其他理论

下面大家再来看沉没成本误区和其他4个理论的关系。这些理论包括：认知失调理论、陷阱理论、登门槛效应和抛低球策略。沉没成本误区和这些理论有一定的相似之处，但同时也有很大的区别。

7.4.1 认知失调理论

认知失调（Cognitive Dissonance），是指如果人们被劝导去做一件比较繁重的事情，那么有时候他可能会觉得这件事情的价值很高。

比如"乌鸦喝水"的故事，乌鸦花费了很大力气才喝到水，就会觉得水分外甜美，但其实瓶子里的水味道没有什么变化。乌鸦之所以觉得水变甜了，原因在于这是它花费很大力气才喝到的。关于认知失调理论，心理学中有一个非常典型的案例，即斯德哥尔摩综合征。1973年，两名歹徒抢劫了位于瑞典首都斯德哥尔摩的一家银行，并劫持了4位银行职员，在与警方对峙了将近130个小时之后，歹徒最终投降。然而在事件发生后，被劫持的那4位职员并不痛恨歹徒，反而是对警方采取敌对的态度。这些职员认为这些歹徒不但没有伤害他们，反而对他们多加照顾。随着阅历的增加，读者对这一现象会有越来越深的体会。

认知失调理论与沉没成本的联系是前者强化了后者。两者的差别在于：在认知失调理论情况下，人们做了不需要完成的任务，态度会改变，甚至从憎恨变成喜爱；而在沉没成本误区情况下，人们新增投入时，只会感到更加痛苦。

7.4.2 陷阱理论

陷阱（Entrapment）是指人们在追求最终目标的过程中，在遭受连续的比较小的损失时，会选择坚持住。比如，做一道数学难题，做题的人在尝试了很多种方法后都未能成功解决时，通常还能坚持下去最终将其解决。

陷阱理论与沉没成本误区的联系是两者会交织在一起，如投资者在决定追加项目投资时，往往会同时受到这两种心理的影响。两者的差别在于：陷阱理论有时候是理性的，如等公交车事例，等的时间越长，公交车即将到站的概率就越大。同样，做数学难题，坚持下来，成功的概率就会增加，因此坚持而不是放弃是理性的。但沉没成本误区必然是非理性的行为。

7.4.3 登门槛效应

登门槛效应（Foot-in-Door Effect），是指如果想让某人答应一项难度较大的要求，较为有效的办法是先提出一个难度很小的要求，在对方满足了这项小要求之后，再提出那项难度较大的要求。登门槛效应源自于推销，推销员上门推销的时候，为防止被拒，会先跨过客户家的门槛，这样客户就不好意思将其关在门外，这样再进行推销，成功率就会大大提高。这与中国成语"得寸进尺"所描述的情境相类似。

比如，《水浒传》中"智取生辰纲"的故事，吴用去找阮氏三兄弟帮忙劫取生辰纲时，开始并没有提及此事，而是先拜托他们帮忙打鱼，边吃边喝边谈之际，再顺势提出劫取生辰纲这件事，并请求他们一同前往，结果三人就爽快地答应了。

再如《骆驼与帐篷》的故事：主人带着一头骆驼在沙漠里。晚上，主人睡在自己的帐篷里，骆驼在帐篷外面。夜深了，沙漠越来越冷。骆驼哀求主人说，我的头都冻僵了，让我把头伸进来暖和一下吧。主人可怜自己的骆驼答应了。过了不久，骆驼又说，主人我的肩膀都冻僵了，让我再进来一点吧。主人又答应了。接着，骆驼不断地提出要求，一点一点地挤进了帐篷。最后，骆驼觉得帐篷里实在是太挤了，就一脚把主人踢出了帐篷。

7.4.4　抛低球策略

<u>抛低球策略（Low-Ball Technique），是指商家销售商品的时候，先开一个低价，吸引客户之后，再利用其他方法进行隐性提价。</u>目前，这种策略被普遍应用于中国旅游业中。例如，某地旅行社推出了"零团费高铁6日港珠澳旅观光购物团"的旅游产品，而这项产品的总成本至少4 000元。结果参加该旅游团的游客，在6天的行程中，不断被强迫购物，否则司机就不开车，让他们在路边晒太阳、无饭吃甚至被导游粗口辱骂。其实，天下没有免费的午餐，贪便宜报名零团费旅游的人，实际上就是陷入了旅行社采取抛低球策略设置的陷阱中。

登门槛效应、抛低球策略与沉没成本误区的联系是前两者都包括了一些沉没成本误区因素，人们本来不会做的事情，因为有了投入就会选择继续做，最后往往会产生"早知今日何必当初"的想法。其差别在于：在登门槛效应和抛低球策略中，人们的心理在前后肯定有变化；而在沉没成本误区中，人们心理可能没有变化。

7.5　沉没成本误区实例

7.5.1　钓鱼工程

<u>钓鱼工程，是指决策时被描述为造价低见效快，实际建设时以烂尾为要挟不断追加投资，最终实际造价大大超出预算的工程项目。</u>

比如，一栋大楼的建设费用实际超过5 000万元，但在申报时，建设单位申报的预算不超过5 000万元。投资部门同意后，工程启动，但等到大楼建设到一定程度比如主体完工后，建设单位以各种理由要求追加投资，否则无法建设。为了不使主体完工的大楼闲置烂尾造成巨大损失，投资部门被迫追加投资，"钓鱼工程"由此形成。工程竣工验收时，最终的决算虽然突破了预算、概算，但在"倒逼机制"的理由下，这些突破都是得到了投资部门同意的，因此最后的结果就是无人对项目

超概负责。

早在2005年，浙江省政府向社会公布《浙江省政府投资项目管理办法》，全方位规范管理政府投资项目，直接对"钓鱼工程"说不。办法规定，项目概算超过投资估算10%的，或者超过金额在500万元的，项目可行性研究报告应当重新报请原审批机关批准。如果未经批准擅自提高建设标准、扩大投资规模，有关主管部门可以责令项目业主限期纠正，并可禁止其3年内负责政府投资项目的管理工作，还将追究直接负责的主管人员和其他直接责任人的行政责任。

7.5.2 斜坡博弈

<u>斜坡博弈（Slope Game），是指出价最高者按报价获得标的物，次高者一无所获，但要付出报价</u>。比如竞选，候选人花费了大量的时间、精力和资金，但最终只有一个人当选，落选的候选人付出了代价却一无所获。

理论上，斜坡博弈有两种结果：第一种结果是参与方都不愿意放弃，损失越来越大，直至正无穷。举一个例子：现有100元现钞进行拍卖，10元为一档，有甲乙两人参与拍卖竞价。第一次，出价者是甲，报价10元，此时若竞价成功将获得百元现钞，盈余90元；第二次，出价者是乙，报价20元，此时若竞价成功将获得百元现钞，盈余80元；第三次，出价者是甲，报价30元，此时若竞价成功将获得百元现钞，盈余70元……就这样，以10元为一档，甲乙两人交替报价，盈余额越来越小，直到第十次，出价者是乙，报价100元，此时若竞价成功将获得百元现钞，盈余0元。在第十一次时，甲出价者如果放弃竞价，就要亏损90元，如果继续竞价并且获得成功的话，只亏损10元，所以在考虑了沉没成本的基础上，甲参与第十一次出价，报价为110元。在第十二次时，乙如果放弃竞价，就要亏损100元，如果继续竞价并且获得成功的话，只亏损20元，所以在考虑了沉没成本的基础上，乙参与第十二次出价，报价为120元。甲乙这样交替报价，可能亏损越来越大，直至无穷。

这样的事例在生活中时有发生。比如，在三角恋现象中，两个男生追求一个女生，付出更多的男生最终获得女生的芳心，而付出次多的男生虽然付出较多，还以失败告终。基于这样的情况，两个男生为了已付出的沉没成本，都不愿意放弃。再如，此前的腾讯公司的"滴滴打车"与阿里巴巴的"快的打车"之争，两家企业都已经为网络打车业务的开发与维护投入了大量的资金，都不愿意放弃。双方一度大打价格战，都损失惨重，两败俱伤。2015年2月14日，两家公司终于宣布战略合并。此外，在国与国的战争中，斜坡博弈还会导致无谓的国家损失，两国基于沉没成本的考虑，都不愿停火，最终只会投入巨大，且双方损失惨重。

斜坡博弈的第二个结果是参与方选择握手言和，及时止损。最好的方法就是"提早出击+一步到位"，两者缺一不可。同样以上述的拍卖百元现钞为例，如果甲方先行，但出价只有20元，另一方就很可能会报出一个高于20元但低于100元的价格，这样甲方虽然"提早出击"，但因为没有"一步到位"，也很可能陷入斜坡博弈；反之，如果甲方先行，并且直接出价100元，另一方就不会参与这次博弈了。游戏一次性结束，大家都没有任何损失。

7.5.3　堕甑不顾

"往者不可谏，来者犹可追"，既然都已是过去的不能更改的事情，大家就可以将其暂时搁置一边，也就是堕甑不顾，用俗语讲就是"别为打翻了的牛奶哭泣"。就像朱自清在《匆匆》中所说的，时光匆匆，已过去的时光不可挽回，当时间飞速流逝时，不应该再为曾经流逝的时光而感到忧伤或是悔恨，因为在叹息的那一刻，又有时光从指尖溜走了。

例如，1880年，爱迪生电灯公司开始量产电灯泡时，每个灯泡成本为110美分，如果以高价出售，大部分人用不起。他力排众议，在销售之初规定每个灯泡售价为40美分。随着灯泡生产规模扩大和工艺改进后，其成本迅速降低，第4年降至37美分，已低于售价，一年之内就弥补了以前的亏损。到了第5年，成本降至22美分，此后公司利润一年比一年多。其原因在于，生产灯泡的成本分为固定成本和边际成本，固定成本很大，但它是沉没成本，不应被考虑；而边际成本很小，灯泡低价售卖，需求量和销量上升后，单个成本就会进一步下降。[①]可见，爱迪生不仅是伟大的发明家，还是卓越的企业家。

又如，1989年，美国餐饮巨头肯德基进驻中国上海，打出了"立足中国，融入生活"的广告；1991年，中国餐饮公司荣华鸡在中国上海成立，打出了"荣我中华，肯德基开到哪，我就开到哪"的广告。1994年，肯德基在北京已有7家店，荣华鸡走出了上海，在北京开设了第1家店，表面上与肯德基势均力敌。然而到了2000年，肯德基在北京已经拥有了34家店，而荣华鸡却退出了北京。到了2024年底，肯德基在中国已经开设了11 648家店，其中当年新增1 352家店；而荣华鸡却早已淡出了公众视野。

一个细节值得大家注意：每天晚上打烊之后，两家快餐店都会剩余一些没有卖出的鸡腿。对于这些鸡腿，肯德基和荣华鸡的处理方式完全不同。肯德基选择全部直接销毁，而荣华鸡则选择低价出售给员工。表面上看起来，肯德基的处理方式很不近人情，荣华鸡很人性化。但是，在这样的处理方式下，肯德基每天剩余的鸡腿数量固定且会越来越少；但荣华鸡每天剩余的鸡腿数量越来越多，因为低价买入鸡腿对荣华鸡的员工来讲是件占便宜的事情，所以他们每天会故意剩下越来越多的鸡腿。理论上讲，在餐饮业方面，中国企业本应长期处于绝对优势地位，同时荣华鸡作为国内本土品牌，其产品更符合中国人的口味，也更易受到本国人民的欢迎。但本土的荣华鸡在这场市场竞争中惨败给国外的肯德基，根本原因在于荣华鸡不懂得企业理念比产品本身重要得多。

2024年，全球新能源汽车销量1 700万辆，其中中国1 200万辆，占全球总销

---

①　伯明商业探索公众号. 爱迪生不仅仅是一位伟大的发明家，更是一名成功的商人［EB/OL］.［2020-08-24］. https://mp.weixin.qq.com/s/5hJnnLvUFFJz5nQ3HZLtWA.

量7成以上。2025年2月15日，比亚迪董事长王传福在接受采访时表示，中国新能源汽车的技术无论产品、技术还是产业链，应该说领先3~5年，只有开放创新，才能让世界感受到这种好的产品，才能共同发展。许多国外汽车企业也意识到了新能源车的广阔前景，但由于以往在燃油车上投入的巨大成本，很难承受转型之重。

7.5.4 逆向操作

沉没成本误区也许是人类的天性，即使学了经济学知识，知道在做决策时应当摆脱沉没成本的干扰，但实际上也很难让这种心理完全消除。实际上，人们还可以选择因势利导，顺势而为，逆向操作，巧妙地利用沉没成本误区来使自己获得收益。

一件事情对某人长期来说是有好处的，但受到"即时满足"心理的困扰，此人往往懒得去做。此时，就可以先在这件事情上投入大量资金，这样即使不想做，但想到投入的成本，也会强迫自己去做。比如，为了锻炼身体，一次性购买大量器材；或者为了提高学习成绩，一次性购买大量学习资料。奚恺元教授曾经给女儿提供了一个很实用的建议：如果一个女孩子非常喜欢她的男朋友，想把男朋友永远留在自己身边，那么有一个一举两得的办法，就是多多地让男朋友给她买昂贵的礼物，或者让他付出过多的精力和感情。久而久之，男朋友会觉得已经在这个女孩子身上投入了这么多的"成本"，可能就不愿意离开她了。

思政课堂 ☑️ ---●

《中华人民共和国反电信网络诈骗法》通过

【思政元素】提高警惕，预防诈骗，及时止损。

为了预防、遏制和惩治电信网络诈骗活动，加强反电信网络诈骗工作，保护公民和组织的合法权益，维护国家安全和社会稳定，《中华人民共和国反电信网络诈骗法》于2022年9月2日经第十三届全国人民代表大会常务委员会第三十六次会议通过，并于当年12月1日起施行。2023年，全国公安机关持续向电信网络诈骗犯罪发起凌厉攻势，共破获电信网络诈骗案件43.7万起，抓获一大批违法犯罪嫌疑人，打击治理工作取得显著成效。进一步，公安部会同国家发展和改革委员会、工业和信息化部、中国人民银行联合印发了《电信网络诈骗及其关联违法犯罪联合惩戒办法》，于2024年12月1日起正式施行。

许多诈骗都会在一开始给出很大的诱惑，当遇到各种"好事"时，我们建议读者们首先要想到，世上有不劳而获的好事吗？正如一篇热文所说：（1）刷单前问问自己，动动手指就能赚钱的好事，为啥能轮到我？（2）网恋前问问自己，人靓声甜的小姐姐、帅气多金的小哥哥，为啥还需要网恋？（3）收到逮捕令时问问自己，抓人还要提前通知，警察是不是觉得自己太闲、怕坏人跑路跑得不够快？（4）网贷前问问自己，无抵押还免息，对方为啥不直接送钱给我？（5）点陌生链接前问问自己，查信息就查信息，为啥还要下载一堆东西？（6）买理财前问问自己，战无不胜的投资大师，为啥要苦口婆心帮助非亲非故的我？（7）给领导转账前问问自己，有通过微信收钱的上级吗？

根据澎湃新闻整理，高发诈骗类型前五位依次是刷单返利类，虚假购物服务类，贷款代办信用卡类，冒充电商特流客服类。例如，2024 年 9 月，某人误入刷单返利骗局，连续向骗子打款多次仍未收到返现，但仍抱着一丝希望继续向骗子转账，累计达到 14 万元。直到对方又要求再转账 8 万元时，才意识到自己被骗。

骗子的手段越来越狡诈，有时真的是防不胜防。如果真的不慎被骗，那么就要以"堕甑不顾"的心态，及时止损，万不可越陷越深。

资料来源：［1］泸西天平.2024 年反诈大数据出炉，这类人群被骗占比 50%［EB/OL］.［2024-12-09］. https：//m.thepaper.cn/baijiahao_29599827.

［2］贵州卫视视觉工作室.惠农反诈之灵魂拷问［EB/OL］.［2024-07-29］. https：//www.gzstv.com/a/36c3756618584475ac641758189372ba.

［3］湄潭公安.诈骗分子利用"沉没成本"效应，开展"线上刷单+线下打车送钱"诈骗 14 万余元！［EB/OL］.［2024-09-25］. https：//www.sohu.com/a/811697611_623359.

本章小结 ☑️

沉没成本是指已经发生不可收回的支出，理性人在做决策时不应当考虑它。沉没成本误区是指人们为了挽回沉没成本而继续无谓投入的非理性行为。陷入沉没成本误区的原因包括不想认输、不想浪费、坚持到底和祈望奇迹等。

根据前景理论，人们在遭受损失时往往是风险偏好者，倾向于冒险继续投入。这在一定程度上解释了沉没成本误区。决策者和旁观者都会陷入沉没成本误区，但相对于前者，后者的程度相对较弱。

确定效用是指无论是收益还是损失，相对于不确定情况，确定情况下的前景效用绝对值要更高。

已有投入会导致继续投入，并不是由成功主观概率提高进而期望收益增加的理性路径导致的，而主要是由沉没成本误区的非理性路径导致的。

沉没成本误区与认知失调、陷阱、登门槛效应和抛低球策略等理论有一定的联系，同时也有很大的区别，是一项独立的行为金融学理论。

钓鱼工程是指决策时被描述为造价低见效快，实际建设时以烂尾为要挟不断追加投资，最终实际造价大大超出预算的工程项目。斜坡博弈的规则是出价最高者按报价获得标的物，次高者一无所获，但要付出报价。它们都是沉没成本误区的表现。

对于沉没成本误区，为了自身获益，人们一方面可以理性地不考虑它，另一方面也可以利用这一心理逆向操作。

推荐阅读 ☑ -- ●

［1］ARKES，BLUMER. The psychology of sunk cost ［J］. Organizational Behavior and Human Decision Processes，1985，35（1）：124-140.

［2］GARLAND. Throwing good money after bad：the effect of sunk costs on the decision to esculate commitment to an ongoing project ［J］. Journal of Applied Psychology，1990，75（6）：728-731.

［3］MAÑEZ,ROCHINA-BARRACHINA,SANCHIS,et al. The role of sunk costs in the decision to invest in R&D ［J］. The Journal of Industrial Economics，2009，57（4）：712-735.

［4］泰勒."错误"的行为 ［M］. 王晋，译. 北京：中信出版社，2016.

第8章　过度自信

学习指南

【学习目标】本教材第5章前景理论指出,人们在进行决策、判断时,对于随机事件赋予的权重,并非与其客观发生的概率相一致。本章所讲述的过度自信,对这一问题进行了更加深入的分析。通过本章的学习,读者应当掌握过度自信的含义以及过度乐观与过度悲观的关系,熟悉从主观确定性和客观准确性两个维度判断过度自信的方法,了解不同人格特征的过度自信程度,熟悉归因偏差、证实偏差、事后聪明偏差和后此谬误等概念的含义及他们导致过度自信的原因,熟悉随机偏差、事件偏好、热手效应、赌徒谬误和小概率错觉等过度自信的表现形式,了解热手效应与赌徒谬误之间的关系,掌握控制幻觉的含义及其影响因素,了解控制幻觉的产生原因及其应用,了解规划谬误和竞争忽略的含义,熟悉本福特法则的内容、特点及适用条件。

【关键概念】过度自信;客观准确性;主观确定性;归因偏差;证实偏差;事后聪明偏差;后此谬误;随机偏差;事件偏好;热手效应;赌徒谬误;小概率错觉;控制幻觉;规划谬误;竞争忽略;本福特法则。

引例

【传统文化】

夜郎自大

滇王与汉使者言曰:"汉孰与我大?"及夜郎侯亦然。以道不通故,各自以为一州主,不知汉广大。

——汉·司马迁《史记·西南夷列传》

【译文】滇王问汉朝使者:"汉朝和我国相比,哪个大?"汉朝使者到达夜郎时,夜郎侯也提出了这样的问题。这是因为道路不通的缘故,他们各自因自己是一州之主而自大,却不知道汉朝的广大。

【现实事例】

阿根廷球队更衣室的祈祷用具

2022年卡塔尔世界杯,阿根廷队虽首场被沙特队爆冷,但此后连战连胜,

最终捧得大力神杯，利昂内尔·梅西终于圆了多年冠军梦想。在其与墨西哥队的生死战后，有摄影师拍到在阿根廷队的更衣室内，一张洁白的桌子上，摆着几件神秘物品：一杯清水、一根燃烧的蜡烛、一个白色的袋子、卢汉圣母像（16世纪圣母玛利亚的雕像）、迪福塔–科雷亚像、舍恩施塔特圣母像、圣母玛利亚和耶稣像。细心人还发现，2021年阿根廷美洲杯夺冠时，更衣室里也有这些物品。

8.1 过度自信简介

8.1.1 过度自信的含义

"过度自信"（Over Confidence），是指人们过于相信自己的判断，高估自己成功的机会。受过度自信心理支配，人们在成功的时候，往往将其归因为自己自身实力强、主观上很努力，而忽略了客观上的助缘；在失败的时候，往往不认为自身实力弱或主观上不努力，而将其归咎于外部因素不佳或运气不好。

过度自信程度较深的决策者，对自己的决定具有独断性，坚持己见，往往以自己的意愿替代实际的客观规律。哪怕环境变化，自己也不肯改变，一意孤行，也就是古话讲的不撞南墙不回头，甚至撞了南墙也不回头。比如，历史上的项羽最终自刎乌江时，认为失败的原因是"天亡我，非用兵之罪也"，而司马迁则鲜明地指出："项羽放弃关中，怀念楚国而东归，放逐义帝，自立为王，干了这些失策、失人心的事，却埋怨诸侯背叛自己，这样想要成就霸业，就很难了。其自夸功劳，逞个人才智，却不效仿古人，自以为霸王之业已成，想凭借武力来征服和治理天下，经过五年的战争，最终使自己建立的基业灭亡了，自身死在东城，却仍然不觉悟，更不责备自己，那就错了。"[1]

8.1.2 过度乐观和过度悲观

对于不同事物，人们有时表现为过度乐观（Over Optimism），有时则表现为过度悲观（Over Pessimistic）。例如，《列子·天瑞》中有一则"杞人忧天"的故事，说有个杞国人，担心天会塌地会陷，自己无处存身，于是整天睡不好觉，吃不下饭[2]。这体现了过度悲观的心理。

不少人认为过度自信就是过度乐观。但是，从数学意义上来说，过度乐观是主观概率大于客观概率，等价于互斥事件的主观概率小于客观概率；过度悲观是主观概率小于客观概率，等价于互斥事件的主观概率大于客观概率。

因此，从这个角度来看，过度悲观和过度乐观是一回事，它们都是过度自信的表现。

---

[1] 《史记》原文："及羽背关怀楚，放逐义帝而自立，怨王侯叛己，难矣。自矜功伐，奋其私智而不师古，谓霸王之业，欲以力征经营天下，五年卒亡其国，身死东城，尚不觉寤，而不自责，过矣。"
[2] 《列子·天瑞》原文："杞国有人忧天地崩坠，身亡所寄，废寝食者。"

8.1.3　过度自信的衡量

我们用2×2的结构来描述过度自信的情况，如图8-1所示，纵坐标轴表示 "<u>客观准确性</u>"（Objective Accuracy），是指人们对某一随机事件的预测结果与实际情况的符合程度；横坐标轴表示 "<u>主观确定性</u>"（Subjective Certainty），是指人们对某一随机事件预测结果的信心程度。

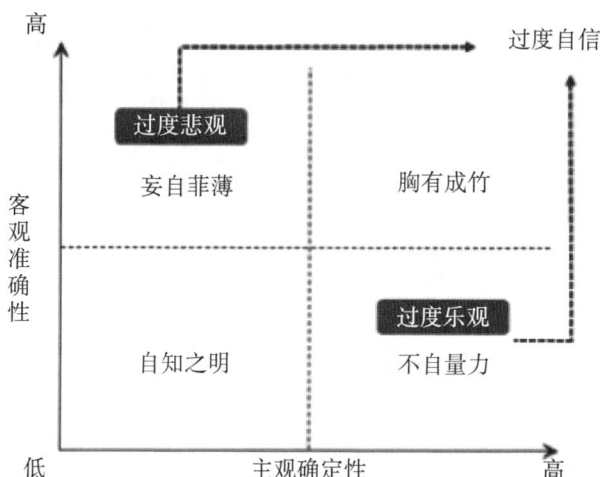

图8-1　过度自信的表现形式

客观准确性和主观确定性的2×2结构共分为4个区域：左下角区域表示人们对随机事件的预测结果不准，同时对自己的预测信心不足，我们称为 "自知之明"；右上角区域表示人们对随机事件的预测结果很准，同时对自己的预测信心很足，我们称为 "胸有成竹"。这两块区域都不是过度自信。

左上角区域表示人们对随机事件的预测结果很准，同时对自己的预测信心不足，我们称为 "妄自菲薄"，也即过度悲观；右下角区域表示人们对随机事件的预测结果不准，同时对自己的预测信心很足，我们称为 "不自量力"，也即过度乐观，就好比本章引例中的传统文化 "夜郎自大"。这两块区域都是过度自信。

8.1.4　过度自信与人格特征

关于过度自信与人格特征，总结起来包括如下三点：

第一，专家比平常人更过度自信。比如，对于谷歌研发的人工智能程序 "阿尔法狗"，中国围棋高手柯洁对它的态度在一年内发生了重大转变。2016年3月6日，在韩国围棋选手李世石即将与 "阿尔法狗" 进行比赛时，柯洁说："就算'阿尔法狗'战胜了李世石，也赢不了我。" 2016年3月12日，在李世石三连败后，柯洁说："'阿尔法狗'确实是有史以来我见过的最强大的对手。" 2017年1月4日，当 "阿尔法狗" 在快棋赛60连胜时，柯洁说："感谢'阿尔法狗'最新版给我们棋界带来的震撼，作为一开始就知道真身是谁的我来说，是多么希望网上的快棋人类能赢一盘。"但他同时表示自己手中还有最后一招秘密武器没有使用。2017年5月26日，与"阿尔法狗"对弈三连败后，柯洁说："它让我惊奇的地方太多了，超越它这辈子都不可能了。"

第二，新手比老手更过度自信，也即"初生牛犊不怕虎"。比如谈恋爱，情窦初开之时，男孩子都想找个白雪公主，女孩子都找个白马王子。一个段子对这一心态形容得非常好："大一刚上大学时，男生觉得一定要找个女神，大二时觉得长得不错就好了，大三时认为是个女的就行，到了大四觉得室友就不错。" 再如，某成

视频08

过度自信
简介

年人从小区门口出来遇到两个小学生，甲说："兰博基尼太漂亮了，等我长大一定买一辆！"乙说："我长大要买飞机！"此人笑笑地摇了摇头，心想"我小时候就想买辆吉普"，然后看了看身边的共享单车，感觉骑起来也不错！

第三，男性比女性更过度自信。对于这一问题，我们将在本教材的第12章加以详细论述。

8.2　过度自信的原因

8.2.1　归因偏差

归因偏差（Attribution Bias），是指人们错误地估算内部和外部因素的作用，好结果归功于自己的能力和努力，坏结果则归咎于外部环境的恶劣。

1.智商测试

比如，智商测试，如果他人的测试分数不高，大家往往认为这是因为他的智商不高；但如果自己的测试分数不高，大家往往认为是题目出得不合理。

例如，根据我们的调查，如果测试得高分，有43.37%的同学认为是自身原因，即"自己很聪明"；若测试得低分，只有16.63%的同学认为是自身原因，即"自己不聪明"，如图8-2所示。

2.巴菲特的鸭子

投资大师巴菲特曾说过，如果你是池塘里的一只鸭子，由于暴雨的缘故水面上升，你开始上浮。但此时你却以为上浮的是自己，而不是池塘中的水。

进一步，归因可以分为对内归因和对外归因两类：（1）对内归因又可以细分为两种：①向稳定因素归因，认为导致失败的因素是不可改变的，将失败归因于自己的能力不够；②向不稳定因素归因，认为导致失败的因素是可以改变的，将失败归因于自己的努力不够。（2）对外归因也可以细分为两种：①向不可控因素归因，认为自己不能对导致失败的不利因素有所作为，对失败采取消极对待的态度；②向可控因素归因，认为自己能够直接或间接地转变失败的不利因素，对失败采取坦然面对的态度。

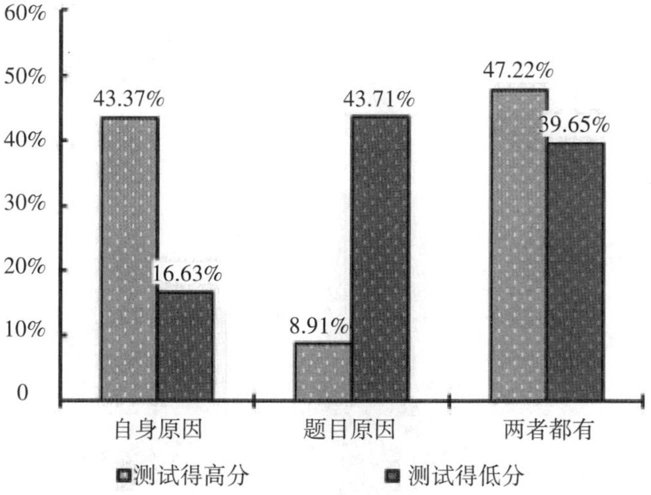

图8-2　智商测试的归因偏差

8.2.2　证实偏差

证实偏差（Confirmation Bias），本教材第4章介绍了其含义。现实生活中，人们一旦人们形成一个信念较强的信念，就会有意识地寻找支持信念的证据，本能地排斥否定信念的证据，这样信念会进一步加强。

比如，如果喜欢一个人，大家往往觉得他什么都好，发怒的样子都帅；但如果讨厌一个人，大家往往觉得他什么都坏，发怒自不必说，连笑都会觉得是笑里藏刀。

证实偏差会影响结论，同时错误的结论又会使偏见进一步强化。比如，评价投资的亏损时，人们会秉承"智者千虑，必有一失；愚者千虑，必有一得"的心理，如果投资者是专家，就认为他的失败是偶然失误；如果是普通投资者，则认为他的失败是必然结果。

我们再来看一个经典概率问题——蒙提霍尔问题：有3个盒子，主持人事先在其中一个里面放了奖金，另外两个是空的。主持人知道哪个盒子里面有奖金。某人作为一名参与者，先选择一个盒子，这样不管他选择的盒子里面有没有钱，剩下的两个盒子中至少有一个是空的。这时主持人从剩下的两个盒子中打开了一个空盒子，现在参与者手里有一个盒子，剩下一个盒子。主持人说提供一个机会，用参与者手中的盒子换剩下的一个盒子。问题是：用参与者手里的盒子换剩下的盒子，是否会提高得到奖金的概率呢？

从概率角度分析，答案是要换的。论证如下：此人初始选择时，选中有奖金的盒子的概率是1/3，余下两个盒子有奖金的概率是2/3。其中一个盒子被打开之后是空的，另一个盒子有奖金的概率变成2/3。换了盒子，获得奖金的概率就从1/3提高到2/3，所以应该换。这个问题的关键迷惑点就在于主持人不是随机而是有选择地打开了剩下的两个盒子中的一个。

我们在多年的教学中发现，不论是本科生还是研究生，如图8-3所示，历届都有3/4左右的同学都认为换不换盒子获得奖金的概率是相同的，都从1/3变成1/2。

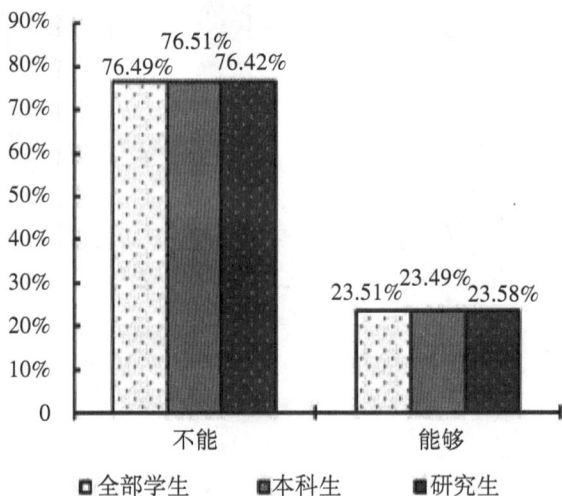

图8-3　蒙提霍尔问题的调查结果

我们举一个极端的事例来让学生们理解这个问题：有100个盒子，99个是空盒子，只有一个里面有奖金。某人先选择一个以后，主持人连续打开了98个盒子都是空盒子，最后剩下一个盒子，这时是否要换。要知道，这时相当于用99%的概率换1%的概率。但仍然有近一半的同学认为换盒子获得奖金的概率不会提高。最后，我们使用模拟操作的形式，用10 000次结果显示，换盒子获得奖金的概率是2/3。这时，此前错判的同学，几乎都意识到错误，但却不清楚错误的原因。他们是陷入了证实偏差。

8.2.3　事后聪明偏差

事后聪明偏差（Hindsight Bias），是指人们往往会以一个合理的理由来解释事前的结果。一件事已经发生了，一些人会说"我早就知道了"，其目的主要是维护自己的尊严和满足度。也就是说，人们往往会把已经发生的事视为必然，看到结果后就以为自己早就知道了这件事会发生。这是典型的"先射箭再画靶"的心态。

接下来再看一个"抛硬币游戏"的例子：截至2024年7月，地球上有80.92亿人，如果所有人都参与抛硬币游戏，根据大数定律，会有8个人连续猜中30次。那么这几个人胜出的原因是什么呢？真正而且唯一的原因就是运气所致。但是这些人尽管嘴上不会说，心里却会认为，自己有特异功能，或是得到了命运眷顾，几乎不会有人认为单纯是因为运气才成功的。如图8-4所示，根据我们的调查，尽管学生们都学过概率论和数理统计，但仍然有一些学生认为是自己是得到了"命运眷顾"，并且本科生这样认为的比例更高。

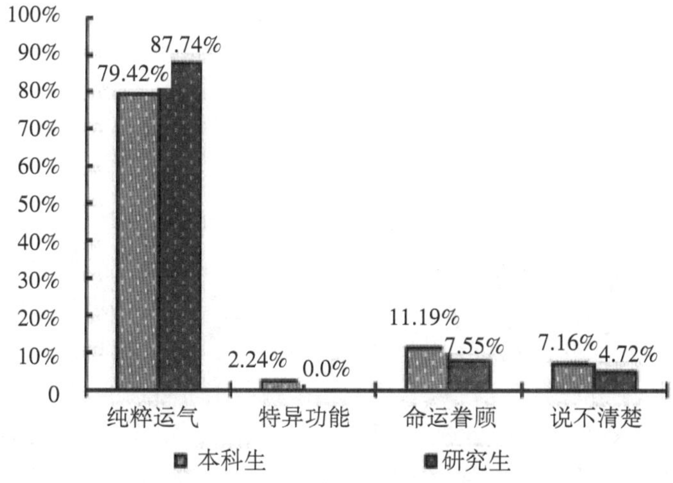

图8-4　"抛硬币游戏"的调查结果

8.2.4　后此谬误

后此谬误（Post Hoc Fallacy），是指一件事在另外一件事之前发生，人们就错误地认为前者是后者的原因。例如，2012年，莫言获得了诺贝尔文学奖。此后莫言在山东高密老家的旧居立即变成了当地一个重要的旅游景点。大量游客到了他的旧居参观后，还把树上的叶子和地里种的萝卜都拔走了，甚至连草和墙皮都不放过。有记者问游客为什么要这样做，有人回答说："让儿子也沾沾文曲星莫言的光，保佑儿子明年考上北大。"还有人回答说："借莫言的创作灵感，梦想将来像莫言一样，获一个诺贝尔大奖。"对于这一现象，莫言朴实的二哥回应说："我又不好意思拒绝，怕人家说闲话。"无独有偶，2015年屠呦呦获得了诺贝尔奖，立即就有大量宁波市民到屠呦呦旧居参观，同样也是希望孩子能沾点喜气，学习顺利。我们衷心希望这样的类似事件再次发生，更多发生！

我们不否认精神的力量有时候很强大，也即本教材第4章所讲述的"皮格马利翁效应"。如本章引例所讲的2021年和2022年，阿根廷足球队更衣室内摆设了一些特殊物品，也获得了两次冠军。获得世界杯后接受Tyc体育电视台采访时，梅西也谈到："我知道上帝会赐予我这份礼物（世界杯），我有预感这会发生。"2024年，阿根廷球队蝉联美洲杯，这些摆件也出现在球队的更衣室里。另一个例子也生动地说明了这一现象：某人买了一瓶蛇泡酒，每天喝一杯，觉得自己的身体越来越强壮，认为是酒有奇效。当他把酒喝完了以后，把蛇拿出来一看却发现是塑料蛇，这时他又觉得酒没有效果了。因此，就算有人祈求神灵保佑某件事真的成功了，但成功真正的原因也只是精神的力量，而非神灵的保佑，或者说是"天助自助者"。

8.3 过度自信的表现

8.3.1 随机偏差

随机偏差（Random Bias），是指人们觉得事情不会发生得那么巧，或者往往认为一件事发生了也会发生另外一件事。例如，有句俗话说"情场失意，赌场得意"，但其实两者并没有什么关系，情场失意往往会导致赌场更失意。

再如，每年6月初（2020年因为疫情临时改为7月初）的高考牵动着亿万国人的心，为了孩子高考取得高分，家长们想出了各种千奇百怪的方法，甚至有人总结了高考三天的穿衣经：第1天红色，寓意"开门红"；第2天绿色，寓意"一路绿灯"；第3天灰色和黄色，寓意"走向辉煌"。并且妈妈要穿旗袍，寓意"旗开得胜"，爸爸要穿马褂，寓意"马到成功"。对于这一现象，只能说"可怜天下父母心"！

8.3.2 事件偏好

事件偏好（Event Preference），是指对某件事情特别喜欢，或者对某件事情特别讨厌；认为喜欢的事会发生，讨厌的事不会发生。比如，在西方文化中，人们喜欢数字7；在中国，人们则对数字6和8特别喜爱。根据我们的调查，如图8-5所示，认为数字6、7或8会带来幸运的比例合计高达82.10%，其中数字6为34.00%。

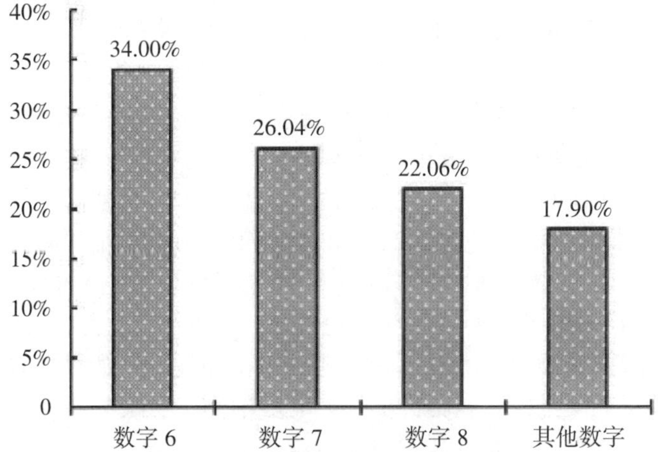

图8-5 幸运数字的调查

同样，截至2024年底，上市的银行股票中，沪市33只，深市9只，香港32只，共计74只。如8-6所示，有29只股票代码的尾号是8，14只股票代码的尾号是6，合计43只，比例为58.11%，而没有一只股票代码的尾号是4。

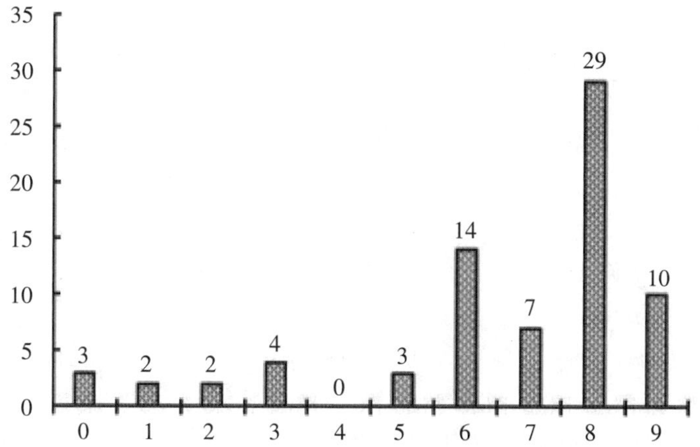

图8-6　A股和港股内地银行类股票的代码尾号分布

　　吉祥号码能够给人们带来好运吗？大家来看一个真实的事件：浙江温州的车牌"浙C88888"在2006年被一位陈姓老板以166万元拍得，挂在了他的宝马车上。2008年受美国次贷危机冲击，陈先生因为欠款，宝马车被拿去抵债。不过车虽然被拿去抵债了，车牌却被保留下来了。没办法，陈先生将它过户到一辆长安七座面包车上。过户以后出现了两个问题：一是经常会有警察怀疑这辆车是套牌车，因为一辆长安面包车上挂着"浙C88888"的车牌显然不符合常理；二是车牌经常被偷，小偷只偷车牌不偷车，目的就是收藏车牌。2016年，车主的弟弟又开了烧烤店，名字就是"浙C88888"。2021年，车主在接受采访时表示，浙C88888面包车仍在正常使用，还在按时年检。

　　我国民族企业"老干妈"长期秉持"四不"原则，即不贷款、不参股、不上市、不融资，经营依然蒸蒸日上。其创始人陶华碧获得了当地嘉奖的"贵AA8888"车牌，开始是挂在宝马车上，后来又挂在奔驰车上，再后来挂在劳斯莱斯车上。此外，当地政府还赠予陶碧华"贵AW7777""贵AD9999""贵AL6666"三个"车牌号"。2014年，陶华碧将"老干妈"所有股份转给两个儿子，想开着劳斯莱斯打麻将，颐养天年。不过两个儿子经营效果很不理想。2019年，陶华碧以73岁高龄再度出山，收拾儿子留下的"烂摊子"，重整河山，当年实现50.23亿元的营业收入，2020年为54.03亿元，但2021年降至42.01亿元。2022年，75岁高龄的陶华碧又做起了网上直播售货，当年营业收入上涨至52.60亿元。2024年2月，陶华碧被评为2021—2023年"贵州省杰出民营企业家"。有人认为，只有陶华碧有这样的"命"才能镇得住这样的车牌，别人镇不住就不会带来好运。不过，我们认为，关于所谓的吉祥号码，其实没有好或不好的问题，只是一种习俗上的表现。

8.3.3　热手效应

　　热手效应（Hot Hand Effect），是指当一个随机事件的结果在相当长一段时间内连续出现时，人们就主观地认为这个结果近期再现的可能性变大，并且随着这个结果连续出现的时间越长，人们认为它近期出现的可能性越大。

"热手效应"一词源自美国职业篮球联赛。比如，某个球员某一赛季的平均命中率为60%，在某场比赛中如果他连续4次投篮都命中了，队员、教练、观众包括他自己都会认为他状态好，第五次投篮的命中可能性会高于60%。但是Gilovich等（1985）以及后续研究者都发现，"热手效应"是一个错觉。也就是说，当某个球员连续投篮都命中时，下一次投篮的命中率与赛季平均命中率一致，并没有显著的提高。当然，这个结论公布后，受到了广大球员和教练的质疑，或许这是体育界"证实偏差"的一种表现。

如图8-7所示，热手效应不存在的原因主要有两点：（1）纯粹概率错觉，即没有球员状态好坏之说，不管此前命中率如何，球员再次投篮的命中率和平时一样。（2）不是概率错觉，即存在球员状态好坏之说，此前命中率高，在其他条件不变的情况下，球员再次投篮的命中率高于平时。但在这种情况下，一方面，队友会把本来传给其他球员更有利的球传给这位球员；另一方面，对手会加强对这位球员的防守。这样，这位球员的命中率就要下降，最终回到同一赛季的平均水平。

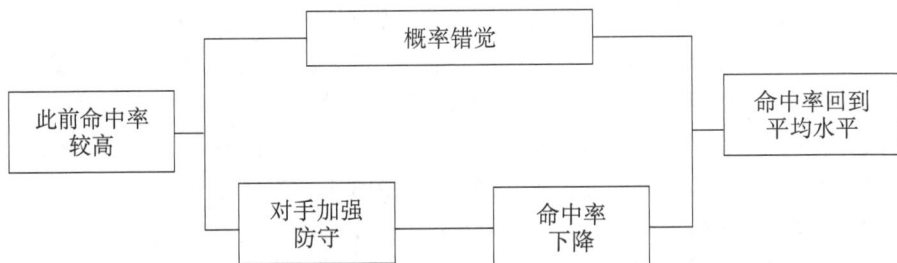

图8-7　热手效应不存在的两个路径

8.3.4　赌徒谬误

赌徒谬误（Gambler's Fallacy），是指一个随机事件的结果如果相当长一段时间内没有出现，人们就主观地认为这个结果近期出现的可能性变大，并且随着这个结果未出现的时间越长，人们认为它近期出现的可能性越大。

以抛硬币游戏为例，如果连续抛4次都是正面朝上，大部分人认为第5次反面朝上的概率会大于1/2。但实际上概率是没有记忆性的，只要硬币是均匀的，第5次反面朝上的概率还是1/2，没有任何变化。

"赌徒谬误"和"热手效应"是两种截然不同的概率错觉形式，但都广泛存在于现实生活当中。比如，一个航班失事发生重大空难，对于近期再次发生空难的概率，理性人会认为是降低，但大部分人会认为是提高，这一表现是"热手效应"。又如，打仗的时候为了躲避炮弹，有"经验"的士兵会躲在炮弹坑里，他们认为这个地方已经被炮弹炸过，炮弹就不会再落到这个坑里了，这一表现就是"赌徒谬误"。

大家再考虑一个问题，某个彩票投注站开出了一个巨额大奖，随后这家投注站的彩票销量会有什么变化？购彩者可能有这样两种思维：（1）认为这里是风水宝地，出了大奖还会继续出，即表现为"热手效应"；（2）认为这个地方的好运气已经被占了，短期内不会再有大奖了，即表现为"赌徒谬误"。Durtschi 等（2008）的研究发现，总体上，购彩者的心态是"热手效应"占主导，即短期内这家幸运投注店的彩票销量会增加而不是减少。

8.3.5 小概率错觉

发生概率比较低接近于0的事件叫小概率事件。小概率错觉（Small Probability Illusion），是指人们对小概率事件没有准确的判断，要么是完全忽视要么是过分夸大。比如，大家往往会感觉百万分之一和十万分之一没有什么区别，但两者实际上却相差10倍。

中国古代成语"守株待兔"讲述了一件人们过分夸大小概率的事件：战国时期宋国有一个农民，看见一只兔子撞在树桩上死了，于是他便放下锄头每天在树桩旁等待，希望再得到撞死的兔子。然而野兔是不可能再次得到了，而他自己也被宋国人所耻笑。[①]

8.4 控制幻觉

控制幻觉（Illusion of Control），是指人们实际上很少甚至根本没有影响外部因素，但以为能够控制或者至少影响了外部因素，结果对自己成功的主观可能性的估计高于客观可能性。这一理论的提出者埃伦·兰格（Ellen Langer）是一位女性心理学家，她在1981年成为有史以来第一位在哈佛大学获得心理学终身教授的女性。控制幻觉是她的一项重要学术贡献。

如图8-8所示，行为和结果中有可控的自身因素，由于技能很强，最终结果成功的概率就高。但运气和偶然性也同样会影响最终结果，并且它们都是人们不可控的外部因素。比如，玩抛硬币游戏赢了好几次，纯粹是因为运气好，但是运气不会常在，亦不受控制。此前赢，并不能保证以后会一直赢下去。

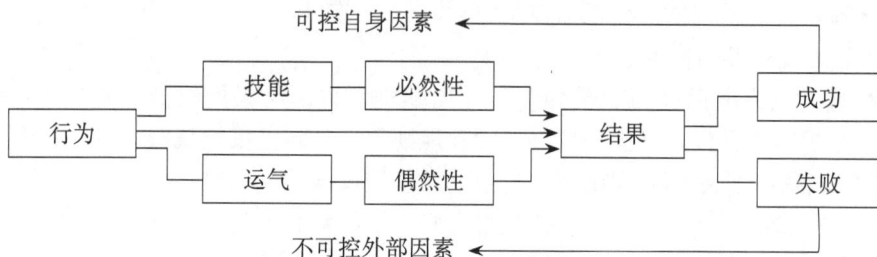

图8-8 行为与结果的关系

---

① 原文："宋人有耕田者。田中有株，兔走触株，折颈而死。因释其耒而守株，冀复得兔。兔不可复得，而身为宋国笑。"出自战国韩非《韩非子·五蠹》。

Langer（1975）设计了如下方案来巧妙地区分自身因素和外部因素：找到一个完全由偶然外部因素决定结果的事件，但又让参与者感觉自身一些行为对事件有影响，如果人们在这种纯粹由外部偶然性因素导致的结果中都存在控制幻觉，那么在有技术含量的事件中无疑控制幻觉的程度更强。

8.4.1 控制幻觉的影响因素

1.对手竞争性的影响

实验对象为耶鲁大学心理学本科生，实验过程是面对两个人进行博彩游戏，一个人看起来像赌神一样逢赌必赢，一个人看起来逢赌必输（博彩中称其为"羊牯"）。指标是面对这两个人被试者愿意下注的金额。

不管与谁进行博彩游戏，胜率都是没有任何区别的。但实验的结果是，人们面对赌神时平均下注金额为9.28美元，而面对羊牯时平均下注金额为16.72美元。明明博彩结果是由随机因素决定的，但在面对不同对手时，人们的下注金额有很大的差别。因此大家会发现，控制幻觉程度会随着竞争对手特点的变化而变化，哪怕结果纯粹由随机因素决定，竞争对手的特点也会影响控制幻觉。

2.选择权的影响

实验对象是一些公司职员和价格为1美元的彩票。其中，一种是职员自己选择的号码；另一种是给定一张彩票，上面已经写好号码。之后有人愿意出钱买被试者手中的彩票，问这些职员愿意转售的价格。其结果是：自己选择号码的那一组，平均报价是8.67美元；而给定号码的那一组，平均报价只有1.96美元。其实，不管以哪种形式取得号码，中奖概率都是一样的，但人们会主观地认为，有选择权会提升中奖概率，即主动选择对控制幻觉有影响。

3.熟悉度与选择权的关系

有4个彩票：（1）事前印好且熟悉的字母；（2）事前印好且难懂的符号；（3）自己选择且熟悉的字母；（4）自己选择且难懂的符号。

对于不同类型的彩票，拥有者的态度差别很大，不管是事前印好还是自己选择，相对于难懂的符号，人们更倾向于保留那些熟悉字母的彩票。这说明不管是否拥有选择权，熟悉程度都会增强控制幻觉。

4.熟悉度与参与度的关系

实验对象为电话公司职员和参与一项随机性得出结果的仪器。其分为4种情况：（1）规则熟悉且自己操控仪器；（2）规则陌生且自己操控仪器；（3）规则熟悉但由他人操控仪器；（4）规则陌生且由他人操控仪器。

实验检验的指标为游戏者对仪器得出好结果的信心度打分。结果发现，在规则熟悉的情况下，参与度高低（即是自己还是由他人操控仪器）对信心影响不大；但在规则陌生的情况下，高参与度即自己操控仪器的信心要显著高于低参与度即由他人操控仪器的信心。

5.被动参与度的影响

Langer（1975）发现，假如某一天一共举办10场赛马比赛，购彩者在所有比赛都未开始时，买了一张赛马彩票来预测第10场比赛的结果。Langer让被试者分别在第1场、第5场和第9场比赛开始前，评估自己手中的第10场比赛彩票胜率的信心。要强调的是，这张彩票的预测结果是不能被改变的，因此在理论上不同时期购彩者的预测信心应该是一样的。但结果却显示，随着时间的推移，被试者对彩票胜率的信心明显上升。这意味着随着时间的推移，控制幻觉的程度增强。

进一步，Langer（1975）又做了如下实验：被试者被赠送一张3位数号码的彩票：（1）高参与度是1天给1个号码，3天给完。（2）低参与度是一次性给3个号码。然后问被试者对手中彩票中奖的信心，结果发现，高参与度（1天给1个号码，3天给完）的那一组信心更强。这意味着，偶然事件中被动参与度提高时，控制幻觉的程度也会增强。

以上几个实验说明，即使在纯粹随机事件中，竞争性、选择性、熟悉度和参与度也会对人们的选择产生影响，这意味着控制幻觉的确普遍存在。

8.4.2　控制幻觉产生的原因

Langer（1975）将控制幻觉产生的原因归为三类：（1）人的本性，人们需要能力去掌控，想感觉一切尽在掌握中，同时还有追求优势。人的本性都希望有控制幻觉，哪怕没有作用，但人们却需要一种感觉。（2）摆脱焦虑，如果一件事不管怎么做都改变不了结果，这时候人往往会感觉非常焦虑或彻底放弃，这就会导致另一个极端——习得无助（Learnt Helpless）。（3）归因偏差，即人们不能区别是技术因素还是偶然因素导致的结果。

8.4.3　控制幻觉的应用

1.说服别人的方法

说服别人接受一件事情，可以增强对这件事情的熟悉度和参与度。比如极端的洗脑行为，要长期灌输，还要与外界隔绝，这样被洗脑者就只能听到一个声音。同时，洗脑者还要有利益承诺，要咒语化、仪式化。洗脑得逞的关键在于要使被洗脑者不断地参与被洗脑的进程，这和"登门槛效应"类似。

2.增强老人的幸福感

增强老人幸福感的一个有效方法是让他们进行一些无关结果的选择。例如，吃药的时候让老人决定是早上七点吃还是七点半吃，早晚半个小时没有区别，但会给老人一种他拥有控制权的感觉，这就会稍微增强他们的幸福感。例如，中国台湾慈济慈善事业基金会有个老义工叫王平，他只有一条腿，装有一只义肢，几年来一直在基金会帮忙收集报纸、纸盒以及除草，直到病发去世。该基金会还有一些患有脑血栓等疾病、半身不遂的义工，他们只有一只脚能动，于是基金会就让他们帮忙把矿泉水瓶踩扁，一些老人很开心地每天把矿泉水瓶踩扁然后再回收。这些老人做一天还不如健康人做一个小时效率高。但为什么他们乐此不疲、乐在其中呢？原因在于，这些事情让他们拥有一种存在感，觉得自己没有完全变成白吃饭的人。这很重要，如果失去了这种宝贵的存在感，这些老人可能也就失去了生活的意义；相反，如果年轻的人长期做这些事情，他们很快就会感到厌烦。

8.5 过度自信实例

8.5.1 规划谬误

规划谬误（Planning fallacy），是指人们往往低估任务的完成难度，从而使最终的成本远高于计划成本。 比如，1970—2000年全球铁路规划的90%都高估了乘客的数量，平均高估了106%，建设成本平均超支了45%。再如，2017年4月，上海打捞局成功打捞出了韩国沉船"世越号"，事前签署的协议费用约合5.7亿元人民币，事后实际打捞费却高达17亿元人民币。该打捞任务原计划于2016年6月底完成，但水下作业情况的复杂程度超出了预期，消除残留的燃油和船尾设置起重横梁花费了大量时间。上海打捞局发现船尾受卡的情况后，原打算改用爆破或挖泥等方式打捞，但韩国海洋水产部坚持按原定的"海底犁地"法进行打捞，导致作业时间不断延长。"世越号"比最初收到的数据重很多，重心位置与当初的推测出现了很大偏差。而且，开始作业时，大家以为海底层是淤泥和石子等，但挖开来才知道是坚硬的岩石层。打穿岩石的作业难度很高，比预计多花了四五个月时间。韩国海洋水产部最终决定弥补上海打捞局的部分损失，但更大部分的损失则由后者自己承担。[①]

8.5.2 竞争忽略

竞争忽略（Competition Ignored），是指过分低估其他人或竞争者的能力。 比如，90%的司机认为自己的车技高于平均水平，90%的女孩子认为自己的长相高于平均水平，但实际上肯定不是这样。再如，在一个档期内，影院往往会推出好几部影片，虽然电影总票房会增加，但是分摊到每部电影，票房就可能下降了。

创业是一件很难的事，不是想成功就能成功的。大学生很有热情，但是那么多有经验的"老江湖"都不创业，大学生创业能成功吗？数据是残酷的，在美国，基本上5年内62%的新创企业都会倒闭；在中国，中小企业的寿命平均是2~3年。企业失败的原因有行业周期或优胜劣汰等多种。比如，在2000年，手机的功能主要是打电话和发短信。但到了2010年以后，这些功能已经变成次要的。而诺基亚公司一直专注于手机的传统功能，忽略了新兴功能，于是遭遇了失败。

---

① 李娜. 打捞世越号亏本！中企追讨1000亿韩元费用［N］. 环球时报，2017-04-14.

企业失败还有经营者"竞争忽略"的非理性原因。这主要表现在以下两个方面上：（1）高估自己获胜的能力，觉得自己很厉害；（2）低估了竞争者的数量，某件事情没有人做，很可能不是因为没人发现，而是因为暗藏着礁石。因此，我们认为过分鼓励大学生去创业有些不负责任。大家都会说乔布斯和比尔·盖茨这些成功案例，但是他们的成功是建立在无数个分母之上的，不能只因为一两个人创业成功就觉得大家都能创业成功。对此，我们的建议是，大家还是应当老老实实地把自己的本职工作做好，如果一定要创业，也要充分意识到，创业绝对不是很容易的事，即不要"过度自信"。

8.5.3　本福特法则

1.本福特法则现象

当被询问，你认为一组数据中，首位数字最可能是几？如图8-9所示，根据我们的调查，在2/3的人认为，1至9都一样。但实际情况却并非如想象的那样，而是有着非常奇妙的分布规律。

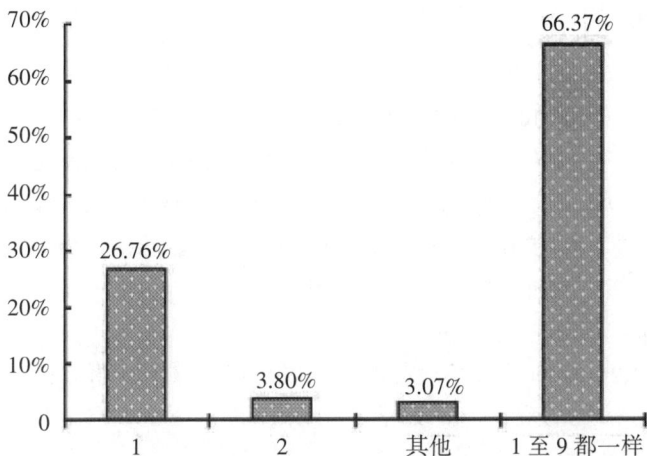

图8-9　被调查者认为首位数出现情况

利用世界银行（World Bank）官方网站数据库（https://data.worldbank.org），我们统计了2000年至2023年间，各个国家（地区）的人口、面积和经济等指标各数据首位数字的分布情况。如图8-10所示，各项指标不管用何种计量单位，这些数据的首位数字从1到9，各自出现的概率并非均是1/9，基本都有统一的结果：1最多，9最少，且呈递减规律。这并不是一个巧合，也不是数据操纵，而是"本福特法则"（Benford's Laws）的体现。

2.本福特法则的内容

19世纪，天文学家纽康发现数表中以"1"起首的那几页翻得比较烂，因为使用频率比较高。后来，物理学家法兰克·本福特发现很多数据都符合这个特点，并

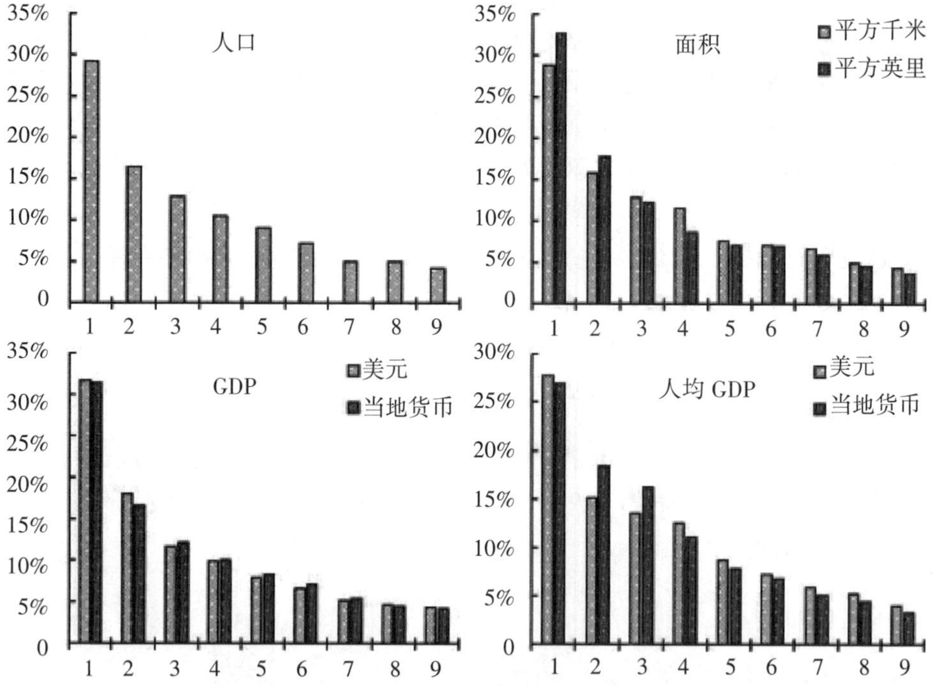

图8-10　各种指标不同单位下首位数字出现的频率

在数学上证明了：对于 b 进位数字，以 n 起头的数字的出现规律符合公式：$f(n) = \log_b(n+1) - \log_b(n)$。如果是十进位，1到9理论上出现的频率逐渐递减，1最高，为30.10%；2次高，为17.61%；8次低，为5.12%；9最低，仅为4.58%。这被称为**本福特法则，是指一大批数据当中，首位数字并非均匀分布，而是从1至9呈指数型减小趋势分布。**

Nigrini 和 Mittermaier（1975）发现，不仅是首位数字，第二位乃至第 n 位的数字出现频率都有一定的规律。在数学上，以 10 进制为例，$f(d_1 d_2 \cdots d_m) = \log_{10}(1 + \dfrac{1}{d_1 d_2 \cdots d_m})$。比如，在某个数据库中，前三位数字是"1""4""7"的频率 $f(147) = \log_{10}(1 + \dfrac{1}{147}) = 0.0029 > 0.001$。

这样，如表8-1所示，第二位某个数字出现的频率 $f(D_2 = d_2) = \sum\limits_{d_1=1}^{9} \log_{10}(1 + \dfrac{1}{d_1 d_2})$，如第二位数字是0的频率为0.1197，是1的频率为0.1139，是9的频率为0.0850。在本福特法则下，10进制各位次数字出现的频率在不同位次表现不同，其中首位最为强烈，到了第4位，就基本一致了。

本福特法则产生的一个重要原因是数字累加速度不同。比如，股票市场指数一开始是100点，以每年10%的速度增加，那么经过7.2725年会增至200点，再过

4.2542年会增至300点……而从900点增至1 000点只要1.1054年。从100点增至1 000点，总共需要24.1589年。这样，股票指数首位是1的频率为0.3010（7.2725÷24.1589）；首位是9的频率为0.0458（1.1054÷24.1589）。实际上，不管每年增速为多少，最终的结果都是一致的。

表8-1　　　　　　　　　　本福特法则下10进制各位次数字出现的频率

数字	首位	第2位	第3位	第4位
0		0.1197	0.1018	0.1002
1	0.3010	0.1139	0.1014	0.1001
2	0.1761	0.1088	0.1010	0.1001
3	0.1249	0.1043	0.1006	0.1001
4	0.0969	0.1003	0.1002	0.1000
5	0.0792	0.0967	0.0998	0.1000
6	0.0670	0.0934	0.0994	0.0999
7	0.0580	0.0904	0.0990	0.0999
8	0.0512	0.0876	0.9864	0.0999
9	0.0458	0.0850	0.0983	0.0998

3.本福特法则的特点

本福特法则具有如下特点：（1）尺度不变性。原数据遵循本福特法则时，这些数据乘上任何一个数，如乘上价格，或者改变计量单位，新的数据仍然满足本福特法则。如图8-10所示，不管计量单位是平方千米还是平方英里，也不管是以美元还是以当地货币计价，各国或地区地域面积或经济水平的首位数字出现的频率都基本一致。（2）稳健性。如果子样本的数据不符合本福特法则，但多个子样本的总样本，或者从总样本中随机抽取的数据，却能很好地满足本福特法则。（3）广泛性。绝大部分统计调查数据都满足本福特法则。

当然，也有一些情况下数据并不符合本福特法则：（1）当数据被指定时，如电话号码、邮编或身份证号码等。（2）数据差异很小，如成人身高，如果用米作单位，那首位为1的频率接近于100%；但如果用英尺作单位，首位为1的频率则接近于0。

4.本福特法则的应用

本福特法则使得自然形成的数据天然就具有"校验码"的属性，从而使研究者根据数据本身就可以校验数据是否得当，而不需要再进行额外调查或者再使用外部数据。此外，本福特法则并不为大众所熟知，就算数据造假者试图使"造假数据"满足本福特法则，同时又要保持这些数据的内在逻辑和平衡关系，难度也是非常大的。

可见，本福特法则是检测统计调查数据可靠性非常难得的天然工具。因此，本福特法则可以在金融和会计领域检验数字的真实性。

Carslaw（1988）首次将本福特法则用于会计查账。当收益未达到客户心理预期时，操控者趋向于进位法，将数字整数化。例如，798 000美元或者19.97美元会被整数化处理为800 000美元或者20美元。结果样本数据中第二位数字是0的频率提高、是9的频率降低。作者发现，第二位数字是0的理论频率为11.97%，但实际频率为16.5%；是9的理论频率为8.5%，实际频率为6.4%。

Durtschi等（2004）总结了本福特法则在金融财务数据中的适用和不适用条件，见表8-2。

表8-2　　　　本福特法则在金融财务数据中的适用和不适用条件

序号	适用条件	事例
1	来源于数字组合的数据集，来自二项分布的结果	应收账款（"销售量×价格"的数据） 应付账款（"购买量×价格"的数据）
2	交易层面的数据，不需要选取样本	支付款、销售量、成本花销
3	大规模的数据集，观测样本越多越好	全年的交易数据
4	符合规则的账目，当数据集的平均数大于中位数时，数据的偏度为正	大部分会计数据集
序号	不适用条件	事例
1	指定数字组成的数据集	支票号码、发票号码、邮政编码
2	人为影响的数字	位于心理临界值的价格（1.99美元）、ATM取款额
3	具有大量公司特定号码的账目	为记录100美元退款而专门设立的特定账目
4	具有最低限度或最高限度的账目	必须满足被记录的临界值的资产集合
5	没有交易记录的账目	盗窃、回扣、被操纵的合同

思政课堂 ✅ -- ●

收入预期过高不现实

【思政元素】避免过度消费，合理预期收入，勤俭。

2021年9月13日，《中国青年报》发布了一项面向全国大学生发起的就业调查，共回收问卷2 700份。调查结果显示："00后"们计划在毕业后到新一线城市工作发展的比例为43.89%，到二三四线城市的比例为32.59%，都超过了到北上广深等一线城市打拼的比例20.10%。同时，"00后"对自己进入职场后的薪资比较乐观，超过

20%的大学生预期自己毕业后月薪过万，其中8.20%男生和3.25%女生预期自己会进"5万元俱乐部"。特别是，67.65%大学生评估自己毕业10年内会年入百万。

但实际上，根据国家统计局的数据，全国居民人均可支配收入平均数在2021年和2022年分别为35 128元和36 883元，中位数分别为29 975元和31 370元。按全国居民五等份收入分组，最高收入组分别为85 836元和90 116元。这意味着，年收入超过10万元，就超过了80%的中国居民。

可见，对毕业后收入有较高预期，体现了"00后"大学生们对自己能力水平的信心，但是，过高的收入预期，并不现实。

资料来源：毕若旭，程思，罗希.00后想做职场"勇敢牛牛"［N］.中国青年报，2021-09-13。

本章小结 ✅ --●

过度自信是指人们过于相信自己的判断，高估自己成功的机会。过度乐观和过度悲观都是过度自信的表现形式。

客观准确性是指人们对某一随机事件的预测结果与实际情况的符合程度，也即人们对某一随机事件预测结果的信心程度。从这两个维度可以有效判断预测者是否过度自信。不同人格特征的过度自信程度也不同。

归因偏差是指人们将好结果归功于自己的能力和努力，将坏结果归咎于外部环境的恶劣；证实偏差是指人们的观点往往与其信仰和偏见保持一致；事后聪明偏差是指人们会以事后理由来解释事前结果；后此谬误是指人们简单地认为发生在之前的事件是发生在之后事件的原因。它们都是过度自信产生的原因。过度自信主要表现为随机偏差、事件偏好、热手效应、赌徒谬误和小概率错觉等5种形式。

控制幻觉是指人们实际上很少甚至根本没有影响外部因素，但以为能够控制或者至少能够影响外部因素，结果对自己成功的主观可能性的估计大于客观可能性。竞争性、选择性、熟悉度和参与度等因素对控制幻觉的程度有重要影响。

本福特法则是指现实数据的首位数字从1到9出现的频率逐渐递减的现象。它是检测统计调查数据可靠性的天然工具，但当数据被指定或者数据差异很小时，并不适用。

推荐阅读 ✅ --●

［1］LANGER. The illusion of control［J］. Journal of Personality and Social Psychology，1975，32（2）：311-328.

［2］GILOVICH，VALLONE，TVERSKY. The hot hand in basketball：on the misperception of random sequences［J］. Cognitive Psychology，1985，17（3）：295-314.

［3］GURYAN，KEARNEY. Gambling at lucky stores： empirical evidence from state lottery sales ［J］. The American Economic Review，2008，98（1）：458–473.

［4］NIGRINI，MITTERMAIER. The use of benford's law as an aid in analytical procedures ［J］. Auditing，1997，16（2）：52–67.

［5］CARSLAW. Anomalies in income numbers： evidence of goal oriented behavior ［J］. Accounting Review，1988：321–327.

［6］DURTSCHI，HILLISON，PACINI. The effective use of benford's law to assist in detecting fraud in accounting data ［J］. Journal of Forensic Accounting，2004，5（1）：17–34.

［7］GURYAN，KEARNEY. Gambling at lucky stores： empirical evidence from state lottery sales ［J］. The American Economic Review，2008，98（1）：458–473.

［8］阿克洛夫，席勒. 钓愚——操纵与欺骗的经济学 ［M］. 张军，译. 北京：中信出版社，2016.

第9章　羊群效应

学习指南

【学习目标】 现实生活中，人们的非理性行为并非完全相互抵消，有时会表现为群体性一致，也即羊群效应。本章将对这一问题进行更加深入的分析。通过本章的学习，读者应当了解人类的社会属性，掌握羊群效应的含义，了解羊群效应的影响因素，熟悉从众与众从的联系与区别，了解集体盲动式和集体漠视式的羊群效应，掌握信息不对称、信息外部性、网络外部性和认知性偏差等因素导致羊群效应产生的机理，了解协同价值、直接和间接网络外部性的含义，掌握金融市场羊群效应的含义及各种分类方法，了解普通投资者羊群效应的产生原因及后果，掌握机构投资者羊群效应的产生原因及后果，熟悉英国基金经理托尼·戴伊的悲剧，了解羊群效应在生活中其他领域的各种表现。

【关键概念】 集体保守主义；羊群效应；从众；众从；协同价值；直接网络外部性；间接网络外部性；伪羊群行为。

引例

【传统文化】

三人成虎

庞恭与太子质于邯郸，谓魏王曰："今一人言市有虎，王信之乎？"曰："否。""二人言市有虎，王信之乎？"王曰："寡人疑之矣。""三人言市有虎，王信之乎？"王曰："寡人信之矣。"

——战国·韩非《韩非子·内储说上》

【译文】 魏国大臣庞恭将要陪魏太子到赵国去作人质，临行前对魏王说："现在有一个人说街市上出现了老虎，大王相信吗？"魏王说："不相信。"庞恭说："有两个人说街市上出现了老虎，大王相信吗？"魏王说："我怀疑这件事。"庞恭又说："3个人说街市上出现了老虎，大王相信吗？"魏王道："我相信了。"

【现实事例】

双黄连治新冠谣言引发股价暴涨

2020年1月31日，新冠肺炎疫情在中国最初暴发之时，上海药物所和武汉

病毒所联合发布中成药双黄连口服液可抑制新型冠状病毒的消息，立即引起各大网站上销售的双黄连口服液大卖到断货，甚至连双黄莲蓉月饼和兽用双黄连都脱销了。2月3日中国A股开市，3 200只股票跌停，上证指数大跌7.72%。但以太龙药业（600222.SH）和哈药股份（600664.SH）等股票为代表的双黄连概念股，逆市大涨，两只股票连续4天涨停。当这则消息被确认为谣言后，这两只股票转而连续两天跌停。具体走势如图9-1所示。

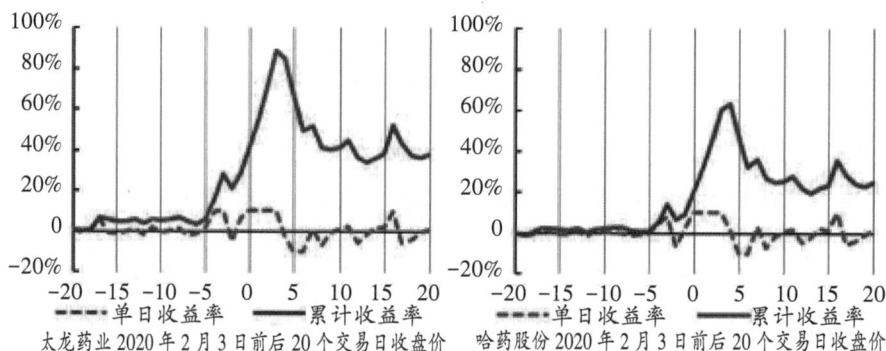

图9-1 双黄连治新冠谣言引发的相关股票价格异动

9.1 羊群效应简介

9.1.1 人类的社会属性

1.个体离不开群体

有时人们会厌烦在喧嚣的城市里生活，更想去一个比较荒凉、人烟稀少的地方安静地生活一段时间。但是一般而言，独居的日子超过一个星期，人们也会觉得厌烦。比如，某人移民到澳大利亚后，把父母也接去了。然而一个星期之后，两位老人就开始厌烦那里。虽然澳大利亚空气清新，食物也美味，但没有他们感兴趣的娱乐活动，电视节目也看不懂，更不用说与街坊、邻居的交流了，最终两位老人坚持回到了中国。像这样的例子很多，中外生活的差异有时的确很大。比如打麻将，外国人尽管也一学就会，但玩的频率远不如中国人高。再比如饮食，中国人认为一碗酸辣汤要趁热喝，美国人却一定要在里面加入冰块；在中国被视为珍馐美味的大闸蟹，在欧洲却被磨成了肥料。

实际上，除了一些特别的人，普通人进入深山老林生活，很快就会觉得非常孤单。所以有一句话说得特别好，"小隐隐于野，大隐隐于市"。个体离不开群体的原因有如下几点：（1）满足生活上的需求。人们的生活需要各种商品，这些商品不可能都自己生产，只有通过社会分工，才能极大地提高生产率，生产出更多、更好的商品。（2）减少恐惧感。大家试想一个情景，如果一个人居住在深山老林里，尤其到了晚上各种野兽嚎叫，想想都觉得是件很可怕的事情。（3）爱的需求。大家都是需要关爱的，不仅仅是男女之间的爱情，还包括亲情和友情。（4）需要他人提供信息。一个人不可能知道所有事情，生活中还要多询问他人。（5）满足自我评价的需求。人们都希望得到他人对自己的赞扬和注目。比如，女孩子今天穿了一件很好看的衣服，那么她一定非常想出去逛街或者参加聚会，而不是自己独自在寝室欣赏。

在这些情况下，就会产生一个现象——集体保守主义。

2.集体保守主义

集体保守主义，是指行为人会迫于压力而模仿其他大多人的行为。行为人在没有作出其他大多数人的行为的情况下，就算成功了，其他人也会觉得该行为人是侥幸获得成功的，而并不是因为他的能力强或更努力；如果失败了，行为人会觉得自己很傻，更重要的是，其他人会觉得他更傻。

有调查显示，如果和另外一个人一起吃饭，饭量会增加35%；如果和另外3个人一起吃饭，饭量会增加75%；如果参加聚会，和另外七八个人一起吃饭，饭量会增加96%。究其原因，当边聊边吃时，人的食量就会不自觉地变大。所以我们强调，减肥是"一个人"的事情，如果想减肥，最好自己一个人吃饭，而不是和他人一起吃，尤其是不能参加集体聚餐。设想一下，某人在减肥时若与他人一同吃饭，对方往往会说："哎呀，无所谓了，明天再减吧。"到了第二天，对方又会说"明天再减"；到了第三天，对方往往会说："前两天都吃了，还差这一天吗？"结果减肥计划失败了。

再来看一个例子：匿名投票、记名投票、举手表决、鼓掌表决这4种表决方式哪一种更容易通过？当然是鼓掌表决，因为大家都拍了手，某人就算不愿意，也会被带动拍两下；其次是举手表决，再次是记名表决，最后是匿名表决。

上述事例都反映了本章的主题——羊群效应。

9.1.2 羊群效应的含义

羊群效应（Herd Effect），是指行为人在决策、判断的时候，经常会考虑其他人如何判断和如何行动，从而作出与其他人相同的决策和行动。

比如，大家一起出去吃饭，看到有两家相似的店，唯一的区别是一家店里的人稍多一些，而另一家店里的人稍少一些。这时大部分人往往会选择去人稍多的店。原因是，大家把饭店里人的数量作为一个信号，那么多人去，大家就想当然地认为这家店味道更好或价格更便宜。

9.1.3 羊群效应的影响因素

1.个体的心理特征

意大利诗人但丁曾经说过"走自己的路，让别人去说吧"，这句话说起来很容易，但真正做到却很难。比如，大学生宿舍的一个"真理"是"早上不想起床，偷偷看一眼室友的床，只要室友还在睡，那我也继续睡"。

生活中还普遍存在一个错觉，"错误共识效应"，是指人们倾向于认为他人与自己相同。如图9-2所示，根据我们的调查，使用苹果手机的人，会主观地认为周围苹果手机的使用比例比实际要高；同样，使用华为手机的人，也会如此。

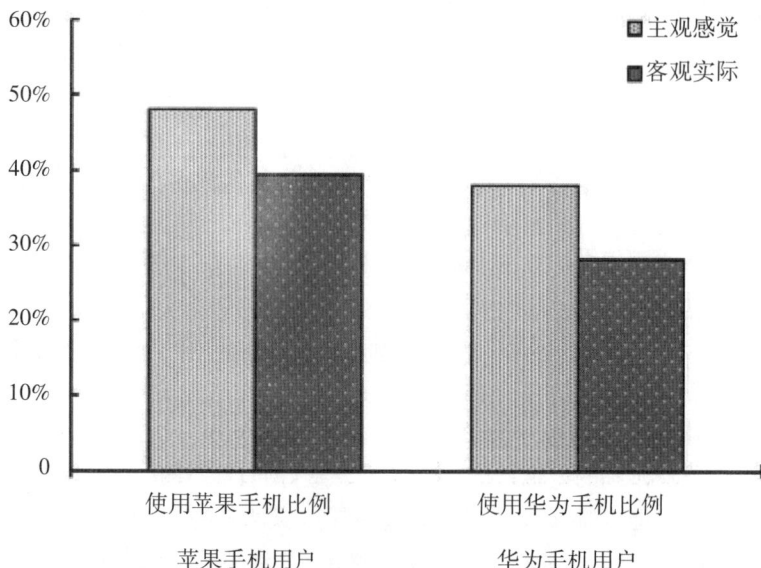

图9-2　手机用户的错误共识效应

2.众人意见是否一致

如果大部分人都采取某一相同的行动或意见，剩下的人就很难坚持己见，如本章的引例"三人成虎"的传统文化典故。特别强调的是，在一些等级式的组织机构里面，往往会出现"确定压力"现象，是指持相反意见的人往往不敢也不愿意表达自己的观点。原因之一是表达也没有用；原因之二是表达了不仅没有好处，可能还会招致坏处。这样，权威的决策者往往只能听到一种声音，即与他的意见和观点完全一致的声音，而听不到任何相反的声音。这是非常可怕的情况，往往意味着将发生重大灾难。

视频09

羊群效应
简介

在这里，我们还是要重复李文亮烈士的话，"一个健康的社会，不该只有一种声音"，我们也强烈建议各位读者，把这句话永远铭记在心！

9.2　羊群效应的分类

9.2.1　从众与众从

从众（Flowing Crowds），是指个体在群体的压力下，放弃自己的观点，作出与大部分人相同的行为；众从（Crowds Flowing），是指在某些情况下，群体中的绝大多数人遵从少数人的观点或行为。从众表现为个体跟随大众，众从表现为个体引领大众。从众和众从是羊群效应的两种表现形式。本章此前探讨了从众行为，现在简要探讨众从行为。一般来说，如下情况会导致众从行为的发生：（1）少数人群体具有观点一致性、判断独立性和话语权威性；（2）多数人群体意见分歧多、缺乏凝聚力、信息不完全。

9.2.2　集体盲动式羊群效应

从行动方式来看，羊群效应有两种表现：一种是基于众人拾柴心理的集体盲动；另一种是基于杯水车薪心理的集体漠视。

首先来看基于众人拾柴心理的集体盲动。法国人勒庞在其著作《乌合之众——大众心理研究》中说："孤立的个人很清楚，在孤身一人时，他不能焚烧宫殿或洗劫商店，即使受到这样做的诱惑，他也很容易抵制这种诱惑。但是在成为群体的一员时，他就会意识到人数赋予他的力量，这足以让他生出杀人劫掠的念头，并且会立刻屈从于这种诱惑，出乎意料的障碍会被狂暴地摧毁。"

斯坦福大学的心理学家詹巴斗曾实施过有名的"破窗实验"：实验者把两辆一样的车停放在杂乱的街区，A车有车牌，B车没有车牌。三天以后A车没什么问题，而B车却被严重破坏了。詹巴斗又把B车的车窗玻璃砸了一个洞，一天之内B车的所有车窗都被砸破。这与"破鼓万人捶"是一个道理。进一步，美国政治学家威尔逊又提出了"破窗理论"：如果有人砸碎了建筑物一扇窗户的玻璃，打碎玻璃者未受到惩罚，而这扇窗户又未得到及时修理，在公众麻木不仁的氛围里，他人就会受到暗示性纵容去砸碎更多窗户的玻璃，最终造成千疮百孔、积重难返的局面。三国时期，刘备给儿子刘禅的遗诏上写道："勿以恶小而为之，勿以善小而不为。"其背景含义是：一件坏事，哪怕很小，也不要做，因为一旦做了，就可能会做更大的坏事。这与本教材第7章所讲的"登门槛效应"类似。

9.2.3　集体漠视式羊群效应

再来看基于杯水车薪心理的集体漠视。德国牧师马丁·尼莫拉的碑文上写着："起初他们追杀共产党人，我想我不是共产党人，我没说话；后来他们追杀犹太人，我想我不是犹太人，我没有说话；随后他们追杀天主教徒，我想我不是天主教徒，我还是没有说话；最后，他们奔我而来，再也没有人站出来为我说话了。"这句话深刻剖析了纳粹极权兴起的一个原因。

2011年10月，我国佛山市曾发生了悲惨的"小悦悦"事件。2岁的小悦悦相继被两车碾压，7分钟内，有18名行人路过但都视而不见，没有采取任何求助措施，最终小悦悦去世。这件事发生后，大家都很悲愤，质疑这18个人为什么没有一个人施救。如果有一个人去救，小悦悦可能都不会死。有人甚至说出了"将这18个人做成塑像，永远放在街头"之类的气话。其实类似的事件在其他国家也曾发生过。比如，1964年3月13日凌晨，纽约郊外某公寓前，年轻女子朱诺比路上遇刺，当她喊叫时，附近住户亮起了灯，打开窗户，凶手被吓跑了。恢复平静后，凶手又返回现场作案，她又叫喊，附近住户又亮起了灯，凶手又逃跑了。当朱诺比上楼马上要回到自己家时，凶手再次出现，将她杀死在楼梯上。这一过程中，至少有38位邻居到窗前观看，但无人来救，甚至无人打报警电话。这件事情在美国发生后，同样也引发了大讨论，最后的结果揭示了人们的"责任分散效应"心理。在不同场合，人们的援助行为是不同的，不能仅仅说是众人的冷酷无情，或者说是道德日益沦丧的表现。当一个人遇到紧急情境时，如果只有一个人能提供帮助，为避免见死不救的内疚感，他会帮助求助者；如果有许多人在场，帮助求助者的责任就由大家来分担，每个人分担的责任很少，旁观者会认为"我不去救，也会有别人去救"，或者认为"我一个人去救也没什么用，而且旁边有那么多人，凭什么我去"。

所以当大家遇到类似事情时，首先不要感到悲哀，更不能上纲上线，因为这就是人的本性的一部分。为避免类似事件的发生，冷静的理性思考必须取代冲动的感性宣泄。

9.3 羊群效应的成因

从行为人认知的角度，导致羊群效应产生的原因，可以分为如下四类：（1）信息不对称；（2）信息外部性；（3）网络外部性；（4）认知性偏差。

9.3.1 信息不对称

从长期角度来看，某项信息被越多的人知道，那么其价值就会越小。比如，一只股票的内幕消息只有某个人知道，可能会对独家信息拥有者有所帮助；但如果大部分人都知道了这则消息，市场价格已经作出了准确反应，那是否知晓它就不会再有什么帮助了。但在现实生活中，很多中小投资者往往集中交易一些价值很低和质量很差的消息，并且自以为获得了内幕消息。

比如本章引例中的"双黄连事件""新冠肺炎疫情"是当时能引发人们心理波动的词汇，本来是一则谣言，大家却都本着"宁可信其有不可信其无"的心理，只要粘上"双黄连"这3个字，甚至连月饼、兽药都大量囤积。同时，资本市场也迅速作出反应，庄家利用人们的羊群效应心理，将计就计，快速拉升相关概念股的价格。而普通投资者都有"买涨不买跌"的心理，于是高位接盘。接下来庄家抛售，股价迅速下跌。这样，庄家就利用信息不对称为自己谋取了利益。

无独有偶，2011年3月11日，日本发生大地震，引发核泄漏，也给我国民众造成了恐慌。随后几天，"碘盐可防核辐射""中国食盐遭核辐射污染"等谣言在网络上广泛传播，立即引发了一场全国性的抢购食盐潮，甚至一度造成"盐荒"。对此，中盐公司、国家发改委、工信部和卫生部等部门及时发布辟谣消息，"盐荒"事件被迅速平息。相对应的是，在资本市场，如图9-3所示，2011年3月15日，与"盐荒"事件相关的股票——中盐化工（600328.SH）和云南能投（002053.

SZ）价格大幅上涨，而随后又大幅下跌。特别有趣的是，同月17日，上海的大爷大妈们发现各大超市排起长队买盐，于是就纷纷拿出手机，相互咨询各处的供盐情况，结果当天上海移动手机累计通话时长522万小时，创下了历史纪录。

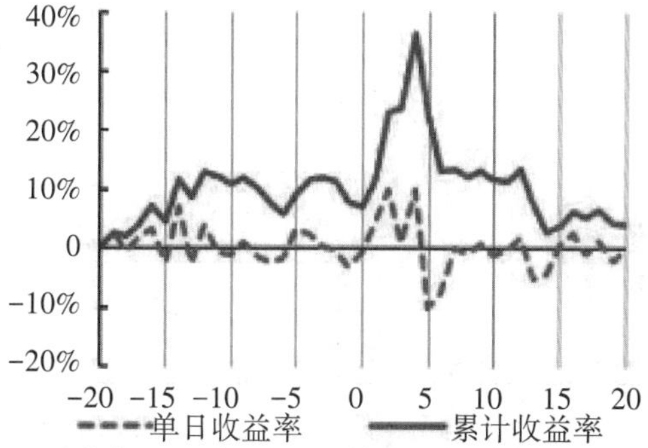

中盐化工 2011 年 3 月 11 日前后 20 个交易日收盘价 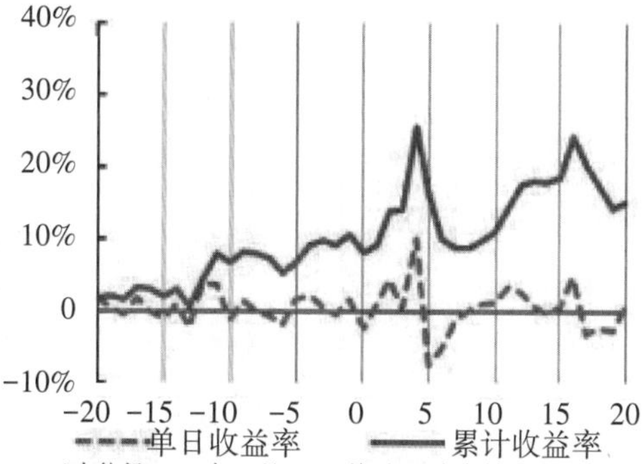   云南能投 2011 年 3 月 11 日前后 20 个交易日收入盘价

图9-3　盐荒事件引发的相关股票价格异动

为避免上述非有效情况的发生，也为了防止过度竞争，"专利制度"产生了。专利制度只赋予第一个发明的人享有垄断收益的权利，随后的所有人都没有。例如，1876年2月14日，贝尔申请到了"电话专利"，而另一位发明家格雷在当天也递交了专利申请，只因比贝尔晚了几个小时而痛失电话发明权。但同时，与获得专利权相对应的代价是，发明者要将具体方法公之于众，并且这个权利只能保留一段确定的期限。从信息不对称角度来看，专利制度的好处是可以防止其他人重复研究，浪费资源。

9.3.2　信息外部性

通常，后行者不知道先行者的收益，但能看到先行者的选择，即先行者的行为对后行者有外部性。后行者要综合自己的主观观念和先行者的选择来获取信息，但获取信息是有成本的，人们总是希望尽量利用别人已有的信息而较少地自己创造信息，这就产生了"后行者搭便车心理"。

比如，某人去一个陌生的城市，饿了想吃饭，看到路边有两家同样的餐厅。此人不知道哪一家更好，往往就会看餐厅里面顾客的数量，进而会选择到人数多的餐厅就餐。如图9-4所示，根据我们的调查，这种选比例为67.41%。

可见，先到人多那个餐厅吃饭的先行者对后行者产生了一个外部性，后行者于是产生了一种"搭便车"的心理，主观地认为，既然此前有比较多的人去就餐，说明这家餐厅还不错，自己又不想付出成本到其他餐厅去试错，因此就会选择跟随先行者。同理，聪明的商人也有效地利用了人们的这种心理，当顾客在较早的时间到餐厅就餐时，他们会被安排坐在靠窗的地方，而不是角落里。这样顾客就为餐厅做了广告，路边的人看到这么早就有这么多人在这家餐厅就餐，选择这家餐厅就餐的可能性就会大大提高。

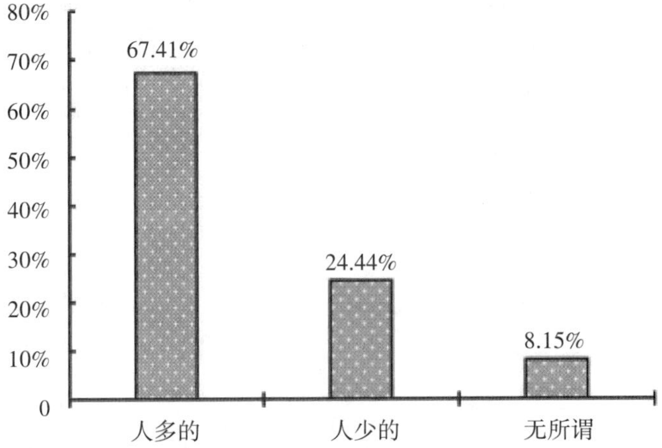

图9-4 去哪家餐厅吃饭

这里要强调的是，由于信息外部性，先行者的行为会影响后行者的决策，后行者的相关行为对其自身个体来说是理性的。但从社会整体角度来看，某项并非最优的选择，仅仅是由于先行者在特定情况下进行的选择甚至是纯粹偶然的行为，最后却被大部分后行者选择，这样的结果未必就是最好的。例如，法国昆虫学家法布尔曾描述了著名的"松毛虫实验"：一大群松毛虫在一个周长为一米半的花盆边沿形成一个封闭的环，这群松毛虫首尾相顾，走走停停，持续了七天，少有离开，直到第八天，由于新道路的开辟，它们开始从盆沿往下爬，到日落的时候，最后一只松毛虫回到了盆脚下的巢里。

9.3.3 网络外部性

商品的价值可分为两部分：自身价值、协同价值。自身价值就是商品本身的价值；**协同价值是指随着某种商品消费者数量的增加，这种商品给既有消费带来的额外价值。**以电话为例，如果世界上只有一部电话，那么它的价值为0。如果有两部电话，则两部电话的拥有者就可以相互联系，电话的价值得到体现。随着电话数量的增加，除了新增用户能获得效用以外，原有用户的效用也会随之增加。再如，当前流行的微信，我们起初对它并不感冒，但最后也不得不使用。因为大家都在使用，如果自己不使用，就会和这个社会脱节。

协同价值产生的原因在于网络外部性，它又分为如下两类：（1）**直接网络外部性，是指新增的消费者使用具有网络外部性的产品，可以直接增加原有其他消费者的使用效用。**例如，网络游戏玩家数量的增加，会提升既有玩家的娱乐效用。（2）**间接网络外部性，是指某产品使用者数量增加后，出现更多与之配套的互补产品，间接提高该产品的使用价值。**比如，在21世纪之初，我国曾有多家实力相仿的购物网站，经过10多年的竞争后，形成了"淘宝"一家独大的局面。大家都用淘宝，就会有很多商铺在淘宝上开店。同时，围绕淘宝，还出现了其他配套产品，如"支付宝"。后来大家出门都可以不带零钱，只需要一个手机，就可以买到想买的东西，再加上不时推出的各种付款打折的优惠活动，越来越多的人喜欢用支付宝。后来京东、拼多多以及直播带货等加入网络销售的大军，微信支付、云闪付等也提供了网络支付或移动支付服务。

网络外部性也会引发羊群效应，并会导致"赢家通吃"效应，即胜利者只有少数几个甚至只有一个，胜利者将获得几乎所有的市场份额，而失败者只能苟延残喘，甚至被彻底淘汰。如图9-5所示，根据我们的调查，当前中国年轻人购物时几乎不使用银行卡或现金，而基本使用手机支付方式。手机支付方式中，由于微信还同时具有其他多项功能，特别是社交功能，近年来逐渐超越支付宝，后来居上，成为年轻人的主流支付方式。

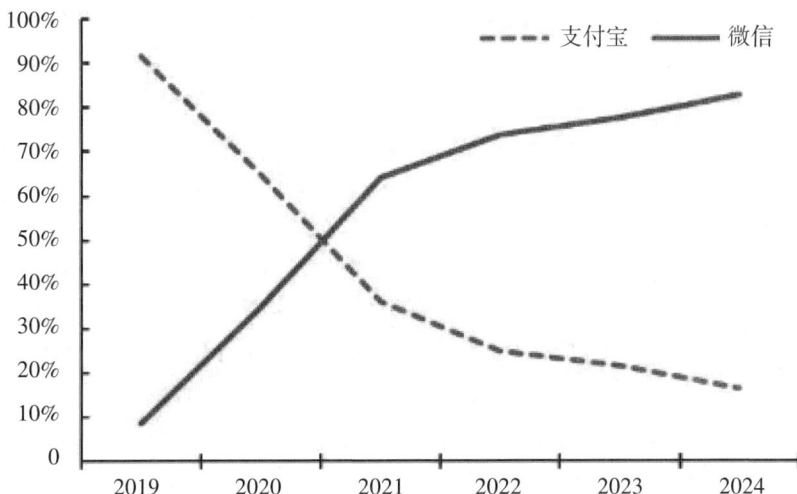

图9-5　人们购物主要支付方式的变化

9.3.4　认知性偏差

从认知角度看，人们遵从某种规则或习俗的原因可分为三类：依从、认同和内化。

依从，是指做一件事是为了获得奖励或免受惩罚。比如，过马路时人们要遵守"红灯停、绿灯行"的交通规则，开车闯红灯就会被扣分、罚款。

认同，是指个体作出某种行为是由于他希望成为与施加影响者一样的人。比如，成龙的霸王洗发水广告，如果专门研究头发的科学家和成龙做同样的广告，哪一个效果更好呢？当然是成龙。原因在于，大家都很认同成龙，希望能用成龙做广告的洗发水来洗头发，从而使自己的头发变得和成龙的头发一样顺滑。

内化，是指把某种信念植于内心，即便这种信念是不正确和荒谬的。关于内化的一个经典案例是钻石。其实，除了工业用途以外，钻石本身没有更多的实用价值。20世纪初，大型钻石矿被发现，钻石供给增加，价格面临大幅下降的趋势。

此时，戴比尔斯公司炮制出了一则广告语 "A Diamond is Forever"，它的汉译更美："钻石恒久远，一颗永留传。"钻石就这样被赋予了爱情的内涵，"钻石=美好+永恒"，而"爱情=美好+永恒"，因此钻石=爱情。这样，消费者就产生了非常强的内化心理，一想到爱情就会自然想到钻石，结婚必须购买钻戒，而且买了以后要作为永恒爱情的象征而永远保留而不是转售，这样，钻石需求增加供给减小，高价长期得以维持。可见，低端理念是商品服务消费者，而最高成就是产品教育消费者。

再举一个综合性事例。20世纪30年代末，冰箱在美国得到普及，人们可以一次性购买更多商品。当时超市里并没有手推车，而只有提篮，这样人们一次性的购物量就很有限。于是商家就考虑如何让消费者一次性购买更多的商品。一个方法是把篮子做大，但篮子大了货物就重，消费者拿不动。1936年，Sylvan Goldman 设计出了超市使用的购物车。但在最开始的时候，大家都不用超市购物车：女性觉得推购物车像小孩子，本来到超市购物是一件快乐的事情，推购物车就会感觉很烦；男性也不喜欢用购物车，其他男性都拿着提篮，自己却推购物车，会被其他人笑话自己很弱。于是商家就想办法来推广购物车，以销售更多的商品。大家可以想象一下，使用购物车给予奖励，或者给购物车做广告，都不是高效的方法。最终被采用的方法是，商家雇了一大群帅哥美女做"托儿"，让他们在购物车中装满商品，并频繁地推着购物车在超市里到处走。这样，男性顾客看见有比自己强壮的人也在推购物车，自己再推购物车也就不觉得丢脸了；女性顾客看见比自己漂亮的人也在推购物车，就会觉得购物车也不错而接受它。慢慢地，商家不再雇人作"托儿"，因为在每个顾客的眼中，他人都是自己的观众，这样购物车就流行起来了。Sylvan Goldman 因为购物车的专利赚了数亿美元，购物车符号也被亚马逊用作了 Logo。如今大家到超市，第一件事就是推一个购物车，如果看到一个人提着装满商品的购物篮，反而会觉得他很奇怪。可见，在购物车案例中，人们最初是认同，最终变成了内化。

如果没有上面事例的介绍，大家可能会觉得 Sylvan Goldman 的购物车发明是一件很简单的事。这里想强调的是，发明一个产品，就算这个产品的确很好，但要使之成型并最终被消费者普遍接受，需要很多智慧。

9.4　金融市场羊群效应

传统金融学理论认为，投资者的行为是相互独立、互不相干的。但行为金融学理论认为，在没有基本价值信息的情况下，投资者必须以市场上可观察到的行为作为行动基础。他们对未来形成的预测主要依赖市场上其他投资者的行为和预期，通过模仿他人的行为来选择投资策略，由此产生了金融市场羊群效应。羊群效应可以解释投资者为何会对资产价格的走势产生相似的想法，这是金融市场过度繁荣或者过度萧条的心理基础。

9.4.1 金融市场中羊群行为的分类

1.是否可以增加收益

按照是否可以增加投资收益，金融市场中的羊群行为可以分为理性的羊群行为和非理性的羊群行为。理性羊群效应，是指投资者是理性的，采取与他人相同或类似的行动，能够增加自身的收益。比如像前文所述的，受网络外部性影响，大家选择相同的交易平台。非理性羊群效应，是指投资者是非理性的，采取与他人相同或类似的行动，反而减少自身的收益。比如，像前文所述的，盐荒事件或双黄连事件时，追涨相关股票。

2.是否有明显的模仿和跟从行为

按照是否有明显的模仿和跟从行为，金融市场中的羊群行为可以分为真羊群行为和伪羊群行为。真羊群行为，是指市场参与者对他人的行为有明显的模仿或跟从，此时大家采取相同行为的原因是他人信息被过度滥用，例如，市场存在泡沫时的过度投资。**伪羊群行为是指由于市场参与者恰巧拥有相似的投资决策或相同信息而采取了相似的行为**，此时大家采取相同行为的原因是共同信息被有效利用，例如，利率上升，股价下降。在这种情况下，并不能说是真正的羊群效应，而只能说是"英雄所见略同"。

3.投资者的决策次序

按照投资者的决策次序，金融市场中的羊群行为可以分为序列性羊群行为、非序列性羊群行为和随机性羊群行为。

序列性羊群行为，是指每个决策者决策时都模仿前面投资者的决策，这种羊群行为的持续性较强，比如前面有一个"带头大哥"，他带领着大家走，大家就跟着他。

非序列性羊群行为，是指投资主体之间的模仿倾向是相同的，当模仿倾向较强时，市场崩溃，比如恐慌性抛售形成的股票市场踩踏事件。

随机性羊群行为，是指相互联系的一群人相互产生影响，形成一个组，但组与组之间的决策互相独立，比如股票市场中的板块联动现象。

9.4.2 普通投资者羊群效应

总体而言，在股市周而复始的波动中，普通投资者的羊群效应起了至关重要的作用。当市场呈动量效应时，从众心理在起作用，人们认为涨了还要继续涨，跌了还要继续跌；当市场呈反转效应时，众从心理在起作用，股票市场到达某个新低点时，往往有人说这是历史最低点了，要买赶紧逢低买入，后面股市出现大幅反弹。从众-众从-从众-众从……循环不断，构成股市波动的重要动因。

1.普通投资者羊群效应产生的原因

在信息环境不确定的情况下，普通投资者受到其他投资者的影响，模仿他人的决策，或者过度依赖市场中主流的压倒多数的舆论或观念，而不考虑自己所获信息的行为，叫作投资者的羊群效应。比如，普通投资者可能认为一个股票并没有投资价值，但是由于周围很多人在买，他也会跟着买。

总结来看，金融市场中普通投资者羊群行为产生的原因有如下5个：（1）信息不对称和不完全。投资者模仿他人的行为以节约自己搜寻信息的成本，即别人都这样做，自己这样做也没有问题。（2）减少恐惧的需要。偏离大多数人往往会产生一种孤独和恐惧感，单个投资者独立进行操作往往会很担心和无助，这个时候跟随他人，就会想，就算天塌下来了，大家也会一起顶住，就会感觉比较踏实。（3）推卸责任的需要，以得到心理安慰。跟着别人投资，即便投资结果不好，也能够找到客观借口，以此获得心理上的安慰。（4）缺乏知识经验。面对当前如此众多的投资工具，投资者往往会感到无所适从，这样，缺乏知识和经验的投资者就会轻易地跟随其他投资者。（5）投资者的个性特征。投资者的个性特征差别虽然很大，但更多的投资者却很容易陷入羊群效应。现实是机构投资者可能一大步就可以跨过的坎，中小投资者一小步却可能掉到沟里。

2.普通投资者羊群行为的后果

首先，来看普通投资者羊群行为对提升金融市场效率的影响：（1）如果投资者的羊群行为表现出很强的信息加总能力，所有信息都能以正确的方式进入决策，那么这种羊群行为是有效率的；（2）如果投资者的羊群行为未表现出很强的信息加总能力，只有部分信息以正确的方式进入决策，那么这种羊群行为是低效率的。

其次，来看普通投资者羊群行为对保持金融市场稳定性的影响：（1）如果投资者在恰当的时候基于同一基本信息交易，这样的投资者羊群行为通过加快价格调整过程而让市场更稳定；（2）如果投资者之间行为的模仿和传染放大了外来波动冲击，会使价格偏离基本价值，甚至会产生价格泡沫或导致市场崩盘。

因此，总体上，普通投资者羊群行为是非理性的，会使得金融市场偏离有效状态。

9.4.3 机构投资者羊群效应

机构投资经理掌握的资金数额庞大，而且经验丰富，他们是否能够避免他人非理性的羊群行为，坚持走自己的路让别人去说甚至让别人无路可走呢？对于如下问题："假如你是基金经理，认为当前股票市场价格过高，但其他所有基金经理认为未来还会上涨，这时你怎么操作？"根据我们对大学生们的调查，如图9-6所示，较高比例（45.37%）选择走自己的路，即"做空市场"；较低比例（34.44%）选择随大流，即"做多市场"，这体现了中国"00后"们的独立个性。

不过，现实情况却是相反的。大家必须认清，机构投资经理也是人，不管表面上如何宣称，他们的最终目标是为自己而绝不是为投资者赚钱。在这种情况下，机构投资经理首先要保持和巩固自己的地位，因此要迎合普通投资者的偏好，哪怕这些偏好是不理性的，会给投资者带来损失而不是收益。早在20世纪初，凯恩斯在考察投资行为时就发现，长期投资者根据自己获得的信息，采取与众不同的行为，

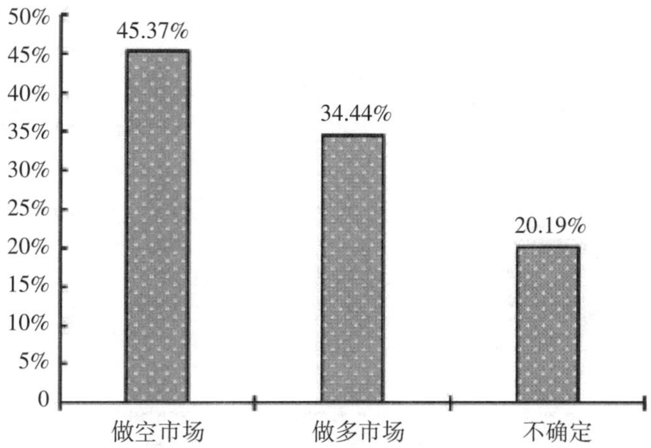

图9-6 中国"00后"们的独立个性

即使成功了，也会被视为鲁莽者；如果短期内不成功，更不会受到宽恕。他有感而发，提出"墨守成规的失败比标新立异的成功更好"（It is better for reputation to fail conventionally than to succeed unconventionally）。

Wermers（1999）发现，在1975—1984年间，在去掉基金投资目标的影响因素后，美国出现了274家基金同时购买相同股票或随后购买相同股票的两个现象，也即大部分基金经理都会采取羊群行为，买一样的股票，抱团取暖。

9.4.4 托尼·戴伊的悲剧

英国悲剧式人物托尼·戴伊的故事，从反面说明了机构投资者不选择羊群行为的代价。

1.少年得志

英国人托尼·戴伊出生于1948年，成长在谢菲尔德，早年毕业于伦敦经济学院，起初在机械公司工作，后来涉足金融行业，最开始是保险业，接下来是证券基金。1982年在他34岁时，成为Colonial Mutual Life首席投资官；第二年，又转投至当时英国最大的基金公司——Phillips & Drew基金公司，过了一段时间成为这家公司的首席投资官。到20世纪90年代中后期，其管理的资产高达600亿英镑。

2.毁灭博士

如图9-7所示，1993—1996年的3年间，英国富时指数从2 700点涨到了近4 000点，此时托尼·戴伊认为股票市场已经存在泡沫，于是将基金所持股票全部抛出，转换成债券等相对安全的资产。但现实却是从1996—2000年，英国富时指数不仅没有按他所预测的那样下跌，反而从近4 000点进一步涨到了6 000点以上，托尼·戴伊被媒体讽刺为"毁灭博士"（Doctor Doom），而Phillips & Drew基金公司的业绩也在英国排名倒数第二。到了2000年，公司实在无法长期忍受这种情况，将托尼·戴伊解职了。

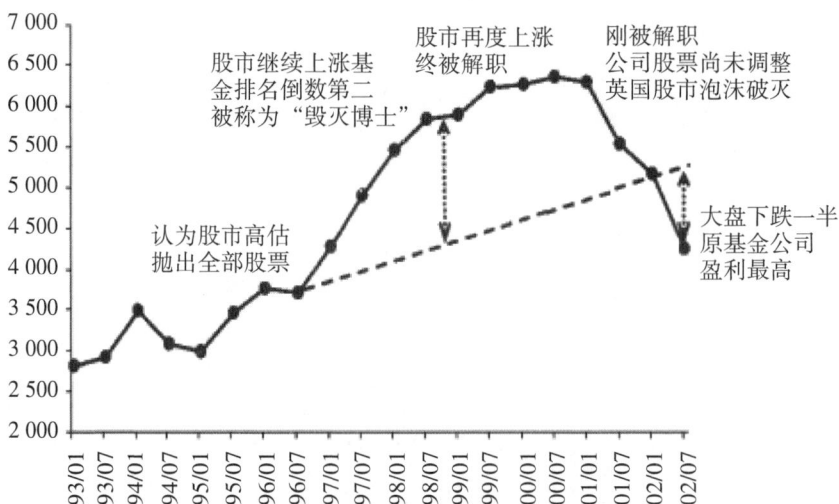

图9-7　英国富时指数1993—2002年的走势与托尼·戴伊的结局

3.怀才不遇

而就在公司刚刚把托尼·戴伊解职，公司的投资资产还没有发生改变的时候，英国股市泡沫破灭，2年后的2002年，富时指数重新回到4 000点，Phillips & Drew 基金公司一举成为业绩排名第一的公司。

托尼·戴伊于2001年成立了自己的基金公司Dye Asset Management，公司管理的资产最高也仅为4亿美元，不足原来他所管理资产的1%，在他因健康原因退出管理层时，公司资产缩水至仅7 000万美元。可见，当多年前的预言真的发生后，等待托尼·戴伊的并不是原公司的"负荆请罪"，也不是市场对他自己开设公司的热捧。

4.不幸病逝

2002年他预测，英国房价已过高，将会下跌30%。他又一次预测对了，但发生在6年以后的2008年，此时，他刚满60岁，而且不幸病逝。

托尼·戴伊的确是天才式人物，他总能比别人准确地预测未来，并长期坚持走自己的路，事实最后也证明他的确是对的；但他又是悲剧式人物，因为他的预言总是五六年以后才到来。在这一过程中，他受尽了媒体的嘲弄、客户的抛弃和雇主的排挤，最后还不幸病逝。与此同时，英国其余几百名基金管理者都犯了灾难性错误，但都保住了工作，理由很简单，大家都错了。谁更理智呢？显然，不是天才而悲剧式的托尼·戴伊，而是其他基金经理。

可见，即便是决定大批资金投资方向的基金管理者，也很难坚持"走自己的路"。他们首先考虑的是保证现有工作，在这种情况下，即使拥有大量的投资基金，也会为了稳拿薪水而"随大流"，并非选择正确的证券，就算错了，也没什么，因为大家都一样，投资者要怪就怪市场行情不好，而怪不得基金经理本人。

托尼·戴伊的悲剧值得大家铭记在心，在选择坚持自我之前，首先要想想，自己是否真的有勇气和资本来承受背后的巨大代价！

▌ 9.5　羊群效应实例

不仅是金融市场领域，在生活当中的其他领域也同样广泛地存在着羊群效应。

9.5.1　恋爱保险

2015年，中国人寿财险为恋爱客户群设计开发了一款创新型保险产品，该产品的主要内容是：自保单生效之日起3年内投保人将得到10 000元人身意外伤害保险保障，而3年后至10年内的任意一天，只要投保人与指定的心上人登记结婚，即可获得10 000朵云南产A等卡罗拉玫瑰，并且中国人寿将为投保人免费送至指定地点。这种恋爱保险产品是对传统保险产品的一次再设计、再加工。其通过"互联网+保险"的形式，依托微信、微博等社交平台进行线上销售。而且这种保险产品对大学生和现役军人优惠，每份只要199元，而对其余社会人士则为每份299元。如图9-8所示，根据我们的调查，如果有类似产品，有51.30%的大学生愿意投保这种产品。

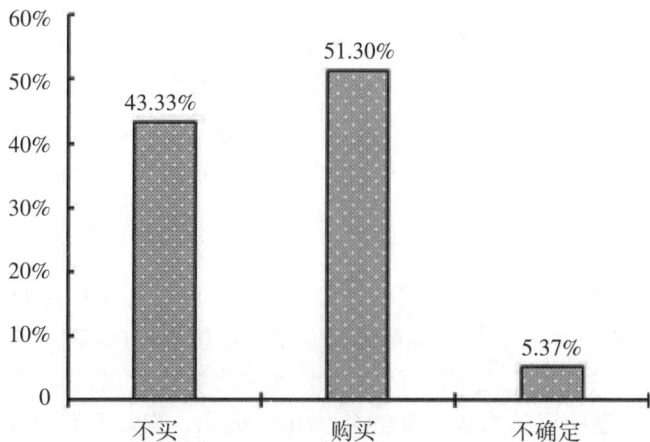

图9-8　大学生们对恋爱保险的投保意愿

同样，一些其他公司也于同期推出类似产品。例如，2017年，支付宝也推出类似保险，并划分3个档次：99元、287元和495元，条件也是双方在3年后至10年内的任意一天结婚，可以获赠结婚祝福金分别为1 999元、5 999元和9 995元。总结起来，这些产品有如下共同特点：（1）不是很贵，几十到几百元；（2）时间锁定在3至13年，早或晚都不行；（3）指定心上人，不可更改。

显然，这些公司推出的这些保险产品，并非单纯为了吸引眼球获得宣传效果，而是公司的精算师事前进行了大量的数据分析，之后才规定了价格。以中国人寿的恋爱险为例，10 000朵云南产A等卡罗拉玫瑰送到指定地点的成本为1万元，保险产品的价格为每份199元。以此计算，即使不考虑利率因素，只要大学生情侣在3年后10年内结婚的概率小于1.99%，那么公司就是有利可图的。而实际上，2016年，南京中医药大学心理学院副教授王挺对学校大四学生做了一项有关"初恋"的小调查，发现170位经历过初恋，当时仍维持恋爱关系的仅2人，比例仅为1.18%[①]。要强调的是，这还是在大学校园时的结果，如果是3年后10年内，那这个结果会更低。可见，这款产品的可投保性并不高。

当一对情侣在热恋阶段时，他们对这段感情的信心是非常大的，特别是对大学生情侣来说，校园里的感情往往是最纯真也是最珍贵的。恋爱保险199元的优惠价格对大多数大学生来说是可接受的价格。相对于其他人士299元的参考点，他们会认为便宜的100元是项"收益"，特别是对男生来说，用199元给女生一个长期的"可置信"承诺，也是一件非常"划算"的事情。同时，当一对情侣购买了恋爱保险后，会主动在微博或微信等社交平台上"晒单"，其他大学生情侣看到后，也会对该保险产品产生好奇感，对它的态度从依从、内化发展到认同阶段，也会果断地给自己的另一半买一份恋爱保险，以牢牢锁住这份感情。

综上，相关公司成功抓住了"爱情承诺"这个营销点，甚至使几乎所有购买人都忘记了它的意外险属性，而纷纷追求它的附加险承诺，正所谓"买椟还珠"。

实质上，这类产品并不具有保险所必备的"可保利益"，更应看作投保人与相关公司签订的"对赌协议"，不过是企业为博得公众眼球而制造的噱头。2019年，监管部门（银保监会）叫停了相关产品。不过此前的合同仍然有效，例如，中国人寿的兑现方式是，用户可以选择一万朵玫瑰花，或者换成11 314元现金。

9.5.2 "双11"网购节

从2009年开始，以天猫为代表的大型电子商务网站每年都在11月11日开展促销活动，参与人越来越多，涉及商品越来越多，销售规模也随着越来越大，毫不夸张地说，每年的"双11"已成为亿万消费者的购物狂欢节。如图9-9所示，"双11"全网销售额逐年迅速增长，2009年仅0.52亿元，次年就蹿升至9.36亿元。此后，陆续有其他电商加入，全网销售继续呈爆炸式增长，2015年超过1 000亿元，2022年超过1万亿元，达1.1154亿元，但2023年只增长2.08%，为1.1386万亿元。2024年，多地政府出台"以旧换新"等优惠政策，直播电商、新零售和社区团购等新兴网购模式进一步发展，当年"双11"全网销售额增长26.63%，达到1.4418万亿元。

---

① 佚名. 南京一高校心理老师做了项"初恋调查"［N］. 扬子晚报，2016-04-11.

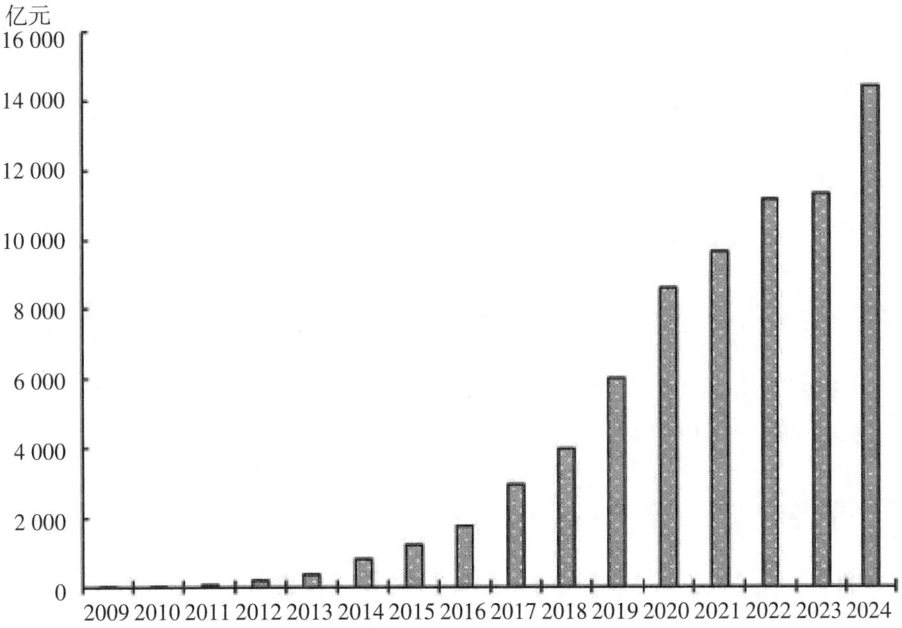

图9-9 历年"双11"全网销售额

众多消费者，在每年"双11"前的一段时间，会被各类相关信息"轰炸""刷屏"，并做好了"血拼"的思想准备。面对诱人的折扣价格，并且手中又有商家提前发送的红包和电子券，消费者往往会列出一张长长的购物清单。

然而，每年消费者事后都会发现，其实不少所谓的打折商品，价格并不比平时便宜，甚至有时还更高。同时，还会购买很多自己原来就不需要的鸡肋式商品。并且，此时网购商品，收货时间也相对平时大为延迟，缺货或丢货的现象也有增加。

9.5.3 学术研究

羊群效应同样存在于学术研究中，一些研究者为了早发、多发论文，往往会选择一些"热点"问题。我们利用中国知网（www.cnki.net）统计了涉及领导人姓名的论文数量，结果发现，领导人在任期内，主题词中包括其姓名论文的数量，比其上任前和卸任后，都要多很多。

思政课堂 ✔ ----------------------------●

网红店未必都好吃

【思政元素】避免跟风，保持理性。

有的店铺为吸引客流，成为网红店，利用人们的"羊群效应"心理，动起了小心思。例如，湖北武昌户部巷一家卖臭豆腐的店，每天都请人当"托儿"排队，当

"托儿"的人可以每天领取80元的报酬。记者调查发现，原先有一些顾客在另外一家买臭豆腐，后来发现这边排了很多人后，果断地转移了阵地。当记者问到"为什么你愿意选择人多需要排队的地方购买"时，答案却是出奇地统一："哪边人多，哪边就好吃。"

特别有趣的是，据一位原来本科在武汉读书的同学讲，她本来是受羊群效应影响，到这家店购买，结果发现味道很是一般，于是就认为整条街各家店都不好吃了，这又是第4章介绍的代表性启发偏差。

可见，排队人多的网红店里，食品未必好吃，推而广之，大家不必盲目跟风。

资料来源：佚名.武昌户部巷臭豆腐店出现"排队托"：每天80元［EB/OL］.［2016-06-22］. http：//m.cnr.cn/jdt/ttyc/20160622/t20160622_522463845_tt.html.

本章小结 ☑ ----------------------------------●

羊群效应是指行为人在决策、判断时，经常会考虑其他人如何判断和如何行动，从而作出与其他人相同的决策和行动。众人意见是否一致以及个体的心理特征，都会影响羊群效应的产生。

从众是指个体在群体的压力下，作出与大部分人相同的行为；众从是指在某些情况下，群体中的绝大多数人遵从少数人的行为。从行动方式上看，羊群效应有基于众人拾柴心理的集体盲动和基于杯水车薪心理的集体漠视两种表现。

从认知角度看，导致羊群效应产生的原因包括信息不对称、信息外部性、网络外部性和认知性偏差等。商品价值分为自身价值和协同价值，后者是指随着某种商品消费者数量的增加，这种商品给既有消费带来的额外价值。协同价值的产生原因在于网络外部性。网络外部性又分为直接网络外部性和间接网络外部性。

金融市场羊群效应是指投资者对未来形成预测主要依赖市场上其他投资者的行为和预期，通过模仿他人的行为来选择投资策略。根据是否使投资收益增加、是否有明显的模仿和跟从行为以及投资者的决策次序等不同标准，金融市场羊群行为又可细分为多种。

金融市场普通投资者羊群行为产生的原因主要包括信息不对称和不完全、减少恐惧的需要、推卸责任的需要、缺乏知识经验等。金融市场上的机构投资经理为维持和巩固自己的地位，会迎合普通投资者的偏好，进而采取羊群行为；否则，即使判断准确，也很可能会遭遇不幸，英国基金经理托尼·戴伊的悲剧就是一个生动而残酷的事例。

在生活当中的其他领域也同样广泛地存在着羊群效应，如恋爱保险、"双11"网购节甚至是学术研究。

推荐阅读 ☑ --- ◉

［1］BANERJEE. A simple model of herd behavior ［J］. The Quarterly Journal of Economics, 1992, 107 (3): 797–817.

［2］WERMERS. Mutual fund herding and the impact on stock prices ［J］. The Journal of Finance, 1999, 54 (2): 581–622.

［3］NOFSINGER, SIAS. Herding and feedback trading by institutional and individual investors ［J］. The Journal of Finance, 1999, 54 (6): 2263–2295.

［4］勒庞. 乌合之众——大众心理研究 ［M］. 冯克利, 译. 北京：中央编译出版社, 2014.

第3篇　市场异象

第10章　金融市场异象

学习指南

【学习目标】本教材第3章讲述了有效市场假说，第2篇第4~9章讲述了行为金融学6个方面的基本理论。从本章开始，本教材将利用以上章节的理论来分析和解释各种金融市场异象。本章作为开篇，对一些金融市场异象进行基础性介绍，接下来第11~15章对不同的金融市场异象进行详细深入的分析。通过本章的学习，读者应当掌握金融市场异象的含义及表现形式，熟悉投资者、个股和市场3个层面各种金融市场异象的基本内容，熟悉本土偏差的含义及代价，了解各类投资工具的风险与收益以及多项投资心理账户的内容，熟悉投资组合金字塔模型和行为资产组合理论，熟悉封闭式基金折价的含义及原因，熟悉孪生股票价差的含义与成因，掌握反转效应与动量效应的含义及两者的关系，了解日历效应的含义及各种表现，熟悉反应过度与反应不足的含义以及两者的关系。

【关键概念】金融市场异象；本土偏差；行为资产组合；封闭式基金折价；孪生股票价差；反转效应；动量效应；日历效应；反应过度；反应不足。

引例

【传统文化】

爱屋及乌

武王克殷，召太公而问曰："将奈其士众何？"太公对曰："臣闻，爱其人者，兼屋上之乌；恶其人者，恶其余胥。咸刘厥敌，使靡有余，何如？"

——汉·刘向《说苑·贵德》

【译文】周武王打败了殷商，召见姜太公，问道："该怎样对待他们的人员呢？"太公答道："我听说，如果喜爱那个人，就连带喜爱他屋上的乌鸦；如果憎恨那个人，就连带厌恶他的仆从家吏。全部杀掉敌人，一个也不留，您看怎样？"

【现实事例】

A股、H股孪生股票价差

截至2024年12月31日，A股和H股共有145对"孪生股票"（既有A股上市又有H股上市），所有A股股票价格都高于对应H股股票价格。如图10-1所示，

行为金融学　　　　　　176

其中溢价率在0~10%的有3对，10%~20%的有3对，20%~50%的有29对，50%~100%的有51对，100%~200%的有48对，200%~300%的有9对，大于300%的有2对。整体上，145对孪生股票中A股相对H股溢价率的均值为99.05%，中值为78.40%。同样一家公司，其A股价格和H股价格相差如此悬殊，为什么呢？

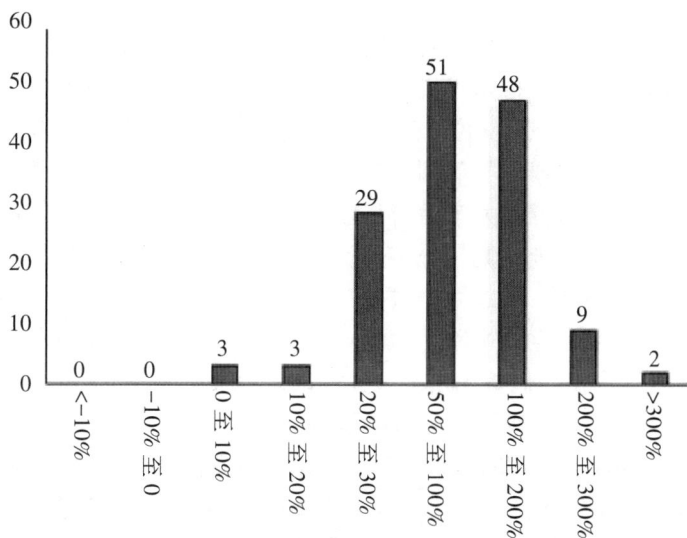

图10-1　A股相对H股孪生股票的溢价情况（截至2024年12月31日）

本教材将在第3篇的第10章至第16章详细论述金融市场当中的各种异象，市场异象意味着市场并不总是完全有效的。

10.1　金融市场异象简介

10.1.1　金融市场异象的含义

金融市场异象（Finance Market Anomalies），是指金融市场中资产的实际价格偏离金融理论预测价格的现象。这些偏差的表现形式可以分为如下4点：偏离有效市场、偏离CAPM模型、偏离套利机制和偏离M-M定理。

市场异象最主要的表现形式是"偏离有效市场"。例如，本教材第3章曾指出，传统金融学的理论基础"有效市场假说"存在一定的局限性：投资者是非理性的，这些非理性并不总是随机的，有时会表现为群体性一致；同时，套利机制也会受到诸多限制而不能有效地发挥作用，这样市场就并不总是有效的。传统金融学对这些情况并不能够进行很好的解释。

10.1.2 市场异象的解释方法

理论要符合现实，而不是相反。因此，出现理论预测与现实结果不一致的情况时，要研究的是理论本身是否存在缺陷，是否需要进一步完善，而不是忽略现实结果，否则就是削足适履。

例如，20世纪以前，化学界认为空气中只有氮气和氧气，当时利用以下两种方法取得的氮气，两者密度有细微差别：（1）把空气中的氧气分离掉，剩下的氮气密度为1.2565g/L；（2）把氨气中的氢分离掉，剩下的氮气密度是1.2507g/L。两者差别很小，只在小数点后3位。对于这一差别，当时化学界普遍将其归结为误差。但是英国化学家拉姆齐与瑞利却认为，如果一两次有差别，那应当是误差导致的；但是每次都是前者略大于后者，就应当有其他方面的原因。在第一种方法的基础上，他们又进一步把氮气分离掉，发现原来还剩有其他气体，这些气体的密度比氮气的密度要高，所以才导致了采用第一种方法得到的气体密度比第二种方法要高。这就说明，空气中除了氮气和氧气之外，还有其他气体，并且这些气体的密度比氮气要高。他们首先发现了气体氩，后来又发现了其他惰性气体。

类似的事例也存在于经济学和金融学的研究当中。例如，20世纪上半叶，学界普遍认为投资者目标是实现期望收益最大化。但马科维茨（1952）提出，如果投资者的确以此目标来进行投资，那就应当将所有资产都"集中"投资于预期收益最大的证券或证券组合，但现实当中投资者却总是采取"分散化"而不是"集中"的投资方法。这种现象按照当时的理论也被称为"金融市场异象"。对于这个当时的"异象"，马科维茨指出投资者的目标是实现期望效用，而不是期望收益最大化。在这种情况下，正如本教材第2章所阐述的，投资者实行分散化投资组合策略，将获得更高的效用水平。

同样，当前金融市场也同样存在着传统金融学理论不能够很好解释的各种异象，单纯认为这些异象只是偶然现象，有些类似本教材第4章和第8章所阐述的"证实偏差"。对于这些异象，更"理性"的思路应该是将投资者视为"非理性"的，也即从行为金融学视角进行深入研究。

视频10

金融市场异象简介

总结起来，金融市场异象具体体现在如下3个层面：（1）投资者层面，包括本土偏差、行为资产组合、封闭式基金折价、处置效应和过度交易；（2）个股层面，包括孪生股票价差、反转效应和动量效应；（3）市场层面，包括日历效应、反应过度或不足、市场泡沫、庞氏骗局、股票溢价和博彩市场。

10.2 投资者层面的金融市场异象

投资者层面的金融市场异象可以细分为5种情况：本章将探讨本土偏差、行为资产组合、封闭式基金折价；第11章将探讨处置效应；第12章将探讨过度交易。

10.2.1 本土偏差

1.资产投资组合的优势

本教材第2章曾描述，根据1990年诺贝尔经济学奖得主马科维茨所提出的资产投资组合理论，投资者应当进行分散化投资，图10-2形象地说明这一策略的优势。

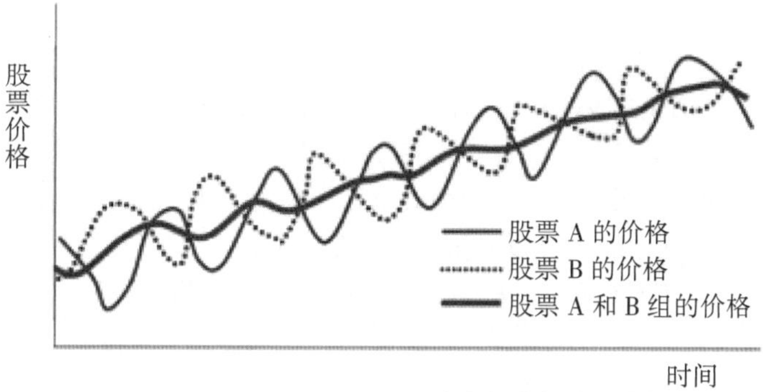

图10-2 资产投资组合的优势

如图10-2所示，横轴表示时间，纵轴表示股票价格。不管是股票A还是股票B，总体上价格都呈上升趋势，但是两者的波动也都不小。投资者一方面希望取得的收益比较高，另一方面又希望承担的风险比较小。这时，投资者可以进行分散化投资，比如50%的资金投资于股票A，另外50%的资金投资于股票B。大家可以发现：（1）投资组合的价格总体仍然呈上升趋势；（2）无论是相对于股票A还是股票B，投资组合的波动性都小了很多。以此类推，投资品数量越多，投资组合的风险就会越小。因此，在获取相同收益的情况下，应当进行分散投资，以降低风险，并且分散得越充分，风险降低得越多。

2.本土偏差的含义

从理论来看，既然资产越分散越好，那么在资本国际流动的情况下，就应当将资产在全球范围内配置。但在现实中，<u>投资者并不是进行充分的分散化投资，而是把大部分资产投资于本国、本地区或所就职公司的证券上，这一异象被称为本土偏差（Domestic Bias），</u>就如本章引例所讲的传统文化典故"爱屋及乌"。

本土偏差的具体表现是：（1）投资于国内的公司；（2）投资于居住地的公司，如某投资者居住在辽宁，就集中投资辽宁企业的股票；（3）投资于就职的公司，如Thaler 和 Benartzi（2005）发现，美国企业的雇员倾向于为本公司股票建立单独的心理账户，与其他股票不发生联系。他们平均将42%的资产投资于所就职公司的股票上。但实际上，本土偏差意味着投资并没有有效地分散风险，特别是资产主要投资就职公司，那么公司出现问题时，员工会同时损失工资收入和投资收益。

2023年3月，全国两会期间，格力电器董事长董明珠接受专访时表示，她经常鼓励员工购买格力股票，有很好的买入机会时"砸锅卖铁"都要买，买不了她再来兜底。这一话题随即冲上微博热搜，引起众多网友热议。本教材第三版计算了

2012年1月初至2022年12月底格力电器（000651.SZ）股票的表现，2012年1月初股价为17.50元，2022年12月底为32.32元，这段时间累计分红21.10元。以此计算，总收益率为205.26%，年化收益率为10.68%。进一步，本版将时间延长至2024年12月底，此时股价为45.45元，累计分红24.48元，总收益率为299.60%，年化收益率为11.24%。这些都是相当不错的投资业绩。2025年以后如何，待本教材第5版分解。

3.本土偏差的代价

French 和 Poterba（1991）研究发现，美国人把93.8%的资产都投向本国，只有6.2%的资产投向其他国家；日本人把98.11%的资产都投向本国，只有1.89%的资产投向其他国家；英国人的投资相对来讲国际化程度较高，但也会把82%的资产投向本国，只有18%的资产投向国外，见表10-1。

表10-1　　　　　　　　部分国家投资者的投资标的国家股票投资组合权重

投资者	美国	日本	英国
美国	93.80%	1.31%	5.90%
日本	3.10%	98.11%	4.80%
英国	1.10%	0.19%	82.00%
法国	0.50%	0.13%	3.20%
德国	0.50%	0.13%	3.50%
加拿大	1.00%	0.12%	0.60%

本土偏差会给投资者带来比较大的损失。根据 French 和 Poterba（1991）的计算，由于把过多的资金投资于本国，美国投资者每年将因此遭受0.9%的损失，日本投资者每年将遭受2.5%的损失。可见，投资者把大部分资金都投资于本国，会降低投资收益，因此这一行为是非理性的。

4.本土偏差的原因

有人指出，本土偏差是由国际资本市场不完善导致的。比如，制度性因素可能会降低国外投资的收益，或者存在外在约束限制投资者持有外国股票的能力，抑或资本国际流动的费用比国内要高。但 French 和 Poterba（1991）认为，发达国家间的制度障碍不大，国内外税负差别也不大，且很少重复征税，资本国际流动的费用也不高。

根据行为金融学理论，本土偏差的产生是由于投资者对国外情况了解少，夸大了国外投资的风险。具体原因包括如下两点：（1）控制幻觉：人们喜欢在自己比较熟悉的环境下行动，虽然这种熟悉与公司的基本面信息没有关系。（2）证实偏差：投资者认为他们拥有信息优势，与国外股市相比，他们更了解国内股市；同国内其他地方的公司相比，他们更了解靠近居住地的公司。但实际上，在市场有效的情况下，信息幻觉对投资没有帮助，除非拥有内幕消息。

10.2.2 行为资产组合

1.各类投资工具的风险与收益

图10-3描述了各类投资工具的风险与收益：位于底部的如货币基金、国债、存款等投资工具，收益和风险都很低；再向上如金融债、防守型基金、大蓝筹股、房地产、进取型基金和垃圾股票等，随着收益的增加，风险也随之提高；而炒汇、炒楼或者期货投资工具，虽然收益最高，但风险也最高。

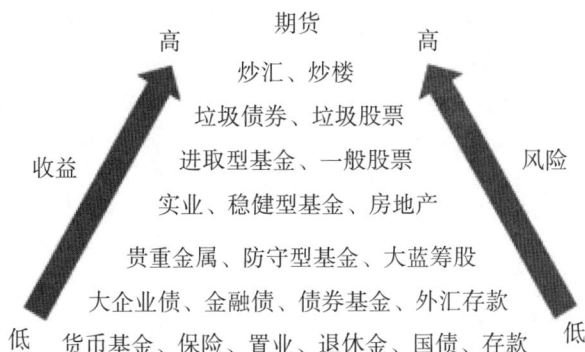

图10-3　各类投资工具的风险与收益

再次强调，高收益伴随着高风险，但这句话的逆命题却不成立，即高风险并不必然伴随着高收益，如赌博的风险最大，但它的收益却是最低的。

2.多项投资心理账户

投资者投资的时候会受到情绪的影响，并不是完全理智的，通常自控能力很差，容易受到各种诱惑。在这种情况下，可行的方法是将各项资产置于不同的心理账户中，也即"多项投资心理账户"（Multi Investment Mental Accounting）。例如，贷款用于买车，存款用于买房。本教材第6章有这样一个例子："J夫妇为了他们的梦想之家存了15万元，他们预期在5年内购房，这笔资金在资本市场上每年以10%的增幅增长。不久前，他们以3年15%的利率贷款购置了一辆新车，价值11万元"。贷款的利率远远高于存款的利率，这对夫妇的做法并不能简单地被认为非理性，实际上还是有道理的。这种做法可以使投资者专注于一件事情，防止把钱乱花掉。

如图10-4所示，投资者的投资目标要遵循一个不可倒置的顺序：首先，要实现安全性（Safety）目标，即满足自己的基本需求，要吃饱穿暖，过上有质量的生活；其次，在实现安全性目标之后，再考虑投资的收益性（Profitability）目标；最后，在实现收益性目标之后，才能考虑富裕性（Riches）目标。

图10-4　多项投资心理账户的目标

3.行为资产组合理论

根据多项投资心理账户，Wall（1995）提出了投资组合金字塔模型（Portfolio Pyramid Model）。这一金字塔式模型一共有三层：（1）底层：满足财务安全，投资于低风险低收益产品，如货币基金和银行存款等；（2）中层：达到特定目标，投资于中风险中收益产品，如债券和蓝筹股票等；（3）高层：实现资产飞跃，投资于高风险高收益产品，如股票和房产等。

基于Wall（1995）的投资组合金字塔模型，Shefrin和Statman（2000）又提出了**行为资产组合理论（Behavioral Portfolio Theory），是指投资者实际构建的资产组合是基于对不同资产风险程度的认识以及投资目标所形成的金字塔式的行为资产组合。**金字塔式的行为资产组合分为两个层级：底部保障层和顶部潜力层，前者是为了避免贫困，后者是为了富上加富。投资者将现有的财富W在两层之间分配，以使整体效用最大化。顶部潜力层和底部保障层是存在不同心理账户的，不同的账户与特定的目标和风险态度相联系，投资者往往会忽略各层之间的相关性。

行为资产组合效用函数为：

$$U = [1 + K_{dr}(P_r^{1-\beta}E_h(W_r)^\beta]K_{ds}[P_s^{1-\gamma}E_h(W_s)^\gamma]$$

对于行为资产组合效用函数，当底部保障层的效用为0时，投资者的效用为0；而当顶部潜力层的效用为0时，投资者的效用不一定为0。

投资者在进行资产组合的时候分两步：（1）财富首先分配给底部保障层，满足投资安全需求；（2）如有剩余财富，再在两个层级间分配。上下两个层级资金分配的比例取决于投资者的风格，如激进的投资者可以选择在上层多投入一些，前提是资金必须首先满足底部保障层，不能本末倒置。

这一道理映射到日常行为处事上，也有很重要的启示。比如，做事情要有先后顺序，要分清主次，重要且紧急的事情当然要最先做，次要且宽松的事情可以最后做。但对于重要且宽松和次要且紧急的两类事情，我们建议是先做重要且宽松的事情，再做次要且紧急的事情。因为将重要且宽松的事情完成了，就永远赶在了时间的前面。

行为资产组合也可以对本土行为偏差进行很好的解释：投资者倾向于把资产投资在自己较为熟悉、自己认为安全的本地区的股票，尤其是自己就职公司的股票上，置于底部保障层；而由于对国外、本地区外或者非自己就职的企业的股票不够了解，忽略了这些资产和本国资产相关性低的事实，就主观地将其归为高风险产品，将它们置于顶部潜力层，因此不愿意提高其在投资组合中的比重。

10.2.3　封闭式基金折价

1.封闭式基金折价的含义

封闭式基金（Closed-end Funds），是指基金的发起人在设立基金时，限定基金单位的发行总额，筹足总额后，基金宣告成立，并进行封闭；在一定时间内不再接受新增的投资，投资者也不能回购基金；投资者如想买卖基金，必须通过证券经纪商在二级市场上进行竞价交易。

中国证券投资基金最早始于1991年7月，起初都是封闭式基金。2001年9月，开放式证券投资基金上市以后，逐步成为主流基金。2017年7月26日，中国最后一只传统封闭式基金——银河基金管理有限公司旗下的基金银丰产品结束了封闭期为15年的交易，传统封闭式基金从此彻底退出中国证券市场的历史舞台。2021年6月，9只基础设施公募REITs在沪深交易所正式上市，主要投向基础设施补短板项目，它们都属于封闭式基金。

这样，封闭式基金就具有两个价格：（1）实际净值，是由基金所投资的资产价值决定的；（2）交易价格，是由市场供求双方所决定的。

Zweig（1973）发现，**虽然在理论上封闭式基金的实际净值与交易价格应该相同，但是现实中，交易价格往往低于实际净值，这一现象被称为"封闭式基金折价之谜"（Closed-end Funds Discount Puzzle）。**

封闭式基金的折价率为10%~20%是一种普遍的现象。其中：

折价率=（单位净值-单位市值）÷单位净值

例如，鹏华前海REIT（184801.SZ）在2024年12月31日的净值为101.93元，收盘价为99.44元，折价率则为2.45%（（101.93-99.44）÷101.93）。

总结来看，封闭式基金价格波动有4个阶段：（1）一级市场溢价发行；（2）二级市场折价交易；（3）折价幅度剧烈波动；（4）折价最终消除。这样就进一步引出了如下4个问题：（1）为什么有人会买封闭式基金？（2）为什么封闭式基金的交易价格低于资产净值？（3）为什么折价率会因基金或时间的不同而差别很大？（4）为什么封闭式基金快开放时，价格上涨至折价消除？

2.封闭式基金折价的原因

关于封闭式基金折价之谜，传统金融学的解释是：（1）代理成本：二级市场购买者要求就投资经理的低业务能力、低道德水准和管理费用得到额外的折价补偿；（2）潜在税负：基金净值中包含尚未派发的盈利，需要就这部分盈利缴纳所得税的新投资者要求额外的折价补偿；（3）流动性欠缺：基金的投资组合主要由流动性差的资产组成，基金净值可能没有充分地反映出这些资产应计的低流动性折价补偿。

行为金融学的解释是：（1）套利的有限性：现实中，套利者要同时付出成本和承担风险，由于套利的有限性，封闭式基金折价的问题未被完全解决。（2）噪声交易风险：噪声交易者的交易并非随机的，不能互相抵消，导致系统性风险。（3）投资者悲观情绪：个体投资者普遍乐观时，基金价格上升折价降低；普遍悲观时，基金价格下降折价提高。

3.折价封闭式基金的投资策略

封闭式基金的折价率能够反映投资者的情绪。如果投资者悲观，那么封闭式基金的折价率会相对较高。这里提供一个封闭式基金的投资机会：随着到期日的临近，封闭式基金的折价率会逐渐降低，最终二级市场的交易价格等于基金净值。如果不考虑净值的变化，在二级市场折价购入封闭式基金，意味着锁定了与折价率相当的期望收益。例如，投资者可以提前两个月折价买入封闭式基金，等它开放之后按照净值赎回，这样的话能够获得一定的大于银行利率的超额收益，并且风险很小。

进一步，如图10-5所示，鹏华前海REIT折价率与其所在交易机构指数即"深圳成指"，从2019年9月至2021年12月，呈明显的负向关系，相关系数为-0.8982；但从2022年1月至2024年12月，呈明显的正向关系，相关系数为0.7385。

图10-5 鹏华前海REIT折价率与深圳成指的关系

10.3 个股层面的金融市场异象

个股层面的金融市场异象可以细分为3种情况：孪生股票价差、反转效应和动量效应。

10.3.1 孪生股票价差

1.孪生股票价差的含义

同一家公司在不同的交易市场上市的股票，被称为孪生股票（Twins Stock）。理论上，不同市场中的孪生股票价格应当相等。但在现实中，不同市场上同一家公司的股票价格往往存在长期的差异，这一现象被称为孪生股票价差（Twins Stock Price Difference）。

例如，Froot和Dabora（1999）发现，1907年荷兰皇家和壳牌运输合并，在美国和欧洲市场的9个交易所交易，其中主要在美国和荷兰的证券交易所交易。理论上，荷兰皇家的股票价格应该是壳牌运输的1.5倍，实际上两者的价格差异很大。

如图10-6所示，荷兰皇家有时被低估35%，有时被高估15%。

图10-6 荷兰皇家/壳牌运输平价的偏离

再如本章引例所提到的"A股、H股孪生股票价差"现象。其实A股相对于H股溢价是一个长期存在的现象。我们计算了A股、H股孪生股票的从2000年1月至2024年12月的历年情况，并对上证综合指数和香港恒生指数进行了对比，如图10-7所示，总体上，A股的价格长期高于H股。特别是在2001年和2002年，就孪生股票而言，A股价格平均来说是H股价格的10倍以上，也即溢价率为900%以上。图10-7还显示，当上证指数高的时候，溢价率会随之提高；同理，恒生指数高的时候，溢价率会随之下降。

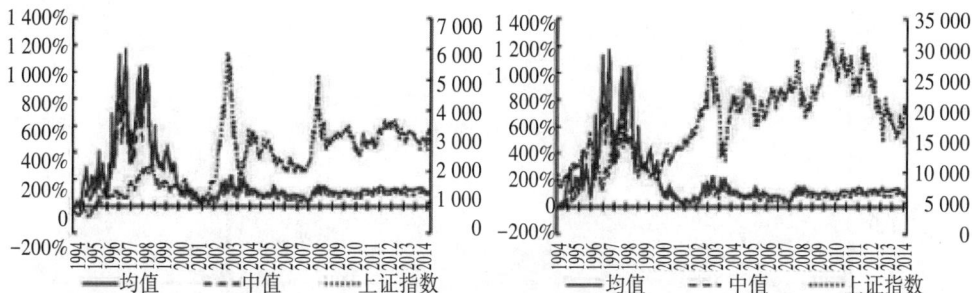

图10-7 孪生股票1994年1月—2024年12月间A股相对于H股的整体溢价情况

2014年11月，沪港通开通；2016年11月，深港通开通，但A股相对于H股的高溢价率仍然在持续，并没有明显变化。

2.孪生股票价差产生的原因

从行为金融学角度看，孪生股票价差产生的原因有：（1）不同市场投资者的异质性。投资者不同，风险偏好不同，资产市值有所不同。（2）非理性交易者带来的噪声。（3）交易机构的低效。（4）套利机制的不足。

10.3.2 反转效应

1.反转效应的含义

反转效应（Reversal Effect），是指此前表现好的股票将会出现差的表现，此前表现不好的股票将会出现好的表现，它类似于本教材第8章所谈到的赌徒谬论。其中，一个经典的故事是"和尚买股票"：某和尚路过一家证券公司，见股民们满脸愁容，原来是股市大跌，和尚说："我不入地狱，谁入地狱？"于是就买了些股票以帮股民分担一份被套牢的痛苦。后来，和尚又路过证券公司，见营业部里人声鼎沸，大家争相买股票，和尚又说："我不普度众生，谁普度众生？"于是又把自己买进的股票卖了。结果，和尚成了股市里的最终赢家。如果股票市场存在反转效应，投资者可以通过买入过去收益率低的股票、卖空过去收益率高的股票而获利。这种利用股价反转效应构造的投资策略称为反转投资策略。

2.反转效应的例证

Bondt 和 Thaler（1990）研究发现，根据此前5年的情况，卖空表现最好的35只股票，买进表现最差的35只股票（如图10-8所示），在未来的3年中，相对于大盘指数，此前表现好的那些股票的收益率会下降，此前表现差的那些股票的收益率会上升，而且两类股票的差距会越来越大。此前表现差的股票，反转效应相对较强，即价格上升幅度很大；而此前表现好的股票，反转效应相对较弱，即价格下降，但幅度相对较小。

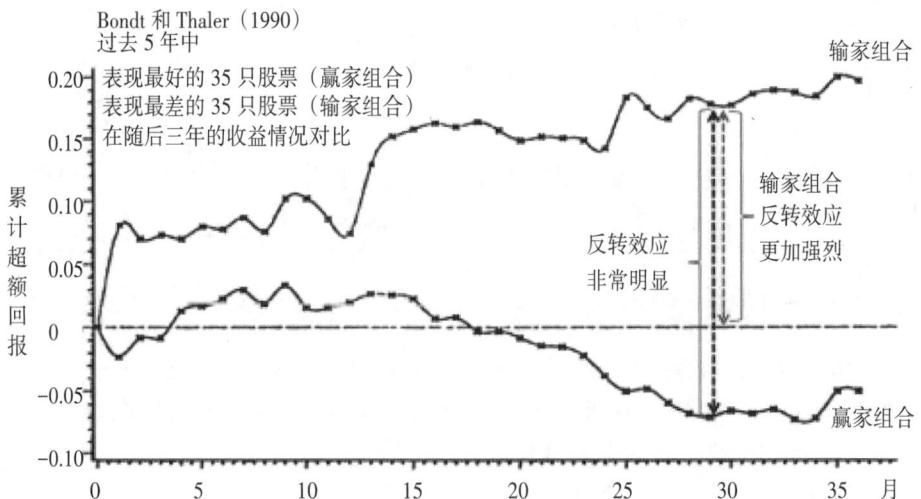

图10-8 美国股票市场的反转效应

10.3.3 动量效应

1.动量效应的含义

动量效应（Momentum Effect）亦称惯性效应，是指此前表现好的股票将会继续

有好的表现，此前表现不好的股票将会继续出现坏的表现，类似于本教材第8章所谈到的热手效应。基于股票动量效应，投资者可以通过买入过去收益率高的股票、卖空过去收益率低的股票而获利。这种利用股价动量效应构造的投资策略称为动量投资策略。

2.动量效应的例证

Jegadeesh 和 Titman（1993）研究发现，以此前 J 个月为依据，选择买进那些表现最好的 10% 的股票，卖空那些表现最差的 10% 的股票（这项投资持续 K 个月，即 J/K 策略），结果发现，当 J=12、K=3 时，投资者会取得显著的高收益（如图 10-9 所示）。其含义是指，买进此前 12 个月那些表现最好的 10% 的股票，卖空那些表现最差的 10% 的股票，3 个月后交割清算，投资者会得到 1% 以上的月度超额收益（考察期为 1 年）。

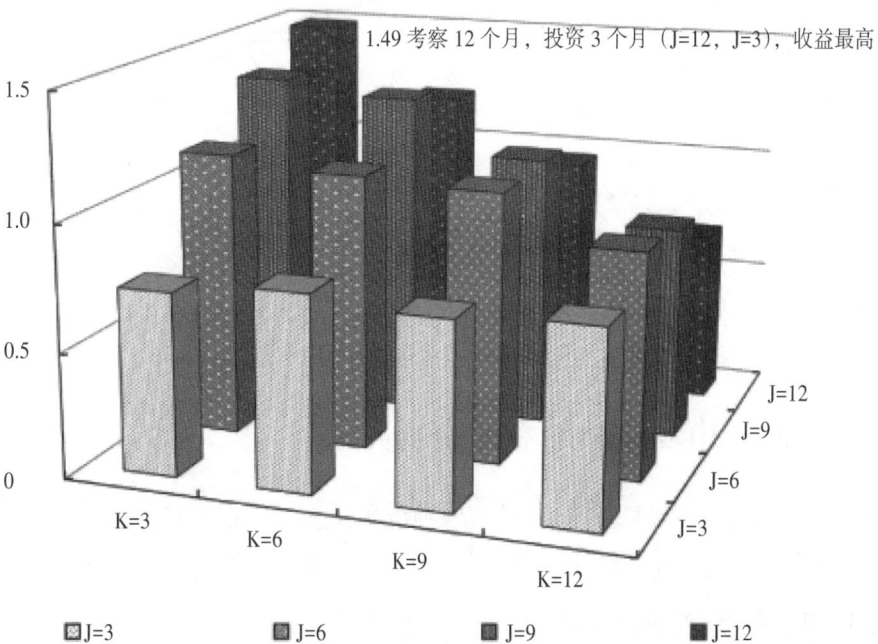

图10-9　股票市场的动量效应

3.动量效应与反转效应的关系

关于动量效应和反转效应，法玛认为，它们只是有效市场中的偶然现象，是与有效市场共存的。而从行为金融学视角看，反转效应和动量效应都体现了市场的无效，反转效应是反应过度，动量效应是反应不足，可以通过一个统一的理论加以解释。

行为金融学认为，动量效应和反转效应产生的根源在于市场针对信息的反应速度，当投资者对信息没有充分的反应时，信息逐步在股价中得到体现，股价因此会在短期内沿着初始方向变动，即表现出动量效应；当投资者受到一系列利好消息或利空消息的刺激时，他们可能对股票未来的投资收益表现出过度乐观或者悲观的判断，从而导致股票定价过高或过低，随后当投资者普遍意识到他们高估或低估股票收益时，股价则会向相反的方向变动，即表现出反转效应。

另外，Jegadeesh 和 Titman（1993）从现实角度探讨了动量效应与反转效应的关系。如图10-10所示，以此前上涨的股票为例：（1）在未来1个月内，股票收益率下降，表现为反转效应；（2）未来两个月到1年，股票收益率上涨，表现为动量效应；（3）未来1年到两年半，股票收益率又会下降，又表现为反转效应；（4）过了两年半以后，就不再表现为动量或者反转效应了。因此在短期内是反转效应，中期是动量效应，长期是反转效应，时间再长就是无效应了。

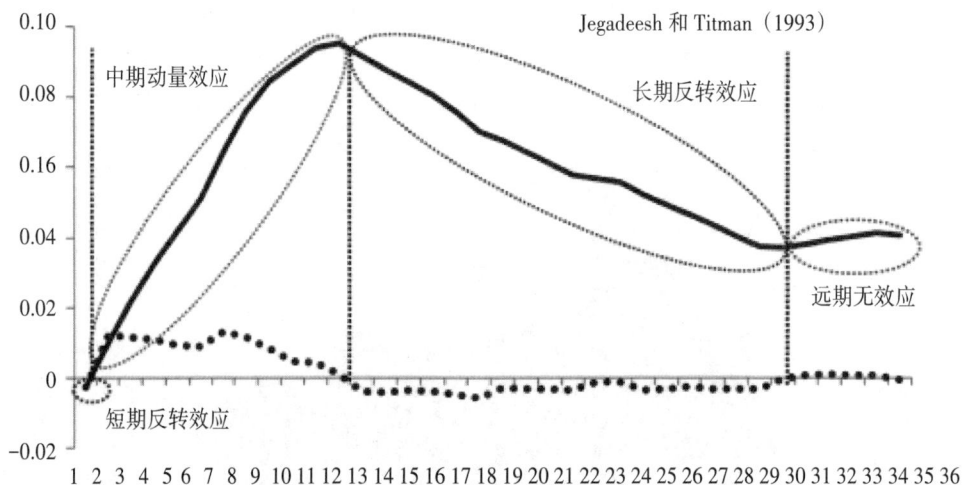

图10-10　动量效应与反转效应的关系

10.4　市场层面的金融市场异象

市场层面的金融市场异象可以细分为5种情况：本章将探讨日历效应、反应过度与不足；第13章会探讨市场泡沫；第14章会探讨庞氏骗局；第15章会探讨股票溢价。

10.4.1　日历效应

日历效应（Calendar Effect），是指股票收益率与交易时间相关，在不同的时间投资收益率存在系统性差异。它又可进一步细分为月份效应、星期效应、月末效应和假期效应。我们详细讨论前两项。

1.月份效应

月份效应，是指某个月份的收益明显高于或者低于其他月份。一些研究发现，1月份的回报率往往是"正值"，而且会比其他月份高；相反，12月的股市回报率很多时候是"负值"。研究者最早在美国发现了1月效应，随后其他学者在其他国家或地区也陆续发现了类似现象。

我们收集了2000年至2024年一些代表性证券交易所每个月份的大盘指数收益率。首先看中国地区的上证指数、深证成指、恒生指数和台湾加权指数，大家可以发现，这4个证券交易所大盘指数在各月份当中没有特别明显的规律，如图10-11所示。

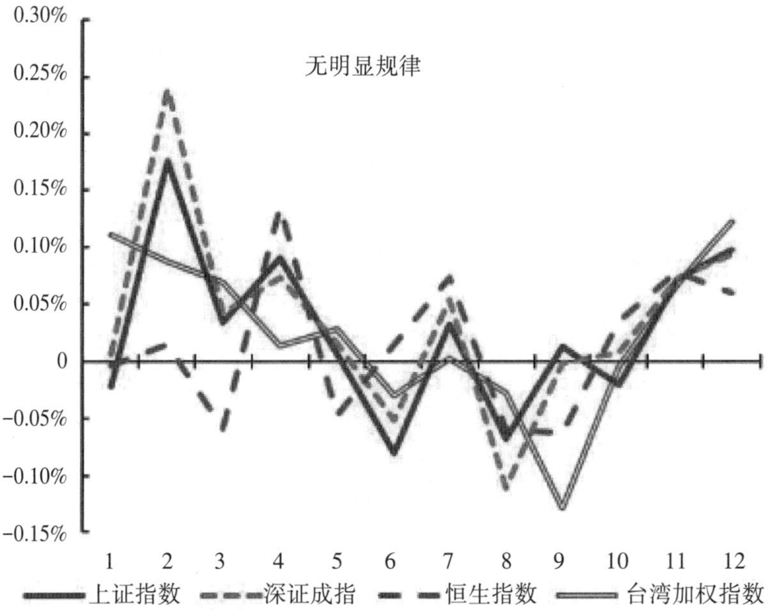

图10-11　2000年至2022年中国4个证券交易所指数每月的投资收益率

再来看英美地区的英国富时100指数、道·琼斯工业平均指数、标普500指数和纳斯达克指数，如图10-12所示，大家可以发现这4个指数在1至12月有个特别明显的趋势：4月份收益为正，9月份收益为负，10月份收益为正。这和此前的研究有所不同，之前是1月份收益为正，这里是4月份收益为正。

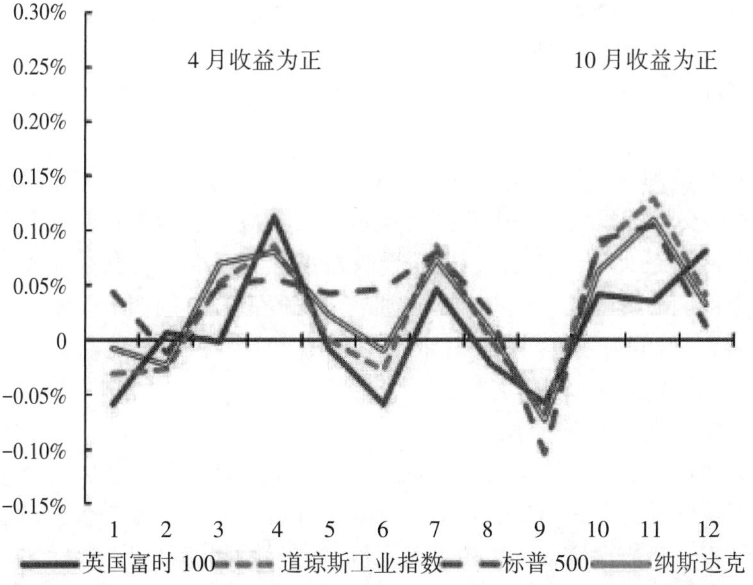

图10-12　2000年至2022年英美地区交易所指数每月的投资收益率

2.星期效应

星期效应，是指某一天的收益明显高于或者低于一周其他几天。Cross（1973）和French（1980）研究了标普500指数的收益，他们发现投资者周五能取得较高的平均收益而周一较低。Gibbons（1981）和Keim（1984）发现道·琼斯工业平均指数周一存在负收益。

同样，我们收集了2000年至2022年一些代表性证券交易所每一天的大盘指数收益率。如图10-13所示，不管是中国台湾、中国香港还是中国大陆，尤其以中国大陆为主，可以发现这样一个规律：周三收益为正，周四收益为负。

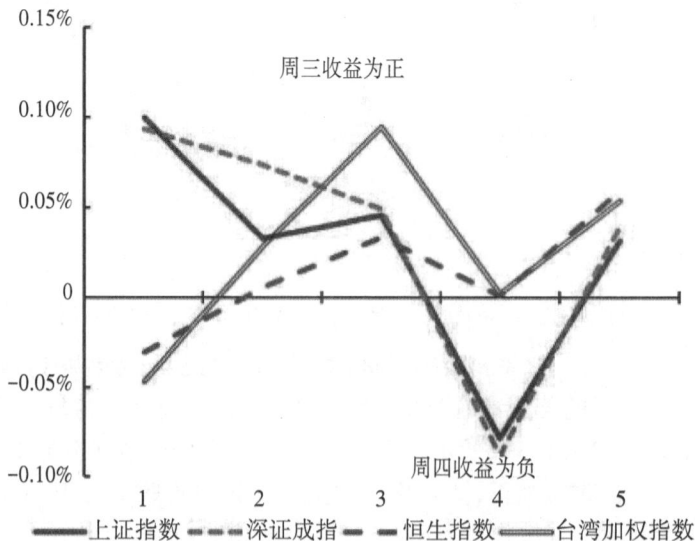

图10-13　2000年至2022年中国地区证券交易所每天的大盘指数收益率

但是，能不能通过这种方法套利，即周三做空，周四把它变现呢？数据显示，这个收益率比较低，只有2‰，连手续费都不够支付，因此目前还不具有可操作性。

再来看看英国和美国的情况，如图10-14所示，基本上没有特别明显的趋势，不过4个证券交易所指数的一个相同特点是周四收益一般为正。但是在中国，不管是台湾、香港还是大陆（内地），这一天收益都为负，而且特别是在A股市场更加明显。一个可能的解释是：这些地区习惯在周三晚上或者周四上午发布一些利空消息，结果导致周四的股市下降。比如，在2016年中国股市大跌期间有个流行词叫"黑周四"，就是指经常周四暴跌。

3.日历效应的产生原因

由此大家可以看到，不同日期，如特定月份或者特定日子，大盘收益率可能会出现一些系统性的偏差，也即日历效应。对于这种现象，行为金融学目前没有太多的共识性解释，已有研究认为投资者在不同的交易时间情绪、心理和习惯可能不一样，进而这些心理差异对股票市场收益产生影响。

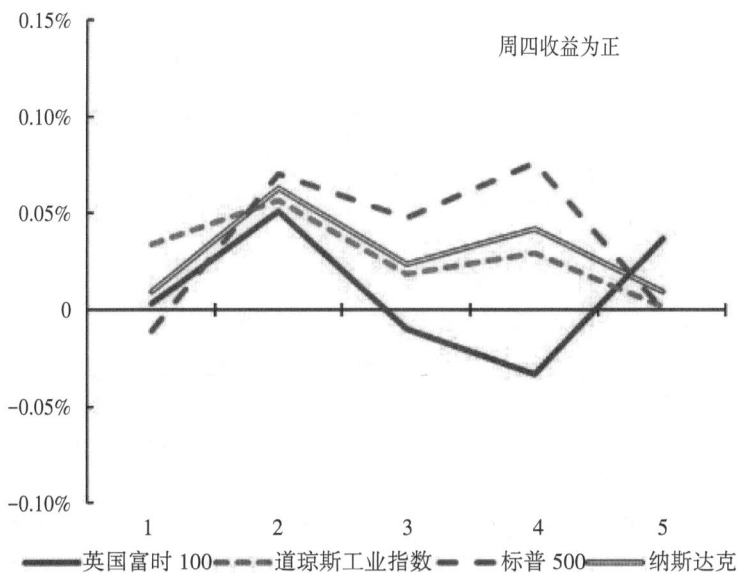

周四收益为正

图10-14 2000年至2022年英美地区交易所每天的指数收益率

（图例）——英国富时100 -----道琼斯工业指数 - - - 标普500 ═══纳斯达克

10.4.2 反应过度与反应不足

1.反应过度与反应不足的含义

反应过度（Overreaction），是指证券价格在坏消息时下跌过度而在好消息时上升过度。简而言之，就是对于一个消息反应特别强烈。例如，当地时间2020年4月20日，美国5月交货的WTI原油期货价格从开盘每桶18.27美元一路自由落体式暴跌，盘中最低价每桶-40.32美元，收盘价每桶-37.63美元。人类历史上首次出现价格为负值的情况，这意味着售出石油的厂商不仅不能获得收益，还要倒贴钱给买方。反应不足（Underreaction），是指证券价格在坏消息时下跌有限而在好消息时上升不够。简而言之，就是对于一个消息反应不够充分。

图10-15展示了反应过度、反应正常和反应不足的差异。以利好消息为例，反应正常情况是图10-15中间的实线。解释起来就是，起初就有一个利好消息，但是还没有完全确定，当这个消息逐步被投资者确定时，表现为股票价格逐渐上涨，等到它正式确定的那一天，股价已经达到了它能够达到的价格水平，之后价格保持平稳。

反应过度情况是图10-15上面的虚线。解释起来就是，有一个利好消息，但人们把利好消息估计得太乐观了，表现为股价大幅上涨，等到利好消息确定的那一天，投资者发现这个消息并没有之前想象得那么好，于是股票价格又回调，最终达到了它应该达到的价格水平。

反应不足情况是图10-15下面的间断线。解释起来就是，有一个利好消息，但人们把利好消息估计得不太充分，表现为股价小幅上涨，等到利好消息确定的那一天，投资者发现这个消息比之前想象得要好，于是股票价格又继续上升，最终达到了应该达到的价格水平。

191

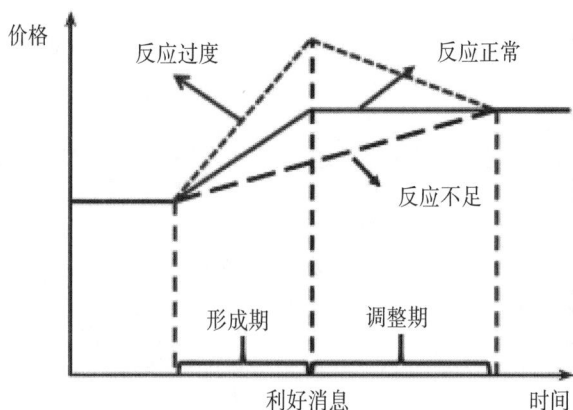

图10-15 反应过度、反应正常和反应不足的股票价格变化

2.反应过度与不足产生的原因

Daniel 等（1998）从行为金融学角度对反应过度与反应不足进行了详细的解释：

（1）过度自信。

投资者过分相信私人信息发出的信号的精确度，过低估计公开信息发出的信号的精确度。过度自信的投资者对私人信息反应过度，而对公开信息反应不足。

（2）归因偏差。

归因偏差，即自我归因的投资者基于私人信息进行交易，若交易被随后的公开信息证明成功，投资者的自信心就会膨胀；但如果失败，会归咎于外部因素，如市场情况等，投资者的自信心并没有同等程度地消退。

（3）保守主义。

保守主义，即投资者对新信息的反应不充分，认为股票收益的变化只是一种暂时现象，因此不能及时根据收益的变化充分调整期望收益，当发现实际收益与先前的预期不符时，才进行调整，从而导致反应不足。

（4）代表性启发。

代表性启发，是指投资者对新信息过度乐观，认为近期股票价格的变化反映了未来的变化趋势，从而错误地对价格变化进行外推，导致反应过度。

中国股票市场近些年有生肖概念行情，即每年农历春节之前，名字与生肖相关的股票会有一波行业。例如，本教材第4章介绍的金牛化工（600722.SH）在2021年即农历辛丑牛年春节前后连续7个交易日涨停。我们进一步发现，生肖概念行情有所提前。如图 10-16 所示，2023 年为农历癸卯兔年，装修建材行业的股票兔宝宝（002043.SZ）2022 年 12 月 30 日也即当年最后一个交易日收盘价为 11.25 元，成交量 39.31 万手，换手率 5.67%。进入 2023 年后，价格和成交量都开始上涨，到 1 月 13 日盘中最高价达到 18.59 元，相对此前上涨 71.19%，当日成交量 179.50 万手，上涨 3.57 倍，换手率 25.90%，增加 20.23 个百分点。但此后三项指标开始下降，到了春节后首个交易日即 1 月 30 日，收盘价为 13.92 元，成交量 83.85 万手，换手率 12.09%。

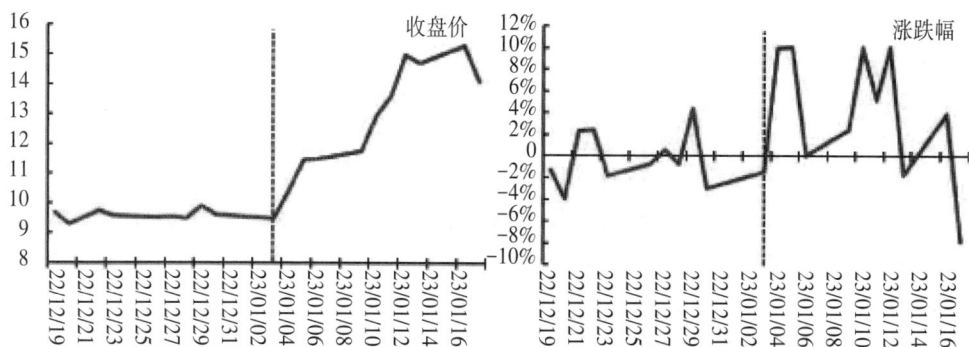

图10-16 兔宝宝（002043.sz）在2022年12月31日前后10个交易日走势

2025年为中国农历蛇年，中国股票市场很少有股票带"蛇"字，但这并未妨碍生肖行情，并且这一波行情来得更早。如图10-17所示，桂发祥（002820.SZ）、葫芦娃（605199.SH）和漳州发展（000753.SZ）三只股票在2024年11月25日之后10个交易日的走势非常一致，都是从11月26日至12月4日连续7个交易日涨停，都是从12月5日至9日连续3个交易日跌停。原因是，虽然三只股票的名字不带"蛇"字，但都可以联想成与蛇相关：桂发祥主营产品麻花形状像"蛇"；漳州发展所在地漳州又名"蛇"城；动画片《葫芦娃》有大战"蛇"的情节。总结起来，这些股票的盘子都相对较小，桂发祥的流通股数量为2亿股，葫芦娃4亿股，最多的漳州发展9.91亿股，都不超过10亿股，相对容易被炒作。作为对比，同样如图10-17所示，直接带有"蛇"字的招商蛇口（001979.SZ），在上述期间股价相对平稳，重要原因是该股票的流通股数量较多，为83.23亿股，是漳州发展的8.40倍，炒作起来难度较大。

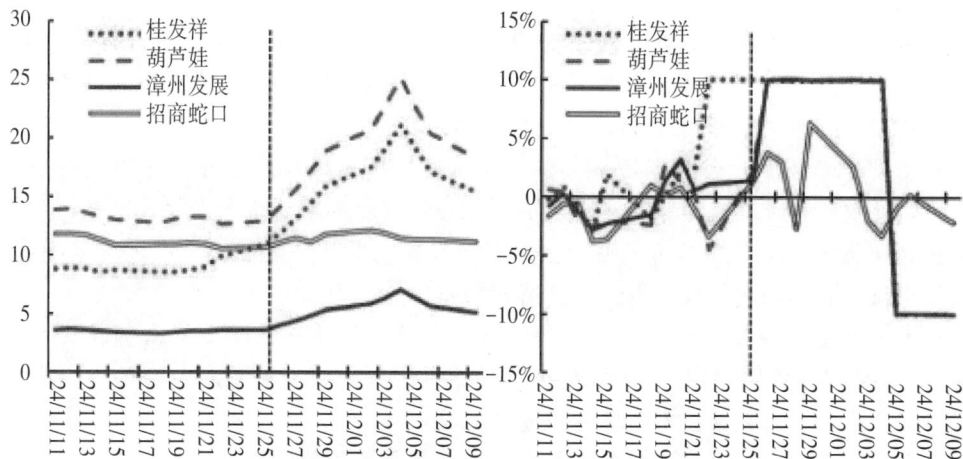

图10-17 四只蛇年概念股票在2024年11月25日前后10个交易日走势

创业与工作

【思政元素】踏实工作，练好基本功。

2023年3月，本科就读于四川某大学的王同学，在社交平台分享自己大学4年赚到100多万元的经历，还晒出房产证、获奖证书等证明资料，引发网友热议。王同学介绍，其收入是和团队一起挣的，由三部分组成：卖零食、农特产品、二手书；做一些兼职副业；参加创新创业大赛获得的奖金。

创业成功可以实现"暴富性目标"。不过要强调，大学生如果选择创业，就要至少能够保证在创业失败时的基本安全，比如独立解决温饱。设想美国的乔布斯等人，如果当年他们创业失败了，也能够像本教材第1章开篇所介绍的那位孤寡老人一样，过着"美国人眼中体面、外国人眼中优越"的生活。但目前在中国，大学生创业要是失败了，安全性目标可能就无从谈起，如果把父母房子卖了创业而结果失败，那意味着整个家庭都遭遇灭顶之灾了。

因此，我们建议大学生走向社会时应该一步一个脚印，不要盲目创业，要踏实制定自己的目标。虽然不排除的确有人破釜沉舟最终成功了，但那只是小概率事件，可复制性很低，在大多数情况下并不具有普遍性。

资料来源：熊丙奇. 4年大学赚100万 不宜成为追捧"榜样"［N］. 新京报，2023-03-06.此处有删减和修改。

本章小结 ☑ -- ●

金融市场异象是指金融市场中资产的实际价格偏离金融理论预测价格的现象。这些偏差的表现形式可以分为偏离有效市场、偏离CAPM模型、偏离套利机制和偏离M-M定理，其中偏离有效市场是最主要的表现形式。

在投资者层面，金融市场异象包括本土偏差、行为资产组合、封闭式基金折价、处置效应和过度交易等；在个股层面，金融市场异象包括孪生股票价差、反转效应和动量效应等；在市场层面，金融市场异象包括日历效应、反应过度与不足、市场泡沫、庞氏骗局、股票溢价和博彩市场等。

本土偏差是指投资者并不是进行分散化投资，而是把大部分资金都投资于本国、本地区或就职公司的证券。这违背了分散化投资组合的要求，会降低投资效用。其产生的原因包括控制幻觉和信息幻觉等。

多项投资心理账户是指投资者将各项资产置于不同的心理账户中，依次遵从着安全性、收益性和暴富性的目标。行为资产组合理论是指投资者基于对不同资产风险程度的认识以及投资目标而形成金字塔式的行为资产组合，这一组合分为底部保障层和顶部潜力层，投资者会忽略各层之间的相关性。它也可以用来解释本土偏差。

封闭式基金折价之谜是指市场中封闭式基金的交易价格长期低于其实际净值的现象。原因在于套利的有限性、噪声交易风险和投资者的悲观情绪。它为投资者提供了投资套利机会。

孪生股票是指同一家公司在不同交易市场上市的股票。孪生股票价差是指孪生股票价格存在长期的差异，其成因包括不同市场投资者的异质性、非理性交易者带来的噪声、交易机构的低效和套利机制的不足等。

反转效应是指此前表现好的股票将会出现差的表现，此前表现不好的股票将会出现好的表现。动量效应是指此前表现好的股票将会继续有好的表现，此前表现不好的股票将会继续出现坏的表现。两者看似矛盾，却同时存在于金融市场中，同属市场异象。一般而言，股票市场的短期表现为反转效应，中期表现为动量效应，长期又表现为反转效应。

日历效应是指在不同的时间，投资的收益率存在系统性差异。它又可进一步细分为月份效应、星期效应、月末效应和假期效应等。

反应过度是指证券价格在有坏消息时下跌过度而在有好消息时上升过度；反应不足是指证券价格在有坏消息时下跌有限而在有好消息时上升不够，导致这两种异象产生的原因包括过度自信、归因偏差、保守主义和代表性启发等。

推荐阅读 ✔

[1] BONDT, THALER. Do security analysts overreact? [J]. The American Economic Review, 1990: 80 (2), 52-57.

[2] FRENCH, POTERBA. Investor diversification and international equity markets [J]. The American Economic Review, 1991, 81 (2): 222-226.

[3] FROOT, DABORA. How are stock prices affected by the location of trade? [J]. Journal of Financial Economics, 1999, 53 (2): 189-216.

[4] JEGADEESH, TITMAN. Returns to buying winners and selling losers: implications for stock market efficiency [J]. The Journal of Finance, 1993, 48 (1): 65-91.

[5] SHEFRIN, STATMAN. Behavioral portfolio theory [J]. Journal of Financial and Quantitative Analysis, 2000, 35 (2): 127-151.

[6] 巴菲特. 巴菲特致股东的信：投资者和公司高管教程 [M]. 杨天南，译. 北京：机械工业出版社，2023.

第11章　处置效应

学习指南

【学习目标】本教材第10章讲到，金融市场在投资者、市场和个股3个层面都存在异象，这与有效市场假说相悖。从本章开始，本教材将就各个金融市场异象加以详细深入的分析。首先是处置效应。通过本章的学习，读者应当掌握处置效应的含义，了解普通投资者和基金投资者都有处置效应，熟悉传统金融学理论根据价格反转效应、降低交易成本、资本利得避税和平衡投资组合等因素对处置效应的解释以及这些解释的缺陷，掌握行为金融学理论对处置效应的解释及优势，掌握处置效应非理性证明的思路，熟悉实盈变现比和实亏变现比的含义以及利用它们来衡量投资者处置效应程度的思路，了解处置效应对市场有效性的影响，掌握处置效应对投资者的意义，了解自动化交易的局限以及习得无助对处置效应的解释，了解中国投资者处置效应更加显著的现象以及背后的文化背景原因。

【关键概念】处置效应；平衡投资组合；面子问题；实盈变现比；实亏变现比；习得无助；量价同步。

引例

【传统文化】

抱残守缺

犹欲抱残守缺，挟恐见破之私意，而无从善服义之公心。

——汉·刘歆《移书让太常博士》

【译文】（有人想着）抱残守缺，挟藏着唯恐别人阅读自己所藏之书的私意，而没有从善服义的公心。

【现实事例】

《死了都不卖》

股市中曾经流传过一首股票歌——《死了都不卖》，歌词如下：把股票当成是投资才买来，一涨一跌都不会害怕掉下来。不理会大盘是看好或看坏，只要你翻倍我才卖。我不听别人安排，凭感觉就买入赚钱就会很愉快。享受现在别一套牢就怕受失败，许多奇迹中国股市永远存在。死了都不卖，不给我翻倍不痛快，我们散户只有这样才不被打败。死了都不卖，不涨到心慌不痛快。投资中国心永在，就算深套也不卖，不等到暴涨不痛快。你会明白卖会责怪，心态会变坏。到顶部都不卖，做股民就要不摇摆，不怕套牢或摘牌，股票终究有未来。

11.1 处置效应简介

11.1.1 处置效应的含义

1.不同买入价投资者情绪的差异

大家来看下面这个事例：投资者甲持有某只股票，买入价为每股10元；投资者乙持有同一只股票，买入价为每股20元。该只股票昨日收盘价为每股16元，今日收盘价跌到每股15元。在这种情况下，投资者甲和乙都会因为股价下跌而沮丧，但谁的感觉更差？是成本价高的投资者乙还是成本价低的投资者甲？如图11-1所示，根据我们的调查，超过80%的比例认为是投资者乙，这可以从前景理论来进行合理解释。

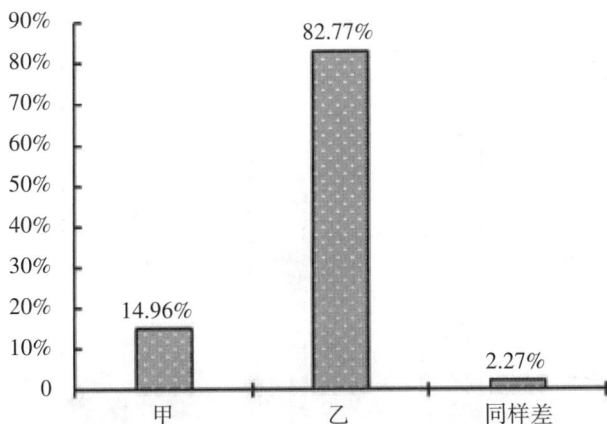

图11-1　不同成本价的投资者因股票价格下降的沮丧程度不同

如图11-2所示，投资者甲的成本价是10元，参考点也就是10元，昨日收盘价为每股16元，甲每股盈利6元；今日股价跌到每股15元，盈利减少至每股5元，此时甲由于盈利减少而存在差感，差感部分如图11-2的右上角所示。投资者乙的成本价是20元，其参考点也就是为20元，昨日收盘价为每股16元，乙每股亏损4元；今日股价跌到每股15元，亏损增加至每股5元，此时乙由于亏损增加而存在差感，差感部分如图11-2的左下角所示。可见，相比于甲的差感，乙的差感更强烈。背后的原因如前景理论中所说，对于损失，人们的感觉更加敏感。

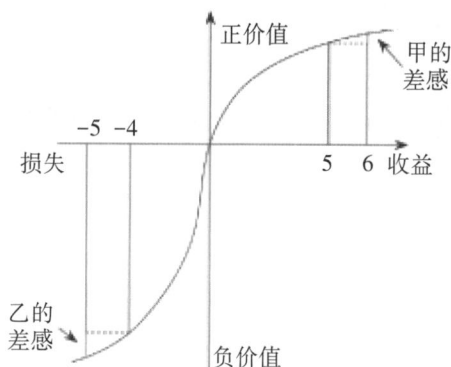

图11-2　不同成本价的投资者因股票价格下降沮丧程度不同的解释

2.卖出哪只股票

现在有两只股票，一只账面盈利，另一只账面亏损，此时投资者需要用到现金，必须卖出其中的一只股票进行套现，这时投资者会倾向于卖出哪只股票？是卖账面盈利还是账面亏损的股票呢？

如图11-3所示，大部分投资者会选择卖掉账面盈利的股票。原因在于，投资者会觉得如果将账面亏损的股票变现了，那就是真的亏损，如果没有变现，即使股票由100元每股跌到1元每股，也只是浮亏，未来这只股票的价格仍有上涨甚至超过成本价的机会。但要是把它卖掉，就彻底失去了这个机会。

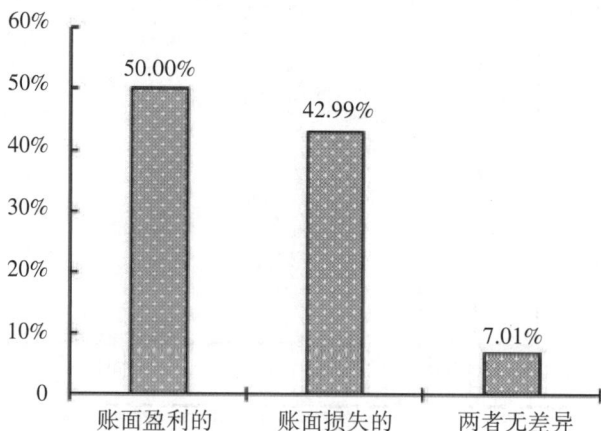

图11-3　卖掉哪只股票

3.处置效应的表现

可见，**投资者更愿意卖出账面盈利的股票，而继续持有账面亏损的股票，这种"售盈持亏"的心理，被称为处置效应（Disposal Effect）。**具体表现为，盈利时，投资者担心股价下降，于是将资产变现使其"落袋为安"；亏损时，期望股价上升，于是一直持有到底。处置效应广泛地存在于国内和国外，它反映了人类的天性。

11.1.2 处置效应的例证

1.散户投资者的处置效应

如图11-4所示，将散户的股票持有时间作为横轴，将其所持有股票的年化收益率作为纵轴，大家会发现，两者呈显著的负相关关系。散户持有时间短的一般为账面盈利的股票，持有时间长的一般为账面亏损的股票。这意味着股票价格下降时，投资者倾向于继续持有该股票，等待股票价格在未来得以上涨。这反映了散户投资者的处置效应。

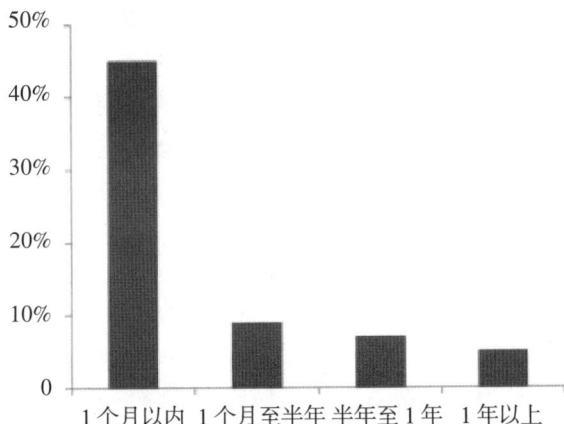

图11-4　散户股票持有期限与年收益率的关系

2.基金投资者的处置效应

Shefrin 和 Statman（1985）研究了共同基金投资者的投资行为。选择共同基金作为研究对象的优势有两点：（1）共同基金的交易成本比较低；（2）共同基金的市场规模比较大，可以代表整个资本市场。

共同基金为开放式基金，同时有赎回和购买的情况，在基金规模保持稳定的时候，"赎回购买比"（赎回与购买的资金量之比）应为1。但是，Shefrin 和 Statman（1985）的研究发现，"赎回购买比"有高有低，波动很大。特别是相对于亏损，当基金处于盈利的时候，"赎回购买比"要高。这意味着，在盈利的情况下，投资者更倾向于将基金卖出以变现。这反映了基金投资者的处置效应。

视频11

处置效应
简介

11.2　处置效应的两类解释

传统金融理论认为人们是理性的，市场也是有效的；而行为金融理论认为人们是有限理性的，市场也并不一定是有效的。在理论上，这两种范式都可以解释处置效应。

11.2.1 传统金融理论的解释

首先介绍传统金融理论是如何解释处置效应的。它基于有效市场和理性人假说，从如下4个方面解释了处置效应：（1）价格反转效应；（2）降低交易成本；（3）资本利得避税；（4）平衡投资组合。

1.价格反转效应

本教材第10章介绍了证券市场存在反转效应。如果市场的确如此，某只股票此前价格大幅上涨，就有可能在未来价格下降，如果此时处于盈利状态，就应当把它卖出；反之，如果某只股票此前价格大幅下降，就有可能在未来价格上升，如果此时处于亏损状态，应当继续持有，特别是De Bondt和Thaler（1984）发现，相对于此前价格上涨的股票，此前价格下降的股票反转效应更加强烈。

可见，如果市场存在价格反转效应，投资者应该售盈持亏，并且这种行为也是理性的。

2.降低交易成本

投资股票需要花费很多成本，有的成本属于固定成本，也就是其数量与投资金额无关。比如，100元的股票需要花1个小时去研究，10 000元的股票也需要花同样的时间去研究。因此，股票价格越高，相对于单位资本所耗费的平均成本就越小。这样，对于上涨股票，意味着平均交易成本下降。那么，为了降低交易成本，投资者就会卖出价格上涨的股票，而持有价格下降的股票。

可见，从降低交易成本的角度，投资者应该售盈持亏，并且这种行为也是理性的。

3.资本利得避税

资本利得避税动机目前在中国大陆尚不明显，但广泛存在于发达国家。这些国家的投资者在投资盈利时要缴纳资本利得税，反过来投资亏损时，则可以避税。例如，某位投资者投资股票100元，股票价格上涨变成130元，盈利30元，假设税率为20%，那他就要缴资本利得税6元；反过来说，如果投资者投资的股票从100元下降到70元，亏损了30元，那么这个时候他就可以申请抵税。也就是说，如果他原本在其他方面要缴50元的税，那么就可以抵掉6元的税，实际上只缴44元的税。

资本利得避税会导致"反处置效应"，即为了合理避税，投资者将表现为售亏持盈，并且这种行为也是理性的。

4.平衡投资组合

平衡投资组合，是指在各投资品价格变动时，投资者调整投资组合结构，以实现各项投资品的市值比例与此前保持一致。

如图11-5所示，过程1，投资者在最开始的时候投资两个组合，一个是组合甲，一个是组合乙，两者的价格都为每份1元，投资者为了分担风险，组合甲和组合乙都投资100元，两者各占50%。过程2，过一段时间以后，组合乙的价格下降一半，每份价格变成0.5元，总市值从原来的100元降到了50元，而组合甲的价格上升一倍，每份价格变成2元，总市值从原来的100元变成200元。过程3，投资者为了继续维持组合甲和组合乙各占50%这样一个平衡的比例，把一部分组合甲卖出以买进组合乙，也就是卖出37.5份甲，用得到的75元去买150份乙。过程4，最终组合甲和组合乙的总市值比例又各占50%，也就是持有每份价格为2元的62.5份组合甲、每份价格为0.5元的250份组合乙，组合甲和组合乙的总价值均为125元。

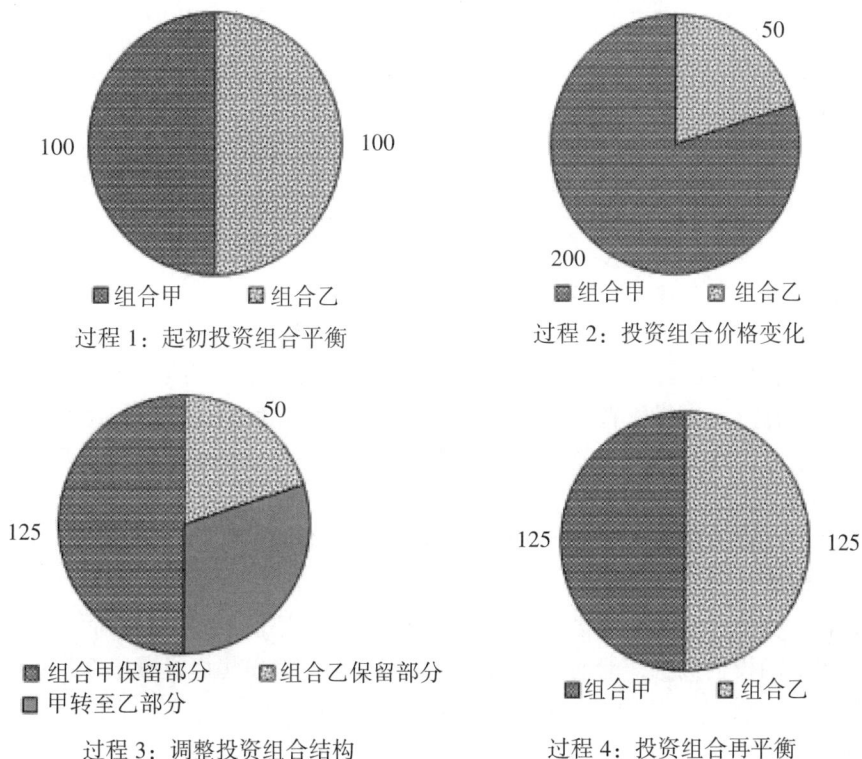

图11-5　平衡投资组合导致的处置效应

可见，为了平衡投资组合，投资者应该售盈持亏，并且这种行为也是理性的。

11.2.2　行为金融理论的解释

Shefrin 和 Statman（1985）基于非有效市场和有限理性的行为金融理论视角，从如下4个方面解释了处置效应：①前景理论；②心理账户；③面子问题；④自我控制。

1.前景理论

如图11-6所示，投资者投资某只股票以后，如果股票价格上涨，以买入成本作为参考点，处于盈利状态，价值函数变为凹形，投资者是风险规避者，此时他更担心股票价格下降，就会倾向于售出股票；反之，如果股票价格下跌，以买入成本作为参考点，处于亏损状态，价值函数会变为凸形，投资者是风险偏好者，此时他更期望股票价格上涨，就会倾向于持有股票。

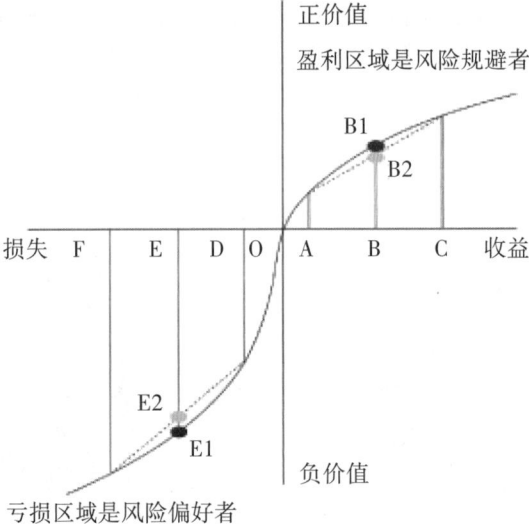

图11-6　盈利和亏损时投资者风险偏好的改变

特别是，价值函数在亏损和盈利时，并不是中心对称的，投资者对损失更加敏感。现实往往是，当投资者亏损幅度较大时，就会感觉反正已经亏损这么多了，股票再跌也跌不到哪去，就只能继续持有等待奇迹，并且会主观地认为"万一又大幅上涨了呢"。

可见，从前景理论角度看，投资者会选择售盈持亏。

2.心理账户

有时，投资者明明知道自己投资的已经亏损的股票前景并不好，而市场的确存在其他更好的投资机会，但他们仍然不愿意将亏损股票出售而投资于新的更好的股票，如广泛存在于美国的税收互换（Tax Swap）。对于这一现象，前景理论并不能很好地进行解释。

如本教材第6章所阐述的，投资者在投资过程中，会将每一项投资都置于不同的独立心理账户，希望每一个心理账户都要"至少打平"（Break Even），而不是通盘考虑整体的盈亏。如图11-7所示，根据我们的调查，对于如下问题，"两只股票初始投资额相同，你更喜欢哪种情况？"有70.83%选择"每只股票盈利10%"，只有18.18%选择"一只盈利40%，一只亏损20%"。但实际上，从整体角度，两种情况是没有差异的。

在这种情况下，当某个投资心理账户处于亏损状态时，投资者是很难将其关闭的，不仅仅是因为避免损失，还因为投资者认为要是卖出那就是彻底赔了。因此，在遭遇投资损失时，说服自己改变投资策略最好的办法是"转移资产，而非认输"，即并不关闭这项心理账户，而是吐故纳新，是将新的更优的资产注入这个账户。

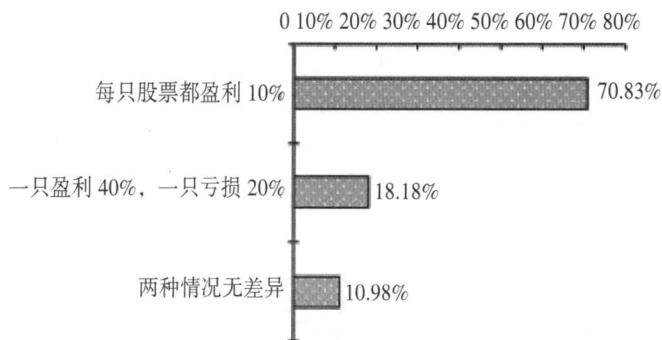

图11-7 "至少打平"心理的影响

可见，从心理账户角度，投资者会选择售盈持亏。

3.面子问题

现实生活中，<u>很多人投资的目标并不是单纯为了获得收益，还包括面子问题，它包括寻找自豪感和避免后悔两方面。</u>一些投资者在投资的股票价格上涨后，会选择立即变现，然后到处和别人说自己赚到了多少钱，以寻找自豪感；而在赔钱的时候则认为，在清仓结算之前亏损再多也不能算是真正的损失，如果卖出就会感觉特别痛苦，会担心失去以后的良机。如图11-8所示，根据我们的调查，如果投资股票亏损了50%，不到10%的人会告诉较多人；但若盈利100%，超过1/4的人会告诉较多人。两者差别的原因，就在于寻找自豪感。

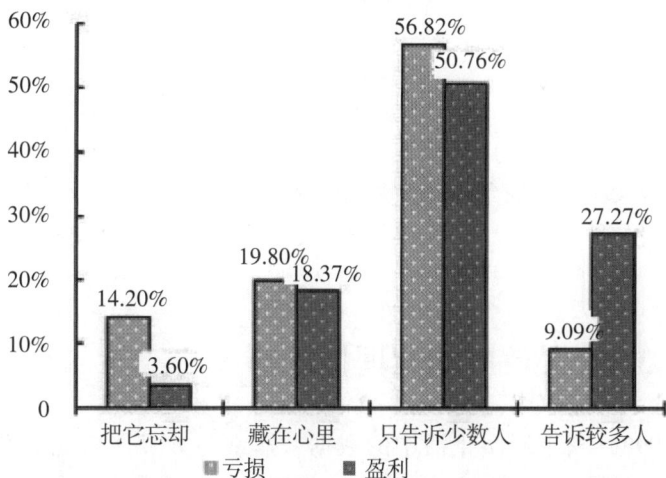

图11-8 寻找自豪感对投资者的影响

因此，当人们遭遇投资亏损时，哪怕亏损额很小，也会极为后悔，而不是用长远的眼光和平和的心态来看待。面对这些亏损时，人们通常感到非常难过。所以，投资者延迟或者不卖出下跌的股票是不想看到已经亏损这一事实，从而避免至少是延缓后悔的情感。

可见，从面子问题角度考虑，投资者会选择售盈持亏。

4.自我控制

某种程度上，一个人是由两个"我"组成的：一个是理性的计划者，另一个是感性的行动者。每天都有两个"我"在斗争，但理性的计划者往往不如感性的行动者强大，所以斗争的结果往往是感性的行动者胜利。自控能力和处置效应是负相关的，有时候投资者也知道处置效应不是件好事情。"感性的行动者"在面对盈利时，往往是急不可待；在面对亏损时，往往是一拖再拖。

可见，从自我控制（Self Control）角度，投资者会选择售盈持亏。

11.2.3 处置效应两种解释范式的对比

如图11-9所示，售盈持亏的处置效应现象的确存在，但对它的解释有两条路径：路径1是行为金融范式，认为主要是由于前景理论、心理账户、面子问题和自我控制等因素导致了处置效应；路径2是传统金融范式，认为主要是由于价格反转现象、降低交易成本、平衡投资组合和资本利得避税等因素导致了处置效应。

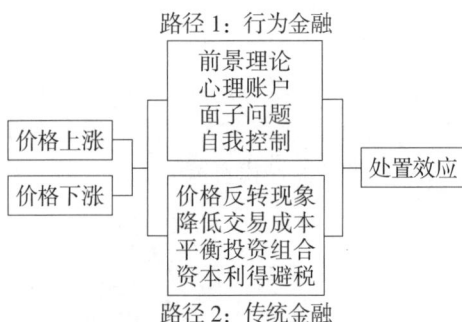

图11-9　处置效应两种解释范式的对比

从以上分析大家可以发现，对于处置效应，传统金融学和行为金融学在理论上都给出了看来很合理的解释，但关键问题是，到底哪一个路径更符合现实、占据主导地位。

11.3 处置效应的非理性证明

Odean（1998）利用现实生活中的数据，非常巧妙又严格地证实了在图11-9中，主导路径是路径1，即从行为金融范式来解释处置效应更加合理。

11.3.1 处置效应存在的广泛性

1.研究思路

Odean（1998）采用的数据是1987年1月至1993年12月的7年间，从某个交易所随机抽取的10 000个账户的共计162 948笔交易。在剔除这些股票交易中上涨的趋势后，Odean设定了两个指标：实盈变现比（Proportion of Gains Realized，PGR）

和实亏变现比（Proportion of Losses Realized，PLR）。

盈利分为实盈和浮盈，实盈是指交易变现以后实际的盈利；浮盈是指交易还没有变现，只是账面上的盈利。同理，亏损分为实亏和浮亏，实亏是指交易变现以后实际的亏损；浮亏是指交易还没有变现，只是账面上的亏损。

实盈变现比，是指实际的盈利与所有盈利（实际的盈利与账面的盈利之和）之比，即 PGR=实盈÷（实盈+浮盈），是衡量投资者变现盈利的比率；实亏变现比，是指实际的亏损与所有亏损（实际的亏损与账面的亏损之和）之比，即 PLR=实亏÷（实亏+浮亏），是衡量投资者实亏变现的比率。根据这两个比率，大家可以判断出，如果实盈变现比 PGR 大于实亏变现比 PLR，那就说明存在处置效应。道理在于，如果投资者没有处置效应的话，那么在进行股票交易的过程中，实盈变现比 PGR 和实亏变现比 PLR 应该是相等的。如果实盈变现比 PGR 大于实亏变现比 PLR，就说明如果投资者在盈利的情况下倾向于变现，在亏损的情况下更倾向于持有，从而说明存在处置效应，即售盈持亏。当然，如果实盈变现比 PGR 小于实亏变现比 PLR，那就说明存在"反处置效应"，即售亏持盈。

2.不同时期的一致性

首先，Odean 将数据分成两个时段，分别是1987—1990年和1991—1993年。如图11-10所示，虽然程度上略有差别，但在这两个时间段里，不论是20世纪80年代还是90年代，都存在显著的处置效应。

3.不同交易者的一致性

接下来，Odean 将交易者分为两类，分别是频繁交易者和不频繁的间或交易者。如图11-11所示，同样，虽然程度上略有差别，但在这两类人群中，不论是频繁交易者还是间或交易者，都存在显著的处置效应。

11.3.2 传统金融理论解释的不足

1.价格反转现象解释的不成立

首先，判断处置效应究竟是理性的还是不理性的依据是是否盈利。如图11-12所示，对于投资者变现的盈利股票，未来4个月、一年甚至两年后，价格继续上涨，如果投资者选择不变现而是持有的话，两年以后的收益率为6.5%；对于投资者持有的亏损股票，未来4个月和1年后，价格继续下降，两年后虽然有所上涨，但投资者因持有这些亏损股票，收益率仅为2.9%，比变现的盈利股票要低3.6个百分点。

这意味着，样本中的股票交易并没有发生如投资者所想象的反转效应，而表现为动量效应，即变现卖出的那些盈利股票在未来表现依旧良好，而继续持有的那些亏损股票在未来虽然会有一定的反弹，但与前者相比，明显不足（正如本章引例中"抱残守缺"的事例），并且随着时间的推移，两者的差距越来越大。

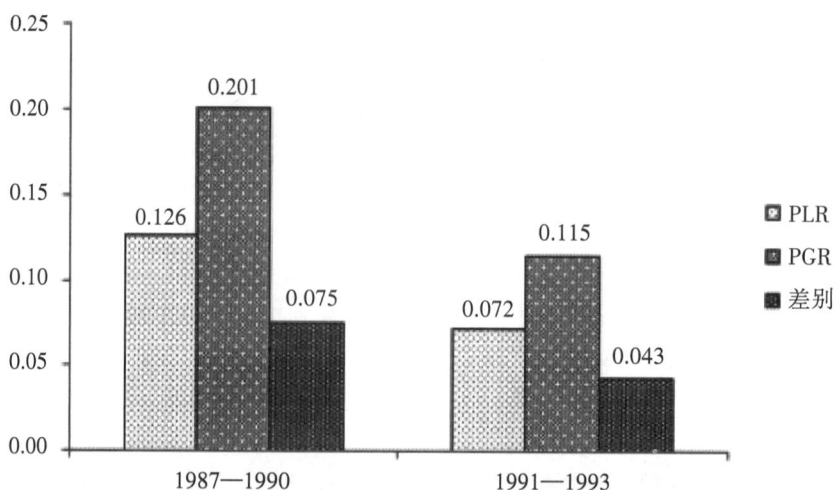

图11-10　不同时期实盈变现比PGR与实亏变现比PLR的对比

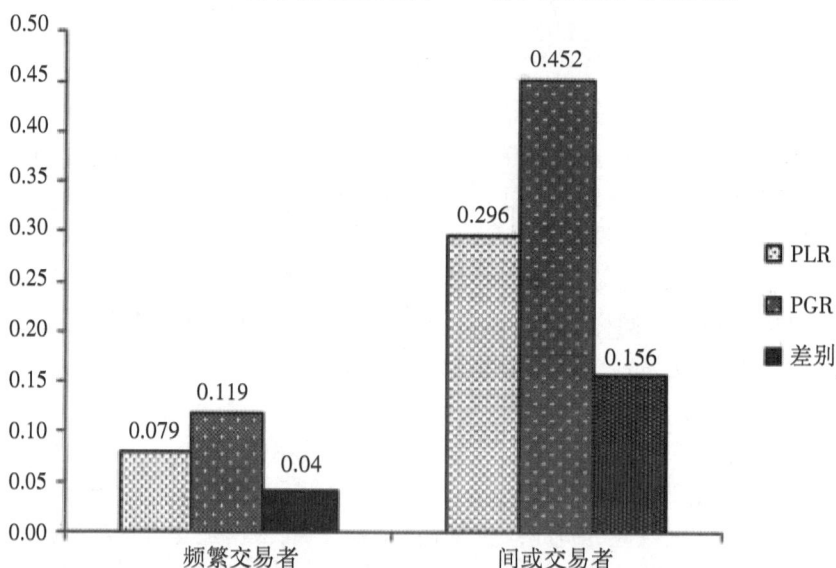

图11-11　不同类型交易者实盈变现比PGR与实亏变现比PLR的对比

这说明，从价格反转现象角度来解释处置效应是不成立的。

2.降低交易成本解释的不成立

如果人们为了节约交易成本而表现出处置效应，如下推断就成立：在相同收益率的情况下，价格越高的股票，实盈变现比PGR与实亏变现比PLR的差就越大。Odean根据股票收益率的绝对值分为四类，标准分别是15%以内、15%～30%、30%～50%和50%以上，如图11-13所示，实际结果刚好与之相反。

这说明，从降低交易成本角度来解释处置效应是不成立的。

3.资本利得避税解释的不完善

如图11-14所示，从整体来看，实盈变现比PGR显著高于实亏变现比PLR，特

图11-12 售盈或持亏股票的未来收益情况对比

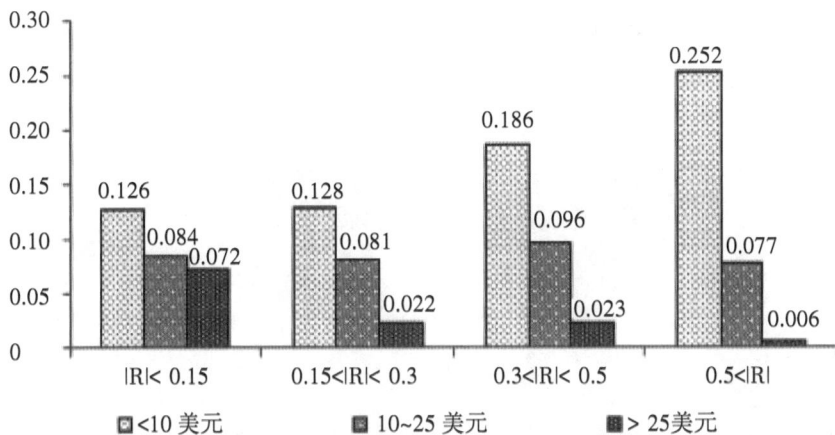

图11-13 不同股票收益率的实盈变现比PGR与实亏变现比PLR的差异

别是在1至11月，这一差异更为明显。不过在每年的12月，实盈变现比PGR则低于实亏变现比PLR。这说明处置效应的确存在，但是在12月份相反，的确会因为避税动机而出现特殊情况。

但是，资本利得避税动机如果比较强烈，那么实盈变现比PGR应当远远低于实亏变现比PLR，不过如图11-14所示，在12月，两者差异并不大，远小于其他月份的差异，背后的原因是处置效应抵消了很大一部分资本利得避税动机。

这说明，从资本利得避税角度来解释处置效应是不完善的。

4.平衡投资组合解释的不完善

有部分投资者在进行一笔交易后很短时间内就会再进行交易，也有部分投资者要间隔一段时间再进行交易。Odean考察了一笔交易之后至少与下一笔交易间隔3周的情况，结果如图11-15所示，同样，除了12月以外，其他月份实盈变现比PGR都明显高于实亏变现比PLR。

图11-14 实盈变现比PGR与实亏变现比PLR在不同月份的差异对比

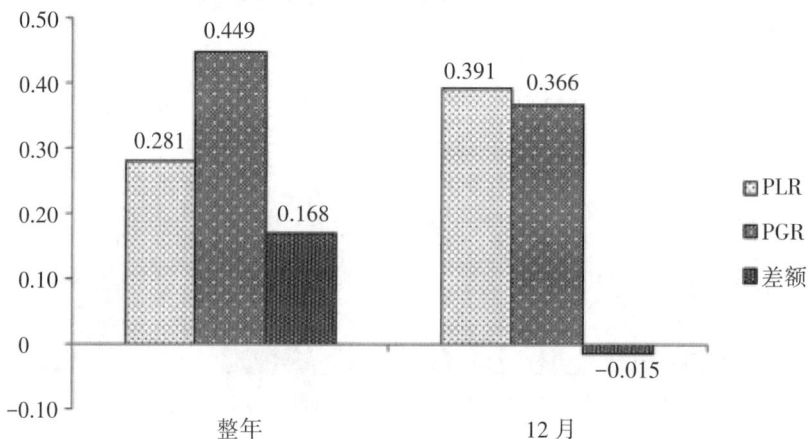

图11-15 剔除平衡投资组合后的实盈变现比PGR与实亏变现比PLR的差异对比

如果投资者产生处置效应的原因主要是为了平衡投资组合，那么如前文所述，投资者在售出盈利股票后，要在很短的时间内就买进亏损股票。而本部分研究的是盈亏情况只在售出日或接下来的3周内没有新购买的投资组合时才被计算，但是结果仍然表现出明显的处置效应。

这说明，从平衡投资组合角度来解释处置效应是不完善的。

11.3.3 处置效应的非理性

通过总结，大家可以发现：（1）人们普遍存在售盈持亏偏好，即处置效应。（2）基于传统金融理论的四项解释——价格反转现象、降低交易成本、资本利得避税和平衡投资组合，都是不成立或者不完善的。既然两条路径中的路径2不成立，那么路径1必然成立。这样，Odean就非常巧妙又严谨地证实了处置效应是非理性的。

至此，大家会发现，高手的论证方法并不是靠华丽的辞藻来粉饰的，靠的是事实胜于雄辩。

11.4 处置效应的后果

11.4.1 处置效应对股市的影响

在存在处置效应的情况下，股市会表现为量价齐升或齐降，即股票交易量与股票涨幅呈正相关关系。在股票市场处于牛市的时候，股票的交易量会比较大；反过来，在股票市场处于熊市的时候，股票的交易量会很小。

处置效应的好处是，可以防止股市的大起大落。这是因为，在股市上涨的时候，受处置效应的售盈心理影响，此时大家更倾向于卖掉股票，市场中股票供给增加了，就会导致其价格下降，至少是上升的程度会有所缓解；相反，当股市下跌的时候，受处置效应的持亏心理影响，此时大家更倾向于持有股票，市场中股票供给减少，就会导致其价格上升，至少是下降的程度会有所缓解。

处置效应的弊端是，会延缓价格反映信息的时间。在理想状态下，一个有效的市场应该及时、准确、完整地反映信息。但是由于处置效应，价格没有及时地反映信息，市场有效性的程度就很可能大大降低。

11.4.2 处置效应对交易者的意义

处置效应对交易者的意义很大：第一，投资者要学会及时变现止损，虽然这个行为很痛苦，汉语非常形象地称其为"割肉"，但是投资者也要学会控制自己的情绪和行为。本章引例中歌曲《死了都不卖》那样的心态，是万万要不得的。第二，投资者可以利用规则合理避税。虽然当前中国还不存在这种情况，但类似税制未来实施的可能性非常大，大家可以未雨绸缪。第三，投资者要学会战胜自我。其实不仅是学习理论知识，做任何事情，最大的敌人不是对手，而是自己，或者说是"感性的行动者"。第四，合理运用程序化自动交易。只要是人，就有感情，就容易犯错误。比如，投资者预设的止损点为-20%，但当价格真正跌到了那个点位时，可能就会不由自主地想"万一会反弹呢"，结果再等一等损失就可能变成了-30%；相反，如果运用程序化自动交易，当损失达到-20%时，系统就直接清仓。

目前，人工智能已广泛应用到股票交易当中。例如，宁波幻方量化投资管理合伙企业（简称"幻方量化"）成立于2016年2月，为国内首家管理规模超千亿的量化私募机构。与DeepSeek一样，其创始人都是梁文锋及其团队。2016年10月21日，第一份由深度学习生成的交易仓位上线执行，至2017年底，公司几乎所有的量化策略都已经采用AI模型计算。2019年，公司研发出"萤火一号"，次年投入使用，2021年公司推出"萤火二号"。公司利用AI技术，通过神经网络处理海量数据、建立自然语言理解、分析金融经济行为，连续多年取得出色的业绩。2016年，公司管理资金规模十亿元，2019年突破百亿，2021年年中突破千亿。不过从2021年9月开始，幻方量化出现收益大幅回撤情况，2022年和2023年公司产品平均收益率分别为 0.38% 和 4.46%，相对此前表现有所下降，但高于 A 股大盘表现。

法国数学家拉普拉斯曾提出一个猜想："如果一个智者能知道某一刻所有自然运动的力和所有自然构成的物件的位置，假如他也能够对这些数据进行分析，那宇宙里最大的物体到最小的粒子的运动都会包含在一条简单公式中。对于这智者来说没有事物会是含糊的，而未来只会像过去般出现在他面前。"这一智者又被后世称为"拉普拉斯小妖"。同样是他，当拿破仑对他的行政能力表示失望时，他的回复是："陛下，在科学研究中，我们至少可以预测事物的运动，而在政治中，情况往往变得更加复杂和难以预测。"实际上，即使在科学研究中，仍然存在许多无解问题，其中最著名的就是"三体运动"。因此，人工智能的确可以避免投资者的各种非理性决策，但是否会胜于人脑，我们目前持否定观点。

11.4.3　处置效应的另一种可能解释

习得无助（Learned Helplessness）是指通过学习形成的一种对现实的无望和无可奈何的心理状态。它与本教材第 8 章所讲的控制幻觉刚好相反，具体表现为人们在连续不断地受到挫折后，便会感觉自己对一切都无能为力了，丧失了信心，陷入一种无助的状态中，会放弃所有的努力。比如足球比赛，某支球队已经被对手踢进 5 个球了，大比分落后，此时往往会放弃比赛，结果很有可能再被进几个球。

当股票价格长期下降时，投资者会陷入习得无助状态，感觉不管采取何种措施，也不会取得回报，于是就会不采取任何措施，这也会产生处置效应。

11.5　中国投资者处置效应的情况

本章引例中的股票歌《死了都不卖》，是由上海散户股民龚凯杰在 2007 年根据歌曲《死了都要爱》填词所作，淋漓尽致地体现了中国部分投资者的处置效应心理，即使亏损极大也不卖出亏损的股票，仍然相信股票终究有未来。

11.5.1　量价同步的股市

量价同步，是指股票市场的交易量与价格保持同步的现象。我们总结并计算了中国股市在 21 世纪初两个牛市期间的每月日均收盘价和每月日均成交额，时段分别是 2007 年 1 月至 2008 年 10 月和 2014 年 7 月至 2016 年 1 月，结果如图 11-16 所示。

如图 11-16 所示，在两个牛市期间，不管是每月日均收盘价还是每月日均成交额，都呈倒 U 形，中国股票市场都表现出了明显的量价同步状况，这在一定程度上说明了处置效应的显著性。

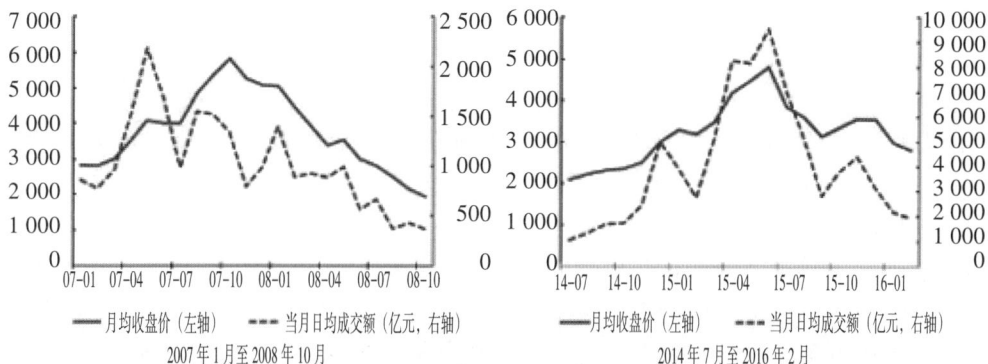

图11-16　上海证券交易所牛市期间每月日均收盘价和每月日均成交额的关系

2018年1月至2024年12月，上证指数基本在2 500至3 500点之间波动，如图11-17所示，上海证券交易所每月日均收盘价与每月日均成交额，同样呈现量价同步的状况。

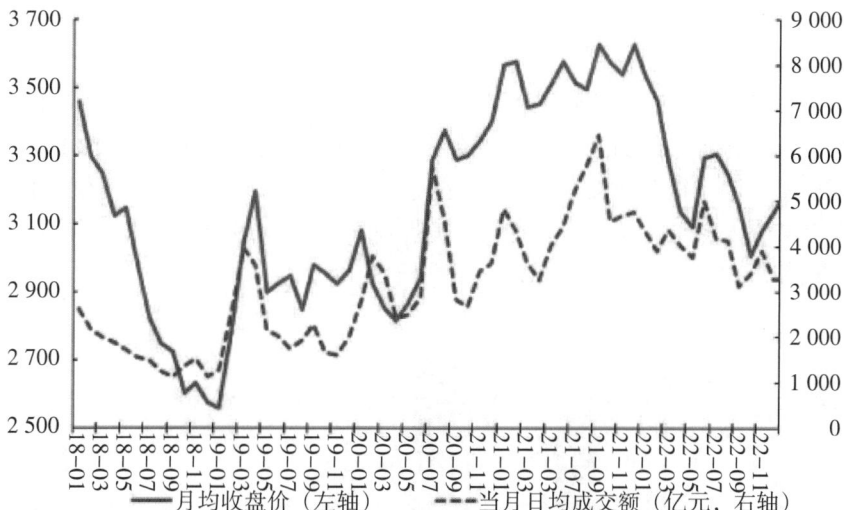

图11-17　2018年1月至2024年12月上海证券交易所每月日均收盘价和每月日均成交额的关系

11.5.2　中国股市处置效应的程度

1. 中国股市处置效应更显著

赵学军与王永宏对中国股市处置效应进行了首次实证分析。①两位作者收集了某证券公司营业部1998年1月至2000年12月的全部交易数据，账户数目达9 748个，交易记录总数为1 216 886条。两位作者研究发现，实盈实现比是实亏实现比的两倍，中国股市处置效应很明显。另外，相对于国外股市，中国股票市场各月份之间的处置效应没有显著变化，原因在于此时中国还不征收资本利税税。因此，不管是中国股市还是美国股市，都存在处置效应，但是中国投资者的处置效应更加显

---

①　赵学军，王永宏. 中国股市"处置效应"的实证分析 [J]. 金融研究，2001（7）：92-97.

著，表现更加不理性。

肖琳、赵大萍和房勇以某大型券商2014年11月至2016年10月的30 512个账户共3 239 305条交易记录为样本，检验了中国融资融券业务的处置效应。[①]他们发现，融资融券市场整体上存在显著的处置效应；就个体层面而言，性别、年龄、投资水平均能影响投资者处置效应的强度。与此前研究不同，此文发现，相对于男性，女性投资者的处置效应更为强烈。青年、中年、老年投资者三组的处置效应程度呈U形，投资水平越高的投资者处置效应程度越低。

陆蓉、李金龙和陈实（2022）[②]以某大型券商2011年1月4日至2017年12月29日的14.76万个A股账户从建仓到第一次卖出股票约2 687.21万条数据为样本，对投资者的出售行为进行画像。他们发现，个人投资者普遍存在售盈持亏的处置效应，持股时间越短，处置效应越明显。持股时间在2至5天，实盈变现比PGR和实亏变现比PLR分别为33.09%和17.55%，两者差值为15.54%；持股时间在6至20天，则分别为13.94%和4.88%，差值为9.06%。

2.面子问题很重要

为什么中国股市的处置效应更加显著？一个重要原因是面子问题。中国人相对于外国人，更注重面子。例如，根据我们的调查，如图11-18所示，合计有60.61%的学生认为自己的面子"极为重要"或"比较重要"，有96.02%的同学认为在中国面子问题"极为重要"或"比较重要"。卖出亏损的股票，不仅是损失了金钱，如果被别人知道，还会丢了面子，一举两失；而卖出盈利的股票，不仅获得了金钱，被别人知道，还挣了面子，一举两得。

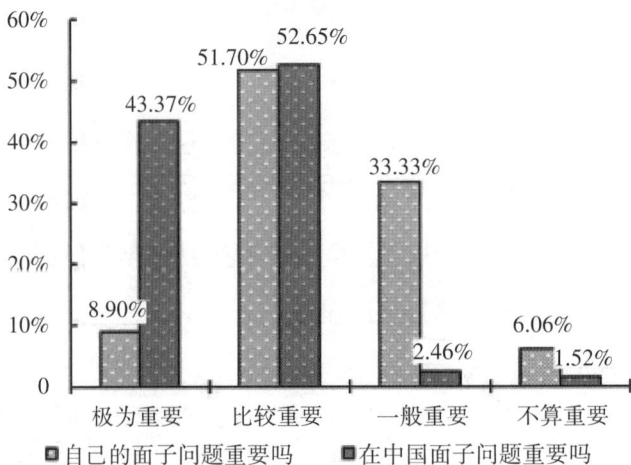

图11-18 面子问题的重要性

① 肖琳，赵大萍，房勇. 中国融资融券业务处置效应的实证分析［J］. 中国管理科学，2018，26（9）：41-51.
② 陆蓉，李金龙，陈实. 中国投资者的股票出售行为画像——处置效应研究新进展［J］. 管理世界，2022，38（3）：59-78.

期货传奇故事

【思政元素】及时止损，让盈利增长。

一些投资者起初获得收益时，当市场走势转而下行，往往会想当然地认为市场会很快反转，一直持有投资品，结果遭受很大损失。例如，2007年8月，湖北武汉一位退休女教师万某以5万元起步，重仓投资豆油期货。此后半年间，豆油价格猛涨。如图11-19所示，2008年2月29日，其账户浮盈突破1 000万元，3月4日一度突破2 000万元。当天豆油期货经历了涨停到跌停，因保证金不足，她的账户被部分强行平仓。此时如果平仓，仍将获利数百万元，但她选择了坚持。3月7日和10日两天，豆油期货再度暴跌，因仓位过重，万某此前的巨额账面盈利大幅减少。3月11日，虽然当天豆油期货上涨，但因没有能力追加保证金，她仅存的300手合约被强行平仓，资金重新回到5万元。

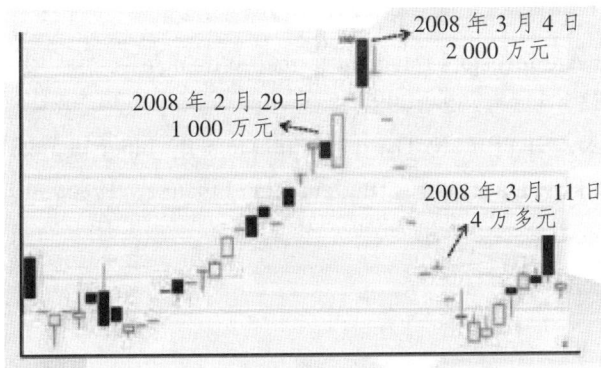

图11-19 万某投资豆油期货的大起大落

一个可以参考的做法是，"止住亏损，让盈利增长（Cut the Short, Let Profit Grow）"。比如，预先设置一个止损点为20%，如果投资品价格下降至止损点，就立即平仓止损；反之则一直持有。

资料来源：期市短线交易员公众号.期货传奇故事之万群［EB/OL］.［2021-08-19］. https：//baijiahao.baidu.com/s? id=1708497640692125260&wfr=spider&for=pc.

本章小结 ☑ - ●

处置效应是指投资者更愿意卖出盈利的股票，而继续持有亏损的股票。普通投资者和基金投资者都普遍存在处置效应。

传统金融学理论根据价格反转效应、降低交易成本、资本利得避税和平衡投资组合等因素对处置效应进行了解释，但这些解释存在缺陷。

行为金融学理论根据前景理论、心理账户、面子问题和自我控制等因素对处置效应进行了解释。这些解释优于传统金融学的解释。

实盈变现比是指实际盈利与所有盈利（实际盈利与账面盈利之和）之比，实亏变现比是指实际亏损与所有亏损（实际亏损与账面亏损之和）之比。实盈变现比高于实亏变现比时，意味着如果投资者存在处置效应，并且实盈变现比相对实亏变现比越高，处置效应越显著。

处置效应会导致股市表现为量价齐升或齐降。其好处是可以防止股市的大起大落，弊端是会延缓价格反映信息的时间。

处置效应会给投资者带来损失，是不理性的行为。因此，投资者应当避免处置效应，要能够及时止损，利用规则合理避税，要学会战胜自我，使用程序化自动交易。

中国投资者处置效应相对更加显著，背后一个重要原因是面子问题在中国社会文化中意义较大。

推荐阅读

［1］ODEAN. Are investors reluctant to realize their losses？ ［J］. The Journal of Finance，1998，53（5）：1775-1798.

［2］SHEFRIN，STATMAN. The disposition to sell winners too early and ride losers too long：theory and Evidence ［J］. The Journal of Finance，1985，40（3）：777-790.

［3］赵学军，王永宏. 中国股市"处置效应"的实证分析 ［J］. 金融研究，2001（7）：92-97.

［4］马克斯. 投资最重要的事 ［M］. 李莉，石继志，译. 北京：中信出版社，2019.

第12章 过度交易

【学习目标】 本教材第11章讲述了投资者不理性的处置效应现象，本章将讲述在投资者身上另一种更常见和后果更严重的不理性投资行为，即过度交易。通过本章的学习，读者应当掌握过度交易的含义；熟悉过度交易与处置效应的关系；了解证券投资的各项交易费用以及过度交易的代价；熟悉导致过度交易产生的各项环境因素和个人因素；掌握评判过度交易的标准；熟悉曲解和错估的含义以及人们错误判断信息的3种情况；掌握过度交易的非理性证明的思路；熟悉传统金融学根据平衡投资组合和其他因素对于过度的解释以及这些解释的缺陷之处；掌握行为金融学理论对过度交易的解释及优势；熟悉男性因过度自信进行过度交易导致损失更高的原因以及女性管理家庭财产的意义；了解中国投资者过度交易的现象；了解在历次牛市过程中散户亏损而他人获益的现象。

【关键概念】 过度交易；适度交易；不足交易；曲解；错估；掐尖落钞；择股错误；择时错误；证券交易费用。

引例

【传统文化】

掐尖落钞

我那伯伯与我二百两钞，我那伯娘当住，则与我一百两钞，着我那姐夫张郎与我，他从来有些掐尖落钞，我数一数。六十两、七十两、八十两，则八十两钞。

——元·武汉臣《散家财天赐老生儿·楔子》

【现实事例】

2015年中国股票市场的获利者

2015年，中国股票市场行情跌宕起伏，上证指数从年初的3 350.52点一路攀升至6月8日的5 131.88点。随后，股票市场行情急转直下，8月26日，上证指数收于2 927.28点，年底最终以3 539.18点收盘。2015年A股市场股票交易额达到255.2万亿元，超过2010年至2014年的4年交易额的总和。

根据凤凰财经计算，从表面上看，投资者人均浮盈15.9万元，但实际上大部分中小投资者因追涨买入而损失惨重，亏损10%以上的投资者占45.92%，亏损20%以上的投资者占39.28%；而盈利超过10%的投资者占25.70%，盈利超过20%的投资者占21.70%。

与此同时，虽然上市公司现金分红总额为8 327.5亿元，创历史新高，但同年A股上市公司股票筹资总额为1.54万亿元，股票印花税为2 553亿元，大股东减持4 566亿元，券商佣金2 448亿元，四项合计2.50万亿元，超出分红总额1.66万亿元。

12.1 过度交易简介

12.1.1 过度交易的含义

<u>过度交易（Over Trade），是指投资者进行的非理性频繁交易和重仓交易，这类交易会使其遭受很大的损失。</u>在没有交易费用的理想状态下，投资者觉得只要交易次数足够多，经过不断地尝试，按照大数法则，就一定能抓住成功的机会，交易的频率越大，成功的概率也越高，因此，投资者就会持续不断地交易。然而，现实的情况是，投资交易要向各类组织或机构支付手续费、佣金和印花税等显性成本，同时还要花费时间和精力等隐性成本。因此，正如本章引例中"掐尖落钞"的故事一样，投资者的交易越频繁，付出的机会成本（包括显性成本和隐性成本）就越高，就越可能在频繁的交易中遭受巨额损失。

大家在电视上经常会看见这样的情节：一只猎豹为了狩猎羚羊可以蹲守几个小时，一旦找到机会就会将其一击致命；反之，如果时机不成熟而多次盲目出击，那么不仅猎豹的体力会消耗殆尽，羚羊也会时刻处于警惕状态，狩猎难度会大大增加。

12.1.2 过度交易与处置效应的关系

1.过度交易与处置效应的异同

过度交易和处置效应都是投资者非理性的行为，会令其蒙受损失，这是两者的相同之处。两者的区别在于：处置效应，是指交易"方向"的非理性，投资者及早变现盈利的股票，而长期持有亏损的股票；过度交易，是指交易"规模"的非理性，投资者进行过量的交易而支付了过高的交易费用。

2.过度交易与处置效应的交织

需要强调的是，过度交易和处置效应往往交织在一起，下列事例就显示了这一现象。

某期货公司风控总监发现：（1）所有止盈的交易，如果不平，有91.3%的概率2周内盈利更高。（2）所有止损的交易，如果不平，有98.8%的概率2周内扭亏为盈。（3）从投资收益与交易频率的关系来看，如图12-1所示，交易越频繁，收益率越低。平均每天交易10次以上的投资者，3年平均收益率是-79.20%，但随着交易频率的下降，收益逐步上升，平均每10天交易1次的投资者，3年平均收益率高达59%。（4）所有客户收益率近似正态分布，但是很遗憾，均值是-14%。（5）在盈利客户中，85.2%的盈利来自5笔交易，这5笔交易的特点是持有日期在2个月左右，且为单边市场。

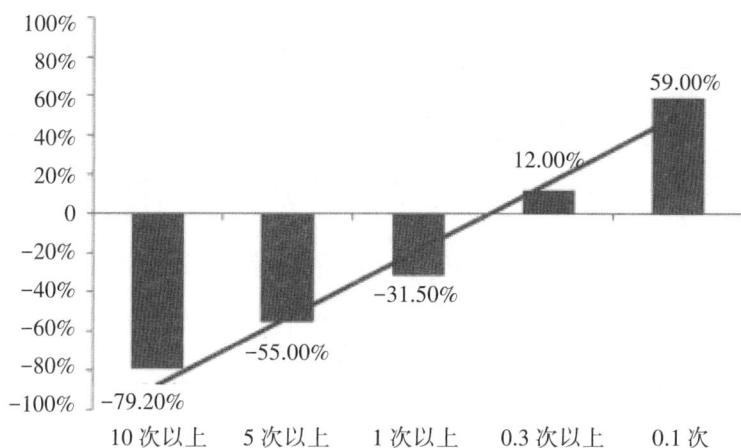

图12-1　期货投资中的收益与交易频率的关系

从上述事例可以看到，发现（1）体现了投资者的处置效应，即止盈的交易如果继续持有，盈利会更高。不过，发现（2）与第11章的结论相反，即持亏反而是理性的。发现（3）体现了投资者的过度交易，投资者交易越频繁，支付给期货机构的交易费用就越高，就越可能亏损。发现（4）体现了处置效应和过度交易共同交织的结果。期货属于零和甚至负和博弈，交易亏损方的亏损部分，部分由交易盈利方获得，部分由期货机构获得。因此，由于期货机构"掐尖落钞"的行为，投资者整体上是亏损的。可见，对一般人来说，进入期货市场本身就是错误的行为；而如果进入期货市场，进行频繁的交易，基本上都会亏损，就是错上加错！发现（5）为投资者提供了一个可能的获利方法：如果投资者进入期货市场，并且想盈利的话，就应该长线投资，耐心等待机会。投资者不能总期望低吸高抛，短线交易，靠直觉是不管用的，了解现实世界不能光靠主观意愿。

12.1.3　过度交易产生的原因

过度交易产生的原因可分为环境因素和个人因素。

1.环境因素

环境因素又可分为如下几点：

第一，代理问题。为了获得更高的佣金，证券公司往往会向投资者发布各类消息，促使投资者频繁交易。

第二，市场炒作。俗话说"无散户，不盈利"。一些投资者会利用散户的非理性，炒作一些虚妄的概念而从中获利，结果就是散户投资亏损。

　　　　　　　　　　　　　第12章　过度交易

第三，羊群效应。2015年中国股票市场经历了牛市与熊市的转换，我们曾对大学生炒股情况进行调查，结果发现，如果一个宿舍中有人投资股票，同宿舍其他人就会跟着一起加入炒股行列，这就是羊群效应的体现。

2.个人因素

第一，追求交易刺激。如本教材第11章所讲的，不少投资者投资股票不仅仅是为了赚钱，还有面子问题和追求刺激。

第二，沉没成本误区。如本教材第7章所讲的，投资者有"在哪里跌倒就在哪里爬起来"的心态，相信坚持到底就是胜利。

第三，频繁短线投机。在现实生活中，投资者得到一个"自以为"的利好消息就会迅速买入股票，得到"自以为"的利空消息就会迅速卖出股票，从而进行了不理智的短线投资。

第四，熊市"羊群踩踏"。投资者最初没有设置止损位，在股票行情刚刚下跌时并不抛出，而是等待其上涨获利。但是，本教材第13章将会讲到，熊市来临要比牛市快得多，就好比"病来如山倒"。当熊市真的来临，投资者因绝望而又纷纷排队卖出股票，就很容易发生"羊群踩踏"事件。

环境因素和个人因素相互交织，共同导致了投资者的过度交易。本教材第10章介绍过生肖概念股炒作，这里再介绍数次美国总统选举结果对一些A股个股的影响，如图12-2所示。2016年11月9日，特朗普（又译为"川普"）获胜，与他名字相近的川大智胜（002253.SZ）当日上涨6.35%；希拉里落败，与她名字相近的西仪股份（002265.SZ，2025年更名为"建设工业"）跌停。2024年11月6日，特朗普获胜，川大智胜当日涨停；哈里斯落败，与她名字相近的哈尔斯（002615.SZ）下跌7.14%。川大智胜是一家软件公司，流通股数量2.08亿股；西仪股份是一家制造业公司，流通股数量4.03亿股；哈尔斯主营业务是真空器皿，流通股数量3.07亿股。这些股票都是小盘股，与太平洋东岸的美国总统候选人胜负也都没有任何关系，但因为市场炒作，导致这些股票行情大幅异动。实际上，一些投资者也怀疑消息的准确性，甚至也明知道两者没有什么关系，但仍然担心不交易会错过机会，从而进行了不理智的短线投资。

12.1.4　最理性的投资策略

视频12

过度交易
简介

在市场有效且存在交易费用的情况下，最好的投资策略是购买后长期持有，充分利用市场发现价格和调整价格的力量来获利。正如本杰明·格雷厄姆（Benjamin Graham）所讲的，"投资者的主要问题，乃至最大的敌人，可能就是投资者自己"。

因此，对于投资者来说，最重要的就是养成一个好习惯，要学会"呆若木鸡"，没有机会时一动不动，一旦抓住机会就要"动如脱兔"，绝不放过。

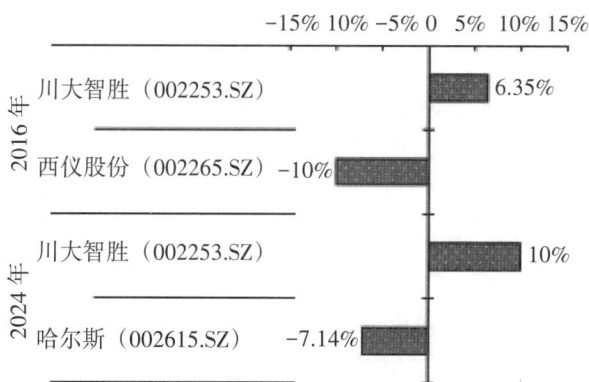

图12-2　美国总统选举结果导致一些A股股价异动

12.2 过度交易的评判

12.2.1 过度交易的评判思路

过度交易，是指投资者的交易过于频繁，超过了正常的规模数量。但问题是，什么样的交易量才算过度交易量，或者说什么样的交易量才算是正常交易量？

对于这一问题，Odean（1999）指出，在市场存在交易费用并且完全有效的情况下，证券价格趋势不可预测并且只要发生交易就会有费用，因此就不应该发生任何交易。在这种情况下，正常交易量就是零，任何交易都是过度交易。反之，如果市场没有交易费用，任何交易量都是合理的，也即正常交易量为无穷大。因此，他认为，用交易量本身来衡量是否过度交易是不合理的。

Odean进一步指出，研究这个问题的方法应当直奔主题，首先要明确投资者进行交易的目的是盈利。因此，应当根据交易的结果而不是交易的数量来判断交易量是正常还是过度。**如果交易是亏损的，就是过度交易**，哪怕交易额只有1元钱也是过度交易；**如果交易是盈利的，就是正常交易**，哪怕达到1亿元也是正常交易。

12.2.2 错误判断信息的分类

1.曲解与错估

错误判断信息的类型分为曲解和错估。

曲解（Misinterpret），是指人们对于信息在"质"的方面的错误判断，强调的是错误地预测信息"方向"。比如一个好消息被错误地判断为坏消息，或者一个坏消息被错误地判断为好消息。信息的方向预测错了，就是在"质"的方面错误判断。

错估（Misjudge），是指人们对于信息在"量"的方面的错误判断，强调的是错误地预测信息"程度"。比如一个利好消息本来能够使股票上涨20%，但是被错误地判断为能够使股票上涨40%，或者被错误地判断为只能使股票上涨10%。

需要再次强调，曲解和错估是不同层次的信息误判。前者是对信息"方向"上的错误判断；后者是对信息"程度"上的错误判断，即方向是对的，程度是错的，因此曲解的危害程度比错误更强。

2.判断信息的3种情况

根据上述标准，人们对信息的判断分为如下三类：

第一，完全曲解。它是指对信息的方向判断错误，那么整体判断就是错误的。同时，因为方向判断错了，也就谈不上对量的判断。这是最差的情况。

第二，正解但错估。它是指对信息的方向判断正确但是对程度判断错误。这是居中的情况。

第三，正解且对估。它是指对信息方向和程度都判断正确，这是最优的情况。

12.2.3 过度交易的判断标准

如图12-3所示，对应以上投资者判断信息的3种情况，可以得出过度交易的判断标准。

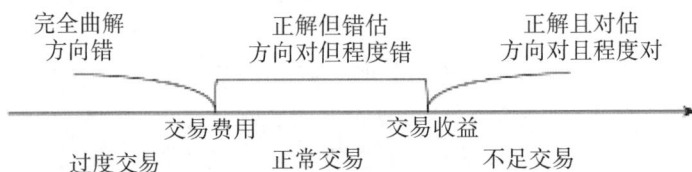

图12-3 错误判断信息的3种情况

第一，如果是完全曲解，即对于信息的方向判断错误，那么交易肯定会带来不利的结果，此时哪怕只有一笔交易，也是过度交易。

第二，如果是正解但错估，即对信息的方向判断正确，把好消息判断为好消息，把坏消息判断为坏消息，但是程度判断错误。交易收益应当大于零，但有个上限阈值。如果交易量接近于零，投资者没有获得应当获得的收益，就是不足交易；交易量超过这个阈值，就是过度交易；如果投资者的交易收益大于交易费用，对应的交易量就是正常交易。

第三，如果是正解且对估，即对于信息的方向和程度都判断正确，只要交易收益大于交易费用，那么交易量应当为无穷大。原因在于交易的目的是盈利，既然方向和程度均判断正确，且交易收益大于交易费用，投资者就应当无限地进行交易。不管交易量有多大，都是不足交易。

在现实生活中，第三种情况发生不多，更多的是第一种或第二种情况。特别地，对于散户来说，对信息判断完全曲解的情况居多。

12.3 过度交易的非理性证明

12.3.1 过度交易的普遍性

Odean（1999）利用了与第8章相同的数据，证实了过度交易的非理性。

这里说明一个概念，"<u>掐尖落钞</u>"，<u>是指零售经纪人通过促使投资者过度交易以收取更多佣金来为自己获利的行为</u>。证券经纪人可分为折扣经纪人和零售经纪人，前者只是为投资者提供一个交易平台，提供的服务很少，佣金也低，因此"掐尖落钞"行为比较少。

1.总体情况

Odean（1999）分析了投资者的整体情况，结果发现，买入股票的收益要低于卖出股票的收益，如图12-4所示。从机会成本角度来说，买入股票要进行交易，而持有股票不需要进行交易，但是投资者买入股票获得的收益却低于不交易而持有股票获得的收益，这意味着投资者的交易是过度的。如果再考虑到交易本身所要支付的如佣金等显性成本，过度交易程度就会进一步扩大。

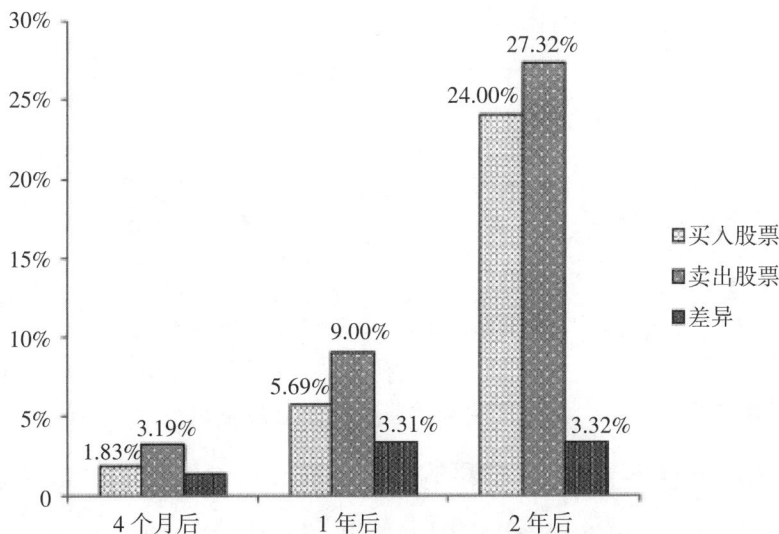

图12-4　投资者买入与卖出股票收益情况的对比

2.不同时期的一致性

同样，作者将数据分成两个时段，分别是1987—1990年和1991—1993年。如图12-5所示，虽然程度上略有差别，但在这两个时间段里，不论是20世纪80年代还是90年代，投资者买入的股票收益都低于卖出的股票收益，即在不同时期都存在显著的过度交易现象。

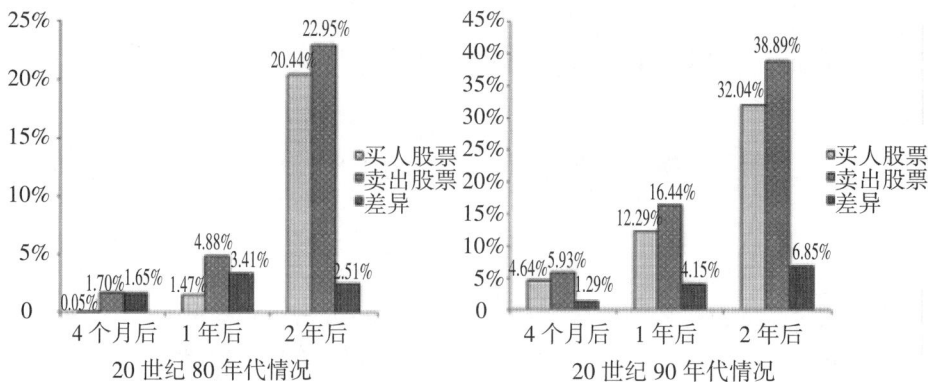

图12-5　两个交易时段的买入与卖出股票收益情况对比

3.不同交易者的一致性

接下来，作者将交易者分为两类，分别是频繁交易者和不频繁的间或交易者。如图12-6所示，虽然程度上略有差别，但这两类人群买入的股票收益都低于卖出的股票收益，即对不同类型投资者而言都存在显著的处置效应。

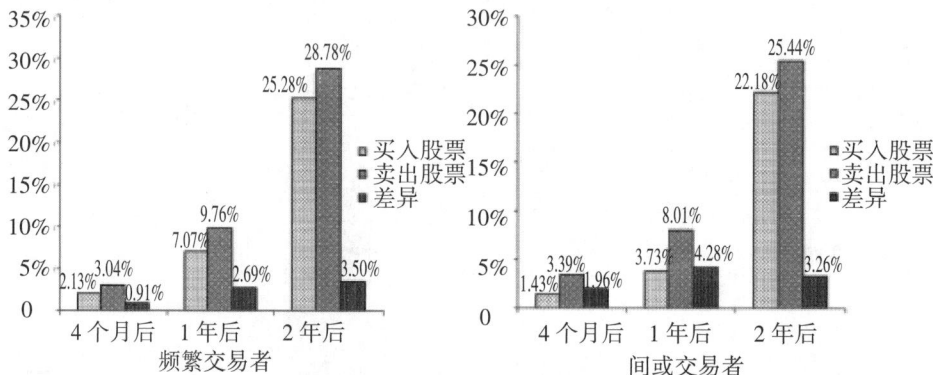

图12-6　不同类型投资者的买入与卖出股票收益情况对

综上所述，大家可以发现，投资者普遍存在过度交易现象，对于不同时期或是不同类型的投资者而言，这一现象都是普遍且稳定存在的。

12.3.2　传统金融理论解释的不足

如本教材第11章所揭示的原因，投资者有时候可能也清楚买入股票收益不如卖出股票收益，但出于平衡投资组合等原因，也会进行类似交易，并且这些交易是理性的，即用传统金融理论也可以很好地解释投资者的过度交易情况。

1.平衡投资组合解释的不完善

如果投资者进行交易的目的是平衡投资组合，那么卖出一只股票后就应当在短期内买入其他股票，也就是两次交易时间间隔很短。为了剔除平衡投资组合因素，作者专门考察了如下交易，即一笔交易与下一笔交易的间隔在3周以上的情况，结果如图12-7所示，投资者买入股票的收益依然小于卖出股票的收益，也即过度交易仍然存在。

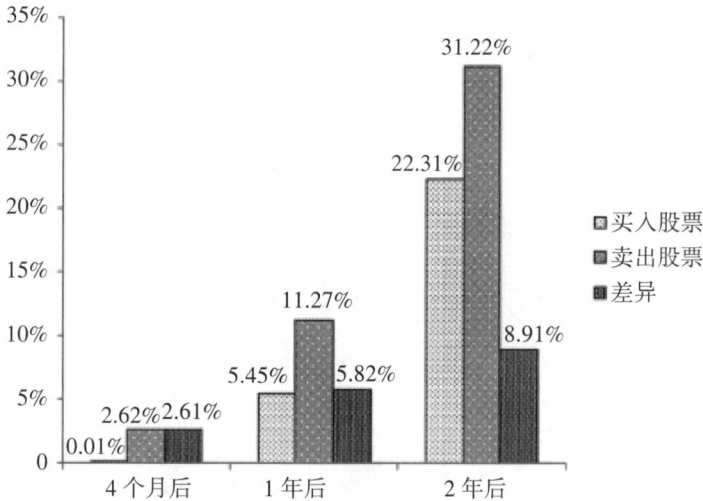

图12-7 剔除平衡投资组合因素后买入与卖出股票收益情况对比

这说明,从平衡投资组合角度来解释过度交易是不完善的。

2.其他传统金融理论解释的不完善

作者进一步对比了两种情况的买入股票与卖出股票收益的差异,分别是剔除平衡投资组合因素后和所有交易,结果如图12-8所示。将平衡投资组合的因素剔除后,投资者买入股票与卖出股票收益的差别更大,即投资者过度交易情况更严重。

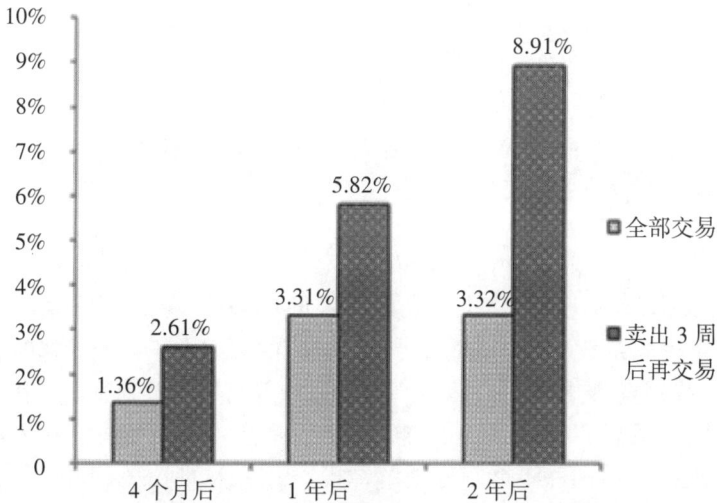

图12-8 是否包含平衡投资组合因素条件下买入与卖出股票收益情况对比

这说明,传统金融理论对于过度交易的解释也是不完善的。

12.3.3 过度交易损失的原因

投资者买入的股票不如卖出的股票好,可以分为择股错误和择时错误两种类型。**择股错误是指投资的股票不对，它是主观原因；择时错误是指投资的时机不对，它是客观原因**。由此产生的一个问题是，投资者过度交易损失的原因到底是由哪个因素主导，Odean（1999）用如下方法证明了其主要原因在于择股错误。

1.剔除大盘影响

大盘的上涨和下跌会影响个股的走势，在大盘整体上处于熊市的情况下，即使投资者择股正确，获得的收益也只是高于其他股票收益，但仍然可能小于零；反之，在大盘整体上处于牛市的情况下，即使投资者择股错误，虽然获得的收益低于其他股票收益，但仍然可能大于零。为此，作者把大盘因素去掉后，再次考察了投资者买入股票与卖出股票收益的差异，结果如图12-9所示，大家仍然可以发现，投资者买入股票的收益还是比卖出股票的收益低。

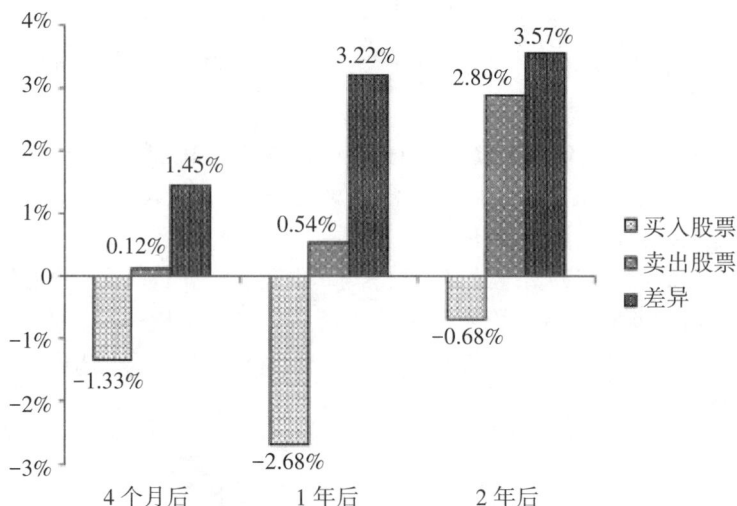

图12-9　去掉大盘因素后买入与卖出股票收益情况对比

2.考察本期收益与上期交易的关系

作者使用 $R_M = a + b\dfrac{Buys_{t-1}}{Buys_{t-1} + Sells_{t-1}}$ 这个方程进行了计量回归分析。其中，R_M 为当期收益率，$Buys_{t-1}$ 表示上一期的买入量，$Sells_{t-1}$ 表示上一期的卖出量。若是由于择时错误，系数 b 就应该显著为负，背后的原因在于投资者择时错误，那么上一期买入股票占总交易量的比重越高，就意味着当期收益越少。但作者发现，计量回归结果的"系数 b"值相对于"零"没有显著性差异。这样，作者通过上述两个方法，发现择时错误并不能很好地解释投资者买入的股票不如卖出的股票，因此，投资者亏损的原因主要在于"择股错误"。

12.3.4　进一步发现

Odean（1999）并没有满足于上述发现，而是从以下3个方面进一步探讨了投资者购买股票的行为。

第一，投资者选择买入的股票一般是前一段时间涨幅较大的股票，也就是"明星股票"，就像本章开头所提到的，很多投资者也清楚太平洋彼岸的美国总统选举与A股的川大智胜或者澳柯玛没有任何关系，只是因为这些股票近期上涨后，投资者会主观地认为它们会继续上涨，因此选择买入。

第二，从投资者心理来看，他们买入股票时表现为动量效应心态，认为买入的股票还会继续上涨；卖出股票时表现为反转效应心态，认为持有的股票最近上涨幅度过大，未来价格要下跌，因此将其卖出。

第三，从股票现实表现来看，往往是投资者买入的股票价格下跌或者表现不好，而卖出的股票却价格上涨或者表现更好。这并不是投资者的错觉，广大散户投资者现实情况的确如此，即买入前认为很好的股票，一买入就套牢；卖出前认为很差的股票，一卖出就上涨。进一步，Odean（1999）发现，不管之前表现如何，只要是在散户投资者手中的股票，表现就不如市场平均水平。

12.4 过度交易的后果

12.4.1 过度交易的代价

Odean（1999）证实了投资者的确存在过度交易行为，并且这一行为是非理性的。不过，有相当高比例的投资者并未意识到这一情况。例如，根据我们的调查，如图 12-10 所示，尽管被调查者都是金融学相关专业的学生，但是在学习本章之前，整体上只有 32.51% 的比例认为"交易频率与投资收益率呈反向关系"，并且有 23.57% 的比例认为呈"正向关系"。不过，相对于本科生，认为呈"反向关系"的比例更高，呈"正向关系"或"没有关系"的比例更低，这说明了学习金融学知识的好处。

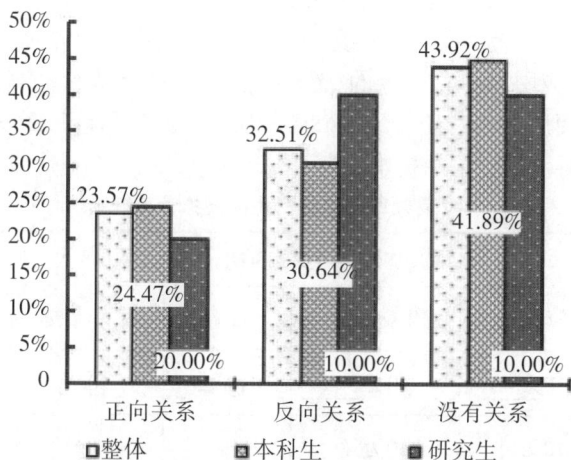

图12-10 交易频率与投资收益关系的看法

下面，我们分别通过数值模拟和现实情况来说明过度交易的代价。

1.数值模拟

证券交易费用包括印花税、佣金、过户费、其他费用以及机会成本。

表12-1显示了目前在上海证券交易所交易股票时的各项费率与归属。

表12-1　　　　　　　　在上海证券交易所交易股票时的各项费率与归属

项目	标准	收费主体
净佣金	＜0.3%（双向）	证券公司
经手费	0.00341%（双向）	交易所
证管费	0.002%（双向）	中国证监会
过户费	0.001%（双向）	中国证券登记结算公司
印花税	0.05%（单向，卖方）	税务机关

注：本表各项费率时间点为2024年12月31日。股票交易印花税税率原为0.1%，根据2023年8月27日财政部、税务总局印发的《关于减半征收证券交易印花税的公告》，从当年8月28日起，证券交易印花税实施减半征收。

从表面上看，各项费率只有千分之几甚至万分之几，好像并不多。但实际上，如果交易频繁，那么最终投资者所付出的总费用将非常之高。比如，上证交易所收取的经手费仅为双向0.00341%，2023年和2024年股票市场全年累计成交金额分别为83.69万亿元和108.05万亿元，以此计算，两年上证交易所获得的经手费分别为57.08亿元和73.69亿元。

表12-2模拟了各交易频率和交易费率情况下投资者的损失情况。假设投资者拥有10万元的资金，先计算表中频率和费用都是最低的那种情况，费率是1‰，每周交易1次，一个月交易4次，一年交易48次，买进卖出合计96次，那么投资者就要支付9 600元的费用，占总资金的9.6%；若以正常情况下的3‰费率计算，同样交易频率，交易费用要占总资金的28.8%；如果3‰费率且每天交易一次频率来计算，那么交易费用就超出了总资金。

表12-2　　　　　　　　交易频率与交易费用的模拟计算表　　　　　　　金额单位：元

每周交易1次，一月交易4次，一年交易48次					
交易客户	资金量	年交易量	费率	年交易费用	比重
A	10万	960万	1‰	9 600	9.60%
B	10万	960万	2‰	19 200	19.20%

每周交易1次，一月交易4次，一年交易48次					
C	10万	960万	3‰	28 800	28.80%

每天交易1次，一月交易20次，一年交易240次					
交易客户	资金量	年交易量	费率	年交易费用	比重
A	10万	4 800万	1‰	48 000	48.00%
B	10万	4 800万	2‰	96 000	96.00%
C	10万	4 800万	3‰	144 000	144.00%

可见，从数值模拟角度来看，在存在交易费用的情况下，交易越频繁，交易总费用越多，投资者损失也越多。

2.现实情况

Barber 和 Odean（2000）根据换手率将交易频率从低到高分为五等。如图12-11所示，不同交易频率组的毛收益几乎完全相同，这意味着，如果不考虑交易费用，收益率和交易频率没有关系。不同交易频率组的净收益却与换手率呈显著的负相关，换手率越高，净收益就越低。背后的原因在于，换手率越高，支付的交易费用就越高，在毛收益相同的情况下，净收益必然越小。

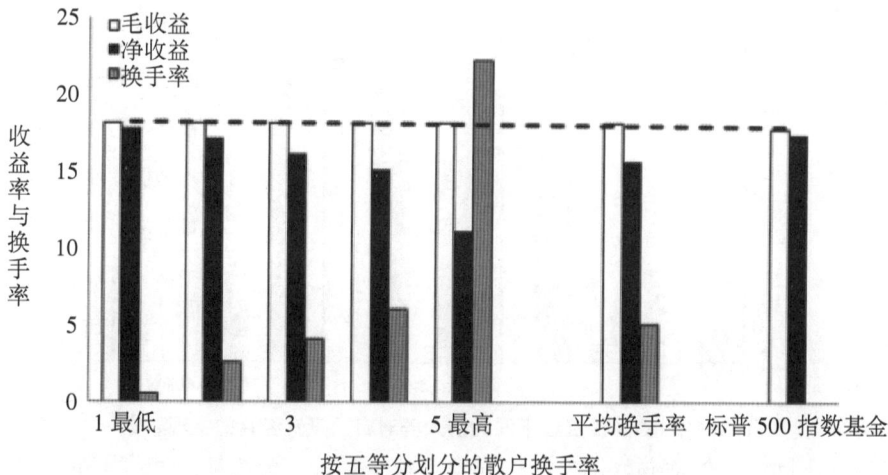

图12-11　美国股市收益率与换手率的关系

在美国，对于散户来说，普通股通常交易很频繁，交易成本也很高。Barber 和 Odean（2000）计算，如果一笔交易的资金超过1 000美元，交易佣金率为3%，买卖价差率为1%[①]，就意味着不管盈亏是否，投资者首先要在交易过程中付出4%的费用。相对于机构投资者，散户投资者更倾向于买卖中小型企业股票，这些股票

---

① 中国目前实行自动撮合交易制度，但是在美国和中国的新三板是做市商制度：买卖股票都要通过做市商的交易方式。做市商赚取买卖差价，因此费用较高。

风险较高。理论上，散户投资者因承担了比较高的风险，可以得到收益上的补偿。但由于他们交易过于频繁，交易费用过高，所以总体来讲是亏损的。从总体上来看，散户投资者每年收益率要比市场平均水平低1.1%，如果剔除风险补偿因素，两者差距提升到每年3.7%。

可见，从现实情况来看，散户投资者因为频繁交易成为最容易受伤的投资者。

上述两个角度都证明，交易将会减少财富。所以，对于广大中小散户，最优的策略就是消极投资行为，简单购入和长期持有。就像巴菲特说："如果你买了一只股票想要几分钟之后就把它卖了，那不如不要买。"

12.4.2 性别与过度交易

人们过度交易的一个最重要的原因就是过度自信。从性别来说，男性比女性要更加自信。Barber 和 Odean（2000）比较了男性和女性的自信程度、交易频繁程度与投资回报，证实了过度自信导致了过度交易。

1.信心程度的性别差异

研究者比较了男性和女性投资经验的自我感觉，类别分为：所有女性和所有男性；已婚女性和已婚男性；独居女性和独居男性。研究者让被调查者为自己的投资经验打分，分为缺乏、有限、优良和卓越四级，结果如图12-12所示。

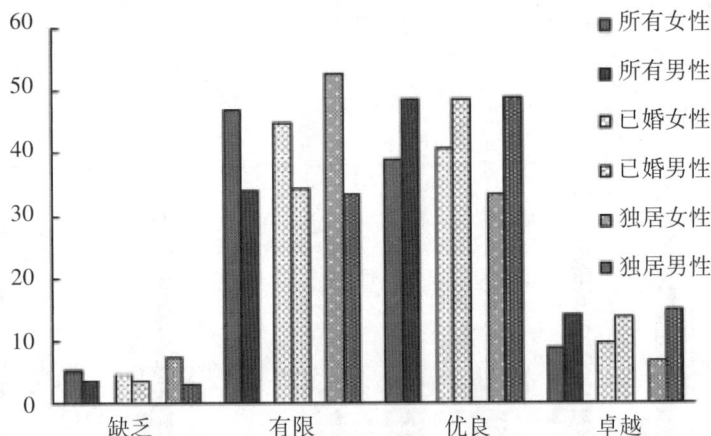

图12-12 美国投资者不同性别人群对自己投资经验的主观感觉

（1）不同性别的信心程度差异。对自己投资经验打分为缺乏和有限的两个级别中，女性的比例明显高于男性；而对自己投资经验打分为优良和卓越的两个级别中，女性的比例明显低于男性。这说明，男性整体上比女性对自己的投资经验更有信心。

（2）不同婚姻状态的信心程度差异。对于缺乏和有限的两个级别中，独居女性与独居男性的差距要大于已婚女性和已婚男性的差距；而在优良和卓越的两个级别中，独居男性与独居女性的差距要大于已婚男性和已婚女性的差距。这说明，独居男性比已婚男性对自己的投资经验的信心更强；而独居女性比已婚女性对自己的投资经验的信心更弱。

2.交易频率与实际收益的性别差异

接下来，作者比较了男性和女性的交易频率和实际收益。为更清楚地显示性别与婚姻的情况，列出的数据为女性某一指标与男性同一指标的差，如图12-13所示。

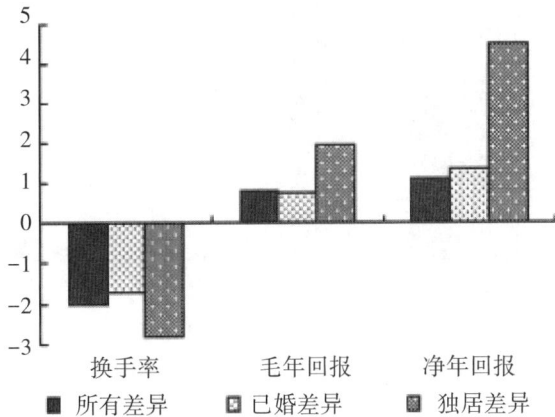

图12-13　美国投资者不同婚姻状态下男女换手率与收益的差额

（1）换手率的性别与婚姻差异。女性换手率比男性要低，两项之差为负，并且独居的差额比已婚的差额更大。这说明，男性交易相对更加频繁。

（2）毛收益的性别与婚姻差异。即使不考虑交易费用，女性的投资收益也高于男性，特别是独居女性与独居男性的投资收益差更高。

（3）净收益的性别与婚姻差异。综合（1）和（2）可以看出，女性的投资收益大大高于男性，特别是独居女性的投资收益远远高于男性，两者之差每年近5%。

3.女性管理家庭财产的合理性

男性比女性更加过度自信，交易更加频繁，但投资回报却低于女性。特别是，独居女性过度自信程度更低，交易更不频繁，但收益更高。因此，在全世界范围内通常由女性管理家庭财产，这是符合经济学原理的。

Barber和Odean（2000）的研究结果在中国也得到印证。例如，根据我们的调查，如图12-14所示，认为自己投资经验"缺乏"的比例，女性为41.18%，男性为31.96%，女性高于男性；而认为自己投资经验"有限"的比例，女性为56.04%，男性为61.63%，男性高于女性。尽管认为自己投资经验"优良"和"卓越"的比例，男性和女性都不高，男性都高于女性。

不过，一个新现象是，中国越来越多的"90后"和"00后"，婚后对家庭财产的管理上选择各管各的。同样，根据我们对"00后"的调查，如图12-15所示，对"你认为婚后应当掌握家庭财务的是谁？"问题，不论是女性还是男性，都有超过50%的比例选择"各管各的"。不同代际人群，家庭财产管理方式的不同，是一个非常有趣并且值得关注的现象，

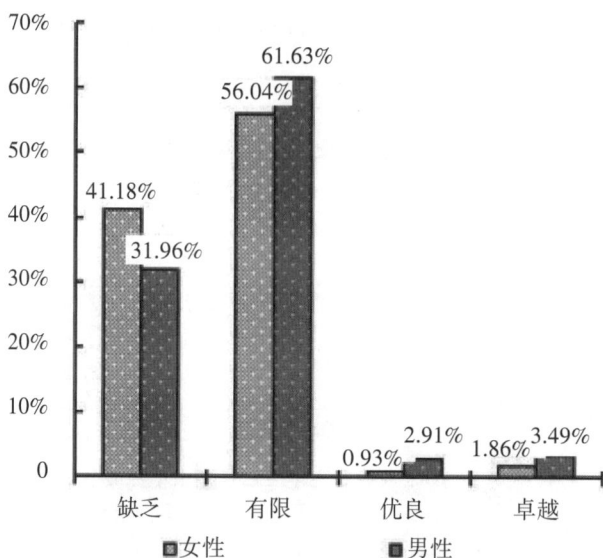

图12-14 中国大学生不同性别人群对自己投资经验的主观感觉

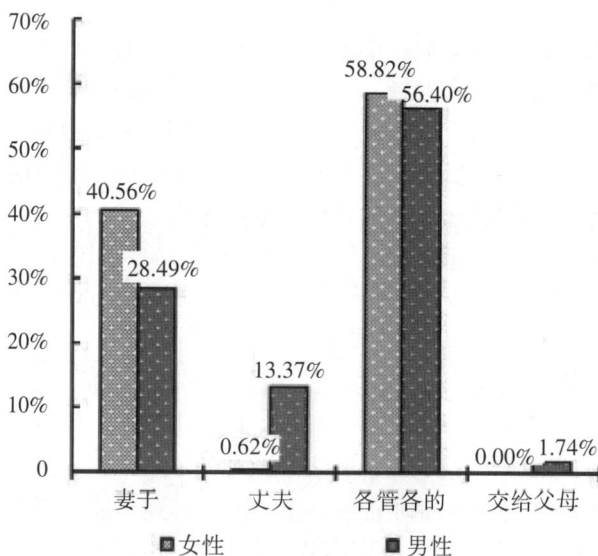

图12-15 "00后"计划的婚后家庭财产管理方式

12.5 中国投资者过度交易的情况

中国股票市场中，股民是参与股票交易的群体，券商和股评家们以及其他机构是促成这些交易的群体，它们往往刺激了股民进行过度交易，进而"掐尖落钞"式地获取巨额收益。

12.5.1 散户亏损

1.高换手率

我们计算了一些有代表性的股票市场2000年至2024年共25年间各股票市场的换手率，如图12-16和图12-17所示。大家可以发现，香港股票市场在各年份换手率都是最低的，纽约交易所相对高一些，沪市主板和深市主板换手率进一步升高且两者差异很小，而中小板和创业板、2019年推出的科创板和2021推出的新三板，的换手率最高。平均而言，沪市主板的年换手率是香港股票市场的5至6倍，而中小板、创业板、科创板和新三板则都是香港股票市场的10倍以上。

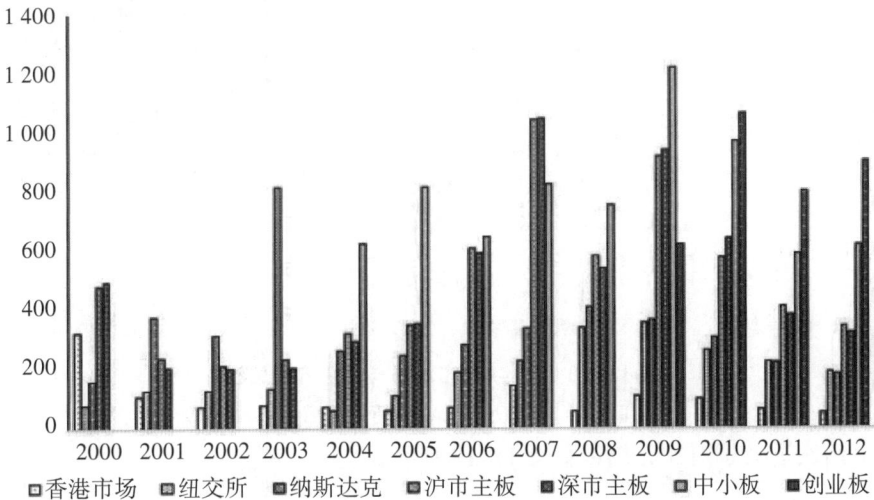

图12-16　2000—2012年有代表性的股票市场换手率

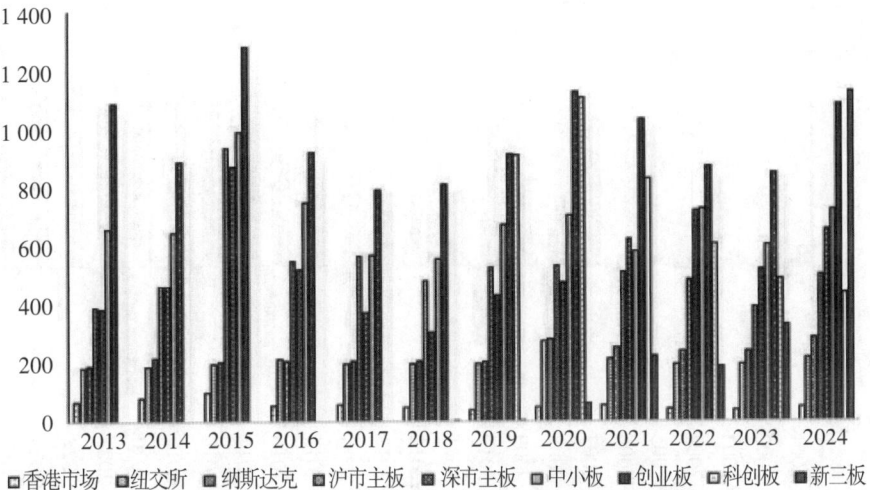

图12-17　2013—2024年有代表性的股票市场换手率

注：根据Wind数据库整理所得。北京交易所因年限较短，暂不表示。

2.低回报率

我们计算了2001年至2024年A股相关企业和机构从市场获得的资金总量,包括券商佣金、股东减持、印花税和股票筹资额,称为资金流出额,结果如图12-18所示。

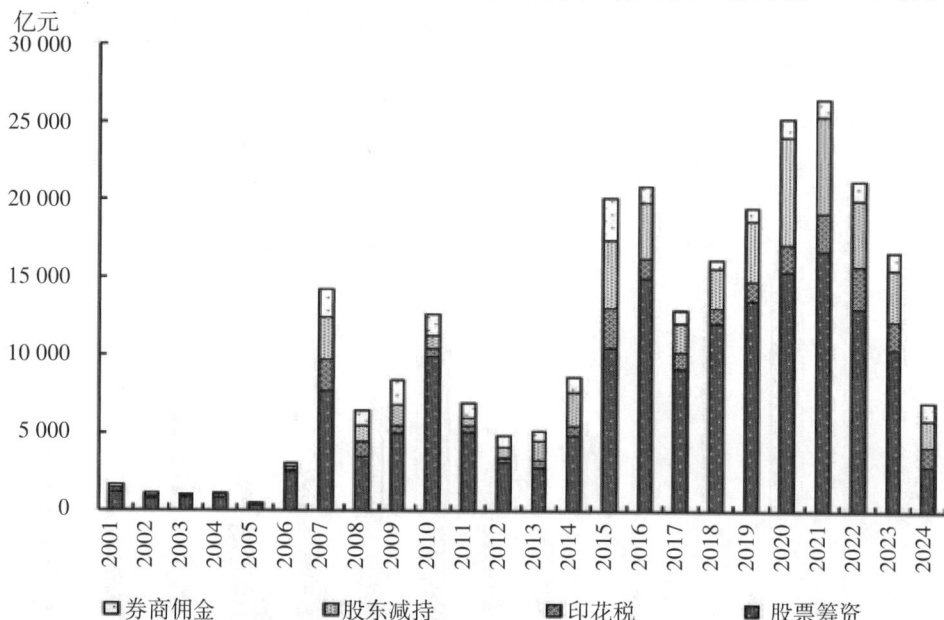

图12-18 历年A股市场各类资金流出总额

同时,我们汇总了2001年至2024年A股市场上市公司现金分红额,并将其与资金流出额进行了对比,结果如图12-19所示。

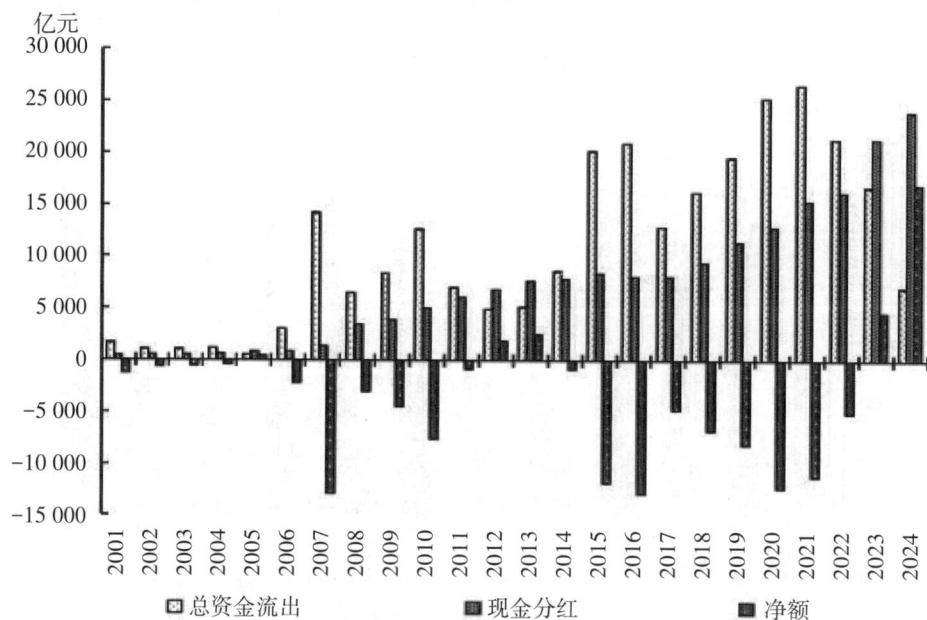

图12-19 历年A股市场上市公司现金分红额与资金流出额对比

总结起来，大家可以发现：（1）从2004年开始，A股上市公司现金分红额呈明显的增加趋势。（2）不同年份A股市场资金流出额差别很大。其中，占比最高的股票筹资额，它的波动性也最大。（3）投资者整体净额（现金分红额减去资金流出额）2007—2013年呈上升趋势，特别是在2012年和2013年，罕见地大于零。但从2014年起，投资者整体净额又开始下降，至2022年，连续9年小于零。2023年和2024年这两年，投资者整体净额分别为0.46万亿元和1.69万亿元。未来情况如何，待将来分解。

在这种情况下，再加上不理性的过度交易，大量散户长期处于亏损状态，也就是大概率事件了。一只极具代表性的股票是中国石油。2007年11月5日，中国石油在国内A股上市，股票代码601857.SH，发行前每股净资产3.29元，发行价16.7元，共发行40亿股，融资668亿元，首日开盘价48.60元，最高价48.62元，这也是此只股票截至2017年3月31日的最高价。当日该股收盘价为43.96元，跌幅为9.55%；当日成交金额700亿元，占当日沪市总成交额1 571亿元的44.56%。此后该股股价一路下跌，套牢了数百万投资者，2024年12月31日，其收盘价为8.85元。截至2024年12月31日，该股票在中国大陆市场，向投资者累计分红34次，共172.50亿元，仅为2007年上市融资额的25.82%。

12.5.2　他人获益

1.股票筹资额与股票市场走势的关系

如图12-20所示，以2008年为界，此前股票筹资额与上证指数呈现明显的同步关系，而以后则没有显著关系。2015年至2023年的9年间，除2017年，其他8年都超过了1万亿元，而这些年上证指数则一直徘徊在3 000点上下。2024年，A股筹资额为2 905亿元，同比下降超过七成，这一年A股表现仍然如此。

图12-20　历年股票筹资额与同年上证年底收盘指数的关系

2.股票印花税与股票市场走势的关系

虽然按规定股票印花税只有1‰且单向收费，并且从2023年8月28日起实行减半征收，但它曾一度占到了中国中央财政收入很高的比重，如在2007年曾达到了7.23%，此后开始下降，但从2016年起，又开始有所上升，至2022年为2.91%，此后又开始下降，至2024年降至1.27%。如图12-21所示，同样以2008年为界，此前股票印花税占中央财政收入的比重与同年上证指数涨幅呈现明显的同步关系，而以后则没有显著关系。

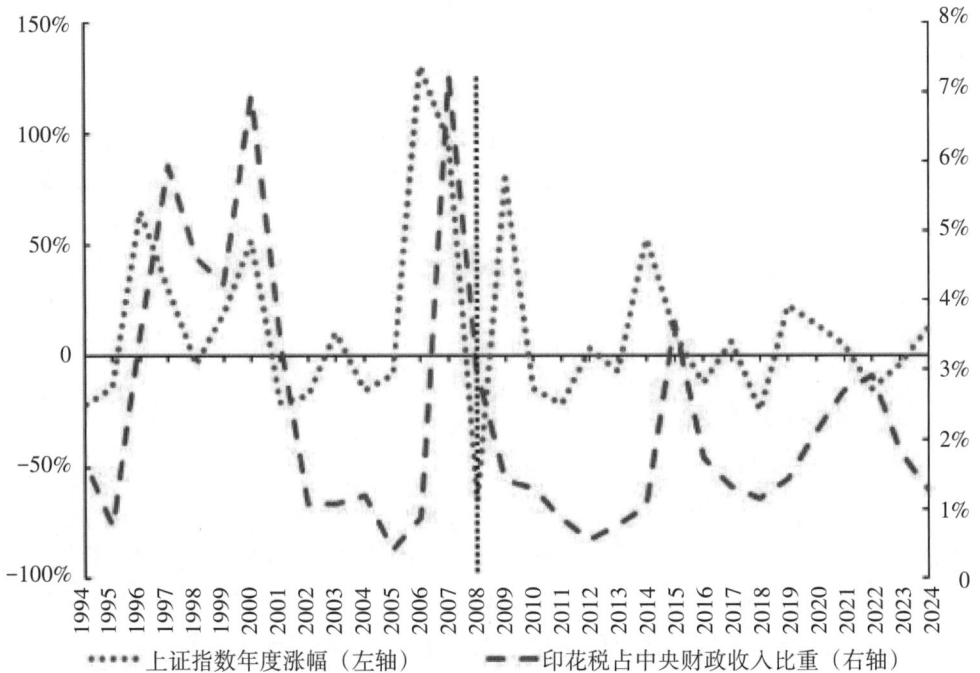

图12-21　历年股票印花税占中央财政收入比重与同年上证指数年度涨幅的关系

3.两次牛市对比

前文曾指出，2015年中国股票市场的真正获利者是各类机构，同样的现象存在于2007年。这两年间，中国股票市场经历了两波比较大的牛市行情，我们通过图12-22来考察这两年各类流出市场的资金结构异同。

第一，从数量来看，在股票筹资额、股东减持额、印花税以及券商佣金4个方面，2015年都高于2007年，尤其是在股票筹资额方面，2015年比2007年高出2 000多亿元。这意味着从股票市场当中流出的资金量很大。2015年上市公司现金分红额也较高，因此从投资者所获得的净额来说数值相对较高，但仍然为负，为仅次于2007年和2016年的第三低年份。

第二，从结构来看，4个方面在两个年份的差别很小。股市流出的总资金中，50%左右是上市公司的股票筹资，20%左右是股东减持，政府收缴的印花税和证券公司佣金各占15%左右。

综上所述，广大中小散户投资者为中国股市发展作出了重大贡献，但是基本上没有得到相应的回报。

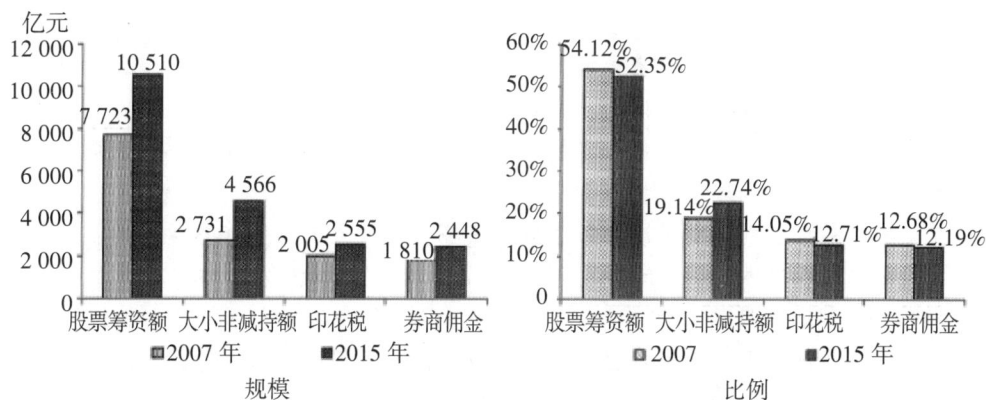

图12-22　两次牛市年份流出市场资金结构对比

思政课堂 ✓

某股民的悲惨投资经历被刷屏：炒股1年，亏掉150万元！

【思政元素】不当韭菜，避免过度交易。

韭菜生命力顽强，割了一茬很快就又长一茬。如今，很多中小股票投资者被戏称为"韭菜"。2022年1月，一位股民在某社交网络票社区发表了一篇名为《炒股一年，基金和股票亏掉150万+》的帖子，迅速冲上十大热门话题榜单。该投资者自述1年前开户，随后每天都交易，又是听信"老师"荐股、又是满仓操作，亏了钱也舍不得斩仓，结果不仅将之前的积蓄搭进去，还借钱炒股。一共投了410万元，结果基金亏了14万元，股票亏了140多万元，亏损合计超150万元。这严重影响了其基本生活。"好难受啊，晚上整晚睡不着，白天又要工作，孩子要养，房贷要还，可是钱没有了，怎么办……"

本章已经说明，导致许多投资者亏损的一个重要原因就是过度交易。股市有风险，亦有回报。投资之时，一定不能过度交易，更不能幻想一周翻倍，而是借助时间这位可靠的朋友，长期持有，不当韭菜。

资料来源：吴羽.女股民悲惨投资刷屏：炒股1年，亏掉150万！［N］. 中国基金报，2022-01-31.

本章小结 ✓

过度交易是指投资者进行的非理性频繁交易和重仓交易，这类交易会使其遭受很大的损失。对于不同时期和不同投资者，过度交易都是普遍存在的，并且都是非理性的。

投资者的交易越频繁,付出的成本越高,损失就会越大。过度交易和处置效应都是投资者不理性的行为,处置效应衡量的是交易"方向"非理性;过度交易衡量的是交易"规模"非理性。

过度交易产生的环境因素包括代理问题、市场炒作和羊群效应等,个人因素包括追求交易刺激、沉没成本误区、频繁短线投机和熊市羊群踩踏等。

在市场有效并且存在交易费用的情况,最好的投资策略是购买后长期持有,充分利用市场发现和调整价格的力量来为自己获利。

判断交易量正常还是过度的标准应当根据交易结果而不是交易规模。曲解是指人们对于信息在"质"的方面错误判断;错估是指人们对于信息在"量"的方面错误判断。人们对信息判断存在完全曲解、正解但错估和正解且对估3种情况。完全曲解情况是过度交易;正解但错估情况,收益高于费用是正常交易,小于费用是过度交易;正解且对估情况是交易不足。

传统金融学理论根据平衡投资组合等因素对于过度交易进行了解释,但这些解释存在缺陷之处。行为金融理论对于处置效应进行了更为合理的解释。投资者因过度交易造成的受损主要在于择股错误而非择时错误。

男性因为更加过度自信,进行了更过度的交易,损失也更高。无论是基于传统习俗还是根据实际操作结果,都应当由女性来管理家庭财产。

中国投资者尤其是散户投资者过度交易现象很显著,结果导致了自身亏损,并没有取得相应的回报,历次牛市的真正获益者是其他机构。

推荐阅读 ✔ ----------------------------------●

〔1〕ODEAN. Do investors trade too much? 〔J〕. The American Economic Review, 1999, 89 (5): 1279-1298.

〔2〕BARBER, ODEAN. Trading is hazardous to your wealth: the common stock investment performance of individual investors 〔J〕. The Journal of Finance, 2000, 55 (2): 773-806.

〔3〕BARBER, ODEAN. Boys will be boys: gender, overconfidence, and common stock investment 〔J〕. The Quarterly Journal of Economics, 2001, 116 (1): 261-292.

〔4〕格雷厄姆. 聪明的投资者 〔M〕. 王中华, 黄一义, 译.北京: 人民邮电出版社, 2016.

第13章 市场泡沫

学习指南

【学习目标】 本教材第9章中谈到，各类投资者都会表现出非理性的羊群效应，由此导致资产价格暴涨暴跌，即泡沫产生和破灭。本章将对金融市场泡沫加以更深入的分析。通过本章的学习，读者应当掌握泡沫的含义与本质；了解荷兰郁金香和英国南海公司股票两个市场泡沫事件的始末；熟悉泡沫经济的含义及应满足的各项条件；熟悉市场泡沫产生的必要条件以及泡沫投资对象的各项特征；了解不同阶段市场参与者的差异；掌握市场泡沫在宏观和微观两方面的形成机理；了解正反馈交易和负反馈交易的含义；熟悉机构投资者缺乏反馈交易动机的原因；熟悉资产市场价格的三项决定因素；了解测度泡沫的各种方法及其缺陷；掌握中国三次代表性股票市场泡沫的产生与破灭过程以及严重后果。

【关键概念】 市场泡沫；泡沫经济；金融脱媒；热钱；有限责任；道德风险；正反馈交易；剪羊毛；负反馈交易；基础测度法；泡沫膨胀速度法。

引例

【传统文化】

土崩瓦解

由是观之，天下诚有土崩之势，虽布衣穷处之士或首恶而危海内，陈涉是也。况三晋之君或存乎！天下虽未有大治也，诚能无土崩之势，虽有强国劲兵不得旋踵而身为禽矣，吴、楚、齐、赵是也，况群臣百姓能为乱乎哉！

——汉·司马迁《史记·平津侯主父列传》

【译文】 由此可见，天下若有土崩的形势，纵然是处于穷困境地的平民百姓，只要他们中有人首先发难，就可能危及国家，陈涉就是如此，何况或许还有三晋之类的国君存在呢！国家纵然没有大治，若真能没有土崩的形势，即使有强劲的诸侯之军（起兵），也不会很快地束手就擒，吴、楚、齐、赵等国就是这样，何况群臣和百姓起来造反呢！

新冠肺炎疫情期间熔喷布价格的暴涨与暴跌

熔喷布是口罩最核心的材料，平时价格在1.8万元/吨左右。2020年初，新冠肺炎疫情暴发后，其价格一度暴涨，当年2月底，涨至29万元/吨；3月初涨至52万元/吨，4月中旬最高峰达到70万元/吨。此后，中国新冠肺炎疫情防控取得阶段性胜利时，中央和地方各级部门也陆续出台相关监管政策，熔喷布价格开始暴跌，至4月底降至40万元/吨，5月中旬降至10万元/吨，到6月降至2万~3万元/吨。2022年12月初，疫情防控政策大幅调整，熔喷布一周内又从不足2万元/吨上涨至6万元/吨，但不久又迅速跌回原价。

13.1 市场泡沫简介

13.1.1 泡沫的含义

1.泡沫的定义

对于泡沫（Bubble），不同学者从不同角度给出了定义。美国学者金德尔伯格认为，一种或一系列资产在一个连续过程中陡然涨价，开始的价格上升会使人们产生还要涨价的预期，于是又吸引了新的买主——这些人一般只是想通过买卖谋取利润，而对这些资产本身的使用和产生盈利的能力是不感兴趣的。涨价常常是预期的逆转，接着就是价格暴跌，最后以金融危机告终。通常"繁荣"时间较长，价格、生产和利润的上升也会比较温和一些，也许接着就是以暴跌（或恐慌）的形式出现危机，或者以繁荣的逐渐消退（告终）而不发生危机的形式结束。另一位美国学者斯蒂格利茨认为，当投资者预期未来某种资产能以高于他们期望的价格出售时，这种资产的现实价格将上升，从而出现泡沫。日本学者三木谷良一认为，泡沫经济就是资产价格（具体指股票和不动产价格）严重偏离实体经济（生产、流通、雇佣、增长率等）的暴涨、然后暴跌的过程。

综上所述，市场预期狂热，某种资产价格被高估了，一旦市场发现价格被高估，价格就会发生回调，形成典型的泡沫生成与破灭过程。因此，正如本章引例中"土崩瓦解"的传统文化典故一样，市场定价出现高估是泡沫的表现，同时价格高估也是泡沫破灭的根本原因，其他因素只是泡沫破灭的助推器而已。

2.泡沫的本质

市场泡沫有两个要件，一是资产的市场价格已经远高于正常价格，二是看购买者（投资者）交易这项资产的目的主要是"短期高价卖出"而不是"长期持有或自己使用"。

如果购买者交易某种资产的主要目的是长期持有或自己使用，那么就算此时这种资产的价格高于其内在价值，原因也只是在供求关系下正常的价格调整，不能认为存在泡沫。比如说本教材第2章、第5章和第9章都谈到的钻石价格问题。钻石价格昂贵，已经高出了它的内在价值，如图13-1所示，根据我们的调查，有60.53%的比例认为存在"钻石泡沫"。

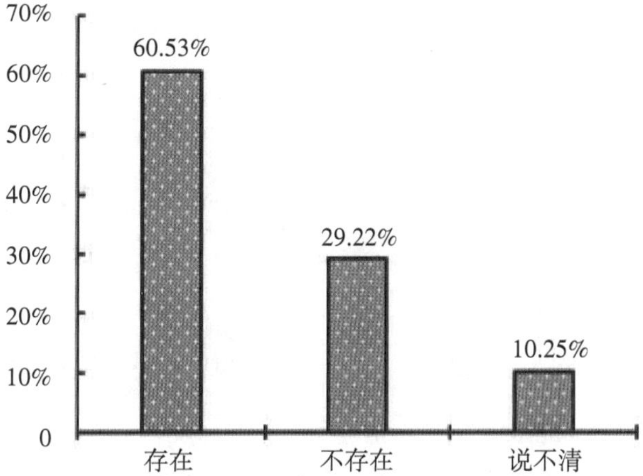

图13-1　关于是否存在"钻石泡沫"的调查

不过，我们并不认为存在"钻石泡沫"。原因是，经过商家高超的营销手段，钻石已经被赋予特殊的内涵——"钻石恒长久，一颗永流传"，几乎没有人会转售钻石，再加上钻石矿被垄断在极少数的寡头企业中，这就使得钻石长期保持高价，但这一高价是由供求关系所导致的，与泡沫无关。

反之，比如本章引例中介绍的熔喷布在新冠肺炎疫情期间的暴涨和暴跌的现象，在其价格暴涨期间，众多购买者交易熔喷布的主要目的是在短期内高价出售，而不是直接生产成口罩，这就可以认为它存在泡沫了。

13.1.2　历史上的两次市场大泡沫

1.荷兰郁金香泡沫

经济史上公认的第一次泡沫发生在17世纪初的荷兰。从17世纪初开始，买卖郁金香的热潮从荷兰贵族蔓延到中产阶级和普通国民，郁金香的价格也水涨船高，如图13-2所示，1634—1637年间，其价格最高上涨60倍。作家芒亭记载了某次购买"总督"球茎的交易清单，这份清单记载的交换物品包括两拉斯特的小麦、四拉斯特的黑麦、四头肥牛、八头肥猪、十二头肥羊、两大桶果酒、四大桶啤酒、两大桶黄油、一千磅的奶酪、一套床具、一套衣服和一套酒杯。另外一则记载是，一个备受大家追捧的郁金香球茎价格高达6 000荷兰盾，相当于当时20幢阿姆斯特丹市中心小型联排别墅。

不过，在如此高的价格驱动下，大量国外郁金香到达荷兰，同时荷兰政府也采取一系列抑制行动，郁金香价格迅速下跌，仅在6个星期内就暴跌90%，一年之后，其价格只相当于高峰时期的1%～5%。

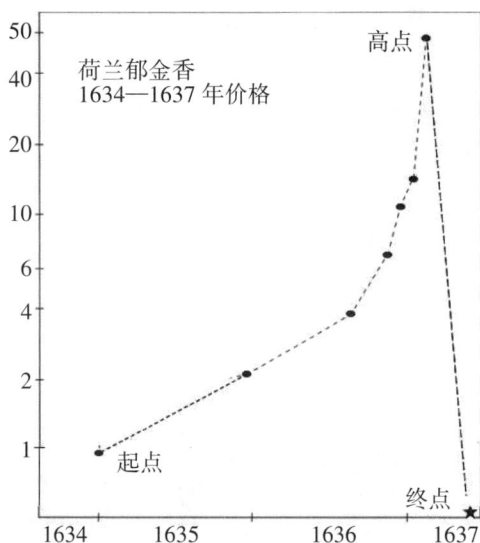

图13-2　17世纪初荷兰郁金香价格走势

2.英国南海公司股票泡沫

英国南海公司成立于1711年，从英国政府获得了英国对南美洲及太平洋群岛地区贸易的垄断权利，当时这两个地区都被视为商机无限。1720年，南海公司股价开始上涨，每股由2月份的128英镑一路涨至3月份的330英镑、6月份的890英镑、7月份的1 000英镑，如图13-3所示。此时英国出现了全民炒股的盛况，"政治家忘记了政见，律师们忘记了案子，批发商们忘记了生意，医生忘记了病人，店主忘记了自己的商店，一贯讲信用的债务人忘记了债权人，牧师们忘记了布道，甚至贵妇们忘记了自尊和虚荣"。

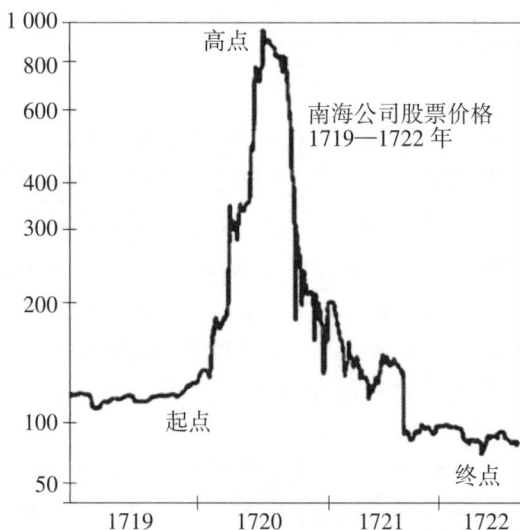

图13-3　18世纪初英国南海公司股票价格走势

幸福的日子总是短暂的。1720年6月9日，英国议会通过了《泡沫法案》（全称为《1719年皇家交易所及伦敦保险公司法案》），规定股份公司必须取得皇家特许才能继续经营，旨在限制投机企业的成立和活动。这时，外国投资者开始抛售南海公司股票，国内投资者也纷纷跟进。同年9月起，英国南海公司的股价开始暴跌，一路跌至12月份的124英镑，又回到了起点。

在该事件中，伟大的科学家牛顿也是一位亲身经历者。1720年初，他持有100股南海公司股票，到4月底全部清仓，获利20 000英镑。其后，他看到股票继续上涨，禁不住诱惑，在6月至8月间，将几乎所有资产购买了南海公司股票，甚至还在8月24日参与了公司最后一轮增发。9月起，南海公司股价暴跌，牛顿未及时脱手，最终损失了10 000英镑。当时他任英格兰皇家造币厂厂长的年薪为2 000英镑，以此计算，牛顿赔掉了整整5年薪水。对于此事，牛顿自嘲道："我能计算出天体的运行轨迹，却难以预料到疯狂的人们会把股票价格带往何处"。

13.1.3　泡沫经济

泡沫经济（Bubble Economy），是指资产价值超过实体经济可承受的程度，使其极易丧失可持续发展能力的宏观经济状态。泡沫经济除了要满足"某些商品或资产价格严重地高于正常价格"和"交易主要是为了短期高价出售"这两个条件外，还要满足另外3个条件：（1）泡沫资产总量占经济相当高的比重。（2）泡沫资产与要害部门有系统的联系。（3）泡沫资产导致经济潜伏巨大的危机。

按照上述5个条件，前文所述的大蒜、生姜、黄豆等农产品价格的暴涨就不能算作泡沫经济，因为虽然这些商品的价格的确严重高出了正常水平，购买者的购买目的也的确主要是短期内高价出售，但它们只占经济总量的很小一部分，也与其他部门尤其是要害部门联系不大，更不会导致经济潜伏巨大危机。

20世纪80年代，日本股票市场和房地产市场空前繁荣。1990年前后，日本泡沫经济迎来了最高峰，当时日本各项经济指标达到了空前的高水平，日本国内购买法拉利、劳斯莱斯、日产CIMA等高档轿车的消费热潮也不断高涨。1990年12月29日，日经指数达到最高的38 957.44点，1991年，日本房地产价格指数达到最高的147.8点。此时日本东京地区的房地产总市值就超过了当时美国全国房地产总市值。为了取得大都市周边的土地，许多大不动产公司甚至利用黑社会力量用不正当手段夺取土地，从而导致了严重的社会问题。另外，毫无收益可能的偏远乡村土地也被作为休闲旅游资源而大肆炒作，而银行则接受不断升值的土地作为担保，向债务人大量放款。

但是，由于资产价格上升无法得到实业的支撑，日本经济开始了漫长的衰退期，直到2011年起开始恢复，这段时间也被称为"失去的20年"。1992年3月，日经指数跌破20 000点，8月进一步下跌到14 000点。2002年曾一度跌破10 000点以下。2011年起，日经指数开始上涨，2022年12月30日收盘点位26 094.50点，为峰值的66.98%。如图13-4所示，根据日本国土交通省网站数据，以2000年为100，住宅不动产价格指数从1971年的35.3一路上涨至1991年的最大值147.8，20年间涨幅3.19倍，但此后开始下降，至2011年63.1，只有20年间的42.66%。此后又开始上涨，截至2024年10月为88.1，但也仅为1991年的59.63%。

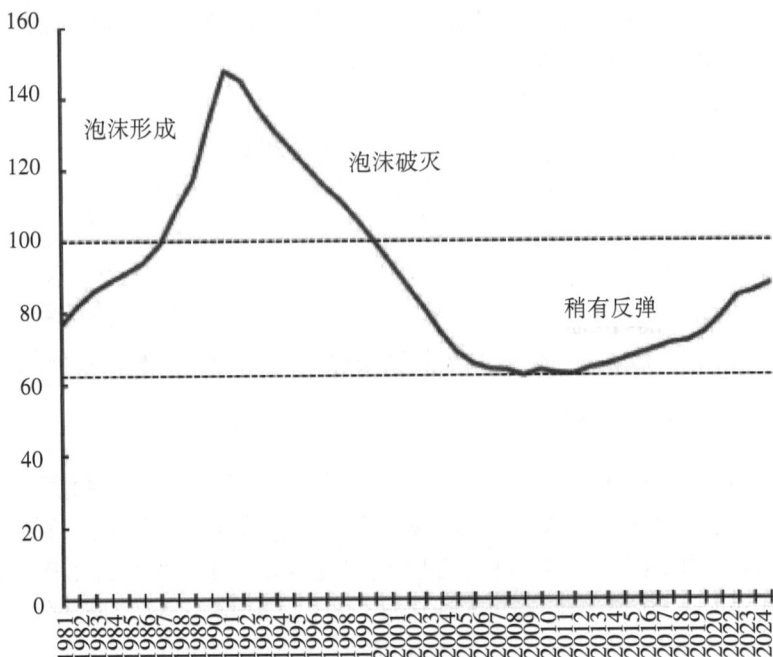

图13-4　日本历年住宅不动产价格指数

注：以2000年数为基期100。

13.2 市场泡沫的构成要件

13.2.1 外部条件

泡沫的产生不是随机的，并非毫无规律可循。从泡沫产生的外部条件来看，有3个必要条件。

1.货币供应量的过度泛滥

货币供应量的过度泛滥可以简单地理解为经济体系中不缺钱。按照世界平均水平，一个国家的广义货币M2是该国国内生产总值的70%左右，如果超过150%，就可能创造了泡沫产生的土壤。例如，在泡沫经济时代的日本，竹下登内阁施行了"家乡创生一亿"的政策，直接分钱给各个市町村。然而，虽然分到了钱，町村却依然不知道该花在哪儿。最后，他们用这笔钱打造纯金偶人、纯金兽头瓦，装饰在办公室里。但是，这又导致了大家的争抢以及对失窃的担忧，为了解决这些问题，有些町村甚至把打造好的纯金物品直接扔进了海里。①

2.新技术或新概念的憧憬

比如本章开始谈到的荷兰郁金香泡沫事件，当时荷兰摆脱了西班牙的统治完成了国家独立，许多荷兰人外出从事商业活动，来往于世界各地，赚取了很多财富。荷兰被誉为"海上马车夫"，成为当时欧洲最富庶的国家之一。再比如20世纪和21世纪之交的互联网经济泡沫，当时大家都憧憬互联网可以改变世界、改变未来。但现实中，大家对这些新技术或新概念过度乐观，结果在很短的时间内都出现了泡沫产生和破灭的现象。

3.政府放任甚至暗中支持

政府没有采取及时有效的监管措施导致泡沫产生。例如，泡沫经济时代的日本政府为了摆脱日元升值给出口企业造成的负面影响，刻意通过金融业的深化及其自由化（比如开拓公司债市场、融资型金融衍生产品等）来改善企业的融资成本和个人消费信用的融资环境，以达到改善企业贸易条件、推动本国内需发展的目的，结果，银行信贷及企业与个人的融资规模都大幅增长。②

13.2.2 投机对象

并不是所有商品都可以成为产生泡沫的投机对象。总结一下，可能成为潜在投机对象的商品或资产具有如下5个特征：

1.具有内在价值或者有刚性的需求

被投机的产品需求弹性很小，或者说如果没有它，就可能给生活带来一定程度的负面影响。比如，20世纪80年代末期，中国曾经出现了"抢购风"，很多家电商品（比如电视机、冰箱、洗衣机和录音机"四大件"）价格都上涨很多。社会经济整体物价水平上涨是一个不可忽视的原因，但更重要的是当时经历10年改革开放，居民有了余钱，要改善生活条件，"四大件"成为城市家庭的标配。以本教材作者的亲身经历为例，家里在1989年用2 900元购买了一台18英寸的彩色电视机，相当于当时父母半年的收入。30年后的2019年，同样用2 900元，购买了一台55英寸的液晶彩色电视机。

2.具有价格上涨的想象空间

具有价格上涨的想象空间是指，大家觉得这种商品的价格未来一段时间内还会上涨。其背后的原因可能是这种产品的真实价格未被市场发现或者被政府限制，目前的价格的确比较低，但更可能的情况是人们只是主观地相信它在未来会继续上涨。

在中国，广大民众对于权威人士或权威媒体还是很相信的。根据我们的调查，对于如下两个问题："如果权威媒体说中国股票市场短期内会大涨，你是否相信？"和"如果高阶官员说中国股票市场短期内会大涨，你是否相信？"如图13-5所示，

---

① 孙立坚．日本泡沫经济崩溃二十周年祭 [N]．东方早报，2010-01-31.
② 孙立坚．日本泡沫经济崩溃二十周年祭 [N]．东方早报，2010-01-31.

243　　　　　　　　　　第13章　市场泡沫

对于第一个问题，选择"完全相信"或"比较相信"的合计比例为42.31%，对于第二个问题，为75.33%。

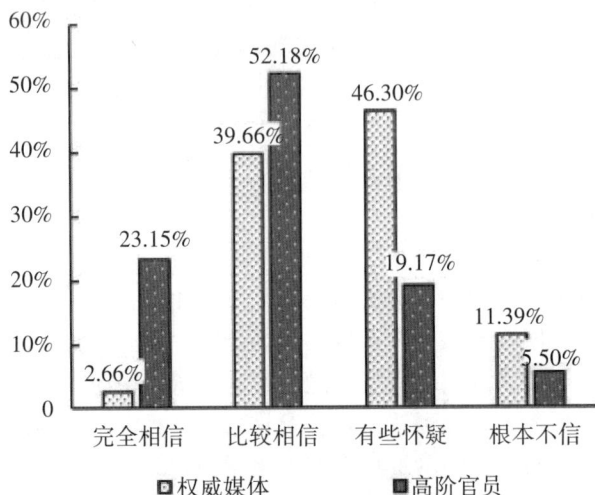

图13-5　权威媒体和高阶领导讲话的受信度

一个事例是，2015年4月21日，《人民日报》官方网站发表了一位作者的文章，称当时的那轮牛市有别于2007年的市场行情，背后的原因是中国发展战略的宏观支撑以及经济改革的内在动力，4 000点才是A股牛市的开端。[①] 随后短期的一个半月内，上证指数继续上涨，至6月12日，上证指数从4 000点左右快速上涨到5 178.19点的峰值。

3.比较稀缺或者生产周期比较长

举例来说，房地产市场特别容易产生泡沫，原因是土地作为一种生产要素供求弹性很小，特别是大城市中心城区的土地供给弹性基本上等于零。20世纪20年代，美国经济一片繁荣，建筑业日渐兴盛。拥有特殊地理位置的佛罗里达州出现了前所未有的房地产泡沫。1923—1926年间，该州的地价涨幅惊人。比如，棕榈海滩上的一块土地，1923年价值80万美元，1924年估值达150万美元，1925年估值高达400万美元。1925年，迈阿密市只有7.5万人，但居然出现了2 000多家地产公司，有2.5万名地产经纪人。然而好景不长，到1926年，佛罗里达州房地产泡沫迅速破灭。[②]

4.在物理特征上易于保存或囤积

如前所述，大蒜或生姜等农产品曾经被作为投机对象而出现短期的泡沫。我们以"你认为香蕉是否会成为被炒作对象？"为题进行调查，如图13-6所示，有60.34%的比例认为"有些可能"，甚至还有16.13%认为"完全可能"，只有23.53%的比例认为"根本不可能"。

---

① 王若宇. 4 000点才是A股牛市的开端［N］. 人民日报，2015-04-21.
② 佚名. 回顾20世纪世界三次楼市大崩盘［N］. 北京青年报，2010-01-19.

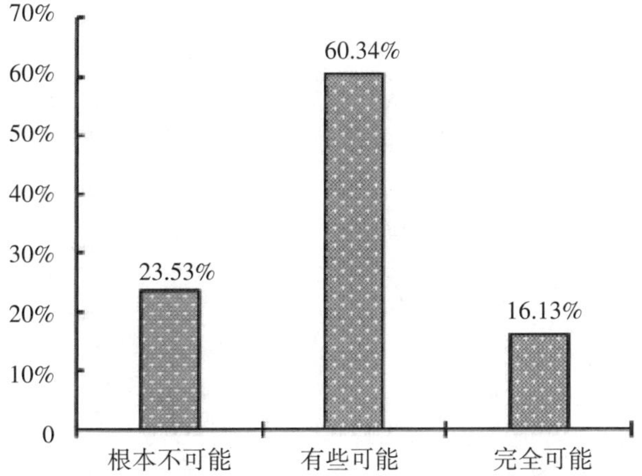

图13-6 以香蕉是否会被炒为题进行的调查

不过，现实当中，香蕉却很难成为投机对象。1974年9月17日，巴拿马、哥斯达黎加、洪都拉斯、危地马拉和哥伦比亚5个主要香蕉出口国在巴拿马首都巴拿马城签署了建立香蕉出口国联盟（UPEB）的协议，宗旨是"保卫成员国生产和出口香蕉的合理价格，维持生产国和消费国之间公平的贸易条件"[①]。实则是效仿石油输出国组织（OPEC），通过成立垄断性的卡特尔，大幅提高香蕉出口价格。但这一组织却很快失败了。其原因除了作为一种水果，香蕉的替代品很多，需求弹性很大之外，更重要的是香蕉不能像其他农产品那样被长期保存。而石油输出国组织能够从1960年至今60多年的时间里一直比较成功地稳定运作，一个重要原因就在于石油具有可囤积的物理属性。

5.具有很好的流动性

流动性好是指，把它卖出去很方便，容易转手变现。比如说，股票市场很容易发生泡沫。如本章所描述的英国南海公司股票泡沫，其实同一时期英国其他股票也经历了从暴涨到暴跌的过程，比如英格兰银行的股价从1720年8月的263镑跌到同年12月的145镑，只能说是比南海公司稍好一点。南海公司股票泡沫事件给英国社会带来很大震荡，也给英国人的内心留下了阴影，该事件中制定的《泡沫法案》一直到105年后的1825年才被废除。

13.2.3 参与者

某种产品或资产从泡沫产生至最终破灭的各个阶段，市场参与者是不同的。如图13-7所示，在产品价格比较低的"潜伏期"，只有少数精明投资者在布局，逢低买入。随着价格上涨，超出内在价值，进入"察觉期"，一些专业投资者开始进入市场。但这个时期的价格并不是单调上升的，而是在上涨到一个阶段后有个"假摔"，即所谓的"熊市陷阱"。经过数次"假摔"后，人们对市场价格已经习以为

---

① 杨成竹.论战后民族解放运动的阶段和特点［J］.青海师范学院学报（哲学社会科学版），2015（1）.

常，市场进入"狂热期"，大量"羊群"投资者开始进入市场。最终，市场价格达到一定高度以后迅速回调，进入"破灭期"，但占主体地位的"羊群"投资者仍然相信价格下降只是"假摔"，甚至认为恰好是逢低买入的好时机，从拒绝相信到担心、恐惧、绝望而在市场最低点纷纷认赔出局，市场进入"恢复期"，直到新一轮泡沫形成和破灭。

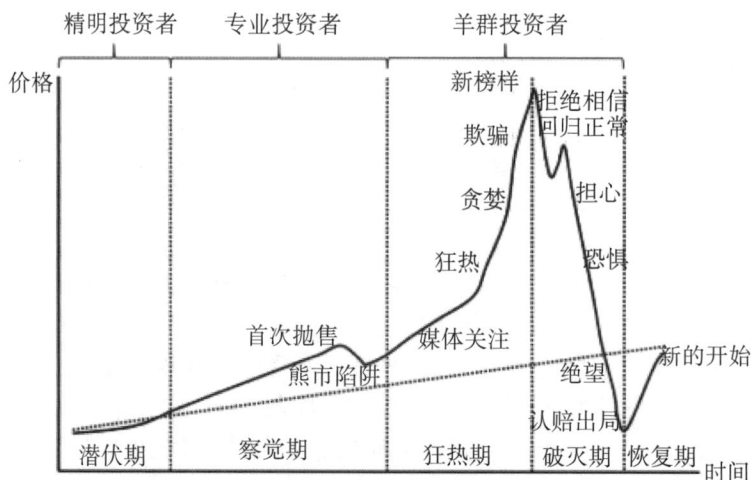

图13-7　泡沫各时期的主要参与者

13.3　市场泡沫的形成机理

13.3.1　宏观机理

在宏观层面上，泡沫的形成有如下4个原因：（1）金融制度不完善；（2）投资性资金泛滥；（3）资本国际流动；（4）投资者羊群效应。

1.金融制度不完善

发达国家和发展中国家都会出现市场泡沫。如图13-8所示，根据我们的调查，关于"你认为发达国家和发展中国家，谁更容易出现市场泡沫？"有44.78%的比例认为是"发展中国家"，比例最高，现实也的确如此。

在发展中国家，因为市场成熟度和运行效率相对较低，政府缺乏监管市场的经验，更容易产生投机性泡沫。但发展中国家产生的泡沫破灭以后，传染性不强，基本上局限在当地较小范围内，对其他国家影响不大。相反，发达国家市场成熟度和运行效率相对较高，政府监管市场的经验丰富，不容易产生投机性泡沫。但发达国家产生的泡沫破灭以后，传染性很强，不仅对当地影响巨大，还会迅速波及其他国家。例如，2008年的美国次贷危机在全世界范围内引发了金融海啸。金融危机及政府援助华尔街所导致的机会成本可能达到12.6万亿美元[1]；2009年3月，高盛公

---

① 史泽华. 美国民粹主义何以此时兴起？[N]. 新京报，2016-05-04.

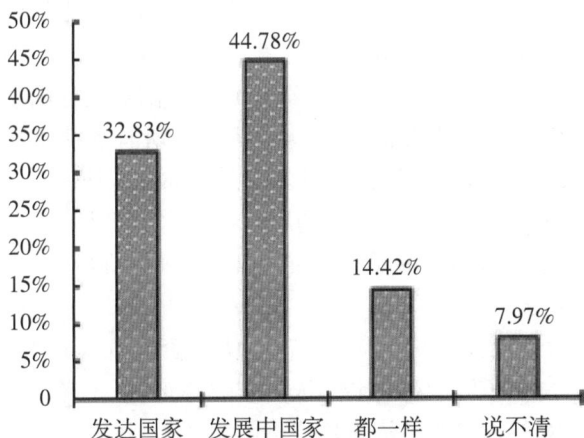

图13-8　关于哪些国家更容易出现市场泡沫的调查

司估算欧元区银行因金融危机损失约9 220亿欧元，这相当于当地当年国内生产总值的10%[①]。认为发达国家更容易出现市场泡沫的被调查者，应当是受到了如本教材中第4章认知偏差中的"可得性启发"影响所致。

2.投资性资金泛滥

宏观经济学中有一条由凯恩斯提出的著名定律——边际消费倾向递减规律：随着人们收入水平的提高，消费总量也随之增长，但消费支出在总收入中的比重降低。这样，随着收入水平的提高，储蓄的增加幅度更大，可用于投资或投机性的"金融资本"也会累进式增长。金融资本来脱胎于生产领域，但是当它达到一定规模的时候，就会游离出生产领域而相对独立地存在，由此产生"金融脱媒"。特别是在经济趋向货币化和证券化、金融衍生工具不断涌现以及可靠投资机会相对减少的背景下，就很容易出现投机性资产泡沫现象。由此产生了"热钱（Hot Money）"，即寻求短期回报的流动资金。它也被称为流资或游资（Refugee Capital）。这些资金流动速度极快，一旦投资者（通常是机构投资者）寻求到短线投资机会，热钱就会涌入，而投资者一旦获得期望盈利或者发现投资机会已经过去，这些资本又会迅速流走。热钱规模到底有多大，目前还没有一个公认的数字。

3.资本国际流动

在全球化时代以及科学技术进步日新月异的背景下，各个国家金融管制相对放松，大量资金在国际自由流动。这一现象具有"双刃剑"的作用。一方面，资金在全球范围内配置，能够提高利用效率；另一方面，大量投机性资金短期内涌向一些国家或部门，导致相应资产价格迅速飙升，在获得大量投机性收益后，这些资金又迅速退出，导致了相应资产价格迅速暴跌。

比如20世纪90年代末期，许多亚洲国家如泰国、马来西亚和韩国等长期依赖中短期外资贷款维持国际收支平衡，汇率偏高并大多维持与美元或一篮子货币的固

---

① 孙中元. 大洗劫：金融危机大视野［N］. 证券日报，2009-04-21.

定或联系汇率。由索罗斯主导的量子基金乘势进军泰国，从大量卖空泰铢开始，迫使泰国放弃维持已久的与美元挂钩的固定汇率而实行自由浮动，泰铢迅速贬值，给泰国金融市场带来巨大冲击。这一冲击迅速蔓延至东南亚其他国家，然后波及整个东南亚地区，即"东南亚金融危机"。此次危机迫使所有东南亚主要货币在短期内急剧贬值，东南亚各国货币体系和股市崩溃。将1998年3月底与1997年7月初的汇率进行比较可以发现，各个国家或地区的股市都缩水1/3以上，货币对美元的汇率跌幅在10%～70%，受打击最大的是印度尼西亚盾、马来西亚林吉特和韩元，分别贬值72%、40%和36%。

根据我们对如下问题的调查，对于"你认为资本在国际自由流动的后果如何"，如图13-9所示，有5.12%的比例认为"整体较差"，有58.63%的比例认为"利弊参半"，只有36.24%的比例认为是"整体利好"。我们认为，国际资本进入中国，整体上是利好的，关键是更好地治理。邓小平早在中国改革开放之初就形象地指出："打开窗户，新鲜空气进来了，苍蝇蚊子也进来了""开放政策是有风险的，会带来一些资本主义的腐朽东西。但是，我们的社会主义政策和国家机器有力量去克服这些东西。所以事情并不可怕。" 2024年7月18日，党的二十届三中全会审议通过《中共中央关于进一步全面深化改革　推进中国式现代化的决定》，决定提出"完善高水平对外开放体制机制"，"开放是中国式现代化的鲜明标识"，"深化外商投资和对外投资管理体制改革。营造市场化、法治化、国际化一流营商环境，依法保护外商投资权益"。

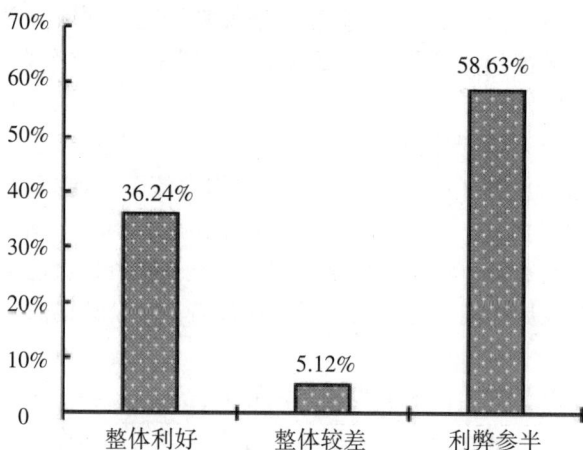

图13-9　关于资本国际流动效果的调查

4.投资者羊群效应

在金融市场中，经常出现资产价格忽起忽落，却无法进行合理解释的现象，而这可能仅仅是由投资者行为的相互影响导致的。投资者相互认识，并且相互交谈，以便获得市场中发生了什么事情的信息，这种信息传播方式往往导致投资者的羊群效应，使得资产价格大起大落，导致价格泡沫出现。

导致这一现象背后的重要原因就是本教材第9章所探讨的羊群效应。巴菲特在1985年公司年报中曾讲了这样一个故事：一个石油大亨正在向天堂走去，但圣·彼得对他说："你有资格住进来，但为石油大亨们保留的大院已经满员了，没办法把你挤进去。"这位大亨想了一会儿后，请求对大院里的居住者说句话。这对圣·彼得来说似乎没什么坏处，于是，圣·彼得同意了大亨的请求。这位大亨大声喊道："在地狱里发现石油了！"大院的门很快就打开了，里面的人蜂拥而出，向地狱奔去。圣·彼得非常惊讶，于是请这位大亨进入大院，但他迟疑了一下说："不，我认为我应当跟着那些人，这个谣言中可能会有一些真实的东西。"说完，他也朝地狱飞奔而去。

直到现在，这样的故事依然在华尔街上演。其实何止华尔街，全世界都依旧上演着这样的故事。在市场过度繁荣时，人们会编造各种理由来说服自己和他人，"这次与上次不同""这次没问题了"，但现实却是，"历史总是惊人地相似"。

13.3.2 微观机理

在微观层面上，泡沫的形成有如下4个原因：有限责任、道德风险、庞氏骗局、正反馈交易。

1.有限责任

有限责任，是指债务人仅以特定财产为限，对其债务所负清偿责任。在有限责任情况下，债务人的特定财产不足以满足债权时，可不以其他财产负清偿责任。有限责任相对于无限责任，使公司人格脱离于出资者人格，形成了独立的法人人格。可以说，现代市场经济的兴起，很大程度上缘于"有限公司"概念使创业者摆脱了无限责任[1]。

但有限责任使企业股东或管理者因只承担有限责任而降低自身风险的同时，却加大了债权人的风险。比如说，投资者面临两项投资选择：A：在任何情况下，利润率都确定为7%；B：有两种可能，好的情况下利润率为20%，坏的情况下利润率为-20%，两种可能概率均为50%，此项投资的期望利润率为0。

如图13-10所示，根据我们的调查，如果投资者利用的是自有资金，有90.51%的比例选择收益稳定的投资A。但是，如果利用的是别人的钱，且亏损只需承担有限责任，那就有73.81%的比例选择收益小且风险大的投资B。原因在于，如果最终结果是好情况，利润率为20%；如果是坏情况，因只承担有限责任，利润率不是-20%而是0。在这种情况下，投资B对于投资者的实际期望利润率为10%，而不是0。

---

① 刘胜军.《辱母杀人案》暴露的真问题是什么？[N].金融时报，2017-03-30.

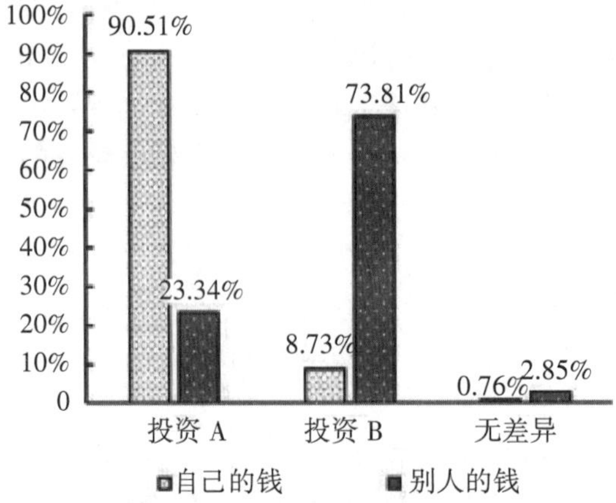

图13-10　使用不同来源资金投资选择的差异

进一步来说，债务风险产生的深层次原因有如下4点：（1）债务人过度信贷以实现"大而不能倒"（too big to fall）。（2）债务人长期处于亏损状态时，会抱着"赌上一把"的心理，投资那些期望回报率很低但风险却很高的项目。（3）债权人可能并不了解债务人的实际财务情况。（4）有效的破产清算机制较为缺乏或执行不严。

在现实生活中，预防债权泡沫的办法包括严格执法，增强社会风险意识和信用意识，实行财务信息披露制度，加强审计，严格实行破产法等法律、法规。但实际上，真正落实这些举措会有很大的难度。

2.道德风险

现代企业的另一特点是两权分离，即资本所有权和资本经营权的分离，在这种情况下，资产的所有者（委托人）不是自己经营企业，而是将其交给经营者（代理人）来代为经营。两权分离可以使拥有资本的委托人和拥有企业家才能的代理人相结合，实现生产要素的更高效配置，但同时也会导致代理人的"道德风险"问题。

道德风险（Moral Hazard），是指参与合约的一方所面临的对方可能改变行为而损害到本方利益的风险。具体到两权分离制企业，委托人是资产所有者，代理人是投资决策者。资产价格上升时，利益由委托人和代理人共同分享；但资产价格下降时，大部分损失由委托人承担，代理人承担很少或者根本不承担。这样，代理人就可能为了获得更大的收益而进行高风险的投资，由此产生两权分离式道德风险。

大量资金流向高风险投机市场，会促使资产价格急剧上扬，进而导致价格严重脱离经济基础，出现价格泡沫现象。有的学者考察了东南亚金融危机问题，其观点为，导致危机的一个重要原因就是"道德风险导致的过度借贷"，认为，在东亚各个国家或地区，没有明显的担保者，但有一个隐性加刚性担保者——政府，政府总是作为大投资公司、银行的靠山，使得这些金融机构不顾风险过度借贷，导致了投机市场过热和金融机构资产负债表的脆弱。他认为，这是由当地权威体制或者说文化传统导致的。

3.庞氏骗局

这是本教材第14章将要详细讲述的内容。简而言之，庞氏骗局就是借新债还旧债，拆东墙补西墙，项目本身没有盈利能力，实质上是将后续投资者的投资支付给此前投资者，投资者和资金是有限的，当两者不能继续增加时，庞氏骗局就将崩溃。同时，在泡沫经济时代，也特别容易产生庞氏骗局。从某种意义上来说，泡沫经济与庞氏骗局互为因果。

4.正反馈交易

巴菲特曾讲过，"大家贪婪时我恐惧，大家恐惧时我贪婪"。但现实情况却相反，"大家贪婪时我也贪婪，大家恐惧时我也恐惧"，这样，理性的投资者也往往利用泡沫做多而非做空，这就进一步加剧了泡沫，由此产生了"正反馈交易"。

正反馈交易（Positive Trade），是指认为自己信息较少的投资者通过价格变化来观察其他交易者的买卖，并且进行模仿，但这些买卖行为的合理性并不能被经济基础条件证实。 对于普通投资者，正反馈交易表现为"顺势而为"，即在价格升高时买进，价格下跌时卖出，简称"追涨杀跌"；对于机构投资者，正反馈交易表现为"推波助澜"，即**机构投资者利用普通投资者"羊群效应"特点，通过先砸低价格，买进证券，然后拉高价格，创造机会出货获利，让散户接盘，简称"剪羊毛"。**

13.3.3 机构投资者与泡沫

与正反馈交易相反，**负反馈交易（Negative Trade），是指在资产价格下跌时买进，上升时卖出，简称"追跌杀涨"。** 它一方面可以使投资者自身获利，另一方面也可以使资产价格保持或者恢复到正常水平。但市场当中这种力量却相对缺失，原因有如下3点：（1）做空策略在具体操作过程中，本身就有很大的局限性；（2）负反馈交易如果执行得太早，投资者在短期内会亏损，甚至在价格恢复至正常水平之前就已经提前出局；（3）泡沫的破灭有个过程，并且没有先兆，在它破灭前连续看空的人会被一直证明是错误的，公众甚至做空者本人也会因连续失败而丧失信心。因此，机构投资者往往也会表现出显著的"羊群效应"。下面，我们根据2013年诺贝尔奖得主罗伯特·席勒的洞察来进一步说明机构投资者缺乏负反馈交易动机和行为的原因。

1.罗伯特·席勒的预见

在20世纪和21世纪之交，许多国家尤其是发达国家的股票市场上发生了信息技术及互联网相关企业股票的泡沫事件。如图13-11所示，1999年1月4日，美国纳斯达克指数收盘价为2 208.05点，2000年3月10日，曾触及5 132.52点历史峰顶，当天以5 048.62点收盘，14个月上涨128.65%，但随后互联网泡沫破灭。一年半以后，到了2001年9月21日，收盘价仅为1 423.19点，相比最高值下降了71.81%。2001年12月31日，收盘价为1 950.40点，相比1999年1月4日下降11.67%。直到15年以后的2016年7月20日，纳斯达克指数才再次超过了此前的收盘价历史峰顶，当日收盘价为5 089.93点。

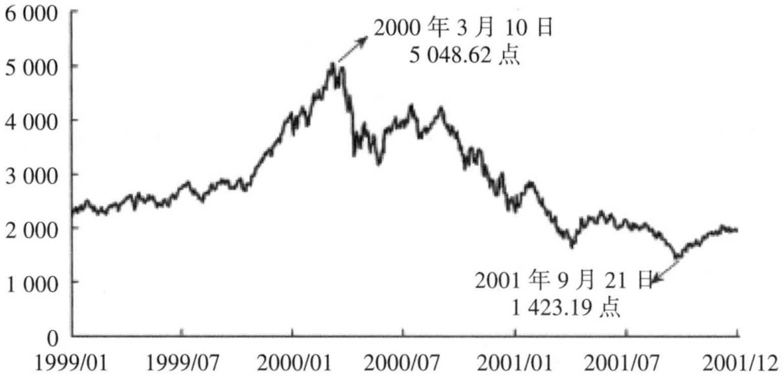

图13-11　美国纳斯达克指数1999年1月至2001年12月走势图

2000年3月，罗伯特·席勒出版了专著《非理性繁荣》。在书中他指出，互联网企业股票价格过高，已经出现泡沫。而就在此书出版的同时，美国纳斯达克股票市场果真如他所描述的那样，泡沫开始破灭了。

2002年，罗伯特·席勒撰写了《泡沫，人类判断和专家意见》（Bubbles，Human Judgment and Expert Opinion）一文，详细剖析了在这次互联网泡沫以及其他泡沫产生和破灭过程中，各类机构所扮演的"推波助澜"而不是"力挽狂澜"的角色。

他认为，投机性泡沫是一种非完全理性行为，而不是可怜的愚蠢，这并不是只有傻瓜才会犯的错误，而是最令人敬畏的投资者和真正的专家也同样会犯的错误。这些错误反映了人类的短处，而金融市场则是将这些错误放大并使之形象化的一片沃土。

2.投资专家的作用

投机性泡沫的本质是一种反馈，从价格增长到投资者热情增加、需求增加，再因此推动价格的上涨。这种对资产的高需求源于对过去高收益的共同记忆和对未来可能会得到的高回报充满乐观。反馈可以放大影响市场的正向力量，使得市场达到更高的价格水平。但是，泡沫并不能无限期地持续下去，当价格停止上涨时，由价格上升产生的需求涨势也会结束，随后，向下的反馈将替代向上的反馈。在泡沫破灭以前，特别是在泡沫持续了一段时间后，就会出现大量充满了妄想和偏见的投资者，他们在进行资产配置决策时，几乎不可避免地跟风去相信专家的观点。

但是，即使是机构投资者，也必须迎合个人投资者进行频繁的交易，以显示自己很忙碌和有作用，并没有辜负个人投资者支付的高昂费用，而不是根据自己的独立判断来进行投资。受到从众压力，专家很少敢于提出与其他专家不同的观点，因为他们担心被视为"异己"，因此失掉话语权；反过来说，专家会感觉就算拥有某个与他人不同的观点，当这个观点不会影响大局时，就会倾向于保持沉默或者是仅仅发表一些敷衍的异议。因此，就算机构投资者能够比市场做得稍好一点，并在投资中保持业绩的可持续性，上述这些问题也稀释了机构投资者本来所拥有的优势。

最终，市场中只有一种声音，而这个声音并不总是正确的，但人们却选择相信它。

3.新闻媒体的作用

无论是对于普通的中小投资者，还是对于专业的机构投资者，新闻媒体都发挥着重大的作用。新闻报道在某种程度上会巩固传统智慧，同时也会影响和改变传统智慧。

理论上，一篇优秀的报道应当能够引起其他竞争媒体一连串的后续报道，并强化它对公众思维的影响。但现实情况却是，新闻媒体自身也处于一个高度竞争的行业，一方面他们写作的主题不能偏离能够引起公众共鸣的中心点，另一方面也要迎合公众不断转换的关注话题。这样，新闻媒体的报道很难较好地描述金融市场，也很少能够传播任何有意义的内容。因为各类小报记者在新闻报道中并不能顾及所有相关的社会科学知识，相反，他们会被各类所谓专家弄得头昏眼花，导致在许多人眼里他们的报道根本就不值得信任。

13.4 市场泡沫的测度

13.4.1 市场价格的决定因素

一般而言，资产的市场价格由如下3个因素共同交织所决定：（1）内在价值；（2）随机波动；（3）泡沫因素。资产内在价值随着时间推移本身有稳定的上涨趋势；同时，就算没有泡沫，随机波动也会使得市场价格上下浮动，而泡沫因素进一步助长了市场价格的巨大变化。

图13-12模拟了在以上3种因素作用下，资产市场价格随着时间变化的情况。市场价格共出现B、D、F、H和J5个高位，共出现A、C、E、G和I5个低位，并不能说这些高位点就是泡沫阶段，同样也不能说这些低位点就是泡沫破灭。

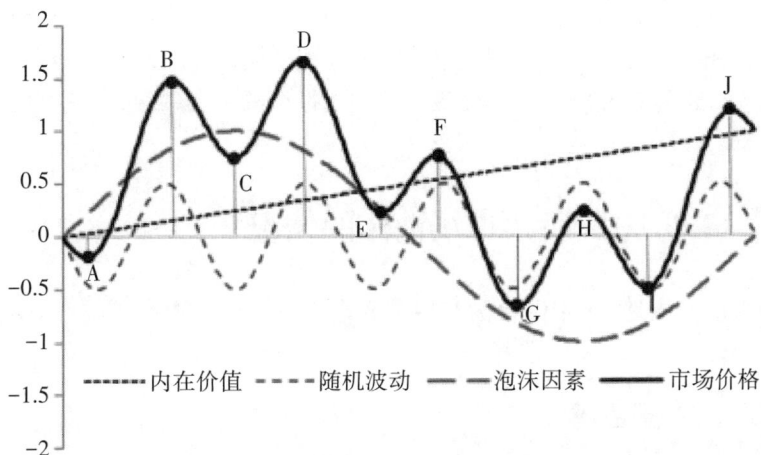

图13-12 各类因素共同导致的资产市场价格走势图

比如，低位点C恰好是泡沫因素最显著的时候，而高位点H恰好是泡沫因素最不明显的时候。高位点D是泡沫因素和随机波动共同作用的结果，并且是随机波动而不是泡沫因素占主导作用。高位点J的表现与资产内在价值一致，但背后却是随机波动高位和泡沫低位两者抵消的结果。

随机波动与泡沫因素也不同步，难以区分两者谁为主导，甚至在某种程度上，资产本身的内在价值也无法判断。这样，人们很难在各个阶段准确地判断市场价格走势的主导因素。

13.4.2　泡沫判断的难度

判断泡沫的方法有如下3种：

一是基础测度法。**基础测度法从泡沫的定义即从资产的理论价值出发，通过比较实际价值同理论价值的差异来度量泡沫程度。**但如前所述，这种方法的可操作性很差，因为剔除泡沫因素和随机波动后找出产品内在价值的难度非常大，更不能简单地认为，价格处于高位点就是存在泡沫，价格处于低位点就是泡沫破灭。

二是泡沫膨胀速度法。**泡沫膨胀速度法从动态的角度测量泡沫变化速度和价格涨幅。**比如经济只增长6%，但资产价格上涨60%，偏离了经济发展的速度，就可能存在泡沫。

三是虚拟资本与实体资本比较法。实体资本是虚拟资本的基础，因此可以通过虚拟资本偏离实体资本价值的程度来度量泡沫。比如股票市场总市值与国内生产总值的比值，如果这个数字超过2，从经验上来说股票市场可能存在泡沫；再如市盈率，其正常水平为8~15，如果某只股票市盈率超过30，那就可能存在个股泡沫。

在实证方面，上述各种方法都需要严格的统计性检验，因此数据样本的支持非常重要。然而对于一个信息披露不完全或时间序列过短的市场，这一点是难以做到的。并且，这些方法基本上是事后总结，无法做到事前预测，甚至对于已经发生的事件是否存在泡沫，本身都有争议。比如，当前中国房地产市场是否存在泡沫，各种观点针锋相对，无法达成共识，唯有时间才能证明。

可以说，泡沫是经济学家研究最多但共识最少的一个领域，但这也正是它的迷人之处。

13.5　中国股票市场泡沫的情况

中国大陆（内地）、中国台湾和中国香港都曾经历了数次股票市场泡沫，而且表现非常相似。

13.5.1　中国台湾

1.背景介绍

台湾证券交易所成立于1962年2月9日，1967年开始编制"台湾加权股价指数"，以基期1966年年底作为100点计算，1986年10月17日，收盘价首次突破1 000点，为1 003.56点；1989年6月19日，收盘价首次突破10 000点，为10 105.81点；1990年2月12日达到12 424.50点，此后一直到30年后的2020年7月22日，才被超过。截至2024年12月31日，在2024年7月11日，收盘点位达到历史最高值，为24390.03点。2024年12月31日收盘点位为23035.10点。

如图13-13所示，从1967年1月至2024年12月，中国台湾股票市场基本上每隔10年左右就会出现一次比较大的股市泡沫。其中，1987—1990年间的那一次最为严重。

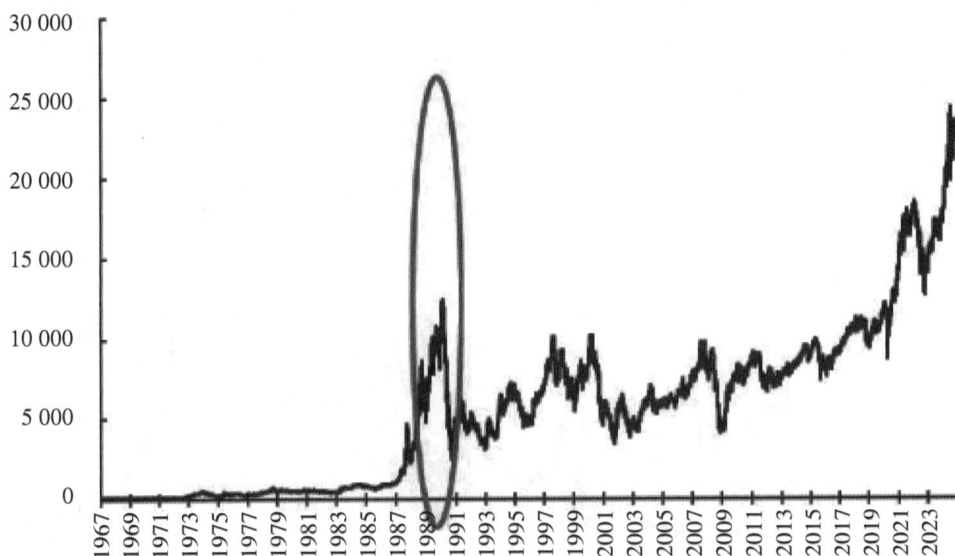

图13-13 中国台湾加权股价指数1967年1月到2024年12月走势图

2.泡沫过程

20世纪80年代末，中国台湾经济已连续40年以平均9%的速度增长，外汇储备也高达700亿美元，在居民财富和外汇盈余的共同作用下，当时台湾地区出现了流动性过剩的情况。巨额资金寻找投机机会，而股票市场则成为重要选项。

1985—1990年的中国台湾股票市场泡沫可分为4涨4跌共8个阶段。

第一次上涨，从1985年8月1日起，台湾加权股价指数从643.83点开始上涨，到1987年10月1日到达第一个峰值4 673.14点，26个月涨幅达625.83%。

第一次下跌，随后反转，至1987年12月28日到达第一个谷值2 297.84点，3个月跌幅达50.83%。

第二次上涨，随后反转，至1988年9月23日到达第二个峰值8 637.83点，9个月上涨275.91%。

第二次下跌，随后反转，至1989年1月5日到达第二个谷值4 873.18点，3个月跌幅达43.58%。

第三次上涨，随后反转，至1990年2月12日到达第三个峰值也是本轮泡沫的历史峰值12 424.50点，13个月涨幅达154.96%。

第三次下跌，随后反转，至1990年7月5日到达第三个谷值4 524.55点，5个月跌幅达63.58%。

第四次上涨，随后反转，至1990年8月1日到达第四个峰值5 771.28点，1个月涨幅达27.55%。

第四次下跌，随后反转下跌，至1990年10月1日达到第四个谷值也是本轮泡沫的历史谷值2 560.47点，2个月跌幅达55.63%。

总体而言，本次泡沫从1985年7月30日起始点636.02点，到1990年2月12日最高点12 424.50点，共55个月，涨幅为1 853.48%；再到1990年10月1日最低点2 560.47点，共7个月，跌幅为79.39%，如图13-14所示。

图13-14　中国台湾加权股价指数1985年8月到1990年10月走势图

3.投资者表现

在这场四起四落的股市泡沫过程中，赚钱效应吸引了众多中小投资者参与其中，在1990年2月的泡沫顶峰时，全台湾活跃交易账户从1988年6月不到60万激增至460万，全台湾几乎每个家庭都参与其中。台湾股市的日均交易量也从不足1 000万美元飙升至56亿美元，单日最高成交纪录为76亿美元，是当时纽交所和东京交易所交易量的总和。1989年最后一个交易日，台湾股票的平均市盈率达到100倍，远超正常情况的20倍水平。

当台湾加权股价指数在1990年2月12日收盘点位达到12 424.50的高点时，当时的市场乐观情况已经无法控制，大家都认为它将很快突破15 000点甚至更高。但自此以后，整整过了30年，即2020年7月22日，台湾加权股价指数才再次达到这个高度，2022年12月30日，收盘价是14 137.69点。

4.股灾后果

投资百科网创始人，曾在台湾凯基证券任职的张海滨指出，在这场台湾股票市场彻底崩盘之前，海外游资早已获利出逃，所有损失都由台湾本地投资者尤其是个人投资者承担。就本地参与者而言，这场游戏没有赢家。进一步，他对这场台湾股票市场泡沫的形成作了较为深入的剖析①，并提出如下5个原因：（1）中国台湾是一个流动性驱动的市场，由于持续多年的高储蓄率、贸易顺差和游资涌入，使得这个市场资金供给膨胀，但可以投资的渠道有限，资金只能涌入股市，并且市场相信流动性过剩短时间内都不会消除。（2）中国台湾的上市公司资产负债表上有大量被低估的资产，比如土地和持有其他上市公司的股票，公司价值有重估需要。（3）市场上的大庄家是会一直支持市场的，因为如果崩盘，他们也会受到损失。（4）中国台湾和日本一样，外国投资者已连续多年预言东京股市会崩盘都没有成真，东京股市还在涨，台湾有什么担心的。（5）最后，此时正处于台湾岛内发生重大变革之际，当局也担心股市泡沫破裂，他们害怕投资者的批评和失去选民的支持。

13.5.2　中国香港

1.背景介绍

1891年香港经纪协会成立，这是香港首家证券交易市场，1914年更名为香港经纪商会。1921年，香港第二家交易所香港股份商会成立。两家交易所在第二次世界大战以后的1947年合并成为香港证券交易所。此后，香港又陆续成立了另外三家交易所，分别是1969年的远东交易所、1971年的金银证券交易所和1972年的九龙证券交易所。四家交易所于1986年3月27日合并，成立香港联交所。2000年3月6日，香港联交所与香港期货交易所及香港中央结算有限公司合并，成立香港交易及结算所有限公司，简称香港交易所。

恒生指数以1964年7月31日为基数日，基数点100点，但迟至1969年11月24日才正式发布，开始点数是150点。1973年2月2日，收盘点位首次突破1 000点，为1 098.86点；1993年12月10日，收盘点位首次突破10 000点，为10 228.10点；2006年12月28日，收盘点位首次突破20 000点，为20 001.91点；2007年10月26日，收盘点位首次突破30 000点，为30 405.22点；2018年1月26日，收盘点位达到截至2024年12月31日的历史最高值，为33 154.12点。2024年12月31日收盘点位为20 059.95点。

如图13-15所示，从1964年7月至2024年12月，中国香港股票市场也基本上每隔10年左右就会出现一次比较大的股票泡沫。其中，1995—1998年间的那一次比较严重。

---

① 张海滨. 重温1987—1990台股泡沫，对大陆A股投资者的启示［J］. 证券市场周刊, 2007（6）.

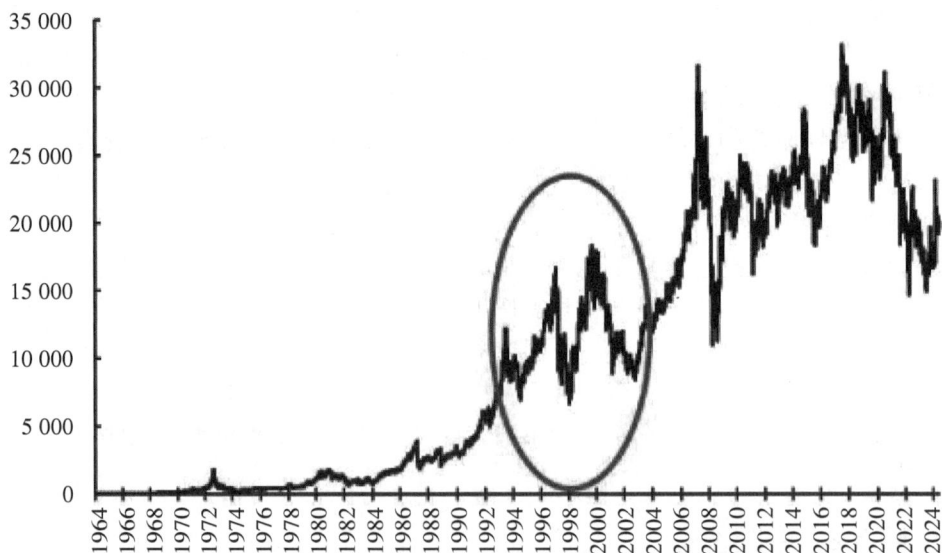

图13-15　中国香港恒生指数1964年7月至2024年12月走势图

2.泡沫过程

20世纪90年代初，香港前途变得明确，房地产和股票市场都开始一路高走。1992年香港股票曾经历了一次泡沫的产生与破灭，但这只是一个序曲。

1995—1998年的中国香港股票市场泡沫可分为4涨4跌共8个阶段。

第一次上涨，从1995年8月18日起，香港恒生指数从8 895.80点开始上涨，到1996年2月16日到达第一个峰值11 595.00点，6个月涨幅达30.34%。

第一次下跌，随后反转，至1996年3月13日到达第一个谷值10 249.50点，1个月跌幅达11.60%。

第二次上涨，随后反转，至1997年1月20日到达第二个峰值13 868.20点，11个月上涨35.31%。

第二次下跌，随后反转，至1997年4月3日到达第二个谷值12 055.20点，2个月跌幅达13.07%。

第三次上涨，随后反转，至1997年8月7日到达第三个峰值也是本轮泡沫的历史峰值16 673.30点，4个月涨幅达38.31%。

第三次下跌，随后反转，至1997年10月28日到达第三个谷值9 059.90点，3个月跌幅达45.66%。

第四次上涨，随后反转，至1997年12月8日到达第四个峰值11 722.90点，1个月涨幅达29.39%。

第四次下跌，随后反转下跌，至1998年8月13日到达第四个谷值也是本轮泡沫的历史谷值6 660.42点，8个月跌幅达43.18%。

总体而言，本次泡沫从1995年8月18日起始点8 895.8点，到1997年8月7日最高点16 673.3点，共24个月，涨幅为87.43%；再到1998年8月13日最低点6 660.42点，共12个月，跌幅为-60.05%，如图13-16所示。

图13-16　中国香港恒生指数1995年8月到1998年8月走势图

3.投资者表现

关于这次香港股票市场泡沫，有人将其归咎为以索罗斯等为代表的国际金融大鳄炒作。香港特区政府也极为罕见地运用行政手段对市场进行了干预。从1997年10月20日开始，国际游资开始沽空港币，香港汇市剧烈动荡，香港特区政府一方面抛售美元买入港币，另一方面将最优利率从8.75%提升至9.5%，这在一段时间内维持了港币汇率的稳定。但这一行为减少了港币供给量，导致了上面所描述的恒生指数第二次暴跌。

1998年8月，国际游资又开始酝酿更大规模的冲击。他们一方面向银行大量购入远期美元抛出远期港元，推高银行同业拆借利息，换来美元借出以赚取利息；另一方面又抛出恒指期货与股票现货，以压低股票价格。前者会使利率急升，导致股市下跌，从而在期货市场获利；同时一旦港元下跌，他们也可以在外汇市场获利。

对此，在中央政府的鼎力支持下，香港特区政府动用外汇基金直接入市护盘，高达1 181.2亿港元，一度占有港股7%的市值，特区政府也成为部分公司的大股东。这些行动稳定了证券市场的信心，使恒生指数止跌回升，并迫使国际炒家不得不以较高的价格补入抛空的股票和期指，最后亏损撤退。

4.股灾后果

尽管击退国际金融大鳄，但香港自身也损失惨重，可以说是"惨胜"。1998年最为紧张的2个月里，香港股市蒸发2.1万亿港币。直到9年后的2006年4月27日，恒生指数才再次超过1997年8月7日的16 673.30点，当日收盘价为16 742.85点。另外，香港楼市在随后一年内大跌70%，超过10万名业主背负"负资产"。香港人均GDP在2007年才恢复到1997年的水平。

13.5.3 中国大陆（内地）

1.背景介绍

当前，中国大陆（内地）分别有上海证券交易所和深圳证券交易所两家股票交易所，前者成立于1990年11月26日，并于同年12月19日正式营业。

上证指数以1990年12月19日为基数日，基数点100点，于1991年7月15日公开发布，当日收盘点位是133.14点。1992年5月21日，收盘点位首次突破1 000点，为1 266.49点①；2007年8月23日，收盘点位首次突破5 000点，为5 032.49点；2007年10月16日，收盘点位达到截至2024年12月31日的历史最高值，为6 092.06点。2024年12月31日收盘点位为3 351.76点。

如图13-17所示，与中国台湾加权股价指数和中国香港恒生指数一样，从1990年12月至2024年12月，中国内地股票市场也基本上每隔8年左右就会出现一次比较大的股票泡沫。其中，2006—2008年间的那一次最为严重。

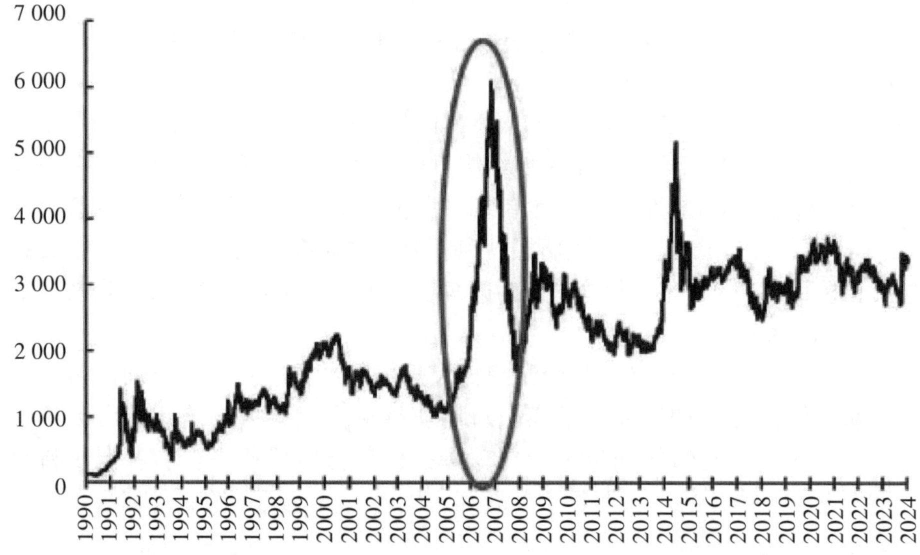

图13-17　上证指数1990年12月至2024年12月走势图

2.泡沫过程

2001年中国加入世界贸易组织，连续多年的外贸顺差使得中国货币供给量不断刷新纪录，2005—2006年完成的"股权分置改革"为原来不能流通的国有股和法人股能够进入市场交易铺平了道路。2005—2008年的中国内地股票市场泡沫可分为4涨4跌共8个阶段。

第一次上涨，从2005年7月11日起，上证指数从1 011.50点开始上涨，到2006年7月11日到达第一个峰值1 745.81点，12个月涨幅达72.60%。

---

① 需要强调的是，前一天也即1992年5月20日的收盘点位只有616.99点，这意味着这天的大盘上涨了105.27%。

第一次下跌，随后反转，至2006年8月7日到达第一个谷值1 547.44点，1个月跌幅达11.36%。

第二次上涨，随后反转，至2007年5月29日到达第二个峰值4 334.92点，10个月上涨180.13%。

第二次下跌，随后反转，至2007年7月5日到达第二个谷值3 615.87点，1个月跌幅达16.59%。

第三次上涨，随后反转，至2007年10月16日到达第三个峰值也是本轮泡沫的历史峰值6 092.06点，4个月涨幅达68.48%。

第三次下跌，随后反转，至2007年11月28日到达第三个谷值4 803.39点，1个月跌幅达21.15%。

第四次上涨，随后反转，至2008年1月14日到达第四个峰值5 497.90点，2个月涨幅达14.46%。

第四次下跌，随后反转下跌，至2008年11月4日到达第四个谷值也是本轮泡沫的历史谷值1 706.70点，10个月跌幅达68.96%。

总体而言，本次泡沫从2005年7月11日起始点1 011.50点，到2007年10月26日最高点6 092.06点，共27个月，涨幅为502.28%；再到2008年11月4日最低点1 706.70点，共12个月，跌幅为71.98%，如图13-18所示。

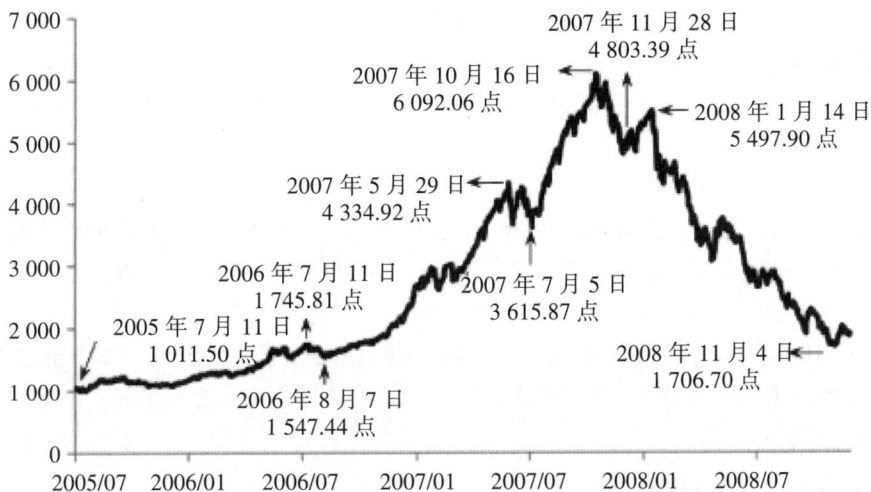

图13-18　上证指数2005年7月到2008年11月走势图

3.投资者表现

2007年，中国股票市场与房地产市场一改过去此消彼长的"跷跷板式"关系，两者同时暴涨，实际上当年的一个流行词就是"涨"。在股票市场进入狂热阶段的时候，不管是什么样的消息，哪怕是对股票市场利空的消息，都会被解读成利好消息。例如，2007年1月5日至7月30日，中国人民银行连续6次提高存款准备金率，大型金融机构存款准备金率从9%提升至12%。存款准备金率提高，意味着货币供给量减少，对股票市场有重大利空影响。但这六次调整后的第二个交易日，沪深两市股票都是上涨而不是下跌。当年11月召开的中共十七大报告提出："要优化资本市场结构，多渠道提高直接融资比例，创造条件让更多群众拥有财产性收入。"股票市场乐观情绪达到了顶峰。

上海高校一位已故教授于2007年9月提出："中国正处于5 000年来最大的盛世，我们要抓住这次机会，相对于日本的17年股票牛市，中国牛市只是开始，人民币升值是个很长的过程。人民币升值不停止，这个牛市就停不了。一辈子就这么一次机会。"①随后至2014年，人民币的确没有停止升值的步伐，但这个牛市却早早停止了。这位已故教授在2015年6月8日，针对有部分机构看空当时中国股票市场又提出："这是中国证券史上难得的一个大牛市，国家整体上是默许的，老百姓在财富效应下也纷纷入股市……还是那8个字'下跌有限，上涨难测'。可能是有的机构踏空了，对于日涨夜大的股市着急了，迫不及待，在市场上放些利空的谣言，还煞有其事。"②随后却是上涨有限，下跌难测。

认沽权证是一种看跌权证，其投资收益来自"行权价格"高出标的股票价格的差额，成本是买入这种投资工具时的"交易价格"。因此，从理论上来看，不管认沽权证如何被炒作，其交易价格都不应该超过行权价。然而，2007年6月14日，中国金融市场中的"华菱认沽"交易价格为5.330元，行权价格为4.769元，当天对应的标的股票"华菱管线"收盘价格为9.420元。按照上述价格，即使到期日"华菱管线"股价跌至0，投资者行权获得的收益最高也只是4.769元，但此时投资者付出的成本却是5.330元。这意味着，买入这只权证并持有到期的投资者将注定亏损。这次认沽权证交易价格超过行权价格的现象，在世界权证发展史上也是极为罕见的。

4.泡沫后果

2008年11月底，沪深两市共有1.2亿个股票交易账户，其中仅2007年两市新开户超过4 000万，通过基金开户2 000万；其中当年8月后的4个月，每月开户量都超过300万户，这意味着大部分新股民是在股市处在高位时进入的。然而，上证指数从当时的最高点6 100点仅14个月的时间就跌到了1 600点，跌幅超过72%，股票市场总市值缩水最多时达到22万亿元，其中流通盘缩水8万亿元，平均每个账户亏损13万元。

13.5.4　对比分析

对比中国大陆与中国台湾的股票市场，如图13-19所示，如果将"台湾加权股价指数"以1987年1月为起点，以2007年3月为终点；将"上证指数"以2004年10月为起点，以2024年12月为终点。大家会发现两者在走势上有惊人的相似之处，243个月的月度收盘点位相关系数高达61.25%。特别是上证指数在2007年和

---

①　谢百三. 中国牛市才刚刚开始［N］. 海南经济报，2007-09-16.
②　谢百三．股市跃上5000点真话谣言要辨别［EB/OL］．［2015-06-06］. http：//www.stcn.com/2015/0606/12288168.shtml.

2015年的两次泡沫形成与破灭的走势，几乎完全对应台湾加权股价指数在1990年和1997年的情况，并且最高点位刚好是后者的一半。这意味着，根据台湾加权股价指数17年9个月的情况，可能预测的上证指数。我们曾在2007年发现了第一次巧合，2015年又发现了第二次。

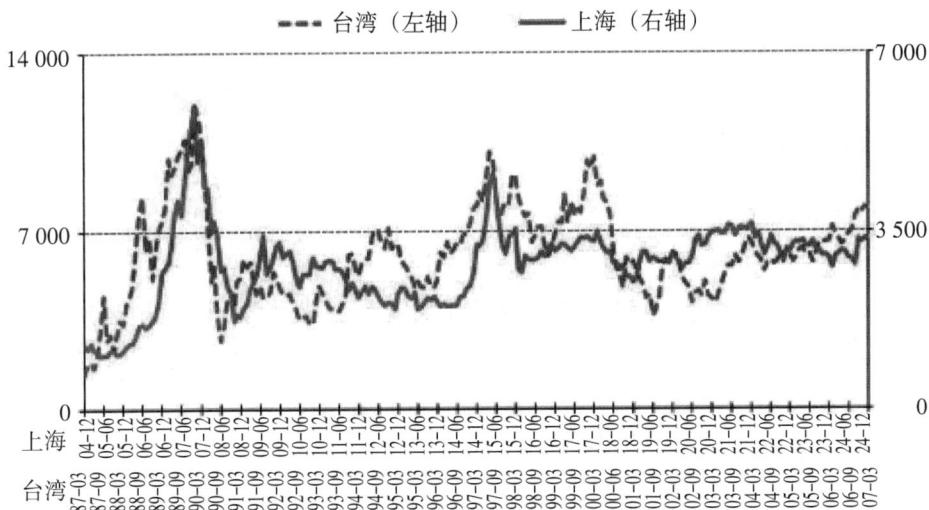

图13-19　上证指数与台湾加权股价指数对比图

但是，这并不意味着，根据台湾加权股价指数213个月（17年9个月）前的情况，可以预测上证指数。例如，台湾加权股价指数2005年10月底为5 764.30点，2007年7月底涨至9 287.25点，涨幅为61.12%。相对应的是，上证指数2023年7月底为3 291.04点，2025年4月底为3 279.03点，几乎不变。

总结中国台湾、中国香港和中国大陆上述股票市场泡沫情况，大都是以广大中小投资者损失惨重而告终。一则笑话形象地说明了这一过程："股票拍卖，竞拍者有券商、机构投资者、基金和散户，券商首先出价2 000点，机构投资者追加出价3 000点，基金追加出价4 000点，散户追加出价5 000点，拍卖师一锤定音，散户以5 000点成交；散户觉得高位接盘，不同意这次结果，要求重新拍卖。第二次拍卖中散户首先出价2 000点，拍卖师一锤定音，散户以2 000点成交。"

我们不禁想到了1 000多年前唐代诗人杜牧所作的《阿房宫赋》中"秦人不暇自哀，而后人哀之。后人哀之而不鉴之，亦使后人而复哀后人也！"这句话，同样适用于股票投资者，尤其是适用于中国的广大中小散户投资者。

思政课堂 ☑ --------------------------------------○

年轻就是财富

【思政元素】理性投资，长线理财。

关于用多少比例资金投资股票问题，一个经验法则是，预期寿命减去当下年纪。比如，2021年，中国居民人均预期寿命为78.2岁。这样，一位20岁的大学生，就可以将手中58.2%的资金投资于股票。保守估计，以6%的年收益率计算，当其60岁时，40年前的100元，就变成了1 029元。而一位40岁的中年人，同样是到60岁，因只有20年的投资时间，100元只能变成321元。尽管短期来看，股票市场波动很大，但40年的漫长岁月，就足可以熨平这些波动，而获得非常稳定的回报。

年轻的读者们，"年轻"就是你们独有的巨大财富，它与家庭背景没有任何关系，尽情地享受它吧！

本章小结 ✅ ------------------------------------●

泡沫是指由于市场预期狂热的错误定价，导致资产非理性地高出其基本价值的现象，此时投资者交易这项资产的主要目的是"短期高价卖出"而非"长期持有或自己使用"。

泡沫经济是指资产价值超过实体经济可承受的程度，使经济丧失可持续发展能力的状态。它具有5个特征：某些商品或资产的价格严重地高于正常价格；交易主要是为了短期高价出售；泡沫资产总量占经济相当高的比重；泡沫资产与要害部门有系统的联系；泡沫资产导致经济潜伏巨大的危机。市场泡沫产生的必要条件包括货币供应量的过度泛滥、新技术或新概念的憧憬和政府放任甚至暗中支持。

可能成为投机对象的商品或资产表现为5个特征：具有内在价值或者有刚性需求；具有价格上涨的想象空间；比较稀缺或者生产周期比较长；在物理特征上易于保存或囤积；具有很好的流动性。

某种资产从泡沫产生至最终破灭的各个阶段，市场参与者是不同的。

在宏观层面上，泡沫的形成有金融制度不完善、投资性资金泛滥、资本国际流动和投资者羊群效应4个原因。在微观层面上，泡沫的形成包括有限责任、道德风险、庞氏骗局和正反馈交易4个原因。负反馈交易是指在资产价格下跌时买进上升时卖出，它可以使资产价格恢复到正常水平。机构投资者为迎合其他个人投资者，缺乏负反馈交易动机，媒体不能够准确描述金融市场的真实情况。

资产市场价格由内在价值、随机波动和泡沫3个因素共同决定，随机波动使得市场价格上下波动，泡沫因素使市场价格变化巨大，人们很难准确地判断出市场价格走势的主导因素。

判断泡沫包括基础测度法、虚拟资本与实体资本比较法以及膨胀速度法3种方法，但这些方法都存在缺陷，基本上是事后总结，而不是事前预测。

中国大陆、中国台湾和中国香港都曾经历数次股票市场泡沫，而且表现非常相似，其结果是导致广大中小投资者损失惨重。

推荐阅读 ☑ --•

［1］ SHILLER. Bubbles，Human judgment，and expert opinion ［J］. Financial Analysts Journal，2002（3）：18-26.

［2］ FACCIO，LANG，YOUNG. Dividends and expropriation ［J］. American Economic Review，2001（1）：54-78.

［3］ 希勒. 非理性繁荣 ［M］. 李心丹，等译. 3版. 北京：中国人民大学出版社，2016.

第14章 庞氏骗局

【学习目标】 本教材第13章在讲述泡沫形成的微观机理时指出，泡沫经济与庞氏骗局互为因果，本章对庞氏骗局加以详细深入的分析。通过本章的学习，读者应当了解庞氏骗局的由来；掌握庞氏骗局的含义；熟悉庞氏骗局和施骗者的特征以及受骗者的非理性表现；熟悉项目融资的内容及其与庞氏骗局的联系与区别；了解PPP合作模式；熟悉社保基金与庞氏骗局的联系和区别；了解父爱主义与消费主权的关系；了解传销的含义及其与直销的联系和区别；掌握销售理财产品过程中各种行为金融学理论综合运用的策略。

【关键概念】 庞氏骗局；资金腾挪回补；金字塔式结构；项目融资；PPP合作；传销；直销；理财产品。

引例

【传统文化】

拆东补西

诗成笔落骥历块，不用安西题纸背。

小家厚歛四壁立，拆东补西裳作带。

——宋·陈师道《次韵苏公西湖徙鱼三首》

庞氏骗局的由来

查尔斯·庞氏（也译为庞兹或蓬齐，英文原文为"Ponzi"）1882年出生于意大利，1903年来到美国波士顿，多次因欺诈入狱。1919年，他宣称在购买欧洲某种邮政票券再卖回美国可以获利巨大，并成立空壳公司筹资，许诺在45天内给投资者50%的回报。最初投资者在规定时间得到这一回报，大批后续投资者跟进。一年时间里，庞氏共收到4万多名投资者的累计1 500万美元资金，并被称为与哥伦布和马可尼齐名的3个最伟大的意大利人之一。他购置了有20个房间的别墅，买了100多套昂贵的西装，拥有数十根镶黄金的手杖，还给他的情人露西购买了无数昂贵的首饰，连烟斗都镶嵌着钻石。1920年8月，庞氏骗局破灭，筹集的1 500万美元被追回1 300万美元，余下200万美元少部分支付给了

少数投资者，大部分被其用于个人挥霍。庞氏被判入狱5年，出狱后又进行了几次金融诈骗。1949年他病故于巴西里约热内卢的贫民医院，仅剩下75美元作为丧葬费。

14.1 庞氏骗局简介

14.1.1 庞氏骗局的含义

简而言之，<u>庞氏骗局，是指做局者虚设"空壳"企业筹集资金，以后续投资者资金而非企业经营获利来支付给此前投资者作为回报，并将所筹资金主要用于个人挥霍而非经营企业</u>。引例中的"庞氏骗局"至今仍然存在于世界各国的金融市场当中，其骗局规模越来越大，导致的后果也越来越严重。下面分别介绍21世纪发生在美国和中国的两个有代表性的庞氏骗局事件。

14.1.2 麦道夫骗局

1960年，伯纳德·麦道夫用自己的名字命名成立了"伯纳德·L.麦道夫投资证券公司"。这家公司一直经营得不错，在2001年，成为纳斯达克股票市场上提供上市咨询服务的三大经纪公司之一，也是纽交所第三大经纪公司。

2008年12月，受全球金融海啸影响，麦道夫面临高达70亿美元资金赎回压力，无法继续撑下去，他于12月10日向两个儿子坦白其实自己"一无所有"，一切"只是一个巨大的谎言"。两个儿子当晚就向FBI告发父亲，一宗世界历史上金额最大的欺诈案暴露在世人眼前。

麦道夫庞氏骗局涉案金额高达500亿美元，全球大量知名人士和知名金融机构被卷入其中，包括法国巴黎银行的4.7亿美元、汇丰银行的10亿美元、国际奥委会的4.8亿美元，还有瑞士银行、野村证券、皇家苏格兰银行等大型集团也都承认由此受到数额不等的巨大损失。

被捕后的麦道夫主动认罪，2009年6月，麦道夫放弃约8 000万美元的家产，仅留下250万美元现金，从而与联邦检察官达成和解协议，同月29日，他被判处150年的监禁，这是美国历史上对白领犯罪的最高刑罚。随后，他的两个儿子先后死于自杀和癌症[1]。但整个案件并未结束，起初，受害者仍有175亿美元没有得到赔偿，一位名叫Irving Picard的律师受委托继续向麦道夫追讨，至2020年4月份，已经追回了143.45亿美元，约占客户175亿美元损失的82%。2021年4月，麦道夫在狱中去世，终年82岁。

---

① 老任. 美国巨骗麦道夫刑期150年：一子自杀一子病亡 [EB/OL]. [2014-09-06]. http: //world.people.com.cn/n/2014/0906/c1002-25614851.html.

14.1.3　e租宝骗局

e租宝，全称为"金易融（北京）网络科技有限公司"，是安徽钰诚集团全资子公司，成立于2014年7月，注册资本1亿元，宣传的运营模式是"互联网金融+融资租赁""融资与融物"相结合，采取全新的A2P（Asset to Peer）经营模式。截至2015年12月8日，e租宝总成交量745.68亿元，总投资人数90.95万人，待收总额703.97亿元，行业排名第4。①

2015年年底，多地公安部门和金融监管部门发现，e租宝经营存在诈骗，随即展开调查，之后钰诚集团及e租宝相关负责人因涉嫌诈骗被警方拘捕。2016年1月31日，新华社披露，e租宝非法吸收资金500多亿元，受害投资人遍布各省市，人数多达90余万，这是目前"已暴露"的中国最大的金融诈骗事件。2017年9月12日，e租宝案一审在北京宣判，丁宁丁甸两兄弟都被判无期徒刑，对钰诚国际控股集团有限公司以集资诈骗罪、走私贵重金属罪判处罚金人民币18.03亿元；对安徽钰诚控股集团以集资诈骗罪判处罚金人民币1亿元。

调查发现，e租宝账户数量有901 294个，累计充值581.75亿元，累计投资745.11亿元，其中约有15亿元被平台实际控制人、钰诚集团董事会执行局主席丁宁用于赠予妻子、情人、员工及个人挥霍。而丁宁除涉嫌集资诈骗和非法吸收公众存款外，还涉嫌非法持有枪支、非法组织他人偷越国（边）境。②2016年12月16日，北京检方对"e租宝"案提起公诉。2017年9月12日，北京市一中院公开宣判丁宁等26人集资诈骗、非法吸收公众存款案，共处罚金人民币18.03亿元，其中主犯丁宁和丁甸被判处无期徒刑，其余24人被判处有期徒刑15年至3年不等刑罚。2017年11月29日，e租宝二审宣判，驳回上诉维持原判。与此同时，e租宝散落在各地的关联公司，13个省份的38起诉讼，已经相继作出宣判，共有111人入狱，罚金超20亿元。

2020年1月8日，北京市第一中级人民法院发布"关于安徽钰诚控股集团、钰诚国际控股集团有限公司、丁宁、丁甸、张敏等26人犯集资诈骗罪、非法吸收公众存款罪、走私贵重金属罪、偷越国境罪、非法持有枪支罪一案的资金清退公告"，于1月16日开始，依据"e租宝"案生效刑事裁判文书和信息核实登记情况，对已归集到位的涉案资金进行首次资金清退工作。资金清退对象为在"e租宝"和"芝麻金融"网络平台参与集资且已经参加信息核实登记的受损集资参与人，参加信息核实登记的钰诚系员工、理财师和未参加信息核实登记的受损集资参与人暂不列入本次资金清退范围。参与集资的相关刑事案件被告人（包括被追究刑事责任的员工、理财师）不列入资金清退范围。③此后，陆续有被害人收到清退资金，返还

---

① 内容引自维基百科"e租宝"条目。
② 佚名. e租宝最新消息2017：能否拿回本金赔款返还多少［EB/OL］.［2017-03-29］. http://insurance.jrj.com.cn/2017/03/29172922242612.shtml.
③ 张凌之. e租宝要退钱了！首次资金清退1月16日开始　清退对象、比例、时间　公告都讲了"［N］. 中国证券报，2020-01-08.

金额为投资额的35%①。一些被害人表示，"等了四年，已经知足了"，也有被害人认为远远不够，还要继续追究下去。2022年9月，有传言还有第二批资金清退工作，2023年4月17日，有网络消息声称，北京市中院某人员对此反馈是，"e租宝第二批返还时间是年中，最迟年底前。第二批返还对象全覆盖，包括：第一次登记核对已经领取35%的客户+第一次未登记核对的客户+业务员（与当时职务有关）。e专项资金产生的利息都会一并返还，相关办案费用是由北京财政支出。e案是全国最大案，二次返还后，没有最后终结，会持续追缴。安徽10~20套房产部分在置换阶段、部分在拍卖、部分在清空，安徽处置结束就会进行第二批返还，以北京一中院官方公众号公布为准。"2025年3月31日，北京市第一中级人民法院发布《"e租宝"案第二次资金清退公告》，第二次资金清退分两批进行，2025年4月7日至4月13日，启动并完成第一批次，2025年4月14日至4月20日，启动并完成第二批。此后陆续有集资参与人办理并收到此次清退的资金。据媒体报道，如果集资参与人已参与第一次损失清退资金，本次收到的清退资金约5%；如果未参与，本次是一次性收到约40%的清退资金。是否还会有第三批资金清退工作，待本教材第5版分解。

视频14

庞氏骗局
简介

14.2 庞氏骗局及其参与者的特征

14.2.1 庞氏骗局的特征

结合e租宝事件，大家可以发现庞氏骗局具有如下7个特征：

1. 缺乏实业支撑

在庞氏骗局中，做局者支付给先前投资者回报的资金来自后续投资者，而非公司通过经营所获得的，很像本章引例中"拆东补西"的传统文化典故。做局者在短期内往往会支付给初期投资者丰厚回报，以吸引更多新的后续投资者加入，再逐渐延长还款间隔。当很少或不再有后续投资者加入，或者先前投资者集中要求赎回本息，做局者资金入不敷出时，骗局破灭，大量后续投资者就遭受巨额损失。

以e租宝为例，昔日钰诚集团总裁张敏交代，e租宝利用假项目、假三方和假担保的所谓三步障眼法制造骗局。公司原高管表示，e租宝超过95%的项目都是假的，办案警方在办案初期查证的207家承租公司中，只有1家与e租宝租赁发生了真实的业务。②

2. 违背投资规律

庞氏骗局的做局者往往宣传"投资必赚，绝无亏损"的诱人口号，目的是让投资者放心地投入大量资金。做局者会编造出远高于市场平均回报率的所谓"投资途

---

① 新浪财经. "e租宝"涉案资金开始清退 返还比例为35%. [EB/OL]. [2020-01-16] https://baijia-hao.baidu.com/s? id=1655885820595704105&wfr=spider&for=pc.

② 白阳，陈寂. "e租宝"非法集资500多亿元90多万人受害真相曝光 [EB/OL]. [2016-02-01]. http://news.southcn.com/community/content/2016-02/01/content_141860539_2.htm.

径"，但不会告诉投资者这一路径的可行性以及背后的风险。在这些关键问题上，做局者往往会巧妙规避或者含糊其辞。市场中存在牛市和熊市，投资是有周期性的。但庞氏骗局的做局者往往会宣传自己的投资项目永远不受投资周期的影响。不管是实业投资还是金融投资，这些项目总是稳赚不赔：在牛市里投资收益比别人更高，在熊市里也可以获得正收益。

以 e 租宝事件为例，其广为宣传的口号是"1元起投，随时赎回，高收益低风险"。按照其推销人员的说法，这种产品保本保息，年化收益率高达9% ~ 14.6%，远高出7% ~ 8%的行业平均水平，更高于银行存款利率。同时，区别于普通理财产品不能提前赎回的情况，这种产品还号称"随时赎回"。而实际上，金融行业天然具有风险性，承诺保本保息本身就违背客观规律，但是 e 租宝抓住了普通老百姓对金融知识了解不多的弱点，用虚假的承诺编织了一个"陷阱"。在金融市场当中，借款的期限与利率成正比，但 e 租宝期限最长的借款标的平均利率却最低。

3.渲染神秘色彩

庞氏骗局缺乏真实投资和生产的支持，根本不存在值得仔细推敲的"生财之道"，为摆脱外界质疑，做局者往往会利用信息不对称，经常渲染其投资的神秘性，而对投资诀窍秘而不宣，并努力塑造自己作为"投资天才"的形象。

以 e 租宝事件为例，钰诚集团实际控制人丁宁只有高中学历，整个集团的管理团队文化程度也不高，但在对外宣传时都会突出丁宁在合肥工业大学和安徽财经大学硕士生导师的头衔。同时，钰诚集团还花重金打造了张敏"互联网金融业第一美女总裁"的形象，尽管她并没有在金融投资管理方面的经验或者实际操作经验。据统计，钰诚集团累计在央视、北京卫视和安徽卫视以及其他各类媒体投放宣传费用9 915万元，进而借这些媒体的公信力为其平台信用背书，误导不明真相的投资者陷入骗局。①

4.挥霍骗取资金

庞氏骗局做局者骗取大量资金后，并不是将其投入能够产生可靠收益的经营业务当中，而是将小部分用于支付先前投资者回报，其余大部分用于个人挥霍。

以 e 租宝事件为例，丁宁私生活极其奢侈，大肆挥霍吸收来的资金，赠予他人的现金、房产、车辆、奢侈品的价值达10余亿元。仅对张敏一人，丁宁除了向其赠送价值1.3亿元的新加坡别墅、价值1.2亿元的粉钻戒指、豪华轿车、名表等礼物外，还先后"奖励"她5.5亿元人民币。为了给公众留下"财大气粗"的印象，丁宁要求办公室几十个秘书全身穿戴奢侈品牌的制服和首饰来"展示公司形象"，甚至一次就把一个奢侈品店全部买空。"钰诚系"的一大开支还来自高昂的员工薪金。丁宁的弟弟丁甸在调任北京后，月薪就飞涨到100万元。

---

① 零壹财经. 重磅 | e 租宝事件分析报告［EB/OL］.［2016-05-04］. http://www.01caijing.com/article/3492.htm.

整个集团百万级年薪的高管80人左右，仅2015年11月，集团发给员工的工资就有8亿元。①

5.资金腾挪回补

庞氏骗局本身不能产生收益，对先前客户的投资回报，只能依靠后续客户加入或者其他融资安排来实现，失信于客户将导致资金链断裂，因此这一骗局对现金流要求非常高。为此，**庞氏骗局做局者总是力图拓宽客户范围、扩大吸收资金规模，以获得足够的空间，这一现象被称为"资金腾挪回补"。**

庞氏骗局的大多数做局者不拒绝新增资金的加入，因为资金池规模大了，做局者不仅可以攫取更多的收益，而且资金链断裂的风险也大为降低，骗局的持续时间就能够大大延长。

以e租宝事件为例，如果缺少融资租赁项目，就无法发布新标的募集资金。钰诚集团控制着15家其他公司，其中的12家公司是在e租宝上线之后成立的。此外，丁氏家族还控制着多家关联公司。钰诚集团大肆收购小企业后增资或者新设立皮包公司，这些皮包公司作为融资租赁项目资产端的借款人，在"e租宝"平台上发布虚假借款标的，筹集资金。据统计，e租宝共计发放了3 240个投资标的，有89.54万个投资者共计313万次投资记录，发售产品的起投门槛仅为1元。

6.金字塔式结构

为了支付先前投资者的高额回报，庞氏骗局做局者必然要不断吸引越来越多的后续投资者参与，从而形成"金字塔"式结构。 做局者会利用朋友、家人或生意伙伴发展"下线"，"下线"再发展更多新的"下线"，由此滚雪球式地进一步壮大投资者群体。

以e租宝事件为例，为加快扩张速度，钰诚集团在各地设立了大量分公司和代销公司，直接面对老百姓"贴身推销"。各地推销人员除了推荐e租宝的产品外，还"热心"地为投资者提供开通网银和注册平台等服务。正是在这种强大攻势下，e租宝仅用一年半时间，就吸引了近百万投资者，客户遍布31个省、自治区、直辖市。在这些投资者中，90%是老年人，他们往往一次性投资金额巨大，几乎倾其所有。

7.难以长期维持

由于没有实体支撑，庞氏骗局注定是难以长期维持的。举例来说，如果做局者向投资者承诺：投资100元，1个月后变成200元。第1个月，做局者从2个投资者手中各收取100元；第2个月，他为给第一层2名投资者支付400元的回报，需要找到4个新投资者；第3个月，需要找到8名新投资者来为第1层和第2层投资者支付回报。以此类推，如果能够维持下去，到第33个月时，需要吸引80亿人（这超过了目前全世界的人口总数）才能维持这一骗局。庞氏骗局如果不能大规模地发展下

---

① 零壹财经. 重磅 | e租宝事件分析报告［EB/OL］.［2016-05-04］. http://www.01caijing.com/article/3492.htm.

线，资金链得不到稳定维持，也就崩溃了。

以e租宝事件为例，总裁张敏供述，2015年9月公司数据中心进行测算，如果没有东窗事发，e租宝赎回量将在2016年1月达到9亿元，此后赎回量逐月递增。丁宁也坦言，钰诚集团旗下仅有三家公司能产生实际的经营利润，但它们总收入不足8亿元，利润不足1亿元。没有e租宝吸收来的资金，钰诚系的正常收入根本不足以覆盖其庞大的开支。①

14.2.2　施骗者的特征

我们以麦道夫骗局为例②，来描述庞氏骗局的施骗者（即做局者）的各种特征。

1.长期传奇身份

在近50年的金融投资生涯中，麦道夫有着近乎完美的从业记录和传奇人物身份，这为他赢得了广泛的信任。麦道夫是倡导场外电子交易的先驱之一，致力于推动建立交易透明化、公平化的机制。不可否认，不论是对传统股票交易，还是对股票及金融衍生品等新式电子交易系统的发展，他都功不可没，麦道夫本人也曾担任纳斯达克交易所董事会主席。

如图14-1所示，关于"你认为大恶人是否会做大好事？"的问题，根据我们的调查，有12.89%的比例认为"根本不会"，60.94%认为"偶然会做"，两者合计73.83%。只有22.27%认为"有时会做"，3.91%认为"经常会做"，两者合计26.17%。根据麦道夫的行为，这个大恶人还真的做了大好事，而且还做了不少。这里要强调，我们绝对不是对这样的大恶人做翻案，只是猜想，他们做大好事的目的应该主要是获得更多人的好感和信任从而骗取更多吧。

2.深谙民众心理

麦道夫行事低调，为人谦和，从不夸夸其谈，个人信誉一直非常好。他向客户承诺的年投资回报率一般在百分之十几，并非高得离谱，而且每个月都会向客户提交投资报告，而客户也随时能够在数日之内赎回资金，让投资者们深信不疑。同时，麦道夫深谙富人的心理，不接受投资者主动上门，而是"邀请"客户加入。这样的行骗方式让那些好不容易"入围"的投资者不觉"可疑"，因为他们即使怀疑麦道夫的投资策略，也不会怀疑那些介绍自己加入的、已经赚到钱的人。

---

① 佚名. e租宝最新消息2017：能否拿回本金　赔款返还多少［EB/OL］.［2017-03-29］. http：//in-surance.jrj.com.cn/2017/03/29172922242612.shtml.
② 杨蕾. 麦道夫金融欺诈案——史上最大庞氏骗局［EB/OL］.［2008-12-31］. http：//news.xinhuanet.com/fortune/2008-12/31/content_10587045.htm.

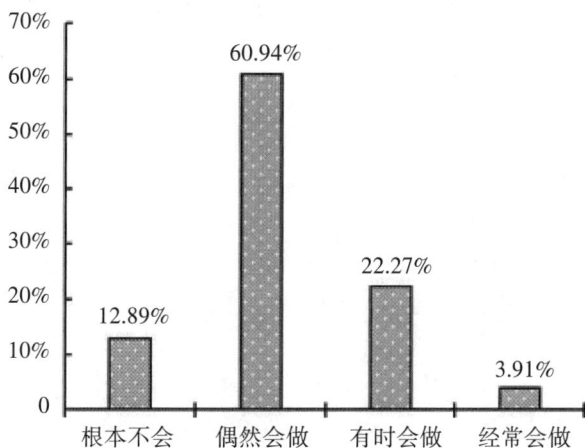

图14-1 大恶人是否会做大好事?

3.摆脱必要监督

西方的一句古谚是"你可能在某个时刻欺骗所有人,也可能在所有时刻欺骗某些人,但不可能在所有时刻欺骗所有人(You can fool all the people some of the time and some of the people all the time,but you can not fool all the people all the time)"。[①]因此,人们不禁要问,为什么麦道夫能够在长达50年的时间里,欺骗了如此多的人,而且众多受骗者不乏背景深厚和经验丰富的机构呢?联邦调查局的起诉书显示,麦道夫公司的资产管理部门和交易部门分别在不同的楼层办公,麦道夫对公司财务状况一直秘而不宣,而投资顾问业务的所有账目、文件都被麦道夫"锁在保险箱里"。他从不向外界披露投资业务的基本信息。虽然麦道夫公司规模很庞大,但是只有很少的监督人,负责公司监督审计的会计师事务所只有3个人。

14.2.3 受骗者的特征

对于如下问题,"你认为中国普通百姓的金融知识整体情况如何?",根据我们的调查,有39.84%的比例认为"很不了解",59.57%认为"略知一二",两者合计99.41%。也正因如此,中国金融市场才会出现许多神奇的事件,如本教材第10章介绍的生肖概念股炒作,第12章介绍的美国总统选举结果与A股谐音名股票异动等。下面,我们以e租宝骗局为例,来描述受骗者的各种非理性表现。

1.羊群效应

在e租宝骗局中,众多投资者表现出了盲目而又无知的"羊群效应"。理财是一件非常重大而又严谨的事情,尤其在非法集资不胜枚举以及互联网金融尚不成熟的当下,许多投资者根本没有深入研究e租宝的真实情况,而是仅凭各类媒体的广告或者地方政府的站台,就深信不疑,盲目投资。这一现象尤其存在于老年人群体中,他们大多在聚众聊天时将投资盈利的消息"一传十,十传百",不少老人看到

---

① 很多人传说这段话是林肯说的,但根据我们的搜索,发现并非如此。

周围的人都在参与这项"热潮"，有的还真的暂时得到了回报，就纷纷跟风。同时，一些投资者原来还持怀疑态度，但e租宝铺天盖地的营销攻势影响了他们的判断，进而作出错误的决策。

2.过度自信

暂时成功获得收益的投资者在未来决策时会过度自信。在e租宝骗局中，许多投资者表现出的贪婪和盲目，在很大程度上是基于这种过度自信。更有甚者，虽然清醒地意识到这就是一个庞氏骗局，但觉得当下投资风头正盛，高估了自己判断能力，认为自己会在骗局破灭之前提早退出而"胜利大逃亡"。

3.心理账户

Arkes 和 Joyner（1994）指出，人们将用较低代价获得的收益视为"大风刮来的钱（Wind Gains）"，置于"可承担风险"更高的心理账户。根据投资组合理论，投资者为回避风险，需要进行分散化投资。但在e租宝骗局中，许多受骗者不仅把自己的所有积蓄都投入进去，还大量负债投资。更有甚者，一些投资者已经意识到被骗上当，但却怀着"从哪跌倒从哪爬起"的心理，试图通过欺骗更多的人来发展下线，以提取"佣金"的方式弥补自身损失甚至还有所收益，进而连带把亲朋好友的财产也搭了进去，这就成为做局者的帮凶。被骗者损失巨大，的确非常可怜，但在骗局破灭之前如同飞蛾扑火，不撞南墙不回头，甚至撞了南墙也不回头。

4.光圈效应

做局者为显示投资的可靠性，往往采用各种手段与一些貌似"权威"的组织关联在一起，而某些所谓的"权威"组织，为了获得巨额收益也会主动配合，助纣为虐。

本教材第13章曾提到，在中国，广大民众对于权威媒体还是很相信的。如图14-2所示，根据我们的调查，当被问到"你是否相信在中央电视台做的广告？"时，有59.96%的比例回答是"非常相信"或"比较相信"，只有40.04%的比例回答是有些怀疑或完全怀疑。当被问到"你是否相信在百度上做的广告？"时，对应比例分别为3.71%和96.29%。

2015年，e租宝与中央电视台签署合作协议，获得了央视《新闻联播》《经济信息联播》《经济半小时》等王牌栏目的黄金广告时段。而中央电视台则声称，"央视对客户尤其是投放黄金标段资源的客户的选择始终严格把关"。在通过央视多轮谨慎审核之后，e租宝如愿成为央视广告黄金时段的首个幸运儿。普通百姓受光圈效应影响，认为既然有中央电视台背书，那么能够在上面做广告的e租宝自然可信。①

此外，当整个国家的经济环境和社会环境都处在一个大变迁的时代，人们都很浮躁时，大家都幻想一夜暴富。在这种情况下，也很容易产生"庞氏骗局"。例如，20世纪90年代末，阿尔巴尼亚曾经发生一场"庞氏骗局"，全国有近2/3的人口被卷入其中。

---

① 李方．e租宝业内规模排名靠前，广告曾登央视黄金时段［EB/OL］．［2015-06-20］．http：//www.ce.cn/cysc/tech/07ityj/guonei/201506/20/t20150620_5698443.shtml.

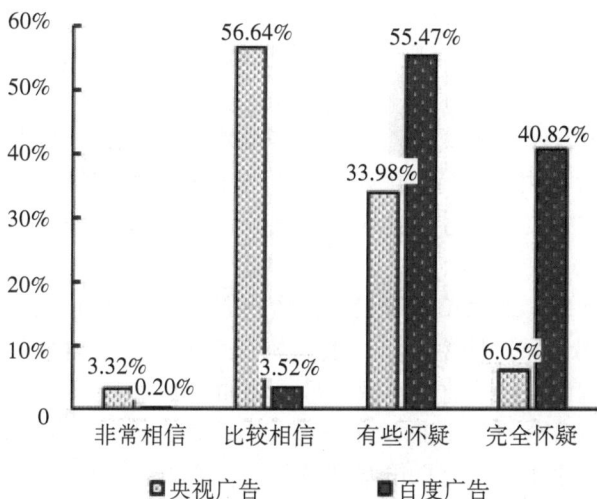

图14-2　央视广告和百度广告受信度的差异

14.3 庞氏骗局与项目融资

14.3.1 项目融资

下面介绍与前面所讲述的"庞氏骗局"有一些联系的表外融资方式——项目融资。

1.项目融资的含义

项目融资，是指项目的发起人为经营项目成立一家项目公司，以该项目公司作为借款人筹借资金，以项目公司本身的现金流量和全部收益作为还款来源，并以项目公司的资产作为贷款担保物的融资方式。项目融资被广泛应用于铁路、机场等大型基础建设项目，以及其他投资规模大、具有长期稳定期望收入的建设项目。

举例来说，甲地和乙地交通不方便，需要修建一条高速公路，但是资金不够。由于高速公路尚未建成，不能作为抵押物抵押给银行，此时便可以进行项目融资，即将高速公路建好后未来的收益作为抵押或还本付息，而不是以已有的资产作为抵押。

2.PPP合作模式

最典型的项目融资是公共部门与私人企业合作模式（Public-Private Partnerships），即**PPP合作，其含义是政府、营利性企业和非营利性企业基于某个项目而形成相互合作关系的形式。**通过这种合作形式，合作各方可以取得与预期单独行动相比更为有利的结果。合作各方参与某个项目时，政府并不是把项目的责任全部转移给私人企业，而是由参与合作的各方共同承担责任和融资风险。

PPP合作模式的一个成功案例是北京地铁四号线工程。北京地铁四号线于

2004年9月获国家发展改革委的批复，当年开工，2007年年底通车。项目投资方包括：北京市基础设施投资有限公司、香港地铁公司和北京首都创业集团有限公司。

北京地铁四号线总投资153亿元，其中70%（107亿元）由北京市政府出资，另外30%（46亿元）由获得特许经营权的公司投资。特许经营方主要负责车辆、信号等设备方面的投资及四号线建成后的运营管理，30年特许经营期满后再无偿移交给政府。

2004年12月5日，北京市基础设施投资有限公司、香港地铁公司与北京首都创业集团有限公司在京共同签署了投资原则性协议，决定以公私合营（PPP）模式，合作投资、建设及运营北京地铁四号线。如图14-3所示，根据三方达成的投资原则性协议，项目公司注册资本约15亿元人民币，香港地铁公司和北京首都创业集团有限公司各占49%，北京市基础设施投资有限公司负责剩余2%的投资额，这家公私合营模式公司的名称后来确定为北京京港地铁有限公司。北京市政府将通过北京市基础设施投资有限公司负责征地拆迁和土建工程等方面的投资建设，香港地铁公司等三方的合作公司则负责列车及机电设备的投资建设和地铁四号线的运营。

图14-3　北京地铁四号线投资方示意图

该线途经多处旅游景点及住宅区，预测前期客流量日均可达50多万人次，按平均票价3.4元计算，一年的票务收入超过6亿元，加上非票务收入，估计总收入约7亿元。票务收入与非票务收入都归PPP项目公司，同时项目公司向北京市基础设施投资有限公司租赁洞体并支付租金。

14.3.2　项目融资和庞氏骗局的区别

1.无意义的事后判断

在传统的企业融资中，作为资金偿还来源的是项目发起人的所有资产及其收益；项目融资的资金偿还以项目投产后的收益以及项目本身的资产作为还款来源。在现实当中，许多庞氏骗局也是打着项目融资的旗号，虚拟出一个项目，谎称通过这个项目的未来收益可向投资者支付丰厚回报。由此就提出了一个问题：项目融资和庞氏骗局本质上有什么区别？

有人认为，项目融资以项目本身经营状况和项目建成投入使用后的现金流量作为还款保证，而庞氏骗局则缺乏未来稳定的现金流。这样，从最终结果来看，所有投资者最终都获取了期望回报，就是项目融资；相反，如果大部分投资者亏损，就是庞氏骗局。但是，事后结果对投资者进行事前判断是没有意义的。因此，最关键的是，如何事前而不是事后就准确判断某项投资是庞氏骗局还是项目融资。

大家可以根据本章描述的庞氏骗局的一些特点，在事前或者至少事中进行判断。比如，投资者在融资之前是否会设计出详细的规划，是否明确资金去向；融资者筹集到资金以后，是否真正地投到项目当中；项目的回报率是否合理，而不是显得非常浮夸。

2.无效果的事前判断

但是，上述判断仅仅是经验式的初步判断。一些庞氏骗局在融资之前也会公布详细规划和资金去向，但并不能保证做局者融到资金后就真会那样做。同样，一些庞氏骗局标榜的"回报率"也并非高得离谱，比如本章描述的麦道夫骗局，每年也就是百分之十几。

再举一个"蚁力神"的案例。自1999年起，蚁力神集团在东北尤其是辽宁地区推出"养蚂蚁"项目。最初，民众用1万元从蚁力神集团购买1箱蚂蚁，在家中用面包和糖饲养。到第2年，集团再用2万元收购这些蚂蚁。这一活动持续了近8年，当然回报率由当初的100%逐步下降，到快崩盘时为35%。在相当长一段时间内，蚁力神集团也的确生产和销售产品，还曾与中国建设银行、海尔和联想等企业共同入选"2006中国网友喜爱的十大品牌"[1]。集团管理者王奉友为"中央电视台2006年度三农人物"候选人，被形容为"为了帮助广大农民朋友致富，蚁力神公司委托养殖、公司加农户、以销定产、以产定养等战略的实施……实现了农民增收、企业增效，共同促进了新农村建设"[2]。2007年10月，蚁力神开始拖欠蚂蚁养殖户货款，同年11月29日，蚁力神母公司及子公司提出破产申请。此事件影响了30万以上的养殖户，金额达200亿元人民币。最终，大部分蚁力神养殖户获得了62.5%的返款。

可见，在事前准确区分项目融资和庞氏骗局的难度是非常大的。例如，对于如下问题，"你认为是否存在有效的方法能够事前判断出庞氏骗局"，根据我们的调查，如图14-4所示，只有4.30%的比例认为"完全可以有"。从某种意义上说，若是真的存在一个在事前判断庞氏骗局的有效方法，那么这个世界上可能也就不会再有庞氏骗局了；或者即使有，也不会规模这么大了。

---

① 李琰. 蚁力神入选2006中国网友喜爱的十大品牌 [EB/OL]. [2006-09-23]. http://news.xinhuanet.com/classad/2006-09/23/content_5127871.htm.
② 佚名. 王奉友、刘永好、崔永元等角逐CCTV年度三农人物 [EB/OL]. [2017-01-08]. http://news.qq.com/a/20070108/002293.htm.

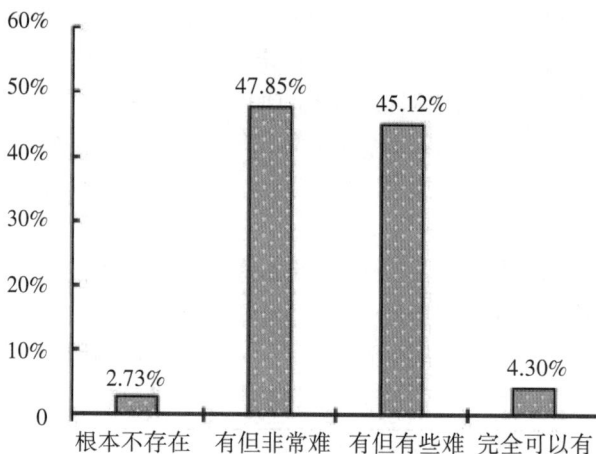

图14-4　是否能事前识别庞氏骗局的观点

14.4　庞氏骗局与社保基金

1976年诺贝尔经济学奖得主弗里德曼在1999年提出一个看似"离经叛道"的观点：美国的社保基金是一个庞氏骗局。

14.4.1　社保基金与庞氏骗局的相同之处

1.大部分投资者亏损

从1937年到2005年，美国社保基金总收入为10.7万亿美元，总支付为8.9万亿美元，并且根据当时的计算，美国社保基金将在2018年入不敷出，到2019年破产。这样，对大部分投资者也就是参加社保基金的民众来说是亏损的，其背后的原因就在于老龄化和低生育率。

2.参与越晚越亏损

越新加入的投资者收益越少，反过来说，越早加入的投资者往往会获得一个较高的收益。比如，第一位享受社保福利的美国人Ida May Fuller of Ludlow，当年她仅投入了24.75美元，但由于寿命很长，活到了100岁，因此共享受到了22 888.92美元的社保基金，投资回报率达到了90 000%。但是对新加入的人而言则确定是亏损的，并且加入得越晚亏损得越严重。

3.投资越多越亏损

社保基金的交纳方式是累进式的，回报方式却是累退式的。收入较低的民众可能不交或者少交社保，到最后得到较多收益，甚至略有盈余；反之，收入较高的民众可能交纳过多的社保，到最后得到较少收益，基本上是亏损的。从正常投资角度来说，应当是投入越多收益越多，即投资额与总收益成正比关系，但社保基金却恰恰相反。

4.基金被挪作他用

社保基金是民众的养老钱，甚至可以说是保命钱，但其往往并未用于养老，政府很可能将收缴来的社保基金挪作他用，比如投资国债或者用于填补日益膨胀的财政赤字。

14.4.2　父爱主义应让位于消费主权

社保基金的拥护者往往声称，部分民众缺乏远见，只顾眼前利益，不懂得为未来退休做打算，而是"今朝有酒今朝醉"。为了防止这些人在退休后没有保障，政府就强制这些人为未来做事前储蓄，通过强制加入社保基金让这些人在年轻有赚钱能力的时候把钱储蓄起来，即所谓的"父爱主义"。

弗里德曼则提出了"消费主权"概念：消费者都是理性人，他们有权利和自由来决定当前和未来的权衡。这意味着，生命和金钱都是消费者自己的，他们愿意做什么就做什么，只要对自己负责就行了，而不需要由别人来控制或限制。

弗里德曼认为，"父爱主义"不能够取代"消费主权"。他甚至认为，如果一个人选择吸毒，那也是他自己考虑和权衡吸毒的收益、损失后的理性决定，其他人不应当对他进行限制或阻止。他也不否认现实生活当中的确存在那些缺乏远见而不考虑未来的民众，但他认为，不能用极端例子来替代整体，或者说不能伤及其他比例更高的深谋远虑的民众。不能因为一小部分不为将来退休做打算的人就强迫所有人都加入社保基金。并且，这个强制性计划要求收入高的人交纳的钱更多，而收入低的人交纳的钱更少，明显是不公平的。同时，弗里德曼作为坚定的市场拥护者，认为在市场失灵的情况下，政府介入反而会使问题更严重，反倒不如市场自我调节、自我解决的效果好。

因此，弗里德曼提出，个人应该根据自己的价值观和生活状况来自主决定将收入的多少用于未来的退休和养老，这是一件私人事情，政府不应该插手。

在弗里德曼看来，有两个权衡：（1）某些人是故意不为退休生活做准备；（2）所有人必须遵从政府设置的条条框框。在这个"二选一"的权衡中，他认为宁可第一种情况发生也不能够让第二种情况发生，即"父爱主义"应让位于消费主权。

14.4.3　废除社保基金的难度

目前，世界各国大都建立了社保基金，弗里德曼也意识到他关于废除社保基金的建议被政府采纳存在难度。其原因有如下两点：（1）原有体制的长期惯性。政府长期以来一直采取社保基金制度，因此就算存在诸多问题，在短时间内废除社保基金也是一件很困难的事情。（2）既得利益集团的阻挠。如果将社保基金取消的话，既得利益集团就会受到很大损害，因此哪怕这项措施对全社会有利，掌握权力的既得利益集团也会阻挠。

需要说明的是，也有很多人反驳弗里德曼的观点。根据我们的调查，针对"你认为社保基金是否也是庞氏骗局"的问题，如图14-5所示，有44.34%认为"不是"，只有16.02%认为"是"。我们只想强调，对于这一问题的见解要允许"见仁见智"。我们无意判断弗里德曼对错与否，只是介绍他的论证思路，供大家思考。

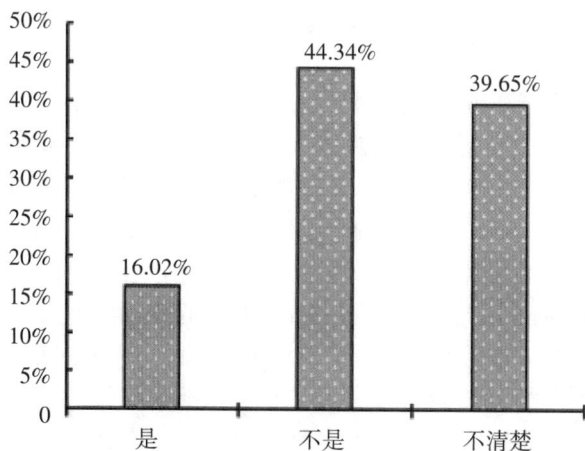

图14-5　社保基金是否是庞氏骗局

14.5 中国庞氏骗局的情况

如今，庞氏骗局在中国时有发生，并衍生出诸多形式。对于如下问题，"你认为当前中国庞氏骗局问题是否严重"，根据我们的调查，如图14-6所示，有6.84%认为"非常严重"，71.68%认为"比较严重"，两者合计78.52%。本章前面描述了互联网金融当中的e租宝骗局，本节再介绍另外一些庞氏骗局的衍生形式。

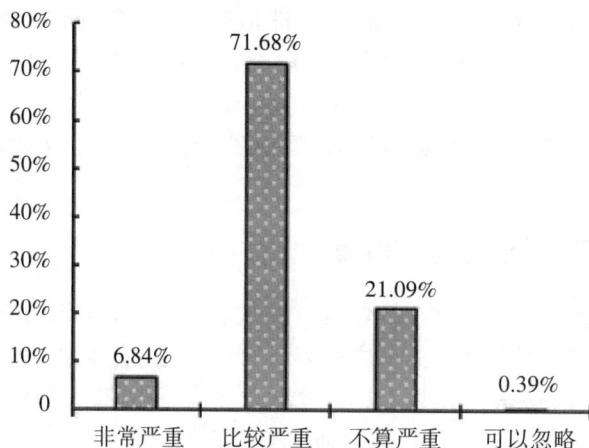

图14-6　对当前中国庞氏骗局严重性判断的调查

14.5.1 传销

1.传销的含义

传销本来的意义，是指一种通过人传人的方式来达到销售的市场策略，它在幅员辽阔、人口密度低的地方（比如北美或澳大利亚）是很有效率的。1998年以前，传销在中国并不是非法的；1998年以后，传销仅指非法的传销活动。根据市场监督管理机关的官方定义，**"传销，是指组织者或者经营者发展人员，通过对被发展人员以其直接或者间接发展的人员数量或者销售业绩为依据计算和给付报酬，或者要求被发展人员以交纳一定费用为条件取得加入资格等方式牟取非法利益，扰乱经济秩序，影响社会稳定的行为"**。其表现形式包括"拉人头"传销、骗取"入门费"传销、团队计酬传销等。

与传销相近的一个营销方式是"直接营销（Direct Marketing）"，简称"直销"，是指没有中间发行商（媒体）、非公开的广告行销，直销者绕过发给传统批发商或零售渠道上架的方法，而是通过销售员的人脉从顾客接收订单，并从生产商那里直接出货到买家手中。

国家市场监督管理总局的"价格监督检查和反不正当竞争局"于2020年12月8日在其官网对公众留言"如何分辨传销和直销？"回复如下：

根据《直销管理条例》，直销是指直销企业招募直销员，由直销员在固定营业场所之外直接向最终消费者推销产品的经销方式。根据《禁止传销条例》，传销是指组织者或者经营者发展人员，通过对被发展人员以其直接或者间接发展的人员数量或者销售业绩为依据计算和给付报酬，或者要求被发展人员以交纳一定费用为条件取得加入资格等方式牟取非法利益，扰乱经济秩序，影响社会稳定的行为。

从行为特征来看，直销是合法经营行为，以"单层次"为主要特征。传销是非法经营行为，以"拉人头""入门费""多层次""复式计酬"为主要特征。从人员管理来看，直销活动中，直销企业招募直销员，对直销员进行业务培训和考试，考试合格后颁发直销员证，并与其签订推销合同。直销企业招募直销员，不以交纳费用或者购买商品作为条件，对直销员进行业务培训和考试不收取任何费用。传销活动中，参与者通常要交纳费用或者以认购商品等方式变相交纳费用，通过不断发展人员加入，拉人头，形成上下层级网络，并从直接或间接发展的下线交纳的费用中提取报酬[①]。

以上回复明确了传销和直销的区别，其中最为关键的区别在于报酬获取方式上：直销以向消费者销售商品为获得报酬的前提，直销员销售商品越多，获取报酬越多；传销不销售商品或只是打着销售商品的幌子，以发展人员的数量为提取报酬的方式，发展人员越多，获取的报酬越多。

---

① 参见国家市场监督管理总局-公众留言：http：//gzhd.samr.gov.cn：8500/robot/publicComments.html? relayId=ef5fe9f0bc5f4c778e044ce097489577。

例如，2020年10月26日，杭州市西湖区市场监管局根据举报对某某（杭州）科技有限公司进行现场检查，发现当事人涉嫌传销行为。2020年11月3日，杭州市西湖区市场监管局决定立案调查。结果查明：2020年4月，当事人通过网站销售"某某免洗头梳子"。当事人共设立6种级别会员：普通会员、区、县、市、省级批发商和董事。消费者购买1把梳子可成为普通会员，享有返还直推梳子金额30%的权益，可以发展人员加入形成自己的团队。团队累计销售50把梳子并直推人数达到5人后，可升为区级代理，享有16%的团队佣金收益；团队累计销售1 001把梳子并直推人数达到10人后，可升为县级代理，享有20%的团队佣金收益；团队累计销售2 501把梳子并直推人数达到15人后，可升为市级代理，享有24%的团队佣金收益；团队累计销售5 501把梳子并直推人数达到20人后，可升为省级代理，享有28%的团队佣金收益。除上述收益模式外，当事人另设置销售奖励制度：所有直接下级代理中，有2位直接下级的团队销售总业绩分别达到10万元以上，且其余直接下级的团队销售总业绩相加达到10万元以上，则该级代理可获得手机奖励或5 000元；所有直接下级代理中，有2位直接下级的团队销售总业绩分别达到200万元以上，且其余直接下级团队销售总业绩相加达到100万元以上，则该级代理可获得汽车奖励或10万元。截至案发，当事人共发展人员641 382人，人员层级达88层，违法所得2 400.6万元。当事人经营模式违反了《禁止传销条例》第七条的规定，属于组织策划传销行为。根据《禁止传销条例》第二十四条第一款规定，2022年7月25日，杭州市西湖区市场监督管理局对当事人处以没收违法所得2 400.6万元、罚款120万元，共计罚没2 520.6万元的行政处罚①。从此案可清楚看出，传销就是一级压榨一级的骗局。

2.传销的新变种

随着中国政府的打击，传销活动也在不断寻求新的变种形式，会掺有部分直销的内容以掩盖其传销的本质。例如，销售少量商品，但是商品的价格很贵，而且也会隐蔽销售人员结构的超越性等。甚至一些传销话术还与各种伪科学和迷信活动相关联，严重侵害了人民群众的身心健康和财产安全。

例如，2022年8月，金华市公安局婺城分局发现"盖亚地心"平台涉嫌组织领导传销活动并对其立案侦查。经查明：2019年以来，孙某某创建了"盖亚地心"平台组织。孙某某神化自己来自高维度宇宙，是"绿度母菩萨"转世，能够接收来自高维度宇宙的讯息。学员可以跟其学习秘法，连接高维宇宙，收获智慧、能量、健康、财富，找回自我往世的灵魂碎片，实现现世的圆满。孙某某通过微信建群招揽学员，在腾讯会议聊天软件中对学员进行洗脑宣传，利用学员"求发财""求健康""求好运"的心理，不断怂恿学员高价购买其开设的名称为"创世之光""仙女愈疗""与神联盟""亚特解码"等培训课。为了实现大量敛财的目的，孙某某设计

① 国家市场监督管理总局价格监督检查和反不正当竞争局（规范直销与打击传销办公室）．浙江公布打击整治网络传销专项行动典型案例［EB/OL］．［2022-12-09］．https：//www.samr.gov.cn/jjj/sjdt/gzdt/202212/t20221210_352187.html.

了多种返利模式，并按照爱粉、接引人、团队长、上师等层级进行晋升和隔代计酬，不断骗取他人加入，在全国共发展会员1万多人。2022年9月，金华市公安局婺城分局抓获主要犯罪嫌疑人孙某某、袁某某等14人，冻结扣押涉案资金1.63亿元。

3.传销人的认知心理

下面从行为金融角度，分析参与传销的人的心理特点。[①]

第一，认知偏差。参与传销的人一般都相信自己一定能够实现某个目标，尝试着向目标前进，尽管这个目标实际上是不可能达成的。一个可能的原因是这类人很孤单，在现实生活中往往不能够从家庭和朋友身上感受到爱，内心很痛苦，这就会形成一种目标很快就能实现的幻觉，而这个幻觉可以减轻其痛苦和被拒绝的恐惧。这样的话，参与传销的人有时候可能也知道这种行为不好，但还是会愿意加入。

第二，过度自信。一些参与传销的人会认为传销会带来很多好处：（1）有利于提高综合国力，国家不出一分地、一个管理人员，就可以获得庞大的税收。也就是说，他们公司能够自己管理自己，是自律的行业，还能够每年为国家创造庞大的税收。（2）有利于搞活市场经济，工厂不倒闭，就没有下岗及待业人员的产生，还能够增加工作岗位。（3）有利于提高全民文化素质。他们认为来这里的人大都是中等学历，他们拿起纸和笔，得到了重新学习的机会；在这里不准男女混居，不允许打架骂人，不允许喝酒、吸毒、赌博、进娱乐场所，提倡节约，反对浪费；许多人在这里锻炼出了卓越的口才，以及演讲、社交等能力。一些参与传销的人认为，传销是一种好的方式，即使不能赚钱，也会使个人能力得到提升。

第三，羊群效应。传销组织经常会组织一些集体活动，比如大家一起唱歌。如《出人头地歌》的歌词是这样的："为了出人头地，我们应邀来到这里。新老朋友的热情，叫我难忘记。感谢我的朋友，给我这次好的机会。我一定要好好把握，在这里干出成绩。二十几年的生活，让我悟出一个道理。人在没钱的时候。谁也瞧不起。感谢我的父母，辛辛苦苦把我养育。盼望我们长大以后，越来越有出息。不要再过那没有太阳的日子，不要再为那妻儿老小，让我们去逃避。新朋友呀我劝你，千万不要再犹豫。光辉灿烂的日子，在前方等着你。"这些歌朗朗上口，能够戳中参与者最敏感的那根神经，从而引起共鸣。

对于"众多人参与传销的主要原因"的问题，根据我们的调查，如图14-7所示，58.40%认为是"贪婪"，只有2.73%认为是"孤独"。但根据上述内容，各种原因应当相互交织，不分位次。

---

① 以下部分内容摘自：王浩. 传销洗脑实录［M］. 南昌：百花洲文艺出版社，2009.

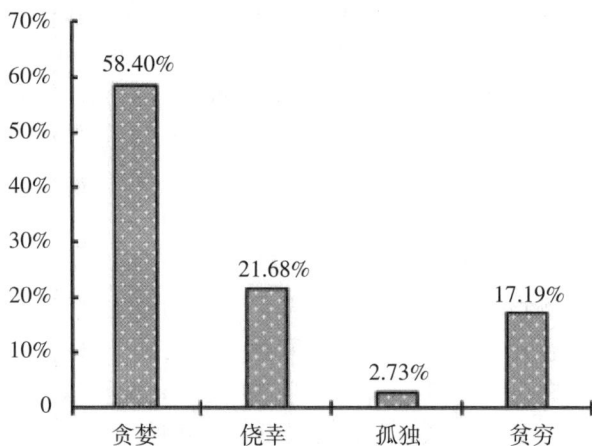

图14-7 大众认为的参与传销原因

14.5.2 理财产品

理财产品，即由商业银行和正规金融机构自行设计并发行的产品，将募集到的资金根据产品合同约定投入相关金融市场及购买相关金融产品，获取投资收益后，根据合同约定分配给投资人的一类金融产品。

上海师范大学2011级保险学专业蔡天毅同学在提交的一次作业中，从行为金融角度精彩地描述了一些理财产品是如何吸引投资者的，经其同意，整理如下：

1. 望文生义的红利补贴金账户活动

2013年，某世界500强金融企业推出一项"红利补贴金账户"的活动，公司工作人员打电话给那些2003年之前曾经在这家公司投资的客户：为庆祝公司"上市10周年"而举办一个回馈老客户活动，老客户有资格享受"保单红利"，只需带好当时投资凭证单据、个人证件以及缴费的银行卡等到公司开通一个"红利补贴金账户"，之后公司就会把这些年来他们未享受的投资红利以"利息补贴"的形式回馈给他们。

什么叫以"利息补贴"形式回馈？大部分人不通过电话问清楚，当然是不懂的，甚至错误地理解为是保险公司给他钱；稍聪明点或者谨慎点的客户会在电话里询问到底是什么意思，营销人员就会说，这肯定是好事情，客户过来就会清楚。

这项活动的真实情况是，让客户到公司做一个5年定期存款，公司给出12.5%的利息，而当时银行5年期存款利息是4%。这样，额外多出来的每年8.5%的利息就算是公司补贴给投资者的红利。因此，这个"红利补贴金账户"活动实质上就是一个拉存款活动。

由于操作很隐蔽，当时在这家公司实习的同学听了3天才明白这项活动到底是怎么回事，而那些客户就更不可能在电话里短短几分钟听明白了，于是就有许多客户被"骗"到公司来。在了解了这项活动的真相以后，有一部分人放弃了这项权益，但还有很多人选择了存钱，他们当中只有很少一部分人恰好有多余的闲钱，其余的人最后也选择了开通这个账户。

2.各项营销技巧的娴熟运用

这家公司充分运用了本教材各章所讲述的多种行为金融理论。

首先是"登门槛效应"。业务员在电话中绝对不会告诉客户这项活动的实质，而是反复强调"红利"和"利息补贴"这两个关键词。强调红利是为了吸引客户来公司，通常情况下，如果客户知道了这个所谓的红利补贴不是给钱，而是还要存款，肯定就不会来了。这时候，"登门槛效应"就发挥了作用，业务员并不是直接让那些客户马上来存钱，只希望通过电话让客户先来到公司。只要客户到了公司，自然就有客户经理去"说服"他们开通这个"红利补贴金账户"。当客户仅仅是被要求带好单据和证件来保险公司一次，并且可以拿红利时，许多人是不会拒绝的。这样，通过打电话时的"登门槛效应"，大大提高了客户来公司的概率，这就为下一步向客户推销产品做了良好的铺垫。

其次是沉没成本误区。客户来到公司了解到这项活动实质以后，心里肯定不高兴。但想想如果就这样回去，之前付出的精力和路费也就白白付出了。实际上，就算白跑一回，路费最多也就50元，相比于10万元甚至更多的存款，可以忽略不计。然而，一些客户就是觉得不能白来，不能够接受无端浪费的时间和精力，就会倾向于在这个"红利补贴金账户"上投资以盈利来弥补此前的沉没成本。有许多客户因为年代久远，相关凭证已经丢失了，当他们花了不少力气在公司重新补办了那些凭证后，经理才会告诉他们要享受"红利补贴"是要额外储蓄的。这时，那些花了大量时间补办保单凭证的人受到沉没成本误区影响，往往就会办理这个"红利补贴金账户"，因为如果不办理就会觉得自己此前补办手续的行为看上去很蠢。

再次是羊群效应。客户经理会告诉客户，这个"红利补贴金账户"的利息非常高，每人存款限额是10万元。如果他们不打算存款，就相当于这个份额让给了别人，这样别人就可以多存而享受更多的收益。客户经理会让客户看一个名单，这个名单上显示有很多人开通了账户同时还渴望存更多的钱。有许多原打算放弃的客户看到名单以后，当场就改变了想法。

最后是禀赋效应。对于还是不想存款的客户，客户经理还有一个很厉害的办法，就是故意让客户在名单上签名，要明确地宣称放弃这项"丰厚的红利"。其潜台词是说，你不存钱，还有其他人想存，而且别人还怕自己不能够多存呢。结果一些客户本来是不想存钱，受禀赋效应影响，内心非常不愿意把"自己"的份额无偿转给其他人。这时，客户经理又会拍着胸脯宣称，这项投资绝对没有任何风险，只要存满5年，就可以获得12.5%的回报。最终，那些原本不打算存钱的客户就这样被公司成功地说服了。

3.总结

从上例可以看出，这家世界500强企业在理财产品营销活动中先后运用了登门槛效应、羊群效应和禀赋效应等一系列行为金融理论。在现实生活当中，一些公司推出的理财产品可投资性并不强，甚至存在诸多风险，但由于它们"精湛"的营销技巧，成功地掌握了客户的心理，从而达到了销售目的。要强调的是，绝大部分理财产品并不是庞氏骗局，但众多理财产品的营销策略的确与庞氏骗局相似。对于如下问题，"理财产品到期收益与宣传收益的关系"，如图14-8所示，根据我们的调查，有75.20%认为宣传收益高，只有3.52%认为到期收益高。2017年2月23日，本教材作者所在工作单位上海师范大学商学院与上海市消保委联手发布了"上海市场商业银行结构性理财产品研究报告"，样本包括17家银行2016年上半年到期的627只产品。同样，如图14-8所示，如果不考虑管理费，尽管只有0.80%（5只产品）到期收益高于对应产品宣传的最高收益，但51.67%到期收益等于宣传收益，不过，如果扣除管理费用，那么这一比例就下降至34.61%，有64.59%到期收益低于宣传收益，与民众主观感觉相近。这场报告会引起了一定反响，《人民日报》在当年2月27日刊发文章《别拿预期忽悠我！1/3理财产品以"最低收益"收场》，引用了相关结果，并提出，"投资需谨慎，消费者自己也要搞明白。市场上大多数理财产品收益率是多少？这家银行以往的产品收益情况如何？不管银行吹得有多高，只有货比三家，才能心中有数"。我们非常希望能对此问题进行持续研究，希望本教材第5版能够展示新的结果。

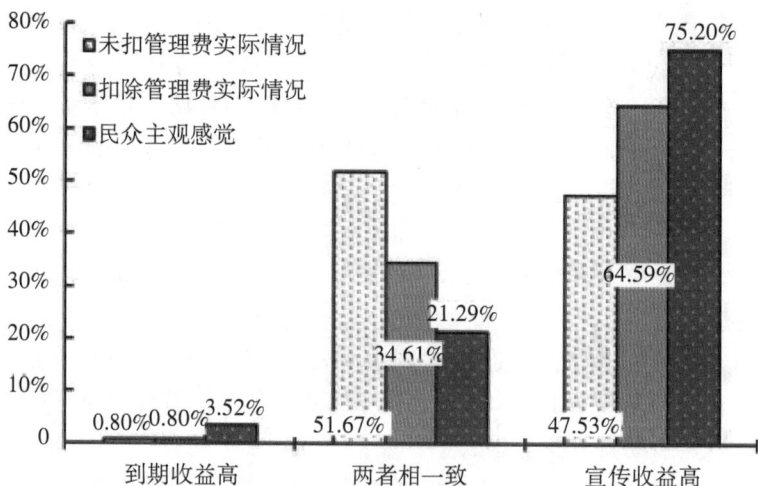

图14-8　理财产品到期收益与宣传收益的对比

思政课堂 ☑️

大学生误入传销组织，父亲冲进窝点解救

【思政元素】远离传销，丢掉幻想。

本教材作者于2017年至2018年，曾在上海市徐汇区市场监督管理局挂职工

作，了解到上海乃至全国市场监督管理部门一直对传销保持高压态势，不遗余力地打击各类传销活动，其中的一个工作重点就是"传销不能进大学校门"。

但是，仍然有一些大学生被各种名目诱骗，深陷传销组织。例如，"学校共青团"公众号介绍这样一个案例：2023年初，北方某省大学大四学生毛同学过完年找实习单位，一位同学给她"介绍"邻省某地的工作，工资4 000元，"还可以带家属一起去"，结果被骗进传销组织，后来其父亲冲进窝点才将其解救。

2023年，中国有1 100多万大学生毕业，就业形势并不乐观。传销组织者往往编造"高薪招聘""提供就业""投资做生意"等极具诱惑力的理由来吸引人。一些大学生涉世未深，相对单纯，防范意识薄弱，加上传销组织的手段极具迷惑性，又利用大学生急于找工作的心理实施诱骗，使得一些学生极易上当受骗。

广大大学生，要学习反传销知识，丢掉不切实际的幻想，维护自身财产安全。

资料来源：学校共青团公众号.大学生误入传销组织，父亲冲进窝点解救［EB/OL］.［2023-02-12］，https：//mp.weixin.qq.com/s/PTCWlRojbB1ydjJhZIZJYA.

本章小结 ✅ --------------------------------●

庞氏骗局是指做局者虚设空壳企业筹集资金，以后续投资者资金而非企业经营获利来支付给此前投资者回报，并将所筹资金主要用于个人挥霍而非经营企业。它广泛地存在于各国金融市场当中，骗局规模越来越大，导致的后果也越来越严重。

庞氏骗局具有缺乏实业支撑、违背投资规律、渲染神秘色彩、挥霍骗取资金、资金腾挪回补、金字塔式结构和难以长期维持七项特征。施骗者往往具有长期传奇身份、深谙民众心理和摆脱必要监督3个特点，受骗者往往具有羊群效应、过度自信、心理账户和光圈效应等非理性表现。

项目融资是指项目发起人为经营项目成立项目公司，以该项目公司作为借款人筹借资金，以项目公司的现金流量和全部收益作为还款来源，并以项目公司资产作为贷款担保物的融资方式，它以公共部门与私人企业合作模式为代表。很多庞氏骗局假借项目融资为外衣，在事前准确区分项目融资和庞氏骗局难度很大。

社保基金与庞氏骗局存在相似之处，如大部分投资者亏损、参与越晚或投资越多亏损就越多以及基金被挪作他用等。虽然父爱主义要让位于消费主权，但由于原有体制惯性和既得利益集团的阻挠，就算存在问题，社保基金也很难被废除。

传销与直销的区别在于报酬获取方式不同，前者以发展下线为主，后者以销售商品为主。当前中国存在各种传销活动，其形式多变，更加隐蔽，打击难度更大。参与传销的人员普遍存在认知偏差、过度自信和羊群效应等非理性心理。

部分理财产品的可投资性并不强，甚至存在较高风险，一些公司综合运用各种行为金融理论，掌控了客户心理，达到了销售目的。

推荐阅读 ✔ --●

［1］MODIGLIANI，MILLER．The Cost of capital，corporation finance and the theory of investment ［J］．The American Economic Review，1958：48（3），261-297．

［2］ARKES，JOYNER，PEZZO，et al. The psychology of windfall gains ［J］．Organizational Behavior and Human Decision Processes，1994，59（3）：331-347．

［3］FRIEDMAN. The biggest ponzi scheme on earth ［J］．Hoover Digest，1999（30）．

［4］朱宁.刚性泡沫 ［M］．北京：中信出版社，2024.

第15章　股票溢价

学习指南

【学习目标】 本教材第4章和第5章分别讲到，人们普遍存在视野短浅和损失厌恶心理，本章以此解释股票溢价这一市场异象，并证实视野宽广的巨大回报。通过本章的学习，读者应当掌握股票溢价的含义及存在的广泛性；了解各时期和各地区股票溢价的程度；熟悉传统金融学对股票溢价的解释及缺陷之处；掌握评估期长短对投资者前景效用的影响；熟悉投资者对于股票和债券前景效用相同情况下的评估期长度以及在此评估期股票和债券各自的投资组合比例；掌握因视野宽广选择更长评估期给投资者带来的潜在超额回报；熟悉技术分析、价值投资、被动投资和行为投资等投资方式的内容；熟悉巴菲特的投资理念与策略；了解中国物价上涨情况以及上证综合指数失真问题；掌握中国股票市场存在一定可投资性原因与操作策略。

【关键概念】 股票溢价；风险补偿；评估期；视野短浅式损失厌恶；耐心回报；技术分析；价值投资；被动投资；行为投资；指数失真。

引例

【传统文化】

跬步千里

不积跬步，无以至千里；不积小流，无以成江海。

——战国·荀况《荀子·劝学》

【译文】 行程千里，都是从一步一步开始的；浩瀚江海，都是由一条条小溪小河汇聚而成的。

【现实事例】

最贵的股票

2024年6月3日，美国纽约证券交易所的一只股票每股价格达到了创纪录的74.20万美元，当日收盘价为63.11万美元。这只股票的发行公司就是沃伦·巴菲特执掌的伯克希尔哈撒韦（BRK.A）。1964年，这家公司原是一家濒临破产的纺织公司，净资产只有2 289万美元。1965年被巴菲特收购后，开始从事保险业务和多元化投资。59年以后，2024年12月，公司净资产17 072.57亿美元，是当年

的 74 585.29 倍，总市值达到 9 788.96 亿美元。

这只股票几乎从来不分红、不拆股。1965 年，巴菲特的收购价为每股价格 14.86 美元，在巴菲特高明的运作下，该股票价格逐年飙升：1978 年突破 100 美元，1983 年 8 月突破 1 000 美元，1992 年 10 月突破 1 万美元，2006 年 10 月突破 10 万美元，2014 年 8 月突破 20 万美元，2018 年 1 月突破 30 万美元，2021 年 4 月突破 40 万美元，2022 年 3 月突破 50 万美元，2024 年 2 月突破 60 万美元，2024 年 8 月突破 70 万美元……如图 15-1 所示。

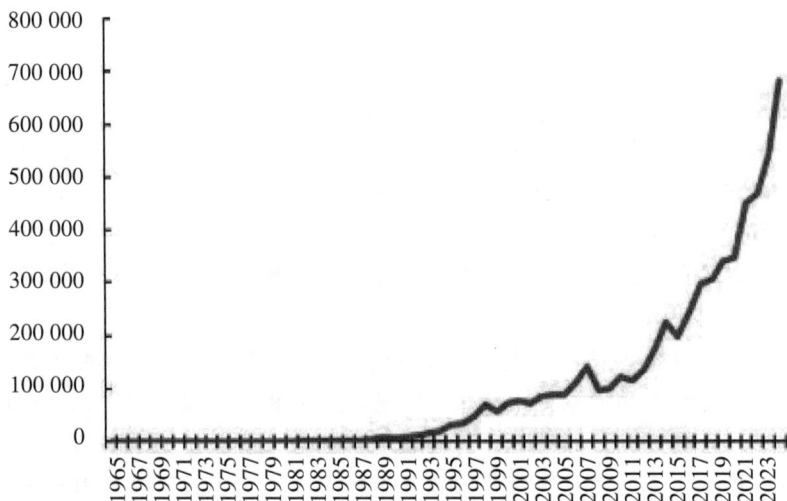

图15-1　伯克希尔哈撒韦公司历年股价

15.1　股票溢价简介

15.1.1　股票溢价的含义

相对于债券尤其是无风险资产，股票的风险更高，因此市场当中占主体的风险规避者要求得到更高的收益来补偿因持有股票而带来的风险，结果就是股票收益率高于风险较低的资产，这是正常的。但是，大量不同时期和不同地区的情况均显示，股票收益率远高于低风险资产，其溢价程度远超经典金融学风险补偿模型所能够解释的范围，这现象被称为股票溢价之谜（Equity Premium Puzzle）。

例如，1802 年到 1998 年将近 200 年的时间内，美国股票年均收益率比债券高出 4.1 个百分点；1947 年到 2000 年的 50 多年时间内，股票年收益率比债券高出 6.9%。大家知道，股票相对于债券风险大，而投资者大部分是风险规避者，承担较大风险需要较大收益作为补偿，也即风险补偿。但根据计算，这一补偿幅度只有 1 个百分点，也就是风险补偿因素只能解释股票相对债券溢价 6.9% 当中的 1%，而其余的 5.9% 则是由其他原因导致的。

这样就出现了一个传统金融学理论难以解释的现象：投资者的目标是在风险相同的情况下，投资收益最大化。虽然在短期内，股票相对于债券的风险较高，但从长期来看，一方面股票收益远高于债券；另一方面，随着投资期限增加，股票风险大幅降低。那么，理性的投资者应当将所有资金投资于股票，或者最终股票与债券一致。但现实却是，股票溢价长期在各地存在，债券市场也普遍存在。

15.1.2　股票溢价的表现

股票溢价现象最早由 Mehra 和 Prescott（1985）提出，他们发现，1889年到1978年将近100年的时间里（如图15-2所示），美国金融市场当中的股票收益率基本上都是超过债券收益率的。只有在少部分时段，如第一次世界大战期间和大萧条期间，两者较为接近，但仍然是股票收益率高于债券收益率。

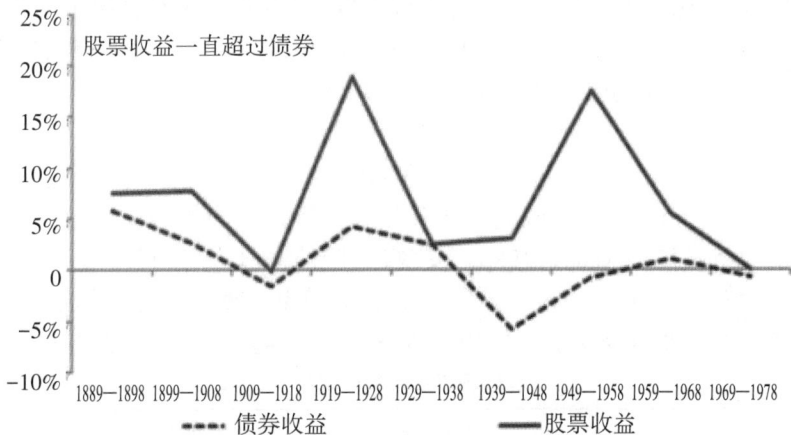

图15-2　美国股票与债券年收益率的对比

表15-1显示，1889年至1978年近100年的时间里，对比人均消费年增长率、无风险债券年收益率和标普500指数年化收益率可以发现，在各个时段，股票表现都优于债券。

表15-1　　　　　　　　　　　美国股票溢价现象　　　　　　　　　　单位：%

项目	人均消费增长率		无风险债券年收益率（1）		标普500指数年化收益率（2）		股票年溢价率（2）-（1）	
时段	均值	标准差	均值	标准差	均值	标准差	均值	标准差
1889—1978	1.83	3.57	0.80	5.67	6.98	16.54	6.18	16.67
1889—1898	2.30	4.90	5.80	3.23	7.58	10.02	1.78	1.78
1899—1908	2.55	5.31	2.62	2.59	7.71	17.21	5.08	5.08
1909—1918	0.44	3.07	-1.63	9.02	-0.14	12.81	1.49	1.49
1919—1928	3.00	3.97	4.30	6.61	18.94	16.18	14.64	14.64

项目	人均消费增长率		无风险债券年收益率（1）		标普500指数年化收益率（2）		股票年溢价率（2）－（1）	
1929—1938	−0.25	5.28	2.39	6.50	2.56	27.90	0.18	0.18
1939—1948	2.19	2.52	−5.82	4.05	3.07	14.67	8.89	8.89
1949—1958	1.48	1.00	−0.81	1.89	17.49	13.08	18.30	18.30
1959—1968	2.37	1.00	1.07	0.64	5.58	10.59	4.50	4.50
1969—1978	2.41	1.40	−0.72	2.06	0.03	13.11	0.75	0.75

视频 15

股票溢价简介

　　Mehra 和 Prescott（1985）假定投资者将每年收入的 10% 用于投资，比较了全部投资于债券和全部投资于股票两种情况下的收益。若以 25 年的时间区间来计算，偶尔会出现债券收益高出股票的情况；但若以 40 年的时间区间来计算，那么债券收益都弱于股票。特别是在 20 世纪 50 年代末或者 60 年代初，两位投资者分别进行了上述两种情况下的投资，到了 20 世纪末也就是 40 多年以后，两人的累计收益差距非常之大，全部投资于股票的累计收益是全部投资于债券的 7 倍之多。

　　并且，Mehra 和 Prescott（1985）发现，股票溢价现象没有局限于美国股市，在其他发达国家，如英国、日本、德国及法国等国家，股票表现同样优于无风险债券，前者年收益率要至少高出后者 3%，在德国甚至达到了 6.6%，见表 15-2。

表15-2　　　　　　　　　　　其他国家股票溢价现象　　　　　　　　　单位：%

国别	时间	无风险证券平均年收益率（1）	股票指数平均年收益率（2）	股票溢价（2）－（1）
英国	1947—1999年	1.1	5.7	4.6
日本	1970—1999年	1.4	4.7	3.3
德国	1978—1997年	3.2	9.8	6.6
法国	1973—1998年	2.7	9	6.3

15.2　股票溢价的解释

15.2.1　传统金融学的解释

　　除了风险补偿因素以外，传统金融学对于股票溢价又提出了另外 4 个解释：（1）持续经营溢价；（2）便利性溢价；（3）流动性溢价；（4）期望效应溢价。Constantinides（1990）提出，虽然也有收入较低的人群投资股票，但总量很小，股票投资者主要是养老基金机构或者是少数富人，他们与普通投资者不同。Mankiw 和 Zeldes（1991）同样认为，投资股票的人只是一小部分人群，他们的消费模式与普通大众有很大差别。虽然我们从消费模式角度解释了股票溢价，但自己也认为这一解释不够充分。

总之，尽管基于传统金融学视角也可以说明股票溢价在某种程度的合理性，但是不能充分地说明以下问题：（1）投资者为何如此厌恶风险；（2）投资者为何会投资收益率低的债券。

15.2.2　行为金融学的解释

Benartzi 和 Thaler（1995）基于行为金融学视角，利用视野短浅的损失厌恶（Myopic Loss Aversion）理论，非常完美地解释了股票溢价现象。

1. 视野短浅的损失厌恶

人们的视野短浅现象和损失厌恶现象，两种现象结合起来，就是视野短浅式损失厌恶。 上述两个现象分别在本教材第4章和第5章详细介绍，本章进一步综合分析视野短浅的损失厌恶对投资者的影响。

Benartzi 和 Thaler（1995）构建出如下的投资者前景效用函数：

$$价值函数 V(x) = \begin{cases} x^\alpha = x^{0.88} & x \geq 0 \\ -\lambda(-x)^\beta = -2.25(-x)^{0.88} & x < 0 \end{cases}$$

$$权重函数 \omega(p) = \frac{p^r}{[p^r + (1-p)^r]^{1/r}} = \begin{cases} \dfrac{p^{0.61}}{[p^{0.61} + (1-p)^{0.61}]^{1/0.61}} & p \geq 0 \\ \dfrac{p^{0.69}}{[p^{0.69} + (1-p)^{0.69}]^{1/0.69}} & p < 0 \end{cases}$$

$$前景效用函数 V(G) = \sum \pi_i V(x_i)$$

如第5章所述，价值函数不是关于原点对称的，相对于等量收益，人们对于损失更加敏感，即在数学上，当 $x > 0$，$-V(-x) = 2.25V(x) > V(x)$。

2. 评估期的影响

评估期（Evaluation Period），是指投资者评估其资产收益总体表现的时间间隔。 股票风险高于债券，短期内，股票收益率低于债券的可能性就越高，而股票的前景效用低于债券情况的可能性更高。假设好行情时，股票期望月收益率为3%，债券为0.2%；坏行情时，股票期望月收益率为-2%，债券为0；好行情和坏行情的发生概率都是50%。这样，股票的期望月收益率为0.50%，债券为0.10%，前者高于后者，见表15-3。

表15-3　　　　　　　　　　股票与债券的投资月收益率

投资工具	好行情	坏行情	期望月收益率
股票	3%	-2%	0.50%
债券	0.2%	0	0.10%

如果投资者视野短浅，评估期仅为1个月，同时又损失厌恶，那么股票的前景效用为：

$$V_{股票}(G) = \frac{0.5^{0.61}}{[\,0.5^{0.61} + (1-0.5)^{0.61}\,]^{1/0.61}} \cdot 3\%^{0.88} + \frac{0.5^{0.69}}{[\,0.5^{0.69} + (1-0.5)^{0.69}\,]^{1/0.69}} \cdot (-2.25(-(-2\%))^{0.88})$$

$$= -0.0131$$

债券的前景效用为：

$$V_{债券}(G) = \frac{0.5^{0.61}}{[\,0.5^{0.61} + (1-0.5)^{0.61}\,]^{1/0.61}} \cdot 0.2\%^{0.88} = 0.0023$$

$V_{股票}(G) < V_{债券}(G)$，投资者选择期望收益率低的债券而不是期望收益率高的股票。

模拟计算不同评估期股票和债券的累计收益率，如图15-3所示，评估期为10个月，股票累计收益率高出债券4.23倍；评估期为40个月，股票累计收益率高出债券5.07倍。大家会发现，评估期较长，股票因收益率高的优势得到发挥，使其前景效用增加，这样，投资者即使损失厌恶，只要视野足够宽广，他们也会选择投资股票。

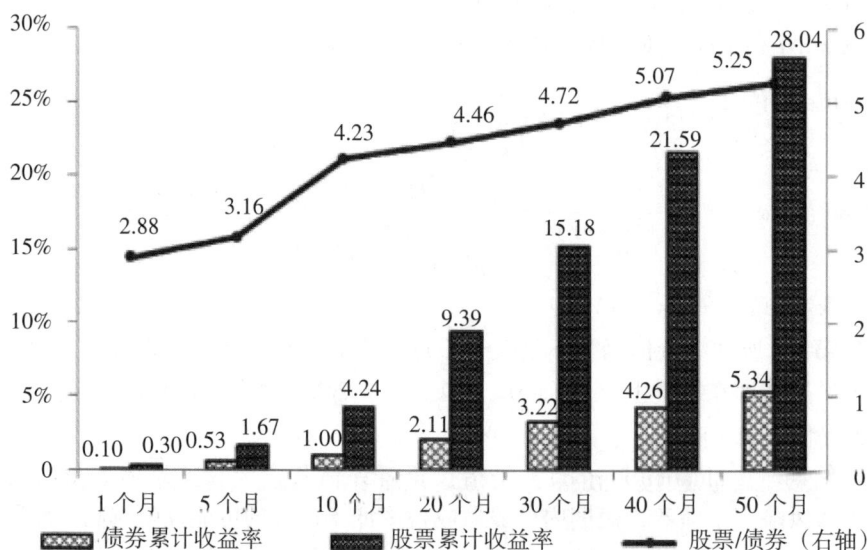

图15-3　不同评估期股票与债券的累计收益率

3.股票与债券无差异的评估期

评估期过短，股票前景效用低于债券；评估期过长，股票前景效用则高于债券。这样就存在一个评估期能够满足股票与债券的前景效用相同，即投资者对于股票和债券无差异。Benartzi 和 Thaler（1995）通过以上的前景效用函数，总结了不同评估期完全投资债券或者完全投资股票的前景效用，结果如图15-4所示。

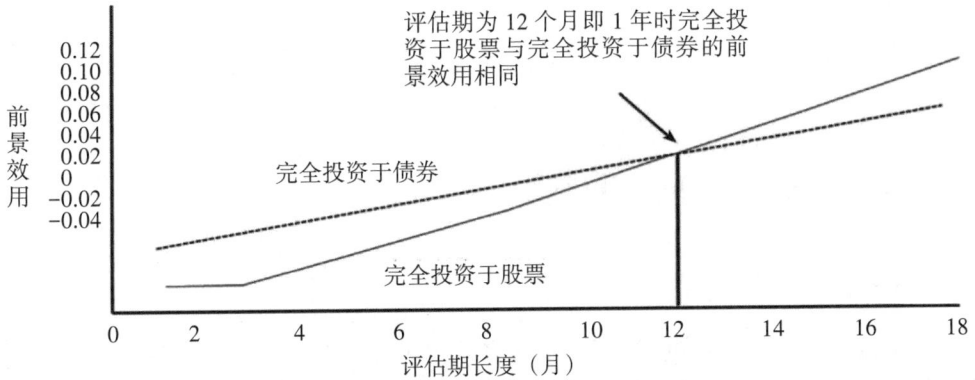

图15-4　不同评估期下股票与债券的前景效用

图15-4显示，当评估期为12个月即1年时，完全投资于股票与完全投资于债券的前景效用相同，这与现实生活中人们的评估期是一致的。

4.债券与股票的投资比例

投资者目标是实现前景效用最大化，Benartzi 和 Thaler（1995）模拟了在评估期为12个月的情况下，不同比例股票与债券的投资组合相应的前景效用，方法是先计算出完全投资于债券的前景效用，然后计算投资组合当中90%为债券、10%为股票的前景效用，以此类推，最后计算完全投资于股票的前景效用，结果如图15-5所示。

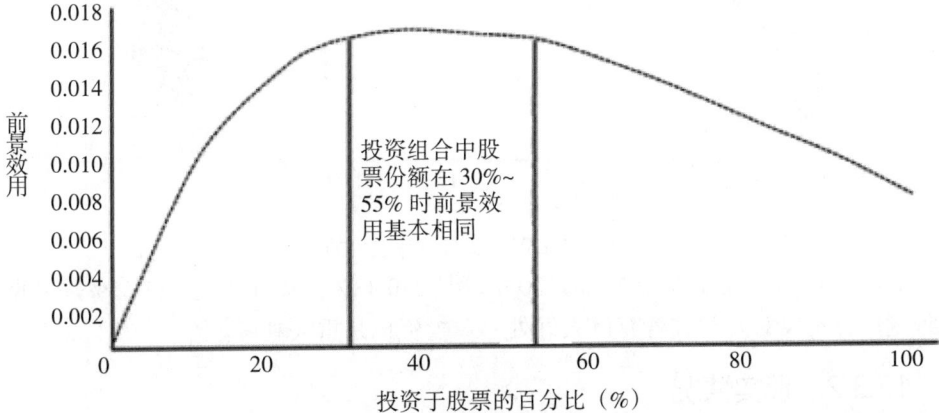

图15-5　债券与股票不同投资比例的前景效用

图15-5显示，随着投资组合当中股票比例增加，前景效用函数表现为先增加、再平稳最后下降的倒U形状，特别地，当股票份额在30%～55%时，前景效用基本相同，并处在最大值。这与现实生活中人们投资组合里的股票比例也基本一致。Benartzi 和 Thaler（1995）还指出，理论上，养老基金永续存在，评估期为无限长，为取得更高回报，应当将所有资金都投资于股票。但在现实生活中，养老基金由管理者来经营，他们任期是有限的，也存在视野短浅的损失厌恶。当然，相对于普通投资者，养老基金经理评估期相对较长，投资于股票的比例稍大，因此能够取得较

高的投资回报。

这样，Benartzi 和 Thaler（1995）就通过投资者"视野短浅的损失厌恶"理论，非常完美地解释了股票溢价之谜。

15.3 视野宽广的回报

15.3.1 理论预测

Benartzi 和 Thaler（1995）还为投资者获得更高收益率提供了建议。在市场有效的情况下，投资者获得比其他投资更高的收益，原因包括：（1）承担了更多其他投资者不愿意承担的风险；（2）比其他投资者运气更好；（3）比其他投资者更有耐心，也即本章论述的视野更加宽广，选择了更长的评估期。如图15-6所示，通过模拟，Benartzi 和 Thaler（1995）发现，评估期为1年的年收益率为1.4%，20年为6.9%，因此，6.9%中的1.4%可归结为风险补偿，而余下的5.1%则是耐心回报。**耐心回报是指因投资者视野宽广更加耐心而取得的比其他投资者更高的超额回报。**

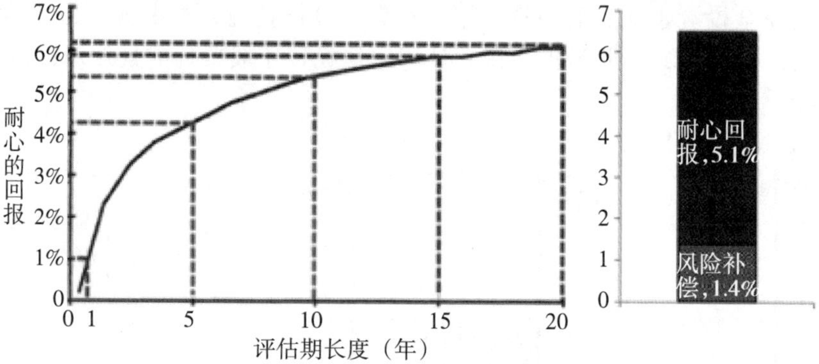

图15-6 评估期长度与股票溢价的关系

如果每年超额收益率为5.1%，20年就是270.43%，40年就是731.32%。可见，视野宽广，不仅对儿童教育有巨大好处，对投资也是重大利好。

15.3.2 现实情况

在现实当中，如果投资者视野宽广，投资期较长，的确可以获得非常惊人的回报。

纽约大学斯特恩商学院（Stern School of Business，New York University）Aswath Damodaran 从1998年起，会在 Damodaran Online 发布每年标普500，Baa级公司债、美国长期国债以及3个月短期国债从1928年起每年的年收益率以及相对于1927年的累计收益率。

2008年美国经历了非常严重的金融危机，2008年12月底美国道·琼斯指数收盘点位只有8 776.39点，标普500指数只有903.25点。而金融危机之前的2006年12月底，两个指数分别为13 264.82和1 468.36点，仅12个月就分别下降33.84%和

38.49%。Aswath Damodaran 的数据，我们以 2008 年 12 月作为终点，计算了若干年前投资各种证券的累计回报率，结果见表 15-4。

表15-4 　　　　　　　各种证券到2008年12月的累计回报率　　　　　　单位：%

年限	时间	标普 500 指数	Baa 级公司债	长期国债	短期国债
1	2007 年 12 月	-36.55	-5.07	20.10	1.36
10	1998 年 12 月	-1.36	6.23	6.59	3.13
20	1988 年 12 月	8.36	8.58	8.33	4.15
30	1978 年 12 月	10.89	9.77	8.95	5.74
40	1968 年 12 月	8.93	9.09	7.90	5.79
50	1958 年 12 月	9.12	7.96	6.84	5.36
60	1948 年 12 月	10.88	7.05	5.93	4.75
70	1938 年 12 月	10.26	6.82	5.43	4.12
80	1928 年 12 月	8.69	6.80	5.24	3.76

　　表 15-4 显示，短期内由于严重的金融危机，股票收益回报的确远逊于债券。例如，如果 2007 年 12 月投资于标普 500，1 年后的收益率为 -36.55%，而投资于长期国债则为 20.10%，高出前者 56.65%。但是，随着投资期限延长至 20 年，股票的回报就高于长期国债，延长至 30 年，就高于 Baa 级公司债。若时间大于 50 年，股票收益就一直高于各种债券了。其实，2008—2009 年的美国金融危机恰好是一次逢低买入股票的绝佳时机。例如，2008 年 9 月巴菲特逆势出手 50 亿美元投资高盛优先股，到 2011 年 4 月被回购，仅 2 年多的时间，回报率高达 68%。

　　本教材第 3 版时，我们以同样的方法，将终点改为 2022 年 12 月，计算结果见表 15-5。

表15-5 　　　　　　　各种证券到2022年12月的累计回报率　　　　　　单位：%

年限	时间	标普 500 指数	Baa 级公司债	长期国债	短期国债
1	2021 年 12 月	-18.01	-14.49	-17.83	2.02
10	2012 年 12 月	12.44	3.45	0.11	0.78
20	2002 年 12 月	9.70	5.97	2.68	1.20
30	1992 年 12 月	9.55	6.91	4.43	2.22
40	1982 年 12 月	11.15	8.76	6.15	3.36
50	1972 年 12 月	10.24	8.43	6.12	4.34

年限	时间	标普500指数	Baa级公司债	长期国债	短期国债
60	1962年12月	10.18	7.75	5.65	4.39
70	1952年12月	10.66	7.09	5.19	4.10
80	1942年12月	11.39	6.72	4.81	3.69
90	1932年12月	11.03	6.93	4.66	3.30

表15-5显示，若以2022年12月作为终点，虽然一年内股票表现比债券差，但若期限超过10年，就都好于各种债券了。在各种债券中，Baa级公司债最高，长期国债居中，短期国债最低。

本版中，我们又以同样的方法，将终点改为2024年12月，计算结果见表15-6。这一次，股票表现在任何时段都超过了其他证券。

表15-6　　　　　　　　各种证券到2025年12月的累计回报率　　　　　　单位：%

年限	时间	标普500指数	Baa级公司债	长期国债	短期国债
1	2024年12月	24.88	1.74	-1.64	4.97
10	2014年12月	12.98	3.50	0.26	1.76
20	2004年12月	10.26	5.30	2.54	1.58
30	1994年12月	10.82	6.75	4.33	2.31
40	1984年12月	11.69	8.21	5.78	3.16
50	1974年12月	12.26	8.64	6.05	4.25
60	1964年12月	10.36	7.73	5.60	4.45
70	1954年12月	10.73	7.12	5.11	4.21
80	1944年12月	11.47	6.65	4.77	3.81
90	1934年12月	11.11	6.69	4.57	3.40

15.4　各种投资策略简介

当前，常见的投资策略总结起来可分为如下几种：技术分析、价值投资、被动投资、行为投资。

15.4.1 技术分析

1.技术分析的含义

技术分析，是指通过利用图形、表格、数学工具等处理成交量、价格等市场数据，研究市场过去和现在的行为反应，推测未来价格的变动趋势。其中，最典型的技术分析工具是K线图，它起源于日本，最初被用来描述米价，因其标画方法具有独到之处，人们把它引入股票市场价格走势的分析中。经过300多年的发展，现在K线图已经广泛应用于股票、期货、外汇、期权等证券市场。

要强调的是，在K线图中，据我们所知，世界上只有中国大陆和中国台湾上涨用红色表示，下跌用绿色表示。除此之外，中国香港以及其他国家和地区，都是上涨用绿色表示，下跌用红色表示。最开始，中国大陆K线图也遵循国际惯例，但这却与中国传统文化相悖，因此很快就改成了如今的表示方法。

技术分析的理论基础是：（1）市场行为涵盖一切信息。影响股票价格的每一种因素都在市场行为中充分反映，任何一种对股票价格有影响的因素最终都必然体现在股票价格的变动上。（2）股票价格沿趋势变动。股票价格的变动总是趋向使供求双方平衡的方向，达到平衡后，有新的因素会打破这种平衡，股票价格发生变化，又达到新的平衡。（3）历史会重演。人类的天性相当固定，在类似的情况下会产生既定的反应，研究过去市场转折点所呈现的现象可以帮助大家判断主要的行情转折点。

技术分析的对象包括：（1）价，指股票价格或指数。价格变化是投资者最关注的因素，是市场变化的方向。（2）量，指单位时间内的成交量。若价格反映市场变化的方向，成交量则反映投资者对这一方向的认同程度。（3）时，某一段行情所需要的时间。它可以帮助投资者把握投资时机。（4）空，某一趋势可能达到的高点或低点。它同样可以帮助投资者把握投资时机。

2.道氏理论

技术分析策略最早的理论是道氏理论，由《华尔街日报》记者和道·琼斯公司的共同创立者查尔斯·亨利·道于19世纪末提出，是最古老的技术分析理论之一，被誉为所有市场技术研究的鼻祖。这一理论认为，股票会随市场的趋势同向变化以反映市场趋势和状况，最成功的实践就是预测到了1929年美国股市崩盘。

如图15-7所示，道氏理论认为有5类市场趋势：（1）极长趋势：持续数年甚至几十年。（2）长期趋势：持续一年或以上，大部分股票将随大盘上升或下跌，幅度一般超过20%。（3）中期趋势：与长期趋势完全相反的方向，持续期超过3个星期。（4）短期趋势：只反映股票价格短期变化，持续时间不超过6天。（5）盘中趋势：某一天股票价格变化。

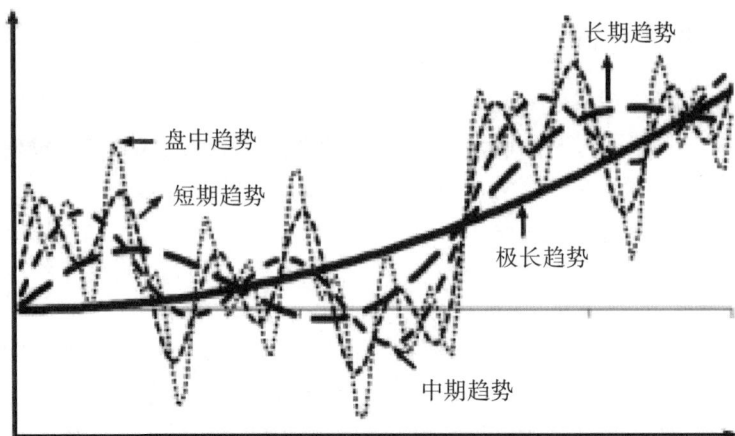

图15-7 道氏理论中的各种趋势

3.波浪理论

在道·琼斯的道氏理论基础上，纳尔逊·艾略特提出了波浪理论，此理论与斐波那契数列相关。道氏理论告诉投资者何为大海，波浪理论指导投资者如何在大海上冲浪。艾略特波浪理论认为价格波动分为推动浪和调整浪。推动浪即价格上涨过程当中的波浪，分为5个小浪，通常用第1浪、第2浪、第4浪、第4浪和第5浪来表示；调整浪即价格下跌过程当中的波浪，分为3个小浪，通常用A浪、B浪和C浪表示。

如图15-8所示，8个波浪（五上三落）完毕之后，一个循环即告完成，走势进入下一个8波浪循环。需要强调的是，市场会依照其基本形态发展，因此时间长短不会改变波浪的形态，波浪可以拉长，也可以缩短，但其基本形态永恒不变。

上升波4浪（1，3，5，B）+下跌波4浪（2，4，A，C）=8浪
一循环推动波浪数为5浪，调整浪数为3浪，合计8浪为一循环

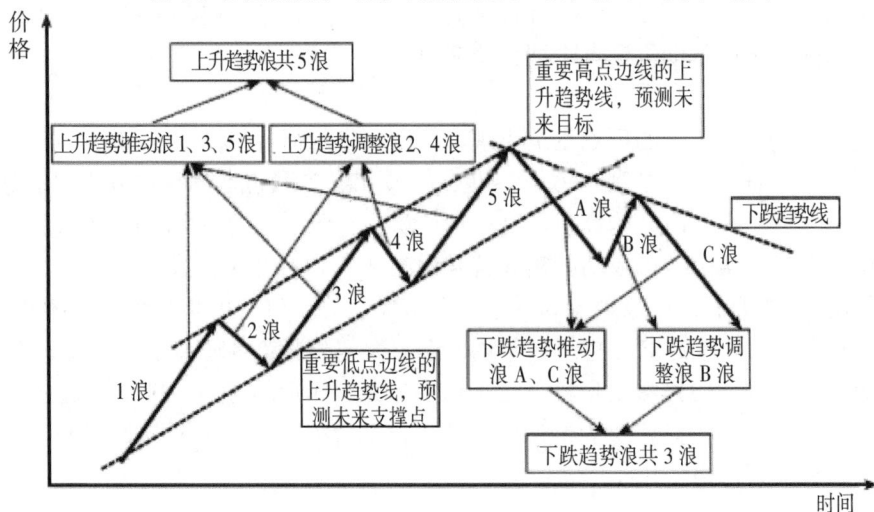

图15-8 波浪理论的各种趋势线

4.技术分析的评价

前面提到，在市场是弱有效的情况下，技术分析肯定是没有效果的。作为一种代表性启发法，它利用过去熟悉的模式来对不确定的未来作出判断，而不考虑这种模式产生的客观信息基础，或这种模式重复的可能性。这种启发法使得预测价格这个复杂问题变得比较简单，但缺点是预测结果的不可靠性，因为历史可能会重演，但也未必重演。例如，第13章指出，中国大陆、中国台湾和中国香港的数次股票市场泡沫都经历了四涨四跌，但只能用于事后解释，不过是先打靶后画圈，而不能用于事前预测。

15.4.2 价值投资

1.价值投资的含义

价值投资，是指利用丰富的统计资料，运用多种多样的经济指标，采用各种分析工具与方法，从宏观、行业和公司等各层面对企业价值作出客观的评价，并预测其未来的变化，作为投资者投资决策的依据。

如图15-9所示，在价值投资分析过程中，分析层面包括：（1）宏观方面。具体包括：经济周期；经济规模、消费者信心、物价指数；财政、货币政策。（2）行业方面。具体包括：经济周期敏感性；行业生命周期；行业竞争结构。（3）公司方面。具体包括：财务报表分析；资本运营分析。

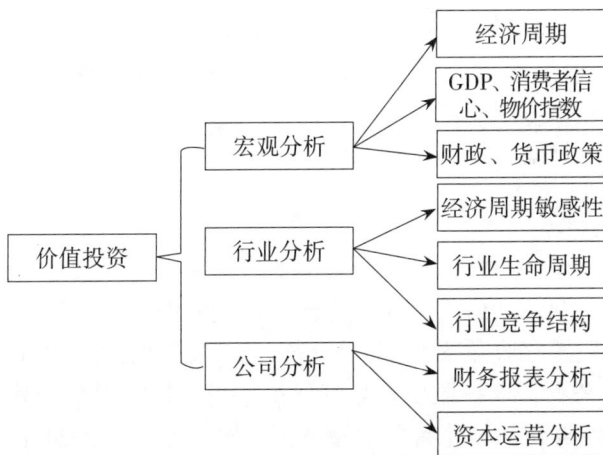

图15-9 价值投资的分析层面

2.巴菲特的价值投资

本章引例"最贵的股票"中的主人公沃伦·巴菲特，他也是价值投资策略的代表者。巴菲特的投资理论包括但不限于：（1）把鸡蛋放在一个篮子里。1987年，伯克希尔哈撒韦公司的持股总值首次超过20亿美元。令人吃惊的是，巴菲特把20多亿美元的投资全部集中在3只股票上，即价值10亿美元的美国广播公司股票、7.5亿美元的GEICO公司股票、3.23亿美元的华盛顿邮报公司股票。（2）长期持有。投资人绝对应该好好守住几种看好的股票，而不应朝秦暮楚，在一群质地欠佳的股

301　　　　　　　　　　　　　　　　　　　第15章 股票溢价

票里抢进抢出。他提出，"如果你没有持有一种股票10年的准备，那么10分钟都不要持有这种股票。"（3）不熟不做，不懂不买。在科技网络股热潮时，巴菲特承认自己无法了解这一产业，缺乏涉足这个领域的能力，认为谁都没把握确定哪几家公司最后会脱颖而出，在这种情况下，与其涉入高风险的投资，不如稳扎稳打地投资自己所熟悉的领域。网络科技泡沫破灭后，很多投资者损失惨重，巴菲特管理的公司却仍然保持稳健的收益。

从1965年至2024年的60年间，巴菲特的伯克希尔哈撒韦公司股票价格年化增长率为19.51%，相对应的是，同期道·琼斯指数年化增长率为6.62%，标普500指数年化增长率为7.29%。如图15-10所示，1965年投资1美元于伯克希尔哈撒韦公司股票，到了2024年年底，累计回报为36 817.26美元。与之相对应，同样时间段投资1美元于道·琼斯指数股票篮子的累计回报为43.89美元，投资1美元于标普500指数股票篮子的累计回报为63.63美元。

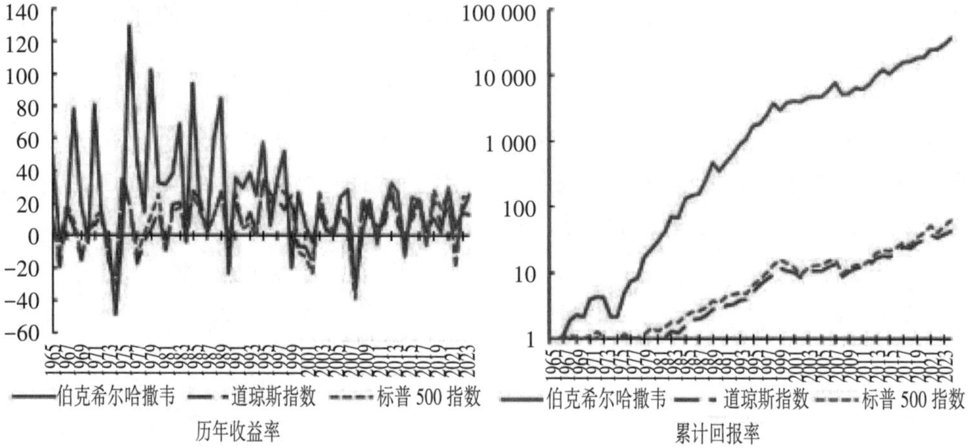

历年收益率 —伯克希尔哈撒韦 --道琼斯指数 ----标普500指数

累计回报率 —伯克希尔哈撒韦 --道琼斯指数 ----标普500指数

注：纵轴为对数形式。

图15-10　伯克希尔哈撒韦公司及大盘指数的1965—2024年的收益率与累计回报率

2000—2024年期间，由于互联网泡沫以及金融海啸等原因，的确出现了伯克希尔哈撒韦公司股票年收益率低于大盘指数尤其是纳斯达克指数的情况，但从22年的中长期角度来看，这只股票的累计回报率仍然远超大盘指数。如图15-11所示，2000年投资1美元于伯克希尔哈撒韦公司股票，到了2024年年底，累计回报为9.59美元。与之相对应，同样时间段投资1美元于纳斯达克指数股票篮子的累计回报为7.82美元，投资1美元于道·琼斯指数和标普500指数的累计回报分别为3.94美元、4.45美元。

3.价值投资的评价

前面提到，在市场是半强有效的情况下，基本面分析是无效的。巴菲特的伯克希尔哈撒韦公司股票能够在长达40多年的时间里远远跑赢大盘，这是小概率事件，并不足以说明市场是"非半强有效的"，理由是：人们无法在事前比如1965年就能够准确判断出这只股票未来的趋势。而在20世纪末互联网泡沫兴起的时期，投资界的主流甚至认为巴菲特的投资理论和策略已经过时。市场的确如巴菲特所说的那样，"只有当潮水退却时，才知道谁在裸泳"。但问题是，在潮水没有退却时，人们不清楚谁在裸泳，更不清楚潮水什么时候退却。更容易让人记住的，恰恰是"风来了，猪都能飞上天"。

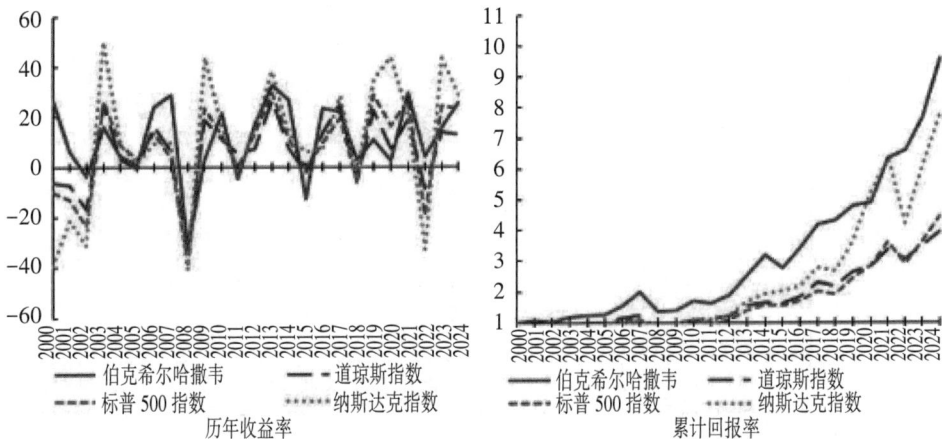

图15-11　伯克希尔哈撒韦公司及大盘指数的2000—2024年的收益率与累计回报率

15.4.3　被动投资

1.被动投资的含义

被动投资选择与市场组合一致的资产组合，避免频繁交易，利用市场的力量来获取收益，它的理论依据是"时间是投资最好的朋友"。

2.被动投资的表现

代表性的被动投资是指数基金投资，即投资于各类股票指数篮子股票，并长期持有。例如，根据纽约大学 Stern 商学院的 Aswath Damodaran 教授的研究成果，如图15-12所示，如果在1927年分别向如下种投资品投资1美元，到2024年，也就是97年以后，小公司股票将累计为47 448.92美元，标普500累计为9 828.18美元，Baa级公司债为503.85美元，黄金为126.49美元，长期国债为80.13美元，房地产为55.54美元，而短期国债仅为20.80美元。

对于如下问题，"从长期角度股票与债券哪种更具有投资价值"，根据我们的调查，如图15-13所示，有50.90%的比例认为是"股票"；对于如下问题，"从长期角度类公司股票更具有投资价值"，如图15-14所示，有65.73%的比例认为是"大公司"，只有30.06%的比例认为是"小公司"。如果 Damodaran 教授研究结果也适应于中国，那么应当也是小公司股票投资价值更高。原因在于，小公司股票的风险相对较高，如果要在市场当中有交易，那么相关投资者就应当获得更高的收益作为补偿。事实是否如此，待本教材第5版分解。

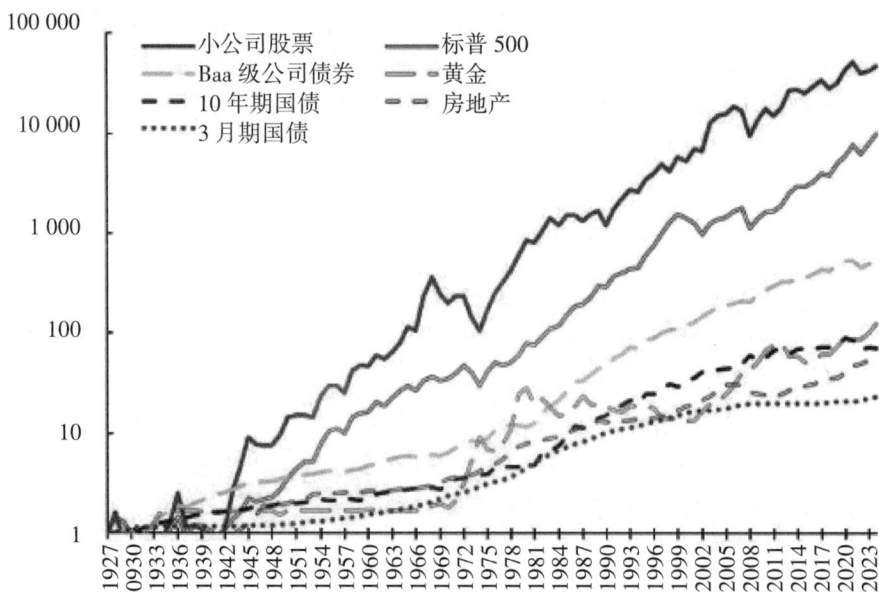

注：纵轴为对数形式。

图15-12　Damodaran教授计算的各投资品累计回报（1927年起）

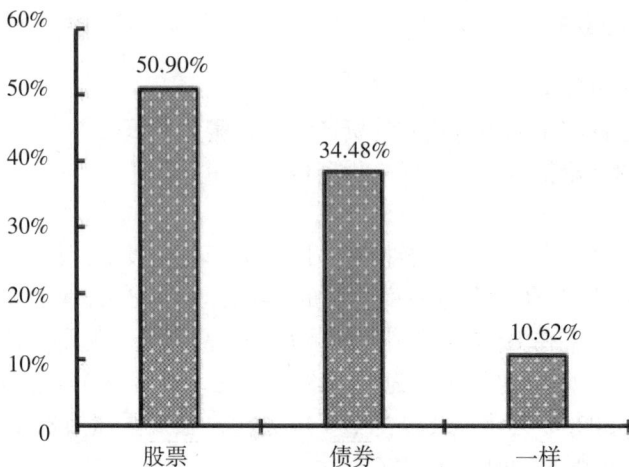

图15-13　调查者认为哪类证券收益更高

3.被动投资的评价

前面提到，在市场是强有效的情况下，无论采用哪种分析工具或者获得任何消息，投资者都不可能准确预测市场未来的运行轨迹，在长期中不能获得超过其风险承担水平的超额收益。被动投资避免了其他积极投资策略所带来的过高交易成本，可以获得与市场大盘相一致的收益率。如本章前文所述，股票溢价是长期和广泛存在的，因此被动投资也会给投资者带来较为丰厚的回报，并且方法简单。

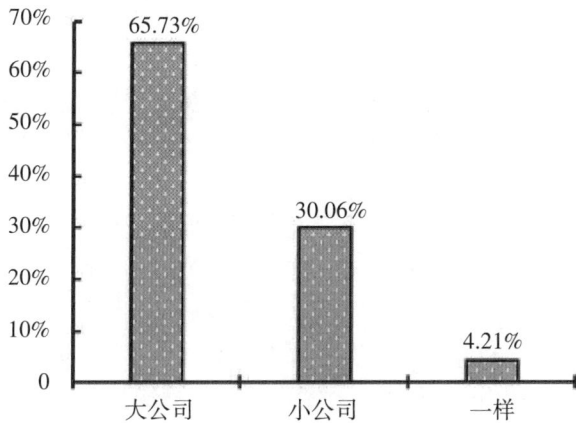

图15-14　调查者认为哪类公司股票收益更高

15.4.4　行为投资

1.行为投资的含义

本教材第10章以及随后章节指出，投资者的各种认知和行为上的偏差，导致了金融市场当中存在诸多"异象"。这样一来，要想战胜市场、获取超常收益，投资者就可以建立在别人犯错而自己不犯错的基础上来采取相关的投资策略。

行为投资策略，是指投资者利用其他投资者所犯系统的认知偏差所造成市场的非有效性来制定的投资策略。具体可以分为动量投资、反向投资、集中投资和量化投资。

2.各类行为投资的方法

（1）动量投资。

投资者由于过度自信而存在对信息反应不足等行为偏差，因此，在一定的持有期内，如果某只股票或股票组合在前一段时期内涨幅较大，那么在下一段时期内，该股票或股票组合仍将有良好表现。具体投资策略是，分析股票在过去的表现，买进开始上涨并预期会持续上涨的股票，卖空已经开始下跌或预期将会继续下跌的股票。

（2）反向投资。

投资者过分注重上市公司近期表现的结果，从而导致对公司近期业绩情况作出持续过度反应，形成对绩差公司股价的过分低估和对绩优公司股价的过分高估现象，这为投资者利用反向投资策略提供了套利的机会。具体投资策略是，投资者针对证券市场运行的反转现象，在一个较长的时间框架内，买进过去表现较差的股票而卖出同期表现较好的股票。具体操作方法是，关注证券市场上各种股票的价格走势，并将其价格与基本价值进行比较，寻找价格远远偏离价值的股票，构建投资组合，等价格回归价值时获取收益。

（3）集中投资。

这种投资策略的原理与价值投资基本一致。具体投资策略是，投资组合股票种类通常不超过10种，长期保持股票不动，面对股价波动也冷静对待。当发行这些股票的上市公司有利好消息时，市场上其他投资者对利好消息通常会过度反应，抬高股价，这就为采用该策略的投资者带来巨大的获利空间。具体操作方法是，重视公司基本面和成长性，找出投资者相对熟悉的公司，然后将大部分资金押上。

（4）量化投资。

这种投资策略的原理是，利用计算机程序捕捉金融市场局部和瞬间的异动，避免主观判断中人的心理与情绪的影响。具体投资策略是，用先进的数学模型替代人的主观判断进行投资机会的捕捉；用计算机程序进行投资组合配置的自动操作与控制。具体操作方法是，利用计算机程序覆盖投资的全过程，包括量化选股、量化择时、股指期货套利、商品期货套利、统计套利、算法交易、资产配置以及风险控制等。

3.行为投资的评价

综上所述，为获得超额收益，传统投资经理、数量型投资经理和行为型投资经理采用了不同的投资方法：（1）传统投资经理的方法是"挖掘信息"，通过获取市场所没有的私人信息来获得超额收益。（2）数量型投资经理的方法是"处理信息"，构建比市场更好的处理信息方法来获得超额收益。（3）行为型投资经理的方法是"利用信息"，找出导致市场有偏的行为因素，利用他人的错误来获得超额收益。

金融市场本身充满各种风险，同时也汇集了最优秀的人才参与其中，长期稳定地获得超额收益只是一件"可遇而不可求"的事情。正如亚当·斯密[1]在《金钱游戏》中所说的那样，"成功的投资者并不一定要在自己的头脑里勾勒出一个完整而清晰的真实自我，但是，一旦直觉与现实偏离常理，他们能当机立断，让自己立即清醒，如果你不了解你自己，那股票市场是一个能够找到答案的昂贵场所"。

15.5 中国股票溢价的情况

15.5.1 中国物价上涨情况

如图15-15所示，改革开放的40多年间，尤其是加入世界贸易组织后的20多年间，中国经济发展就巨大！按当年年底汇率计算，1990年中国经济量仅为日本的12.88%、德国的25.23%，美国的6.73%；2000年为日本的25.96%、德国的63.57%，美国的12.17%；2007年中国经济总量超过德国，2009年中国经济总量超过日本；2010年为日本的1.11倍、德国的1.87倍，美国的42.27%；2020年为日本的2.96倍、德国的3.78倍，美国的74.46%；2024年为日本的4.69倍、德国的4.03倍，美国的64.32%。

---

① 此亚当·斯密不是《国富论》的作者，也译作亚当·史密斯。

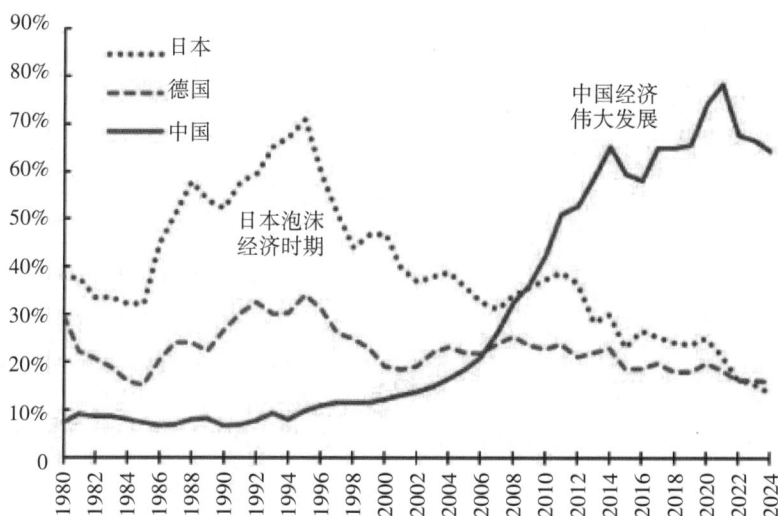

图15-15　中国经济的伟大发展

　　与此同时，中国国内物价水平也普遍上涨。例如，2017年9月，福建省厦门市某居民将1973年的一张1 200元存单取出，44年的利息为1 484.04元。20世纪70年代，普通职工工资每月20多元钱，当时的1 200元是笔巨款。但44年的利息终究敌不过收入增长和通货膨胀，如今，这2 600多元只还不足一名基层工人一个月的收入。

　　我们采用各种方法计算了1992年的1元钱到2024年的现值，结果如图15-16所示。当年的1元钱，按每年活期存款利率计算，至2024年为1.32元；按每年1年期定期存款利率计算为2.81元；按同期按消费者价格指数（CPI）计算为2.98元；按GDP平减指数计算为3.52元；按更接近于中国实际物价上涨幅度的"广义货币与国内生产总值之比（M2/GDP）"计算，为8.77元，年化率为7.02%。

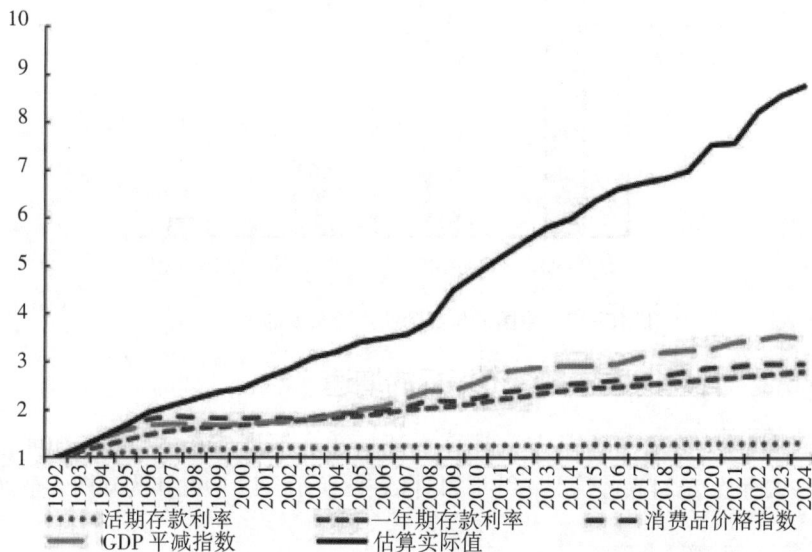

图15-16　1992—2024年存款利率以及相关指标的定基比

　　　　　　　　　　　　　　　　第15章　股票溢价

一个事例是，1989年，吉林长春杨某将2 000元存入银行，约定30年后本息可得72万元。2019年9月存款到期，杨某取款时被银行告知，当年的存单及存款因违反了相关法律规定，是无效的，本金和利息的计算只能按照正常存款的年利率，本息共计8 000余元。杨某起诉银行。法院认为是无效合同，但根据过错程度，应赔偿储户资金被占用期间的损失，存单无效是由银行单方面过错导致的，2022年法院决定以五年期以上贷款年利率19.26%计算杨大爷的利息损失，最终判令银行赔偿杨大爷本金及利息损失共计11 556元[①]，相当于当年存款的5.78倍，折算下来，年化收益率为5.46%。

如果基期选为2000年，那么当年的1元钱，按每年活期存款利率计算到2024年时为1.12元；按每年1年期定期存款利率计算为1.67元；按同期按消费者价格指数（CPI）计算为1.64元；按GDP平减指数计算为2.07元；按"广义货币与国内生产总值之比（M2/GDP）"计算，为3.58元，年化率为5.46%。

如果基期选为2010年，那么当年的1元钱，按每年活期存款利率计算到2024年时为1.05元；按每年1年期定期存款利率计算为1.31元；按同期按消费者价格指数（CPI）计算为1.32元；按GDP平减指数计算为1.37元；按"广义货币与国内生产总值之比（M2/GDP）"计算，为1.81元，年化率为4.33%。对于如下问题，"你认为近些年中国每年的实际通货膨胀率是多少?"，根据我们2020年至2024年的调查结果，如图15-17所示，有49.10%的比例认为在"0~5%"，有40.08%的比例认为在"5%%~10%"，两者合计89.18%，这与现实情况基本一致。

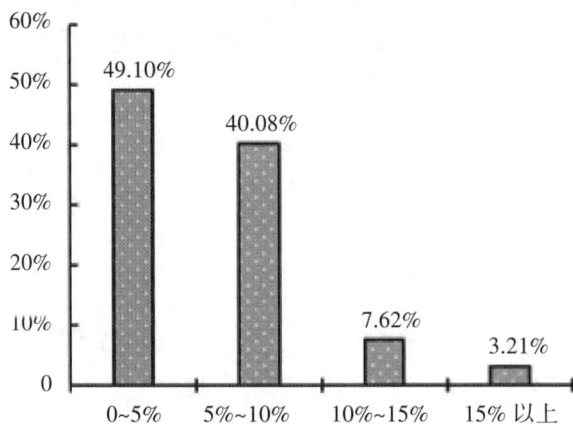

图15-17　中国近年实际通货膨胀率的个人感受

15.5.2　大盘指数与各经济指标的增速

我们同样以1992年为基期，计算上证指数、深圳成指、中国GDP以及人均GDP从1992年至2024年的情况，结果如图15-18所示。以1992年为基期，至2024年，

---

① 财经专项记者圈. 吉林长春，杨大爷30年前将2000元存入银行，约定30年后本息可得72万［EB/OL］.［2022-12-06］.https：//www.163.com/dy/article/HNT0MLVF0539OFVA.html.

中国GDP增至49.61倍，年化率12.98%；人均GDP增至41.04倍，年化率12.31%；而
上证指数增至4.29倍，年化率4.82%；深圳成指增至4.51倍，年化率4.66%。

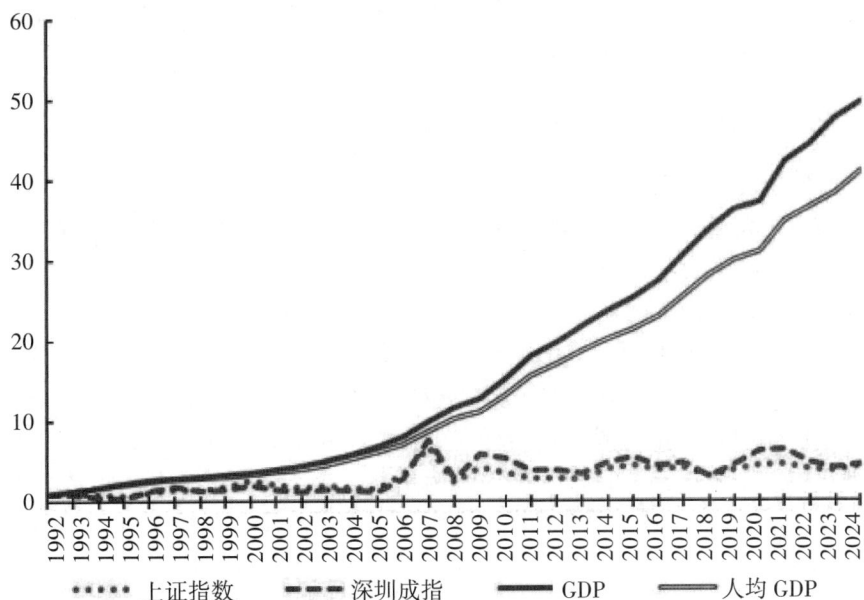

图15-18　1992—2024年中国大盘指数与经济指标的定基比情况

使用同样方法，以2000年为基期，如图15-19所示，中国GDP增至13.45倍，
年化率11.44%；人均GDP增至12.06倍，年化率10.93%；上证指数增至1.62倍，
年化率2.02%；深圳成指增至2.19倍，年化率3.32%。

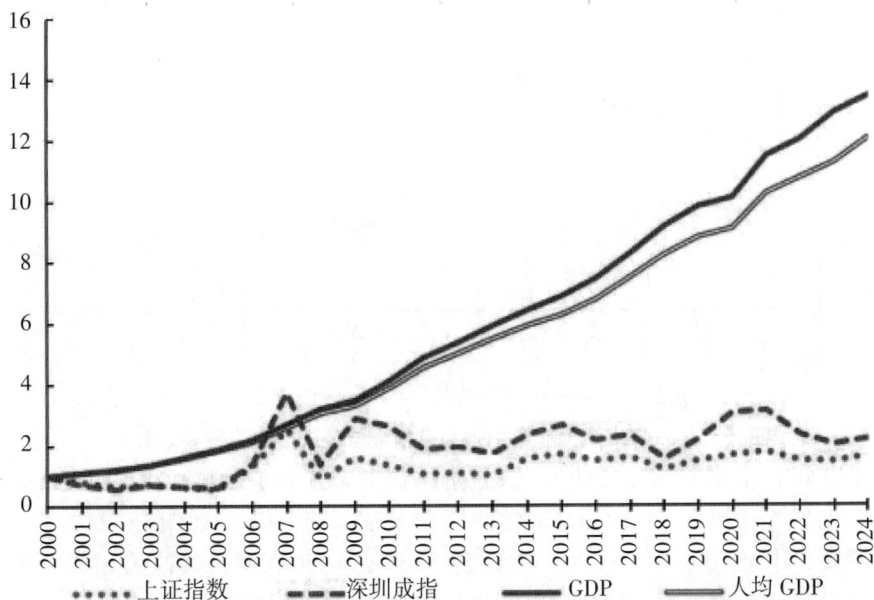

图15-19　2000—2024年中国大盘指数与经济指标的定基比情况

使用同样方法，以2010年为基期，如图15-20所示，中国GDP增至3.27倍，年化率8.84%；人均GDP增至3.11倍，年化率8.44%；上证指数增至1.19倍，年化率1.27%；深圳成指减至0.84倍，年化率-1.27%。可见，上证指数与深圳成指的涨幅均远远小于同期中国GDP或者人均GDP的涨幅。

15.5.3　中国股票市场的长期收益情况

1.大盘指数失真问题

股票市场大盘指数计算方法存在缺陷，并不能真实反映市场实际情况，这一现象被称为"指数失真"。

以上证指数为例，报告期指数=报告期样本股总市值÷基期样本股总市值×基期指数，其中基期为1990年12月19日，样本为上海证券交易所全部上市股票。这一方法存在如下缺陷：赋予了高市值股票过高的权重和中小市值股票过低的权重，导致上证指数更多地受少数高市值股票价格变化的影响。例如，中国石油计入上证指数的2007年11月12日，当天此只股票跌幅为4.53%，因其占当时上证指数权重高达1/4，导致上证指数同日下降2.40%，然而，当天所有股票当中有90%上涨，下跌的不到10%。

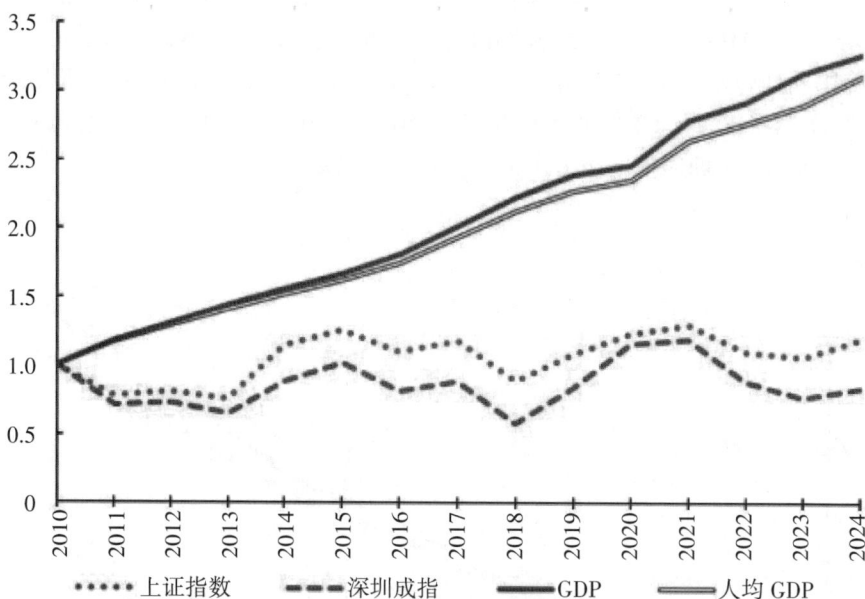

图15-20　2010—2024年中国大盘指数与经济指标的定基比情况

2013年，上证指数和深圳成指分别下跌6.75%和10.91%，但两市中却只有30.95%的股票下跌，相反有69.05%的股票上涨。进一步，如图15-21左侧所示，中证超大、中证100、中证200、中证500、中证1000和两市其他的相关股票，下跌比例呈递减趋势。中证超大成份股中，有64.86%下跌，两市其他股票，只有29.14%下跌。2017年，上证指数和深圳成指分别上涨6.56%和8.48%，但两市中只有23.18%的股票上涨，相反有76.82%的股票下跌。同样，如图15-21左侧所示，中证超大、中证100、中证200、中证500、中证1000和两市其他的相关股票，上涨比例呈递减趋势。中证超大成份股中，100%股票上涨，两市其他股票，只有10.47%上涨。

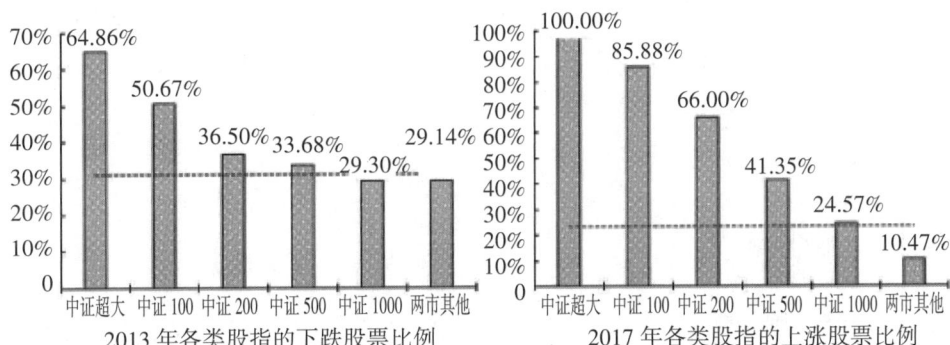

图15-21　2013年和2017年各类股指中股票与大盘同方向变动比例

2023年，上证指数和深圳成指分别下跌3.70%和13.54%，但两市中却只有46.19%的股票下跌，相反有53.81%的股票上涨。如图15-22左侧所示，中证超大、中证100、中证200、中证500、中证1000和两市其他的相关股票，下跌比例基本呈递减趋势。中证超大成份股中，有61.22%下跌，两市其他股票，只有38.77%下跌。2024年，上证指数和深圳成指分别上涨12.67%和9.34%，但两市中只有44.44%的股票上涨，相反有55.56%的股票下跌。同样，如图15-22左侧所示，中证超大、中证100、中主200、中证500、中证1000和两市其他的相关股票，上涨比例呈递减趋势。中证超大成份股中，有71.43%上涨，两市其他股票，只有36.79%上涨。

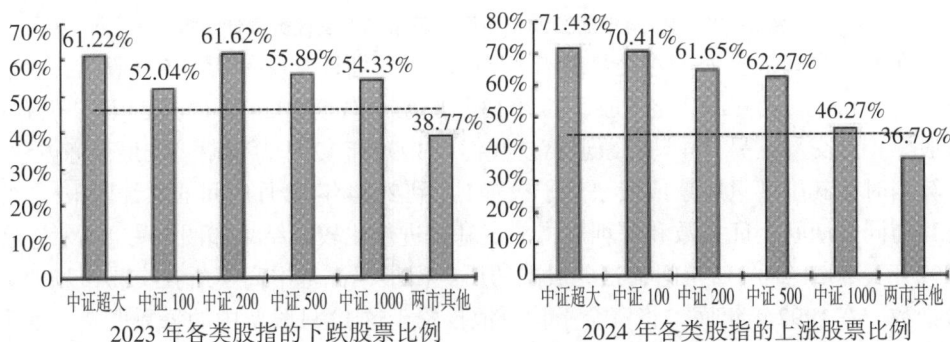

图15-22　2023年和2024年各类股指中股票与大盘同方向变动比例

可见，目前上证指数和深圳成指这两项指数，更多的是反映数量相对较少但市值相对较高的大盘股表现，而数量相对更多但市值相对较低的小盘股表现，甚至经常与两项指数走势相反。

2.中国股票市场的长期投资回报

本教材第2章介绍了在2010年至2024年期间，投资A股中五大银行股票可以获得较高的收益。在这里，我们将投资期限进一步延长。

本章前文介绍，在发达国家情况，小公司股票收益相对高于大公司；在中国，小公司股票经常与大盘走势相反，进一步，如图15-23所示，2004年至2024年的20年间，上证指数、深圳成指、中证超大、中证100、中证200、中证500和中证1000的定基比依次增高，最高的中证1000指数为5.96倍，年化率为9.33%，次高的中证500为5.73倍，年化率为9.12%，都高于同期上证指数或深圳成指对应指标。

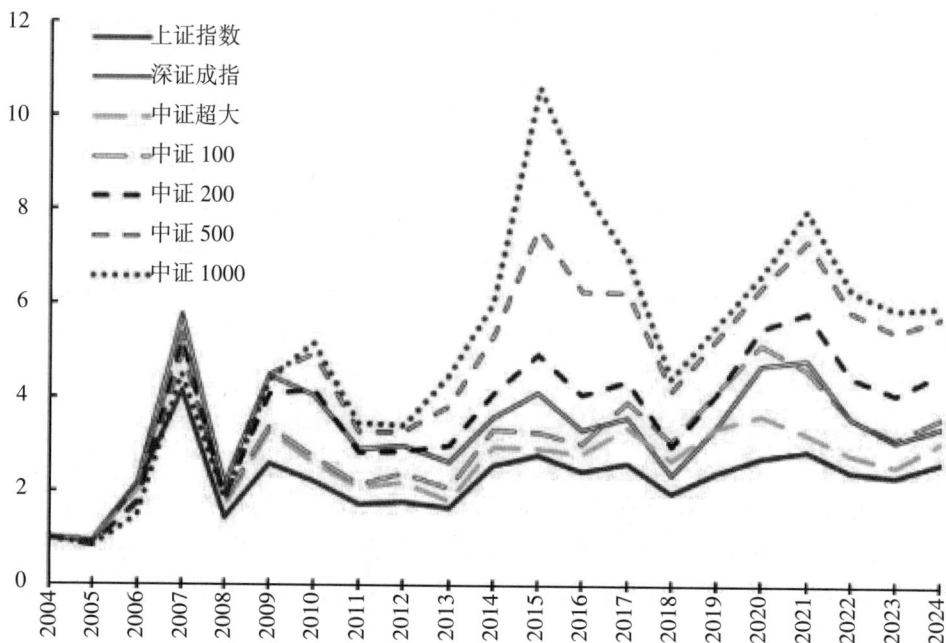

图15-23 2004年至2024年中国股票市场代表性数累计回报

在成立之初，上海证券交易所有8只股票，深圳证券交易所有5只股票，它们被称为沪市老8股和深市老5股，共计13只股票。截至2024年12月31日，仍有9只股票正常交易，另外4只股票退市。我们以1992年12月为基期，按最保守方法，计算当时在其中某只股票或股票篮子投资1元到2024年12月底间的累计回报[①]，并将其与同一期间上证指数和深圳成指的定基比进行比较，结果如图15-24所示，在1992年至2024年的32年间，这些股票的历年回报，都基本高于所在交易市场的大盘指数。在1992年年底，将资金平均分散投资于这13只股票中的每只股票，到了2024年底，能够取得的累计回报为8.56倍，年化率为6.94%，相对于同期上证指数年化率4.66%和深圳成指4.82%年化率，都要高出不少。

---

① 如果股票退市，则以退市时收盘价计算。

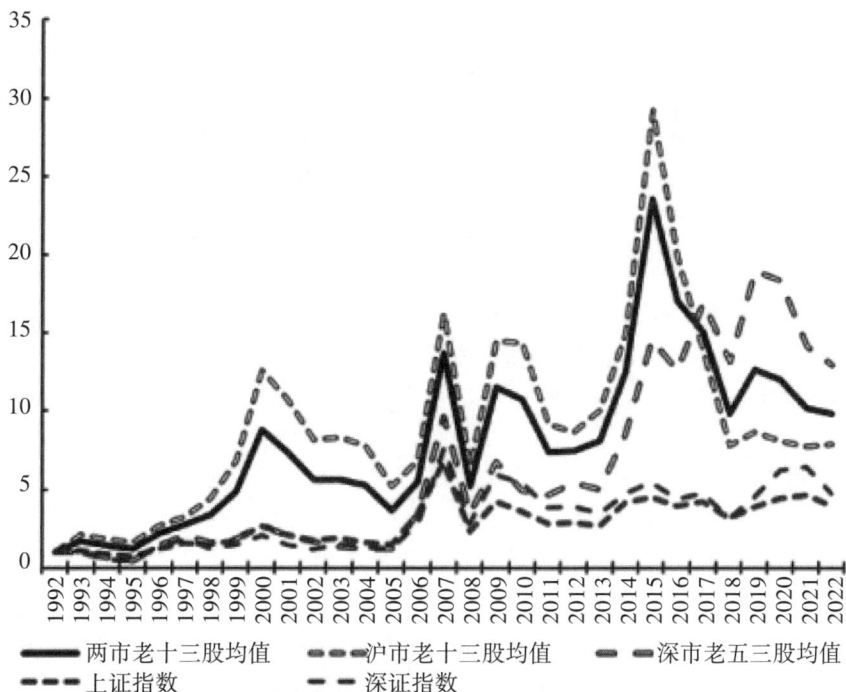

图15-24　沪深两市最早交易的13只股票累计回报与大盘指数对比

可见，在一定程度上，中国股票市场还是具有一定的投资价值的，但前提是选择得当的股票，并且要长期持有！最后，引用巴菲特的话，"若你不打算持有某只股票达10年，则10分钟也不要持有，我最喜欢的持股时间是……永远！"

思政课堂 ☑ --○

时间是最好的朋友

【思政元素】投资理念，耐心。

时间是投资唯一和最好的朋友。巴菲特说过："若你不打算持有某只股票达10年，则10分钟也不要持有。我最喜欢的持股时间是……永远！"2020年至2024年，每学期分别在学期初和学期末，本教材作者都会向学生们调查相同的几组问题：（1）你认为巴菲特取得超于常人的投资回报的最主要原因是什么？（2）你认为周围某些人取得超于常人的投资回报的最主要原因是什么？（3）你认为技术分析是否能够提高股票收益？（4）你认为基本面分析是否能够提高股票收益？如图15-25所示，学生们对这些问题的看法，相对于学期初，在学期末都有了一定程度的变化。这是我们非常希望看到的结果：耐心比技术、消息和幸运更重要！

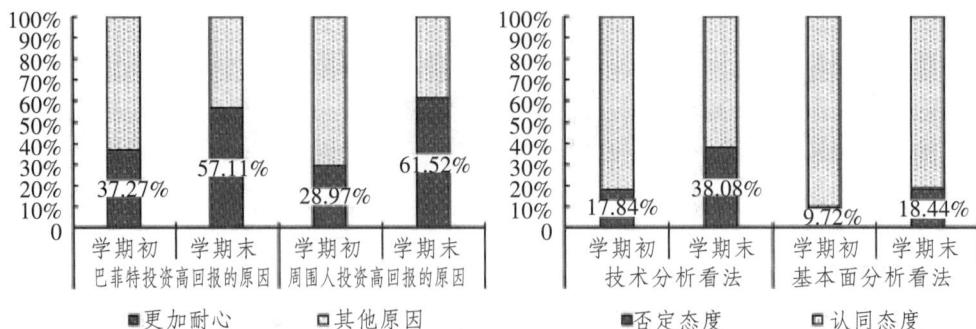

图15-25 学习本课程前后学生对一些问题看法的变化

资料来源：2020年至2024年上海师范大学商学院学生调查结果汇总。

本章小结 ✅--●

股票溢价之谜是指股票收益率长期高于低风险资产并且其差额不能够被风险补偿因素进行合理解释的现象，这一现象普遍存在于各个国家或地区的金融市场。

传统金融学利用风险补偿、持续经营溢价、便利性溢价、流动性溢价和期望效用溢价等原理对股票溢价进行了解释，但这些原理不能够充分说明投资者为何如此厌恶风险以及为何会投资收益率低的债券。行为金融学利用视野短浅的损失厌恶理论完美地解释了股票溢价现象。

评估期是指投资者评估其资产收益总体表现的时间间隔。在现实生活中，人们普遍选择1年作为评估期，在此评估期，股票和债券的前景效用相近，为实现前景效用最大化，投资组合中的股票份额占30%～55%。

即使存在厌恶损失心理，投资者视野越宽广，选择的评估期越长，取得的投资收益率也会越高，并且这部分超额收益与其他因素无关，只是耐心的回报。

技术分析是指通过研究市场和证券过去及现在的信息，推测未来变动趋势，最典型的分析工具是K线图。价值投资是指利用多种指标，从宏观、行业和公司等层面，对企业价值作出评价，并预测其未来的走势。被动投资选择与市场组合相一致的资产组合，避免频繁交易，利用市场的力量来获取收益。行为投资是指投资者利用市场非有效性来制定反向投资策略。

上证综合指数赋予高市值股票过高的权重，存在指数失真的问题，不能很好地反映股票市场整体情况。中国股票市场具有一定的投资价值，但前提是必须长期持有。

推荐阅读 ✅--●

[1] MEHRA，PRESCOTT．The equity premium：a puzzle [J]．Journal of Mon-

etary Economics，1985，15（2）：145-161.

［2］MANKIW，ZELDES. The consumption of stockholders and nonstockholders ［J］. Journal of Financial Economics，1991，29（1）：97-112.

［3］CONSTANTINIDES．Habit Formation：a resolution of the equity premium puzzle ［J］. Journal of Political Economy，1990，98（3）：519-543.

［4］BENARTZI，THALER．Myopic loss aversion and the equity premium puzzle ［J］. The Quarterly Journal of Economics，1995，110（1）：73-92.

［5］CAMERER，BABCOCK，LOEWENSTEIN，et al. Labor supply of New York city cabdrivers：one day at a time ［J］. The Quarterly Journal of Economics，1997，112 （2）：407-441.

［6］施罗德．滚雪球——巴菲特和他的财富人生 ［M］．覃扬眉，等译.北京：中信出版社，2018.

第4篇 领域扩展

第16章 彩票市场

【学习目标】行为金融学中相当多理论的验证是以彩票作为研究对象来完成的，期望收益率确定为负的彩票，能够在全世界范围发行和发展，本身也是一个"市场异象"，本章对彩票市场加以详细深入的分析。通过本章的学习，读者应当了解博彩的含义与分类，熟悉彩票的含义和分类，了解代表性国家彩票业现状，熟悉彩票与其他博彩品的区别与联系，掌握彩票不能是投资品的原因，掌握彩票由政府垄断发行的原因，熟悉责任彩内容，掌握以彩票作为研究对象的优势，熟悉传统金融学对于人们购买彩票原因的解释与缺陷，掌握行为金融学对于人们购买彩票原因的解释及优势，掌握彩票市场有效性的含义与分类，熟悉中国彩票和博彩业发展情况，掌握中国彩票购买者理性程度的证明方法及程度。

【关键概念】博彩；彩票；彩票公益金；赔率；商品不可分割性；不劳而获心理；彩票市场强有效性；彩票市场弱有效性；号码偏好；错误预测。

引例

【传统文化】

喝雉呼卢

后于东府聚樗蒱大掷，一判应至数百万，余人并黑犊以还，唯刘裕及毅在后。毅次掷得雉，大喜，褰衣绕床，叫谓同坐曰："非不能卢，不事此耳。"裕恶之，因接五木久之，曰："老兄试为卿答。"既而四子俱黑，其一子转跃未定，裕厉声喝之，即成卢焉。毅意殊不快，然素黑，其面如铁色焉，而乃和言曰："亦知公不能以此见借！"

——唐·房玄龄《晋书·卷八十五刘毅列传》

【译文】刘毅后来在东府聚众豪赌，一次下注数百万钱，别人都抛到黑犊的杂彩，只剩下刘裕和刘毅两人在后面掷彩。第二抛的时候刘毅抛到了四黑一白的雉彩（仅次于掷到卢），非常高兴，脱下衣服绕床乱跑，向坐在边上的人大叫道："我不是不能掷出5个黑木（就是卢），只是不想掷而已。"刘裕看到他这样就很厌恶，拿着五枚掷木很久说道："你老哥我掷给你看看。"然后扔出来的是4

个黑的，一个在桌上转动不定，刘裕大叫一声，然后停下来成黑的了，也就是掷出了最好的卢彩。刘毅看了很不高兴，然而看到确实是黑色的，他的脸立马就铁青了，然后顺着刘裕的话说："我也知道您不能因此来埋怨我！"

【现实事例】

10万元投注"快乐8"彩票中2.2亿大奖

2023年12月2日，江西省某位购彩者，用10.01万元购买50 050注"快乐8"游戏"选七"玩法的相同号码，结果中得"选七中七"奖金。每注奖金4 475元，合计奖金2.2397亿元。按当时规定，因每注奖金不超过1万元，中奖者无须缴纳个人得税。用近10万元，购买5万注相同的号码，中了2.2亿元，不用交1分税，这引起了社会轰动，有相当多人对此质疑。2024年2月22日，民政部公布《关于福利彩票快乐8游戏第2023322期大奖有关情况的通报》。通报表示，民政部派出工作组赴江西省南昌市和中国福利彩票发行管理中心进行了认真核查，并与有关部门沟通核查结果、彩票涉税政策等事宜。经查，确认该期快乐8游戏销售数据封存、摇奖、现场公证、开奖公告发布等工作严格按照规定程序进行，销售系统和摇奖设备正常运行，奖池资金不存在被挪用情形。

16.1 彩票市场简介

16.1.1 博彩的含义与分类

1.博彩的含义[①]

本教材采用"维基百科"的定义，且在法律上是中性的，<u>博彩（Gambling），是指"以有价值之物对随机事件结果进行投注，目的是赢取其他有价值之物的行为，并且这一行为没有技术因素"的行为</u>，具有3个要件：投注本金、中奖概率和中奖奖金。[②]

2.博彩的分类

根据奖金形式，博彩可分为浮动赔率（Pari-mutuel）和固定赔率（Fixed Odds）。浮动赔率也称"奖池赔率"或"均分式赔率"，相关奖金在所有中奖者中平均分配。这样，在总奖金数量一定的情况下，中奖人数越多，单笔奖金就越少。固定赔率是指，中奖奖金事前确定，金额不变，这样赔率（可能获得的中奖奖金与投注金额之比）也是固定的。不过，如果某期中奖金额非常高时，如一些被过度投注的号码被作为中奖号码开出，为避免损失，博彩机构会将奖金从固定赔率改为浮动赔率形式。

---

① 李亮. 20年目睹之怪现状——彩民变形记［N］. 法制日报，2008-03-23.
② 英文原文：Gambling（also known as betting or gaming）is the wagering of something of value（"the stakes"）on a random event with the intent of winning something else of value，where instances of strategy are discounted. Gambling thus requires three elements to be present：consideration（an amount wagered），risk（chance），and a prize.

根据发行方式，博彩可分为互联网博彩和线下式博彩两大类。前者是指购彩者在基于互联网的数字化平台来参与博彩；后者是指购彩者在博彩实体场所来参与博彩。

根据法律地位，博彩可分合法博彩和非法博彩。前者是指被政府允许且在其高度监管情况下经营的博彩；后者则是违反法律法规经营的各类博彩，如地下赌球和地下赌场等。

16.1.2　彩票的含义与分类

1.彩票的含义

根据国务院于 2009 年 7 月颁布实施并于 2018 年 10 月修订的《中华人民共和国彩票管理条例》第二条，**彩票是指"国家为筹集社会公益资金，促进社会公益事业发展而特许发行、依法销售，自然人自愿购买，并按照特定规则获得中奖机会的凭证"**。根据财政部于 2007 年 12 月发布，并分别于 2012 年 3 月和 2021 年 5 月修订的《彩票公益金管理办法》，**彩票公益金是按照规定比例从彩票发行销售收入中提取的，专项用于社会福利、体育等社会公益事业的资金**。

彩票因参与人群多，发行范围广，被社会广泛关注，尽管其毛收益（销量规模减去中奖奖金）只占全部博彩品毛收益的 15% 左右，但它却是学术研究最为关注的博彩品。

2.彩票的分类

根据财政部、民政部和国家体育总局于 2012 年 3 月起实施，并于 2018 年 8 月修订的《彩票管理条例实施细则》第十一条，彩票分为乐透型、数字型、竞猜型、传统型、即开型、视频型、基诺型等七大类型。这一划分方式，与国际标准基本一致。传统型、即开型和数字型基本采用固定赔率形式。竞猜型有固定赔率形式，如中国体育彩票的"竞彩"，也有浮动赔率形式，如各只传统足球彩票。乐透型和基诺型有多个奖级，小奖采用固定赔率形式，大奖采用浮动赔率形式。

根据发行主体，我国当前有国家体育总局体育彩票管理中心发行的"体育彩票"和民政部中国福利彩票发行管理中心发行的"福利彩票"。体育彩票和福利彩票都有乐透型、数字型、即开型 3 个类型。基诺型为福利彩票所独有，竞猜型为体育彩票所独有。视频型原为福利彩票独有类型，2015 年 1 月起，海南省发行视频型体育彩票，仅限这一个省份发行。[①]2020 年 7 月 31 日 17：00 起，视频型福利彩票，即中福在线各品种在全国范围停止销售。

根据财政部 2018 年 11 月发布的《彩票发行销售管理办法》第五条，彩票发行方式包括实体店销售、电话销售、互联网销售、自助终端销售等。中国福利彩票和中国体育彩票也曾一度开展互联网彩票业务，但 2015 年初，这一发行方式被叫停。根据 2018 年修订版的《彩票管理条例实施细则》第七条，擅自利用互联网销售的

---

① 中外彩票市场变化很快，如无特殊说明。本章相关数据指标，均截至 2022 年 12 月底。

福利彩票、体育彩票，是非法彩票。截至2024年12月底，中国内地彩票监督管理部门，尚未批准互联网彩票。

16.1.3　代表性国家彩票业现状

1.英国

早在1566年8月，时任英国女王伊丽莎白一世就指派约翰·斯潘塞爵士负责组织彩票发行。此后数百年间几经禁售和解禁。1976年，英国解禁彩票，但将其限制在非常小的范围。1994年，英国在全国范围解禁彩票，发行"英国国家彩票（UK National Lottery）"，当年11月14日正式销售。时任首相的梅杰称："政府发行彩票将对社会产生巨大影响，至少可以弥补政府某些公共开支的严重不足。"英国国家彩票由英国博彩委员会监管，但具体由彩票公司经营，运营公司一直是Camelot公司，2024年2月起，转为Allwyn公司。除了国家彩票以外，英国还有其他彩票，如"大社团彩票"（Large Society Lottery）和"地方政府彩票"（Local Authority Lottery）等。但这些彩票销量相对国家彩票不高，如在2023—2024财年，销量只有后者的13.54%。

2023—2024财年，英国国家彩票共销售78.04亿英镑，为当地经济规模的37.40‰，人均购彩额约113英镑。互联网渠道（当地称"Romote"）销售35.60亿英镑，占总销量的45.62%。销售总额的57.33%为中奖奖金，12%为彩票税，10.53%为发行销售费用，其余20.14%为公益金，共计15.72亿英镑，纳入一个的资金池，用于艺术、体育、国家遗产、慈善、健康、教育和环境等七大领域。前三项各占20%，后四项合计为40%，且被置于国家彩票社区资金（National Lottery Community Fund）。1999年底竣工的世界最大的展览馆——"格林威治千年展馆"共耗资7.5亿英镑，其中4.5亿英镑来自国家彩票公益金。1997年起，英国体育管理部门设置"运动员表现奖（Athlete Performance Award，APA）"，这些资金完全来自英国国家彩票公益金，支付给有潜质的运动员，促进他们在奥运会或残奥会以及其他赛事中获得奖牌。该奖金在2012年伦敦奥运会为2.64亿英镑，2016年里约热内卢奥运会为2.74亿英镑，2020年（2021年举办）东京奥运会为3.45亿英镑，2024年巴黎奥运会2.75亿英镑。

如果中得英国国家彩票奖金，不管金额多少，中奖者都不需要缴税，原因是政府已经向彩票发行者征收了税。中奖奖金超过500英镑时，中奖者要到指定机构兑奖，并且要提供身份证件。彩票机构会对外发布中奖奖金和彩票售出地址，但未经中奖者同意，中奖者个人信息对外严格保密。例如，2025年2月14日，一位购彩者中得"欧洲百万"游戏的65 341 620.50英镑奖金，彩票机构只是对外宣布，中奖者已在15日兑奖。不过，也有少部分英国大奖得主主动选择对外"露脸"。例如，2024年12月31日，约克什尔（Yorkshire）的货运司机Andy Hornsby用5英镑购买了一注英国国家彩票，中得100万英镑大奖，当时他就将中奖截图发给了同事们，兑奖后，他还接受了媒体的采访。

2.美国

美国在英属时期就曾发行彩票。例如，1636年建校的哈佛大学和1701年建校的耶鲁大学，创办资金就有部分来自彩票。此后，美国彩票也经历了几次禁售和解禁。1896年，美国国会出台法案，在全国范围禁售彩票。1964年3月，新罕布什尔州率先解禁彩票，带来多米诺效应，从东北向西南，45个州和华盛顿哥伦比亚特区依次解禁彩票，但截至2024年12月底，有5个州不发行彩票，分别是阿拉巴马州、阿拉斯加州、夏威夷州、内华达州和犹他州。美国各州对互联网彩票（当地称"Online"）采取非常审慎的态度，截至2024年12月，只有14个州开展，彩票销量和经济规模排名前列的得克萨斯州、佛罗里达州和加利福尼亚州都未开展。不过，美国有许多州如俄亥俄州默许"寄递（Cruise）"彩票业务，购彩者在网络公司选择彩票游戏并支付资金后，网络公司会到实体店投注相应彩票，奖金不超过600美元时，公司代为兑奖并将奖金转入购彩者账户；达到或超过600美元时，公司会免费将中奖彩票递寄给购彩者，购彩者也可以亲身至出票地获取。这相当于互联网彩票。

美国是全球票销量最高的国家，2023—2024财年为1 133亿美元，为当地经济规模的39.26‰，人均购彩额约333美元。在美国，如果一次中奖奖金达到或超过600美元，联邦政府征收奖金全额24%的税，各级地方政府也会征税，但税率不同。在加利福尼亚州没有地方税。在纽约州，奖金小于5 000美元时免税，大于等于5 000美元时，州政府征收奖金全额8.82%的税；如果是在纽约州的扬克斯市，奖金超过5 000美元时，市政府还征收奖金全额1.82757%的税。从玩法上看，美国彩票以即开型为主，2014年起销售比例基本都在60%以上。美国乐透型彩票也有很特色，该国有两只同时在45个州和华盛顿哥伦比亚特区销售的跨州彩票，即强力球（Powerball）和超级百万（Mega Millions），它们的中奖概率很低，但奖金非常高。以"超级百万"为例，每注2美元，购彩者从70个号码中选5个号码，再从另外25个号码中选1个号码。6个号码全中的概率仅为1/ 302 575 350。但全中后奖金保底为2 000万美元，若连续多期无中获得头奖，奖金会越积越高。2023年1月13日，在此前连续25次无人中得大奖之后，缅因州与新罕布什尔州交界的一个加油站售出一张"超级百万"彩票，奖金高达13.48亿美元。中奖者可选择在29年内以年金形式领取，税后共计7.55亿美元，若一次性领取，税后为4.05亿美元。

美国大部分州规定，大奖得主个人信息对外公开，理由是彩票机构是隶属于州政府，包括奖金在内的各项资金信息都要通过审计、报告和财务披露等形式，向政府和社会各界发布。例如，纽约州规定，奖金超过5 000美元，中奖者的姓名和居住城市必须向公众公开，还要参加一些宣传活动，如出席新闻发布会，到购买中奖彩票的销售场所摆拍等；如果中奖人拒绝，就一分钱也拿不到。不过，有一些州已经修改相关规定。例如，2020年1月之前，《新泽西州彩票法》（New Jersey Lottery Law）规定，中奖者的姓名、住址（不能包括街道和门牌号）、个人照片和中奖奖金，需要对外公开。2019年，新泽西州议员 John Burzichelli 发起提议，"中奖者可以无限期保持匿名"，2020年初，该州参众两院全票通过该提议，当年1月21日，时任州长 Phil Murphy 签署这项修正案，并且立即生效。此外，一些州还采取变通方法。例如，《俄亥俄州彩票法案》规定，彩票奖金可以由中奖者、中奖者遗产继承人或信托受托人来领取。由购彩者或其遗产继承人领取奖金，那么兑奖者的姓名、地址和社会安全号码等信息必须对外公开。反之，如果由受托人领取奖金，除非经受益人以书面形式同意，上述信息会不对外公开。绝大部分俄亥俄州的大奖得主都会成立一家信托公司，由其代为兑奖，以避免个人信息对外公开。

美国很多州的彩票公益金，都专项或部分地用于教育。例如，2023—2024财年，加利福尼亚州彩票销量达92.84亿美元，为当地经济规模的23.87‰，人均购彩量约236美元；筹集的22.91亿美元公益金专项用于该州教育，从1985年7月开始累计461.14亿美元，其中80%用于义务教育，14%用于社区大学。

3.日本

日本彩票发行历史可以追溯到17世纪，但在长达200多年的历史中几经禁止。1945年10月，日本政府为整治战争废墟，开始发行一种叫"宝签"的彩票。宝签彩票由"总务省"监管，从1974年起采用授权企业运营的模式，起初是"劝业银行"，目前是瑞穗银行。2001年，日本"文部省"推出体育彩票，由日本体育振兴彩票有限公司销售。2023/2024财年两者合计9 292亿日元，为当地经济规模的15.64‰，人均购彩量约7 536日元。

日本宝签彩票有传统型、即开型、乐透型、数字型和基诺型。其中传统型中的"大型彩票"很有特色，每年五期，依次为3月开奖的情人节彩票、6月开奖的梦幻彩票、8月开奖的夏季彩票、10月开奖的万圣节彩票和12月31日开奖的年末彩票，2023/2024财年，4只大型彩票合计销量占日本宝签彩票总销量的39.53%。

日本体育彩票竞猜对象是足球比赛，因此又被称为"足球彩票"，赛事以本国赛事为主，很少纳入国际赛事。它分为选择式和随机式投注两个玩法，对于选择式玩法，购彩者主动选择投注结果；对于随机式玩法，投注结果由电脑随机投注。2020年至2024年的5年间，虚拟式玩法销售比例都超过90%。

日本的体育彩票于2005年推出互联网彩票，2023—2024财年，占其全部彩票的比例为84.50%。日本宝签彩票于2014年推出互联网彩票，但销售不多。

2023—2024财年，日本宝签彩票8 088亿日元的销售额中，46.74%为中奖奖金，16.62%为发行费用，余下36.64%共计2 964亿日元，用于高龄少子化应对、预防灾害、公园维护、教育以及社会福利设施建设改造等。同年，日本体育彩票1 206亿日元的销售额中，15.80%共计190亿日元用于各类体育事业，如体育设施建设、潜质运动员发掘与培养等，另有少部分用于其他事项，如地震赈灾等。

如果中得日本宝签彩票或者体育彩票的奖金，不管金额多少，中奖者都不需要缴税。未经中奖者同意，兑奖机构需对中奖者个人信息严格对外保密。

16.2 彩票的产品属性

16.2.1 彩票与其他产品的关系

1.彩票与其他博彩品

虽然都是机会性游戏，但彩票与其他博彩品还是有一些差别的，主要表现在如下4个方面。

第一，参与人群。尽管有很多国家或地区如当前中国内地对于其他形式的博彩（赌场、赛马和足球博彩等）严格控制甚至在法律上禁止，但绝大部分国家或地区都发行彩票，并且基本由政府垄断经营。彩票单注价格很低，如英国国家彩票的Lotto品种2英镑，美国的强力球2美元，新加坡博彩公司的多多（Toto）1新加坡元，中国福利彩票"双色球"2元，中国体育彩票"超级大乐透"2元，玩法也很简单，更没有多高的智力要求。因此，购买彩票的人群非常广泛。例如，英国超过4成、美国超过5成、日本超过7成的成年人，在一年内至少购买一次彩票。

第二，奖金结构。其他博彩品的返奖率一般都很高，有的高达90%~95%，中奖概率在0.1~0.5之间，但赔率则相对较小。因要提取公益资金，世界各国彩票返奖率基本都在50%左右，中奖尤其是中大奖的概率很小，但赔率很大，一旦中奖，大奖奖金非常之高。例如，中国福利彩票"双色球"的头等奖中奖概率为1/17 721 088；2014年2月6日，贵州一购彩者用266元中得133注一等奖，总奖金高达6.8亿元；2022年6月12日，北京一位购彩者用220元中得110注一等奖，总奖金5.7亿元。再如，美国跨州彩票"强力球"的头等奖中奖概率为1/ 292 201 338；2022年11月7日（当地时间），加利福尼亚州一个加油站售出的一张彩票，中奖奖金高达20.40亿美元；2023年10月11日（当地时间），还是在加利福尼亚州，一家超市售出的一张彩票，中奖奖金高达17.65亿美元。这四个案例都是截至2024年12月底两国各自开出的前两大的单注奖金。这些纪录是否会再次被突破，待本教材第5版分解。

第三，收益用途。其他博彩品一般由私人经营，获利归其组织者支配。彩票由政府垄断发行，其销售金额扣除中奖奖金和经营费以后，绝对大部分以税收或专项资金（在中国称为"公益金"）形式，上缴至政府，被用于各类公益事业。例如，根据2024年8月中国财政部综合司发布的公告，2023年全国共筹集彩票公益金1 513.64亿元，在中央和地方之间按各50%的比例分配，专项用于社会福利、体育等社会公益事业。中央集中彩票公益金在全国社会保障基金、中央专项彩票公益金、民政部和体育总局之间分别按60%、30%、5%和5%的比例分配中央财政当年收缴入库彩票公益金754.05亿元，加上2022年度结转收入58.10亿元，共812.15亿元。经全国人大审议批准，2023年中央财政安排彩票公益金支出535.21亿元。按上述分配政策，结合上年结余等因素，分配给全国社会保障基金理事会310.80亿元，用于补充全国社会保障基金；分配给中央专项彩票公益金172.61亿元，用于国务院批准的社会公益事业项目；分配给民政部25.90亿元，用于资助老年人福利、残疾人福利、儿童福利等方面）；分配给体育总局25.90亿元，用于落实全民健身国家战略，提升竞技体育综合实力，加快推进体育强国建设。

第四，相互关系。不同玩法的彩票之间，以及彩票与其他博彩品之间，并非总是替代关系，甚至出现共生共荣的互补关系。例如，Creigh-Tyte（1996）发现，如图16-1所示，1994年末英国开始发行"国家彩票"后，给该国原有博彩业并未带来显著正或负的影响。对这一现象，作者从三方面进行了解释：（1）博彩业本身的扩张；（2）各种博彩品是不同质的；（3）彩票可以做广告，进而吸引并刺激人们购买，而其他博彩品则不可以。这样彩票就吸引了新的和不同的消费者。

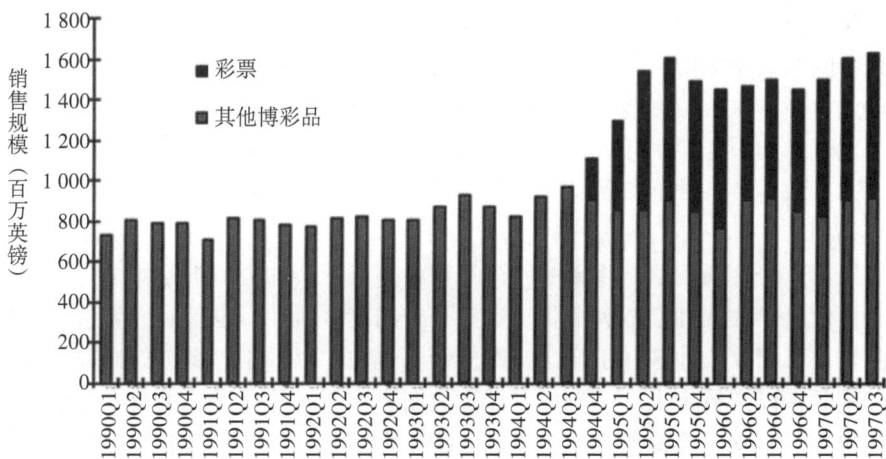

图16-1　英国1990—1997年各季度博彩业的销售规模

2.彩票与投资

投资要获得大于0的期望收益率，承担风险要有更高的收益率来补偿，并且要求投资者具有相关知识与技术，显然彩票不具备上述这些条件。

第一，彩票的返奖率小于1，期望收益率就小于0，并且投注量与奖金即收益之间没有特定正向联系。例如，2022年12月19日，河北邯郸一位购彩者，采用"前区3胆32拖+后区6拖"，购买体育彩票"超级大乐透"，投注金额220 320元，但中了一等奖1注、二等奖8注、三等奖6注、四等奖60注、五等奖480注、六等奖435注、七等奖360注、八等奖3 480注、九等奖2 610注，共计奖金16 170 125元。2007年4月，也是在河北邯郸，如本教材第6章所介绍的案例，两名银行工作人员盗用该行金库巨资，将其中的4 300万元用于购买彩票，但几乎没有中什么奖。

第二，彩票本身中奖概率低，收益与风险根本不成比例。2024年，中国福利彩票"双色球"共开出1 748注500万元及以上大奖，中国体育彩票"超级大乐透"开出861注大奖，两项合计2 609注。而根据《中国统计年鉴》，2023年全国交通事故死亡人数为60 028人。

第三，投资彩票中奖号码随机决定，没有智力因素。这样，无论任何方法都不能预测中奖号码，尽管许多人不相信这一点。例如，我们曾经遇到过一位购彩者，只有"准高中"学历，但为了预测中奖号码，自学了高等数学和电脑软件操作，并且达到了相当高的水平。一个时期，每隔一段时间，他就会给我们展示他又"改进"的软件，说自己离成功预测中奖号码就差一步之遥了。残酷的现实是，数年来他买彩票花掉了10余万元。我们曾用累计数天时间，对他讲最基本的概率知识以希望使其了解彩票中奖号码不可预测，但没有任何作用。

可见，彩票不具有可投资性，不能够也不应该成为投资。

16.2.2 彩票由政府垄断发行的原因

彩票之于其他博彩，尤其是赌场中的各类博彩，类似烟草之于毒品，上瘾性和危害性相对较弱。政府垄断发行彩票，要在综合考虑购彩者心态、彩票发行可能导致的社会问题、非法博彩等多方面因素的情况下，在人们对博彩有现实需求的前提下，通过价格、税收、宣传以及法律等手段，规范公立彩票市场，提供比其他博彩更为"优质"的服务，引导人们理性、健康地参与博彩，合理高效地使用彩票公益资金，并有效打击各种地下私彩，从而尽可能地增加公立彩票乃至整体博彩业的社会整体福利。

彩票由政府垄断发行，将人的一夜暴富心理与社会的公益事业相结合，进而缓解其负面效果导致的社会福利下降，这正是它的奥妙所在。也正是因为这样，其他博彩品在许多国家或地区并不合法，即使合法也被加以严格管制，如局限在特定区域、特定品种以及特定人群。例如，新加坡向进入赌场的该国国民及永久性居民征收每天100新加坡元的税或一次性征收2 000新加坡元的年税，不过对于国外居民则免税。

16.2.3 责任彩票

世界彩票协会1999年8月成立，是国际上权威性最强和影响力最大的彩票组织，下辖5个区域性组织，分别是亚太彩票协会、北美洲彩票协会、欧洲彩票协会、拉丁美洲彩票协会，以及非洲彩票协会。有五大洲84个国家或地区的159家彩票机构是其正式会员（Regular Members），包括中国福利彩票和中国体育彩票。

2006年，《世界彩票协会责任彩票框架（WTL Responsible Gaming Framework）》正式发布，要求会员机构遵守严格的社会责任与责任彩票标准。**责任彩票目标为"保护世界各地的购彩者，相关努力和承诺不仅确保公众受到保护，而且还能实现公益事业资金的可持续性"。**这一框架以责任彩票七项原则作为基础，通过十项要素和四级认证，指导并规范各个国家或地区的彩票机构开展责任彩票工作。2024年8月，世界彩票协会的159家会员，有122家获得各级别认证，其中0家一级，22家二级，13家三级，87家四级（包括英国国家彩票、美国纽约州立彩票、美国加利福尼亚州立彩票和中国香港赛马会等）。2016年2月和11月，中国福利彩票和中国体育彩票依次获得"二级认证"，2019年7月和2018年12月又获得"三级认证"。2023 年 12 月，中国体育彩票获得了最高级"四级认证"，截至 2025 年 2 月中国福利彩票尚未获得该认证。

根据 2023 年 7 月由民政部发布当年 8 月起实施的推荐性行业标准《中国福利彩票责任彩票工作指南》，责任彩票的基本原则是遵守国家标准《社会责任指南》（GB/T36000—2015）确定的"担责、透明、合乎道德的行为、尊重利益相关方的利益、尊重法治、尊重人权"原则以及"公益、责任、阳光"原则。主要目标是将履行社会责任贯穿中国福利彩票发行销售全过程，推动对内管理与对外服务提升，使中国福利彩票机构成为"社会福利的忠实践行者，社会公益的重要推动者"。主要内容包括：预防和杜绝未成年人购彩；预防和干预非理性购彩行为；为购彩者提供优质服务；提供兼顾游戏性和安全性的游戏产品；不进行虚假性、误导性宣传；加强技术建设和自身治理，确保数据、资金及开奖安全；阳光透明运行，加强与公众互动；践行公益与环保理念；重视从业者及价值链的合理合法利益与诉求，并作出回应；维护市场秩序，促进行业生态净化。

2021 年 10 月，国家体育总局发布《"十四五"体育发展规划》，其中，对中国体育彩票的"责任彩票"定义是：在依法合规运行、履行公益金筹集使命的基础上，国家、社会、彩票行业及相关产业、彩票发行销售过程参与者在经济、法律、环境、慈善和伦理等方面应承担的责任与义务。具体内容主要包括杜绝未成年人购彩、预防购彩沉迷、帮扶救治问题购彩者、重视工作人员及利益相关方的诉求与利益、维护公平公正公开的市场秩序、防范对社会和环境危害等。

16.3 人们购买彩票的原因

16.3.1 彩票作为研究对象的优势

早在 18 世纪，亚当·斯密在其作为经济学奠基性著作的《国富论》中就论及彩票，并认为"获得某种大奖的徒然希望是产生这种需求（购买彩票）的唯一原因"。Friedman 和 Savage（1948）进一步从 S 形效用函数曲线解释"人们同时购买彩票和保险这一悖论"的原因。20 世纪 70 年代兴起的行为金融学一系列文献，如本教材第 5 章 Kahneman 和 Tversky（1979）的前景理论和第 8 章 Langer（1975）的控制幻觉等，都以大量的彩票事例，描述了在风险条件下人们的决策方式。

正如 Friedman 和 Savage（1948）所指出的，以彩票作为研究对象具有其他商品所不具有的优势：（1）纯粹性。彩票以相当纯粹的形式表现风险，很少与其他因素混杂在一起。（2）广泛性。几个世纪以来，许多国家一直在发行彩票，因此可以得到大量的数据和证据。（3）普适性。人们对使彩票更加具有吸引力的条件进行了广泛的实验，而且彩票的经营存在着激烈的竞争，所以可将彩票可能表现出来的任何规律都可以看作人类行为相应规律的反映。（4）稳定性。弗里德曼说："彩票是几个世纪以来一直保持不变的一种商品，是世界各地的人们都认为相同的一种商品，……很难想象任何其他商品也具有这种性质。"

16.3.2 传统经济学视角

1.S形收入效用函数

Friedman 和 Savage（1948）认为，消费者在进行选择时遵循如下原则：（1）他有一系列一致的偏好。（2）偏好可完全被基数效用所量化。（3）当不涉及风险时，他将实现效用最大。（4）当涉及风险时，他将实现期望效用最大。（5）收入效用是收入的增函数，边际效用处处为正。收入较低时，边际效用递减；收入中等时，边际效用递增；收入更高时，边际效用又递减。这样，消费者的效用函数形状呈"S形"曲线。

以上的前4个原则均为经典经济学的基本假设。而对于原则（5），弗里德曼的解释是当收入增加较少，并不足以使消费者跃迁至更高社会阶层时，其收入效用函数为凸，边际效用递减；但当收入继续增加到某一临界点时，则会跃迁至另一个较高社会阶层。在临界点附近，收入效用函数为凹，边际效用递增。此时，消费者为风险偏好者，购买期望收益率小于0的不公平彩票也是符合"理性"的，并且会同时购买保险和彩票。

2.商品不可分割性

收入边际效用递减的一个隐含假设是消费品可以进行无限分割，但事实却并非如此，这一现象被称为"商品不可分割性"。如人们只能买一辆或两辆而不是半辆或一辆半的汽车。黄有光（1965）根据这一现象，以一个特别的收入效用函数曲线，证明了大宗商品的不可分割性会导致人们购买期望收益率小于0的彩票，是理性的。

例如，假定某大件商品单价为30单位，单件总效用为150，该商品不可分割，只能购买整数个。目前此人只有25单位资金，不能购买该商品，以边际效用函数$f(x) = 100/(x+1)$计算，此时总效用$U_0 = \int_0^{25} 100/(x + 1)dx = 100*(ln(25 + 1) - ln(0 + 1)) = 325.81$。

这时有一张彩票，单注价格为彩票单注价格为1单位，中奖概率为1/48.6，中奖奖金为43.6个单位，期望收益率为$-47.6/48.6+43.6/48.6=-8.23\%<0$。但是，如果中奖，此人就可以购买这个大件商品了。

购买彩票不中奖时，资金减少至24个单位，效用$U_1 = \int_0^{24} 100/(x + 1)dx = 321.89$。中奖时，资金增加至67.6个单位，先用30个单位购买此大件商品，获得效用150，再用余下的37.6个单位购买其他商品，获得效用$\int_0^{37.6} 100/(x + 1)dx = 365.33$。中奖时效用为$U_2 = 150 + 365.33 = 515.33$。

这样，购买彩票的期望效用$EU = \frac{47.6}{48.6}U_1 + \frac{1}{48.6}U_2 = 325.87$，大于不购买彩票

时的效用 $U_0 = 325.81$。因此，购买这只期望收益小于 0 的彩票是理性的。

要强调的是，这篇文章是黄有光教授在新加坡南洋大学大三时完成的，并发表在经济学界顶级期刊《政治经济学期刊》（The Journal of Political Economy）。有趣的是，期刊在给他的用稿通知函上写道："尊敬的黄有光教授……"。更有趣的是，此前黄有光同学各门成绩分数不高，但当他把发表的这篇文章复印给教师们后，分数明显提高了。大学毕业时，黄有光同学也凭这篇文章，被澳大利亚悉尼大学破格录取直接读博士，免修硕士课程。这是本教材第 4 章所讲的认知偏差"调整与锚定"在学术界的生动体现。

如图 16-2 所示，根据 Friedman 和 Savage（1948）的 S 形效用曲线和黄有光（1965）大宗商品不可分割购买的效用曲线，都是连续曲线，理性人购买彩票的期望效用都大于不买彩票时的效用。不过两者效用函数曲线有所不同，前者处处可导，后者在临界点处不可导。

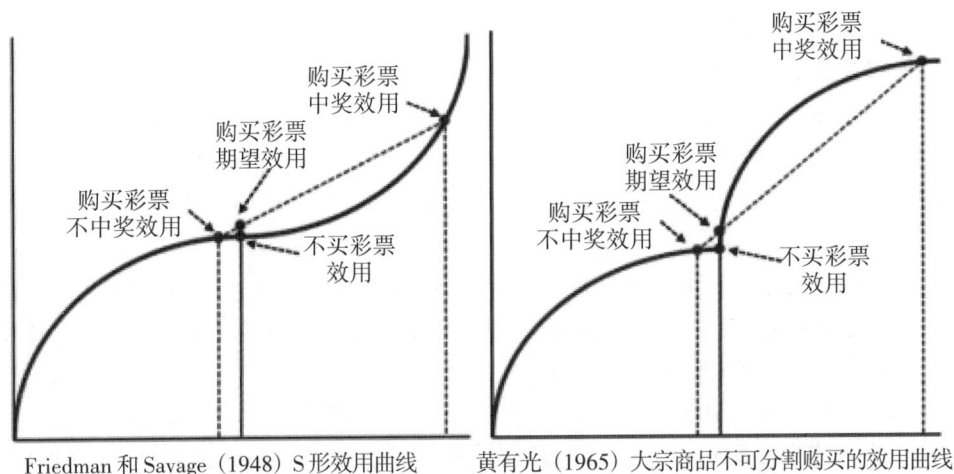

Friedman 和 Savage（1948）S 形效用曲线　　黄有光（1965）大宗商品不可分割购买的效用曲线

图16-2　Friedman 和 Savage（1948）和黄有光（1965）效用曲线的对比

3.性别差异

Rubin（1992）根据繁衍后代过程中，男性与女性所起的不同作用，用一个简单的人类社会模型来解释为什么男性会参与"没有获胜概率很大但损失很小而获胜概率很小但收益很大"即偏度为正的博彩。论证过程如下。

首先假定：（1）社会实行一夫多妻制，男性将其财富平均分配给其每个妻子和自己。（2）对于每个男性，目标为实现后代存活量最大，函数表达式为：$d(w, f) = w^{\alpha} f^{1-\alpha}$，$0 < \alpha < 1$，$w$ 为其总财富数量，f 为其妻子数量。（3）所有女性初始财富均为 0，目标亦为实现后代存活量最大，且了解各个男性财富的全部信息。每个女性选择财富为 w，配偶数为 f 的男性做配偶，其个人后代期望存活量为：$d(w, f)/f = (w/f)^{\alpha}$。

简单起见，假定某一社会只有两男两女，第一个男性的支付函数 d_1 表达式如下：

$$d(w_1) = \begin{cases} 0 \text{当} w_1 < w_2/2, \ f_1 = 0 \\ 0 \text{或} (w_2/2)^\alpha \text{当} w_1 = w_2/2, \ f_1 = 0 \text{或} 1 \\ w_1{}^\alpha \text{当} w_2/2 < w_1 < 2w_2, \ f_1 = 1 \\ (2w_1)^\alpha \text{或} 2w_2{}^\alpha \text{当} w_1 = 2w_2, \ f_1 = 1 \text{或} 2 \\ 2^{1-\alpha} w_1{}^\alpha \text{当} w_1 > 2w_2, \ f_1 = 2 \end{cases}$$

其中 f_1 为选择男性1的女性数量，同理，也可以写出男性2的支付函数。

假定每个男性初始财富均为1。有一个公平的博彩，以 $p(t)$ 的概率产生 $2 + t$，以 $1 - p(t)$ 的概率产生 $1 - t$，其中 $p(t) = t/(1 + 2t)$，$t > 0$。

可以看出，只要 $t < 1/2$，选择这个博彩对于每个男性来说就是个"占优策略"。此时每个男性的支付均为：$d(t) = p(t)(1 - p(t))(2 + t)^\alpha 2^{1-\alpha} + p(t)^2(2 + t)^\alpha + (1 - p(t))^2(1 - t)^\alpha$。

显然，$0 < t < 1/2$，$d(t) < 1$，两个男性陷入囚徒困境，两个女性的福利也受到损失，整个社会福利下降。

值得注意的是：$d'(w) = \alpha(f/w)^{1-\alpha} > 0$，$d''(w) = \alpha(\alpha - 1)f^{1-\alpha}w^{\alpha-2} < 0$。

男性实际上是风险规避者，但仍会参加博彩。其与传统理论的不同原因在于男性财富的外部性，通过女性选择配偶的行为，男性2的财富间接影响了男性1的效用。

4.总结

在理性人视角下，上述各种理论也可以解释人们购买彩票，但根据这些理论推断，只能是有少数人购买少数的彩票，现实却是大部分人购买了较多的彩票，这些理论与现实相悖，解释力度是不够的。

例如，Robson（1996）指出，根据弗里德曼与萨维奇的"S形效用函数"曲线，在收入临界点附近，人们可能参与如下情况的博彩：获胜概率很大但收益很小，而失败概率很小但损失很大。但现实中没有这样的博彩，也很少有人愿意参与这样的博彩。再如，同样以黄有光（1965）的相关参数计算，如资金只减少1个单位，即24时，不买彩票的效用为321.89，大于购买彩票的期望效用321.82；保持资金为25个单位，增加购买彩票数量为2，期望效用323.40，小于一张也不买的效用325.89。

16.3.3　行为金融学视角

行为金融学以"行为人"取代"理性人"，证实了由于各种认知偏差，相当多数的人会购买一定数量的彩票。总结来看，有两个原因：（1）在决定投注金额时的"不劳而获"心理；（2）在选择购彩方式时的"控制幻觉"心理。

要强调的是，不劳而获心理和控制幻觉心理是交织在一起的，形成一个正反馈机制，表现形式就是购彩者过度投注，而相关彩票利益群体往往采取各种手段强化了购彩者的这两种心理。

1.不劳而获心理

虽然在金融投资活动过程中，人们往往表现出厌恶风险，但在现实生活中，如果完全确定而没有任何意外，人们又会觉得乏味无聊。**人们往往怀着如下心理购买彩票，用很少本金取得投注金额几十倍甚至上万上亿倍的奖金从而一夜暴富，这一心理被称为"不劳而获"心理。**

例如，我们在某地级市调研时，询问一位老大娘，为何明知投注地下六合彩的人基本上都赔钱还买，老大娘"语重心长"地说："傻孩子，花10块钱押中就能得400块，一个月就不用干活了，花100块钱押中就得4 000块，一年都不用干活了，上哪儿找这样的好事呀！"特别是对于那些奖金超高的游戏，往往会吸引很多人参与，甚至会引起整个社会的疯狂。例如，2016年1月初，由于连续多期无人中奖，美国彩票"强力球"头奖奖金达到了创纪录的15亿美元，美国民众排队抢购强力球彩票。布鲁克林网队后卫乔·约翰逊是美国职业篮球联赛收入最高的球员之一，当时年薪2 490万美元，但也表示"要去给自己买几张"。

2.控制幻觉心理

本教材第8章曾讲述过控制幻觉心理，正如Langer（1975）所发现的，即使在纯粹靠运气的博彩中，如果能够主动参与和选择，参与者也会感觉中奖的机会更高一些。例如，尽管各种号码的中奖机会都是相同的，但当一个人自主选择号码购买一注彩票后，当被问及是否愿意再调换成其他号码的彩票时，大部分人的回答都是"不愿意"。可见，如下两种指标——如果调换而旧号码彩票中奖所导致的悔恨、如果调换而新号码彩票中奖所导致的快乐——前者要远远大于后者。

控制幻觉是人类乐观自信天性的体现，广泛地存在于普罗大众当中。很多购彩者往往自以为通过某些"秘籍"或"绝招"能找到中奖号码的规律，或者认为他们主观选择的号码要比随机选择的中奖概率大。对于一些购彩者来说，让他们相信中奖号码不可预测，比让小朋友相信不存在圣诞老人，还难！

此外，购买彩票本身还具有一定额外的效用。例如，它能够满足大家追求刺激和悬念的心理，给平淡的生活中增添了一份期盼。再如，本教材作者从2001年起研究彩票，但累计购彩金额不超过100元。最大的一笔购彩发生在2018年世界杯期间。我们不喜欢某东亚球队，当天它与某美洲球队比赛时，我们用10元买这支球队"赢"，猜对的话可得奖金55.50元。这样，如果它输了，我们获得心理效用；如果赢了，获得货币效用，两者相互对冲。

彩票研究可分为如下四个层面：（1）微观层面，人们购买彩票的原因、人们购买彩票的心态、各种彩票之间的关系、彩票销量的决定因素、彩票的品种与玩法设计；（2）中观层面，彩票与其他产品的关系、彩票业与其他产业的关系，（3）宏观层面，彩票与国民经济的关系，对就业和税收的影响；（4）福利层面，彩票发行的福利后果、彩票发行应遵循的原则和目的、彩票公益金的恰当用途。不论哪个层面，都不包括猜结果中大奖。

16.4 彩票市场的有效性

16.4.1 彩票市场有效性的含义

类比于股票市场，Thaler 和 Ziemba（1988）提出了"彩票市场有效性（Lottery Market Effeciency）"这一概念，并给出了"强"和"弱"有效市场的定义。如果所有购彩方式都将取得完全相同的期望收益率，那么这种彩票市场是"强有效"的。如果不同购彩方式期望收益率有所不同，但在任何时候都不可能获得"大于0"的期望收益率，那么这种彩票市场是"弱有效"的。进一步，如果在特定条件下采取某种购彩方式可以取得"大于0"的期望收益率，那么这种彩票市场是"非有效"的。

如果彩票采用固定赔率形式，那么必然是"强有效"的；只有在采用浮动赔率时，才可能是非"强有效"的，这种情况主要发生在乐透型彩票的高奖级情况。

16.4.2 彩票市场的非强有效性

Cook 和 Clotfelter（1993）发现，购彩者并非随机而是根据某些规则有意识地选择号码，即"有意择号"行为（Conscious Selection），并且大部分彩民都群体性地遵循相同的规则。购彩者的有意择号行为表现出如下两种形式：号码偏好与错误预测。

1.号码偏好

号码偏好是指购彩者会对各号码或组合有不同的偏好，喜欢投注的为热号码（Hot Number），讨厌的为冷号码（Cold Number），可细分为单个号码偏好（Single Number）与组合号码（Combination Number）偏好等两种方式。

（1）单个号码偏好。

单个号码偏好是指人们对于某个特定号码有特殊的偏好。

Chernoff（1981）发现马萨诸塞州的一种四位彩票，购彩者不喜欢0或9；Thaler 和 Ziemba（1988）引述 Ziemba 等（1986）的结果，在美国一支49选6的乐透型彩票中，人们对12个号码选择的频次低于所有号码平均频次的15%~30%。

此后，Joe（1987）对于加拿大"49选6"乐透型彩票、Haigh（1997）对于英国国家彩票、Henze（1997）对德国"49选6"乐透型彩票、何淮中等（2004）对于中国台湾"42选6"乐透型彩票、Ding（2011）对中国大陆"22选5"乐透型彩票，以及 Wang 等（2016）对于荷兰乐透型彩票等系列研究都发现，一方面，文化习俗会影响人们投注号码的选择，例如，人们喜欢的单个号码基本上是当地文化的吉祥数字，如在西方为7，中国为8或6等；不喜欢的数字则是厄运数字，如中国的14。另一方面，人们喜欢选择一些纪念日作为投注号码，这样小于等于31特别是小于等于12的数字，更多地被购彩者选择。

（2）组合号码偏好。

组合号码偏好是指购彩者对"一套"组合号码的偏好。

人们会根据家庭住址、生日或其他特殊纪念日等数字来选择组合号码，上述文献都发现了这些现象。同时，人们还会选择一些看起来有趣的号码，如Simon（1999）发现，"7，14，21，28，35，42"是数字7的乘积，它是英国购彩者最喜欢选择的号码组合，在德国和瑞士也分别排名第二和第三。组合号码"1，2，3，4，5，6"在英国每期都被投注一万次，同样在德国和瑞士也排名前六位。Wang等（2016）发现，荷兰购彩者最喜欢投注的组合号码前三位依次为"01，11，21，31，33，41"、"07，14，21，28，35，4"和"01，02，03，04，05，06"。

彩票票面的号码印制方式也会影响人们投注号码的方式。例如，Henze（1997）发现，德国购彩者喜欢能够使彩票票面看上去好看（nice looking）的号码组，如直线或一个十字架，或者各号码的间距相同；同样，Wang等（2016）也发现，荷兰购彩者喜欢将投注号码组合在彩票票面上形成一个漂亮（aesthetics）的图案，如一条直线或一个四边形。

2.错误预测

人们对于随机性的认识往往存在偏差，即使是非常聪明和学习过概率的人也不例外，由此出现两个相斥的现象：赌徒谬误和热手效应。本教材在第8章曾详细论述了这两个问题，它们可统归为"错误预测"，是指彩票中奖号码是随机的，但购彩者却试图从过去的中奖号码找规律来错误地预测当下的中奖号码。

（1）赌徒谬误。

Langer和Roth（1975）发现，在抛硬币这样纯粹随机的事件中，即使是非常理性的人，文中的实验参与者为耶鲁大学的本科生，并且这些人明知随机性，他们也还是试图从过去的结果中来找出一些规律。例如，当硬币连续3次是正面时，几乎所有参与者都认为下一次是反面。Clotfelter和Cook（1993）发现，对于马里兰州的3位数彩票，当某个号码成为当期中奖号码时，未来几天人们对这一号码的投注量会急剧下降，要到3个月以后才恢复到正常水平。

Suetens和Tyran（2012）考察了丹麦"36选7"乐透型购彩者连续28周的择号方式，发现男性倾向于避开投注此前的中奖号码，而女性则没有表现这一行为。Ji等（2015）比较了加拿大不同文化组别在赌徒谬误中表现的差异，发现相对于欧洲后裔，亚洲后裔表现出更多的赌徒谬误，作者将其归因为不同文化认识造成的潜意识影响。

（2）热手效应。

热手效应具体到彩票方面，Zaman和Marsaglia（1990）和Keren和Lewis（1994）等发现，购彩者会观察近期各个号码被开出的频率，并将其与理论值的偏差归因于摇奖机或摇奖球的不均匀所致，因此就会更多投注近期开出的号码。Fong等（2014）研究了中国澳门一家娱乐场"骰宝"游戏参与者在2 645次的投注行为，结果发现中国购彩者倾向于投注于近期频繁出现的中奖号码。

（3）赌徒谬误和热手效应的关系。

赌徒谬误与热手效应的表现相反，但二者同时存在。

首先，不同群体购彩者表现不同。例如，Croson 和 Sundali（2005）考察了美国某家赌场中139名玩家18小时轮盘游戏的24 131次投注数据，发现了赌徒谬误和热手效应同时存在。Croson 和 Sundali（2006）利用内华达州雷诺地区一个大型赌场中购彩者的经验数据，检验赌徒谬误和热手效应的存在性、普遍性以及二者之间存在的关系，两种表现各占购彩者的一半，作者将其归咎为个体信念的差异。

其次，同一群体不同时期的表现不同。例如，荷淮中等（2006）发现，中国台湾彩票的购彩者在短期内表现为赌徒谬误，长期则转变为热手效应。作者认为，导致热手效应的原因是启发式偏差，即购彩者更容易记住频繁出现的号码。

3.彩票市场非强有效性的证实

在其他购彩者群体性地存在"有意择号"行为的情况下，少数购彩者反其道而行之，购买其他购彩者很少或者根本不选择的号码组，独享而不是与他人平分大奖奖金的概率就增大，因此不同号码组合的期望收益率也不同，这导致了彩票市场不是"强有效的"。例如，Simon（1998）发现，选择那些其他购买者不愿投注的号码，获得的收益率将提高4倍。

16.4.3　彩票市场的弱有效性

以上相关研究证明了彩票市场是非强有效的，如下研究证明了彩票市场不是"非有效的"，也即既然不是"强有效"，那至少是"弱有效"的。

1.彩票市场非有效的理论可能性

Thaler 和 Ziemba（1988）提出，如果购买人们不喜欢的"冷"号码组，那独享而不是与他人平分大奖奖金的概率就增大，因此不同号码组合的期望收益率也不同。以当时在美国发行的"49选6"这种彩票为例，奖池为零时，单纯选择最"冷"的一注号码组的期望收益率可达到25%。但如果每次只买一注的话，那要等十几万年才能中奖。他们又提出同时投注更多号码组合会大大缩短期望中奖时间，但这也需要上千年的时间。更进一步，他们考虑到了当奖池量达到一定程度时采用"全包号（Buy the Pot）"即一次性购买所有的号码组来获利的可能性，但又提出了交易成本问题，即需要确定购买所有的号码组，并且前提是不能有其他人同时也这样做。英国国家彩票的Lotto期望收益率为-50%左右，Clotfelter 和 Cook（1993）发现，选择英国国家彩票最"冷"号码组的期望收益率为-0.0467，相当接近0，而当奖池量增加到一定程度时，收益率则会为正，当然，风险也相当大。

Matheson（2004）根据1983年至2002年间美国34种彩票共17 538期的历史数据，证明了如果回到过去，采用全包号码形式，特别是投注销量较小的彩票，的确能实现较为稳定且为正的收益率。他们发现，在研究样本中，有14种彩票共184次出现期望收益率为正的情况。在这些情形下，采用全包号形式投注取得的期望收益率平均为11.0%，最大值为34.1%。他们还发现，销量越小的彩票相对越可能出现期望收益率为正的情况，并且收益率也越大。但这只是"事后诸葛"而已。

2.彩票市场非有效的实践可行性

如果彩票市场是非有效的，即在某些时候采取某种策略可以取得大于0的期望收益率，此时彩票就可以成为一种投资品。在现实生活中，在一些国家的确存在某些投资机构采取策略在适当时期投注某种彩票而获利的案例。Thaler 和 Ziemba（1988）提到了在加拿大有两个机构进行此项业务操作，其中一家于1987年获得了100万美元的利润。Farrell 等（2000）也提到某家辛迪加（Syndicate）联合集团有两次投入数百万英镑采用"全包号"形式购买一种爱尔兰彩票，尽管与其他中奖者平分了头等奖金，但仍然获得了利润。

总结起来，通过某些方法在特定时候购买某种彩票期望收益率为正，即彩票市场非有效，需要如下4个必要条件：（1）这种购彩者对数字偏好程度要足够强，以保证购买"冷"号码组的期望收益率相当的高；（2）彩票每期销量不能过大，销量越小，大奖被他人中得的概率也越小，也就越不可能与他人平分大奖奖金；（3）彩票的"组合数"不能过大，"组合数"越大，需要购买注数越大，所需资金也越多；（4）这种彩票已进入稳定期，即购彩者心态已趋于正常，不会因奖池积累过大而"疯狂购买"（Lotto Fever）。显然，这4个条件是相当苛刻的。

3.彩票市场弱有效性的证实

虽然彩票市场非有效情况从理论和实践角度都得到了证实，但其发生的可能性极小，并且其风险和交易成本也非常大。因此，总体而言，彩票市场是弱有效的。因此，我们再次强调，彩票不具备可投资性，不可能也不应该成为一种投资品，如果一定要购买彩票，那只能将其视为一种娱乐，而绝不能视为获取收益的正常投资。

16.5 中国彩票市场的情况

16.5.1 中国彩票业发展概况

1.中国大陆（内地）

中国在清末和民国时有各类政府或其他机构发行的彩票，1949年以后被长期禁止。业内公认的1949年后中国内地第一张彩票是1984年10月北京发行的"发展体育奖：一九八四年北京马拉松赛"；同年11月，福建发行了"福建省体育中心建设纪念券"，募集到1 000多万元资金用于为兴建"福建省体育中心"。1987年7月，河北在全国首发当时的名称是"中国社会福利彩票有奖募捐券"的彩票，这是第一张中国福利彩票。1994年，原国家体委（现为"国家体育总局"）获准发行、印制和管理体育彩票。

进入21世纪以来，中国内地彩票业发展极为迅速。从1978年至2024年12月，中国彩票历年销量累计6.51万亿元，其中2000年至2024年合计6.45万亿元。如图16-3所示，2013年起，中国彩票年销量都超过了3 000亿元，其中2018年达到

5 114.80亿元，此后连续两年下降，2021年起又开始增长，2024年为6232.04亿元，为当年经济规模的46.19‰。

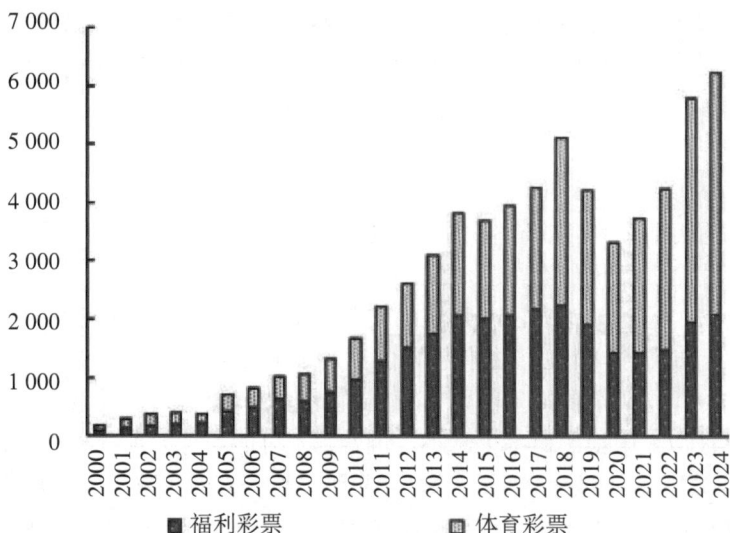

图16-3　中国大陆（内地）彩票2000年至2024年销售规模（单位：亿元人民币）

2.中国台湾

彩票在中国台湾地区被称为"彩券"，其发行最早可追溯到1950年的所谓的"爱国奖券"。这一彩票销量起初相当平稳，60年代后开始迅速发展，1985年销量达到最高峰的旧台币115亿元，但此后销量开始大幅下降，其原因是出现了以其中奖号码为依托的非法博彩"大家乐"。为遏止这股赌博之风持续蔓延，台湾当局于1988年元月起，停止发行所谓的"爱国奖券"，结果却是民众改为依附香港六合彩之中奖号码。

经过数次试探与调整，以1999年"9·21大地震"筹集为契机，台湾财政部门当年12月起推出"公益彩券"，目前由中国信托商业银行子公司"台湾彩券股份有限公司"销售。2008年，体育主管部门推出"运动彩券"，目前由威刚科技子公司"台湾运动彩券股份有限公司"。如图16-4所示，中国台湾彩票销售规模总体呈逐年上升趋势，2024年合计19 64.55亿新台币，为当年经济规模的77.13‰。

台湾运动彩券于2014年推出互联网彩票，2024年销售270亿新台币，占比为42%；公益彩券一直未推出这项业务。公益彩券的公益金5%用于"全台"健康保险，45%用于"民众"年金，余下的50%供各县市用于社会福利支出。运动彩券公益金专项用于发展体育运动。

不论是公益彩券还是运动彩券，如果每注奖金超过5 000新台币（2019年11月及之前为2 000新台币），按奖金全额征收20%所得税，否则免税。要强调的是，如果在同一张彩票上投注多注，这张彩票中了5注奖金，每注都是2 000新台币，共计10 000新台币。因每注奖金都不超过5 000新台币，中奖者不需要交税。台湾彩票机构对此解释是，按注征税，购彩者会在同一张彩票上购买多注，这样更加

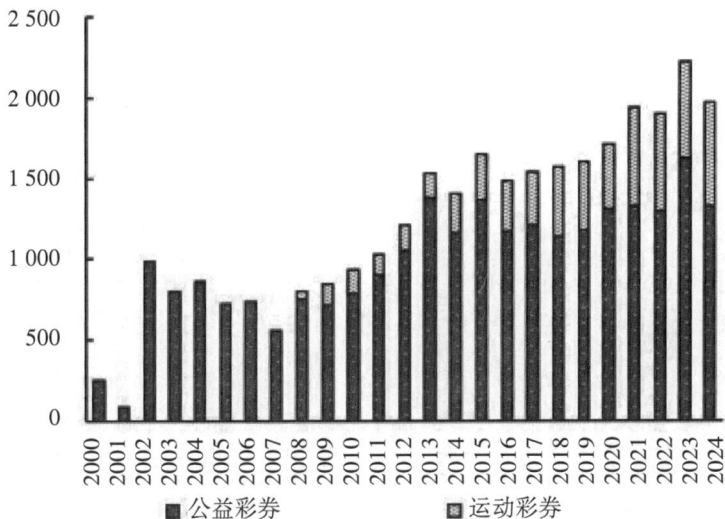

图16-4　中国台湾2000年至2024年彩票销售规模（单位：亿新台币）

节约环保，否则为了避税，购彩者就会购买多张彩票。台湾地区《公益彩券发行条例》第10条规定："因职务或业务知悉公益彩券中奖人姓名、地址等资料者，除其他法律另有规定外，应严守秘密。泄露中奖人相关资料予他人，致中奖人权益受损者，中奖人得向泄密人请求损害赔偿。"

3.中国香港

在中国香港，除棋牌博彩以外，香港赛马会（The Hong Kong Jockey Club）一直独家经营博彩，它成立于1884年，管理当地赛马运动和赛马博彩，1976年，香港赛马会开始销售乐透型彩票"六合彩"，2004年起，开始销售足球博彩，当地称为"足智彩"。

如图16-5所示，赛马博彩销售呈U形趋势，足智彩销量持续增长，"六合彩"销量有限。2023—2024财年，三者销量分别为1 347.45、1 602.72和85.62亿港币，合计3 035.79亿港币，为当年经济规模的985‰，亦即9.85%，位居世界前列。1974年，香港赛马会开始接受电话投注，目前仍有100多万个电话投注账户，2002年推出互联网博彩，当年互联网博彩投注额只占赛马会全部投注额的2.81%，此后逐年攀升，2019年以后都超过了7成。

香港赛马会是香港最大的单一纳税机构，2023—2024财年上缴280.74亿港币税款，占当地财政收入的4.37%，这一指标在2003/04财年高达6.72%。赛马会还是香港最大的慈善公益资助机构，2023—2024财年，赛马会慈善信托基金向社会服务、体育康乐及文化、教育及培训和医药卫生等四大领域，共捐款67.19亿港币，当年还向祭祀服务捐款65.42亿港币。

如果中得香港赛马会各类博彩奖金，不管金额多少，中奖者都不需要缴税。未经中奖者同意，兑奖机构对中奖者个人信息对外严格保密。

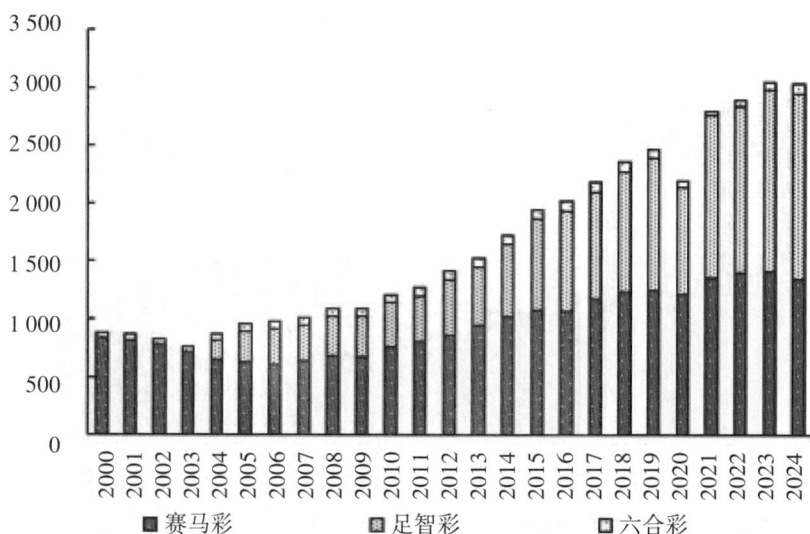

图16-5　中国香港各类博彩品2000至2024财年销售情况（单位：亿港币）

4.中国澳门

澳门博彩业可追溯至16世纪的开埠初期，1847年当地政府将博彩作为一种合法的商业活动，并将博彩税列为财政收入，1961年澳门被批准为"恒久性的博彩区"，澳门旅游娱乐有限公司随后获得了长达40年的幸运博彩专营权。1999年12月，澳门回归祖国，2002年，几经波折，特区政府赋予6家博彩公司专营博彩牌照。截至2024年底，澳门共有6家博彩公司在当地共经营30家赌场（当地称"幸运博彩娱乐场"）。

如图16-6所示，美国拉斯维加斯博彩毛收入呈增长态势，但增幅相对有限，2000年为48.05亿美元，2024年为88.12亿美元，增长了83.40%。澳门2000年"幸运博彩"158.80亿澳门元，约合19.79亿美元，仅为前者的41.18%；2006年达到566.24亿澳门元，约合70.77亿美元，首次超过前者；2013年达到历史峰值3 603.48亿澳门元，约合451.07亿美元，是前者的6.93倍，此后开始下降。2020年至2022年新冠肺炎疫情期间，澳门博彩业遭到重创，到2022年降至421.99亿澳门元，约合52.06亿美元，时隔16年再次被拉斯维加斯超过，只有后者的63.46%。2023年起，澳门博彩业迅速恢复，当年1 830.59亿澳门元，约合227.39亿美元，是拉斯维加斯的2.55倍；2024年2 267.82亿澳门元，约合287.91亿美元，是拉斯维加斯的3.27倍。

除幸运博彩以外，澳门当地还有其他博彩品，包括赛马博彩、中式彩票、即发彩票、足球彩票和篮球彩票。但相对于幸运博彩，这些博彩品销量有限，2024年合计销量69.83亿澳门元，毛收入6.36亿澳门元，仅为幸运博彩毛收入的0.28%。

16.5.2　中国彩票购买者的理性程度

从整体角度来看，购彩者心理并非"完全理性"或"完全非理性"地非黑即

白，而是分布在两者间从量变到质变的广大区域。所以，对某个地区购彩者理性程

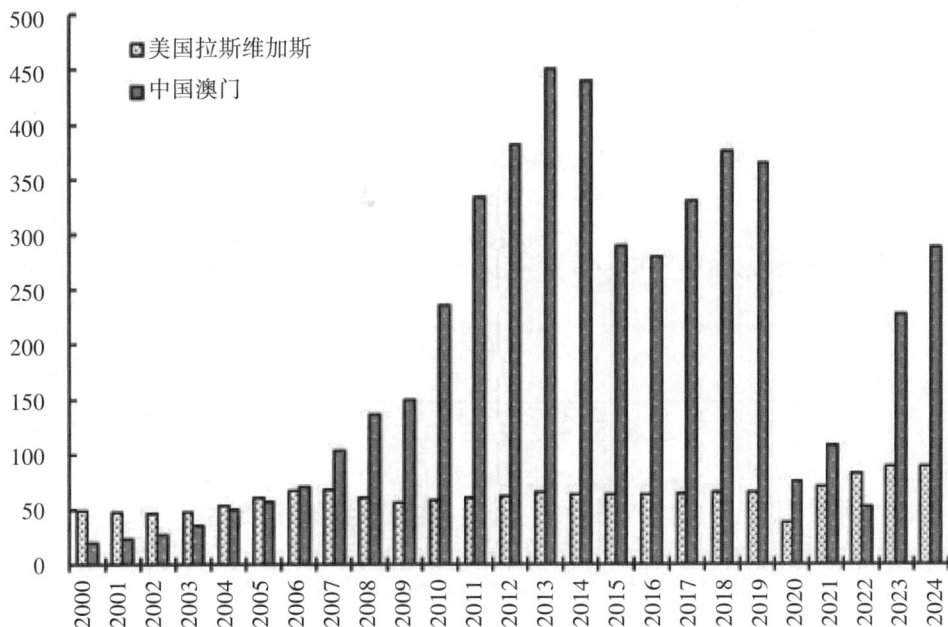

图16-6　澳门与拉斯维加斯博彩毛收入对比（单位：亿美元）

度整体上作出客观的判断，应当集中考察占绝大多数的中间性购彩者心理。如前所述，购彩者非理性主要表现在投注数量上的"不劳而获"心理和购彩方式上的"控制幻觉"心理。因此，我们主要考察中国内地购彩者在这两方面的表现，并将结果与其他国家或地区相应情况对比，以此来说明中国购彩者的理性程度。

1. 不劳而获心理

借鉴保险业相关概念，设置彩票销售"密度"和"深度"两项指标，前者为彩票销量比当地人口数，后者为彩票销量比上当地经济规模。如图16-7所示，根据世界彩票协会（World Lottery Association，WLA）彩票销售数据和世界银行各国经济数据计算，全球范围的彩票销售深度（全球彩票销量/全球经济规模）长期稳定在40‰左右。

从纵向来看，如图16-8所示，2017年起，除2020年外，中国内地彩票销售密度即人均购彩量都超过了300元，2023年和2024年都超过了400元，分别为411.18元/人和442.53元/人；彩票销售深度从2013年至2018年都超过了50‰，其中2014年最高，为58.23‰，2018年次高，为54.88‰，这两年都是足球世界杯举办年份。此后受行业政策调整和新冠肺炎疫情冲击有所下降，2021年为32.02‰，2022年为34.70‰。2023年起又开始上升，当年和2024年分别为45.15‰和46.19‰。从横向来看，在相同年份，高于日本，与世界总体水平以及英国和美国相仿，但低于中国台湾和中国香港。

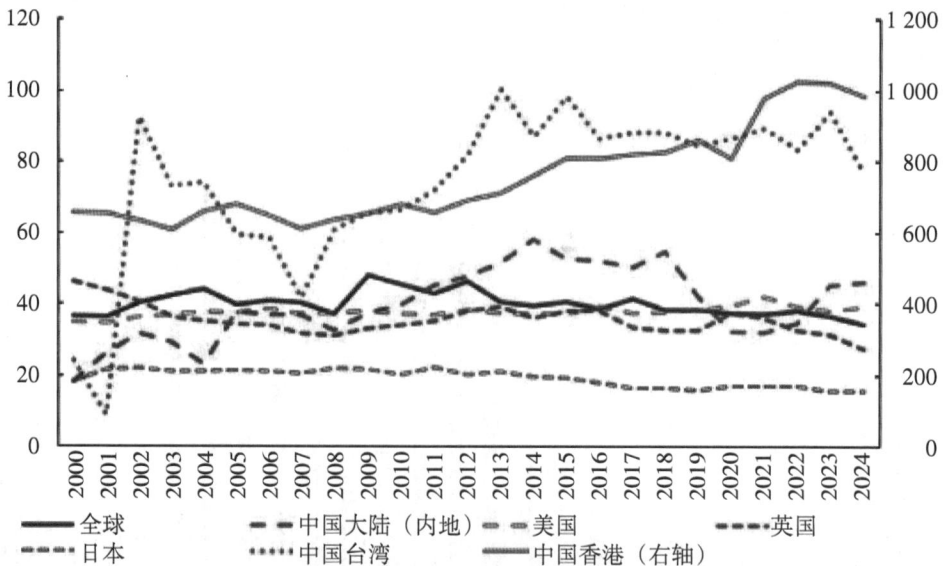

说明：香港地区博彩销售很高，故在图中用右轴表示。

图16-7　全球和代表性国家或地区彩票/博彩销售深度

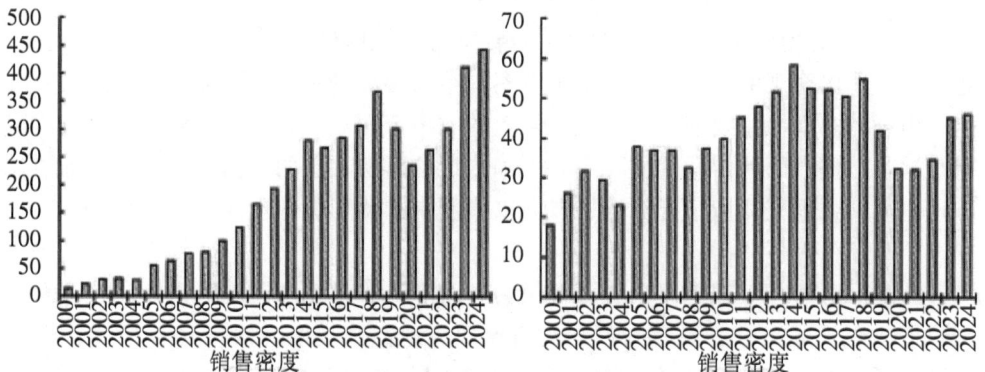

图16-8　中国内地历年彩票销售密度和销售深度

2. 控制幻觉心理

如果购彩者随机选择号码，彩票"实际中奖注数"与"理论中奖注数（销售注数与中奖概率之积）"之比为1，对数值为0。反之，因控制幻觉心理而有意择号时，两者之比不为1，其对数值的绝对值大于0。有意择号指数（经处理后的"对数绝对值"）越大，有意择号行为越明显，也即控制幻觉心理越强烈。有意择号指数在具体构建过程，涉及实际中奖注数为零时的处理，以及随机因素干扰的消除等复杂问题，具体方法详见本章末推荐阅读的最后一个文献。

中国福利彩票双色球游戏和中国体育彩票超级大乐透游戏，是两家彩票机构销售主力游戏，基于上述方法，计算这两只彩票从发行之日起，有意择号指数在特定年份各期的平均值，如图16-9所示，两只彩票的有意择号指数都呈明显的下降趋势。2010年及之前年份有意择号指数各期平均值为，双色球0.2923，超级大乐透0.2984；2011年至2017年，双色球0.2617，超级大乐透0.2814；2018年至2024年，双色球0.2547，超级大乐透0.2422。进一步，计算部分其他国家或地区彩票机构主力销售主力游戏，包括中国台湾公益彩券大乐透、中国香港赛马会六合彩、日本宝签彩票乐透六、英国国家彩票大乐透、美国联销彩票强力球和美国联销彩票超级百万等6只彩票分别在2023年和2024年的各期有意择号平均值，并与中国福利彩票双色球和中国体育彩票超级大乐透相对比。如图16-10所示，这两年间，中国台湾公益彩券大乐透的有意择号指数最小，美国联销彩票强力球和美国联销彩票"超级百万"最大。

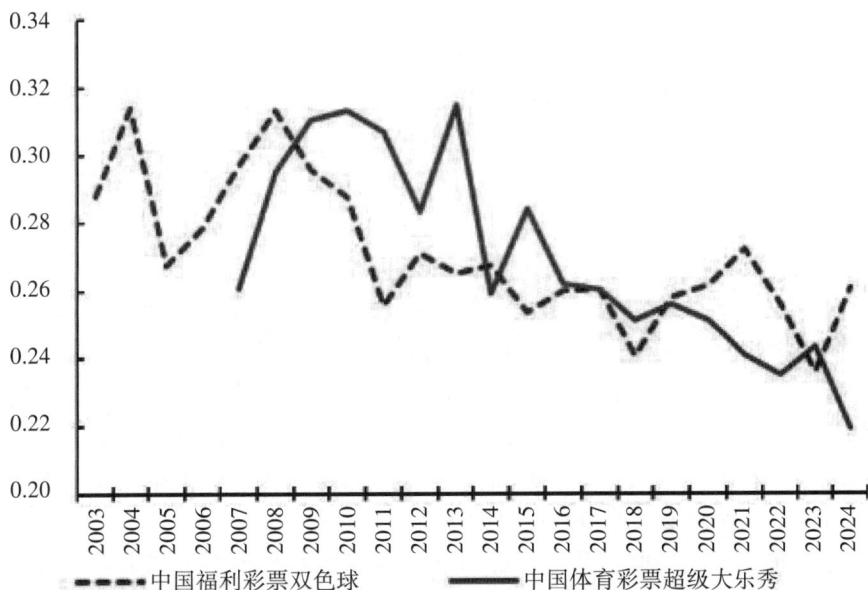

说明：中国体育彩票超级大乐透于2007年5月28日发行，当月30日首次开奖，此前年份无数据。

图16-9 中国福利彩票双色球和中国体育彩票超级大乐透的购彩者有意择号指数（2003年至2024年）

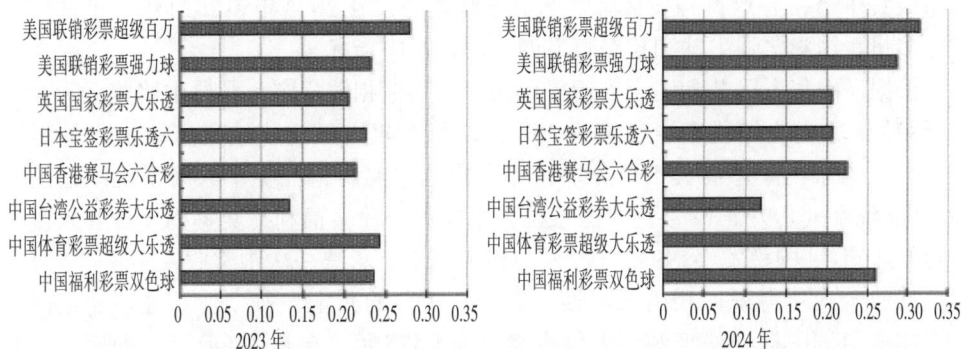

图16-10 部分国家和地区代表性彩票的购彩者有意择号指数（2023年和2024年）

3.中国彩票购买者的理性程度

2012年2月中国福利彩票提出和论述了社会责任对于福利彩票的重要意义，2014年6月制定完成《社会责任指标体系》。2017年中国体育彩票提出了"建设负责任、可信赖、健康持续发展的国家公益彩票"的发展目标，2021年完善为"负责任、可信赖、高质量发展的国家公益彩票"。中国彩票监管部门财政部，与其他部门一起，从2018年起，针对非理性购彩和违规销售彩票问题，陆续出台了系列通知和意见。2018年8月，财政部等十二部门联合发布公告，坚决禁止擅自利用互联网销售彩票行为；严肃查处企业或个人违法违规网络售彩等行为；加大实施失信联合惩戒力度。2019年1月，财政部发布《关于加强高频快开游戏派奖促销管理的通知》，自2019年1月16日起，暂停开展任何形式的派奖活动；暂停开展任何形式的促销活动。同月，财政部联合民政部和国家体育总局发布《关于调整高频快开彩票游戏和竞猜彩票游戏规则加强彩票市场监管的通知》，调整高频快开游戏和单场竞猜游戏规则，调整投注倍数范围，加强销售终端管理，停止派奖和促销活动。2020年3月，财政部批复民政部《关于申报停销"连环夺宝"等7款中福在线视频型彩票游戏的请示》。2020年10月，财政部和体育总局联合发布《关于进一步调整单场竞猜游戏规则有关事宜的通知》，降低返奖奖金比例，强化彩票游戏日常运营监管。同月，财政部、民政部和体育总局发布《关于有序退市高频快开彩票游戏有关事宜的通知》，自2020年11月1日起，福利彩票快开游戏、体育彩票高频游戏分别暂保留一款，其余的一律停止销售；2021年春节休市结束后，所有高频快开游戏全部停止销售。2023年11月，财政部、民政部和体育总局下发《关于规范利用自助终端销售彩票等有关事宜的通知》，规定"未经批准，任何单位及个人一律不得以任何理由、任何形式擅自利用自助终端销售彩票"。

总地来看，自彩票监督和管理部门于2018年陆续出台系列"责任彩票"举措后，中国内地购彩者非理性购彩问题得到了一定程度的缓解。（1）从不劳而获心理来看，中国内地彩票销售深度与国际水平相仿，还低于中国台湾和中国香港水平。（2）从控制幻觉心理来看，中国内地两只销售主力游戏，福利彩票双色球和体育彩票超级大乐透，有意择号指数都呈明显下降趋势，在2023年和2024年，也都低于美国多州联销彩票强力球和超级百万两只彩票对应指标。

根据《中华人民共和国个人所得税法》及其他相关规定，彩票中奖奖金为"偶然所得"，适用比例税率，税率为20%，以每次收入额为应纳税所得额。但根据《财政部 国家税务总局关于个人取得体育彩票中奖所得征免个人所得税问题的通知》（财税字〔1998〕12号）、《国家税务总局关于社会福利有奖募捐发行收入税收问题的通知》（国税发〔1994〕127号）相关规定，彩票一次中奖收入不超过1万元暂免征收个人所得税。相当长时期，关于"次"的判定，按"注"处理。正因如此，本章引例中提到的事例，因每注奖金为4 475元，未超过1万元，即使总奖金达到了2.2397亿元，但中奖者仍不需缴税。2024年8月15日，财政部、税务总局、民政部、体育总局联合发布《关于彩票兑奖与适用税法有关口径的公告》，从当年

9月1日起，继续执行"彩票一次中奖收入不超过1万元暂免征收个人所得税的政策规定"。但对"次"的判定，作出新的规定："电脑彩票以同一人在同一期同一游戏中获得的全部奖金为一次中奖收入，其中全国联网单场竞猜游戏分别按照足球游戏、篮球游戏、冠军游戏和冠亚军游戏设期，以每张彩票涉及比赛场次中最晚的比赛编号日期为判定标准，相同的为同一期；海南视频电子即开游戏以同一场游戏奖金为一次中奖收入。即开型彩票以一张彩票奖金为一次中奖收入"。2025年2月7日，又是江西省某位购彩者，又是投注"快乐8"游戏，不过这次投注了"选十"玩法的51注相同号码，中奖"选十中十"奖金，每注奖金498.14万元，合计奖金2.5405亿元，根据新规定，中奖者缴纳个人所得税5 081.0280万元。

视频16

中国彩票产业发展现状

思政课堂 ☑ ---------------------------------○

彩票引发的案件

【思政元素】坚决杜绝赌博。

我们非常不认同"小赌怡情"的说法。原因在于，人们参与博彩中奖了，往往是想着继续中奖；没中奖，往往是想着把本捞回来。这样，不管是否中奖，只要参与博彩，就很可能会继续参与的，并且会越买越多。

2025年2月，我们以事实包括"彩票"、案件类型为"刑事案件"为关键词，在"中国裁判文书网"可检索到22 393篇文书。例如，方某在得知毕某家有安置补偿款后，先后以自己公司投资需要资金周转、公司上市扩股、还款等为由向毕某借款。从2018年6月至2020年3月骗取毕某360万元，主要用于购买彩票。后在毕某多次讨要钱款时，方某一再拖延，截至案发时，方某已将毕某转入的人民币360万元挥霍一空，无力归还。2022年6月，方某以诈骗罪被判处有期徒刑13年6个月，罚金人民币10万元，并被责令退赔被害人全部经济损失。又如，孙某以非法占有为目的，以合作做茅台酒等酒水生意为由，采取许以高额利润回报、不断打款返还收益金的方式，使被害人陷入错误认识，在2020年8月至2022年5月期间，多次骗取他人钱款共计人民币653.96万元，将资金主要用于空转和购买彩票。2024年9月，孙某以犯同诈骗罪被判处有期徒刑10年6个月，罚金人民币10万元，并被责令退赔被害人经济损失。

我们强烈建议各位读者，尤其是大学生们，不论任何形式的博彩，都坚决不要参与。

本章小结 ☑ ---------------------------------○

博彩是指以赢取额外钱财和（或）物质产品为主要目的，对一个不确定结果的事件下注的行为，具有投注标的、中奖概率和中奖奖金等3个要件，赌场游戏、体育博彩、彩票和其他博彩。彩票是指国家为筹集社会公益资金，促进社会公益事业发展而特许发行、依法销售，自然人自愿购买，并按照特定规则获得中奖机会的凭证，分为乐透型、数字型、即开型、基诺型、竞猜型、视频型和传统型等7个类型。

虽然都是机会性游戏，但彩票与其他博彩品在参与人群、奖金结构、收益用途等方面存在差别。彩票不具有可投资性，不能够也不应该成为投资品。

相对于其他博彩品，彩票的上瘾性和危害性相对较弱。彩票由政府垄断发行，将人的一夜暴富心理与社会公益事业相结合，能够缓解其负面效果并提高社会福利水平。

以彩票作为研究对象具有纯粹性、广泛性、普适性和稳定性等优势。传统经济学利用S形收入效用函数、商品不可分割性以及性别差异等理论对于人们购买彩票原因进行了解释，但解释力度不足。从行为金融学的视角来看，人们购买彩票的主要原因是决定投注金额时的不劳而获心理和选择购彩方式时的控制幻觉心理。

彩票市场可分为强有效、弱有效和非有效等3种情况，前者是指所有购彩方式都取得完全相同的期望收益率；中者是指尽管不同购彩方式的预期收益率不同，但都不能获得正的收益率；后者是指采用购彩方式能够获得正的收益率。现实生活中，由于有意择号行为，彩票市场不是"强有效"的，但非有效情况要满足非常苛刻的条件。因此彩票市场总体是"弱有效"的。

进入21世纪以来，中国内地彩票业发展迅速。自彩票监督和管理部门于2018年陆续出台系列"责任彩票"举措后，中国内地购彩者非理性购彩问题得到了一定程度的缓解。

推荐阅读 ✔ ------------------------------------●

[1] KWANG N Y. Why do people buy lottery tickets? Choices involving risk and the indivisibility of expenditure [J]. Journal of Political Economy，1965，73（5）：530-535.

[2] RUBIN P H，C W. An evolutionary model of taste for risk [J]. Economic Inquiry，1979，17（4）：585-596.

[3] THALER R H，ZIEMBA W T. Anomalies：Parimutuel betting markets：racetracks and lotteries [J]. The Journal of Economic Perspectives，1988，2（2）：161-174.

[4] CLOTFELTER C T，COOK P J. Notes：the "gambler's fallacy" in lottery play [J]. Management Science，1993，39（12）：1521-1525.

[5] FARRELL，LISA L R，et al. The demand for lotto：the role of conscious selection [J]. Journal of Business and Economic Statistics，2000（18）：228-241.

[6] 李刚. 中国彩票业市场分析报告Ⅴ：彩票购买者有意择号指数的完善与应用 [M]. 北京：中国财政经济出版社，2022.

第17章　体育领域

【学习目标】本教材有多个章节列举体育领域相关事例，以说明行为金融学相关理论。本章为本版新加内容，进一步分析体育领域的各类认知偏差和市场异象。通过本章的学习，读者应当掌握体育领域与行为金融学的密切关系，熟悉前景理论、心理账户、沉没成本误区、过度自信和羊群效应等各类认知偏差在体育领域的表现，掌握体育赛事的本土偏好，了解投资者对体育赛事比赛结果反应过度，掌握判别足球转会市场是否存在泡沫的思路，了解足球球员转会费溢价率的计算方法，熟悉足球俱乐部解决财务问题行为与庞氏骗局的异同，了解体育博彩与体育赛事的关系，熟悉体育博彩公司的运营机理和体育博彩市场的有效性，掌握体育竞猜的伪智力性，了解代表性国家的体育博彩现状，掌握行为金融学在全民健身活动、场馆建设维护、球队持久运营等方面在中国体育领域的应用价值，熟悉中国体育领域对行为金融学理论发展的重要意义。

【关键概念】事前承诺契约；终场孤注一掷；运动员迷信；主场效应；体育赛事本土偏好；投资者对比赛结果反应过度；足球球员转会溢价率；体育博彩；体育竞猜伪智力性；体育场馆白象效应。

引例

【传统文化】

当机立断

君侯体高世之才，秉青萍干将之器。拂钟无声，应机立断。此乃天然异禀，非钻仰者所庶几也。

——汉·陈琳的《答东阿王笺》

【译文】君侯您拥有超出世间常人的才能，秉持着如同青萍、干将那样锋利的品质与能力。就像用宝剑砍击铜钟，悄无声息却能精准达成目的，在关键时机能够果断作出决策。这是您天生就具备的独特禀赋，不是那些努力向您学习、敬仰您的人所能轻易企及的啊！

欧洲杯金靴得主无球可踢？

　　奥尔莫于2019年11月首次代表西班牙国家足球队参赛，2024年与球队一起获得了欧洲杯冠军，他自己还获得了金靴奖。2024年8月，西班牙巴塞罗那足球队以分期支付固定转会费5 500万欧元外加浮动700万欧元的总额从德国莱比锡足球队引入这位球员。2024/2025赛季之初，奥尔莫表现亮眼，15场比赛攻进6球。不过，由于球队球员工资总额超支，未达到西甲财政公平法案要求，巴塞罗那队于2025年1月1日被该国足球管理机构告知，奥尔莫和另一位球员保·维克托在此赛季下半赛季将不能代表球队参赛。奥尔莫在签约之前，就意识到巴塞罗那的财务问题，在合同中添加了一项，如果在冬窗期球队不能将其成功注册，他可以选择以自由身离开球队，并且球队还要向他支付6年的工资。为此，巴塞罗那将面临2.63亿欧元的潜在综合损失。巴塞罗那立即向西班牙高等体育委员会上诉。1月8日，后者宣布，奥尔莫和保·维克托可以临时注册至当年4月7日，也即在此期间，两位球员仍然可以继续参赛。

17.1　体育领域和行为金融学关系

　　体育领域与行为金融学关系密切，一方面，体育领域研究采用行为金融学的理论和方法，结果更准确、结论更细致、建议更实用；另一方面，以体育领域某一方面为对象的研究成果，也能够丰富和完善行为金融学理论体系。

17.1.1　行为金融学对体育领域的意义

　　正如Raab（2012）指出的那样，体育比赛往往都紧张激烈，球员要在一秒甚至更短时间内决定传球还是投篮，教练要在一分钟甚至数秒内决定是否调整战术，经营者要在几天之内决定是否更换教练或球员。在如此短时间内，即使有如本章引例所讲的干将之利，也很难当机立断，作出最优选择，更多情况是根据直觉和经验作出一个"相对不差"的判断。可见，体育领域非常适于采用行为金融学范式加以研究。

17.1.2　体育领域对行为金融学的反哺

　　运动员们坚韧执着、自信乐观和甘冒风险；体育比赛过程紧张激烈，结果充满悬念且高度不确定（Uncertain），这都为在现实当中检验行为金融学相关理论提供了非常理想的场所。正如Reimer和Katsikopoulos（2004）所指出的，体育领域是给行为金融学研究人员的一个礼物，体育研究者可以接触到各种专家，并可以全方位地在现实环境中考察他们。与其他领域或职业相比，体育有非常良好的各级层面的组织，因此可以超越个体层面开展更广泛的实验。

17.2 体育领域认知偏差

国际体育界逐步将行为金融学认知偏差相关理论运用到体育研究领域，并已取得丰硕成果，本节按照本教材第5章至第9章的顺序，依次介绍体育领域的各种认知偏差。

17.2.1 前景理论

前景理论要点有四，它们在体育领域都有生动体现。

第一，评价取决于参考点。如此前讲述的铜牌得主经常比银牌得主更高兴。进一步，Mills等（2018）研究了美国佛罗里达大学和佐治亚大学两所大学橄榄球队球迷的行为。结果发现，在他们进行"最后通牒博弈"（the Ultimatum Game）时，本方球队球迷宁可冒着自身受损的风险也要让对方球队球迷受损，也即通过"不利己来损人"。

第二，损失感觉更强烈。体育运动要消耗大量体力，即使知道运动有益处，但因这些益处是远期的和无形的，人们往往也不愿意运动。美国耶鲁大学行为金融学教授Dean Karlan等人于2007年发起stick K活动。**参与者事前确定要实现的目标，如减肥和运动等，同时向网站账户转入资金，明确如果未实现目标后相关资金的去向，如转给朋友或捐给慈善组织。如果目标实现，他将收回这些资金，否则就失去。这一方法被称为"事前承诺契约（Recommitment Contracts）"策略。**受到强烈厌恶损失心理，这项活动80%的参与者实现了自己的预设目标。

第三，收益和损失下风险态度的反转。在处于收益状态时，人们是风险规避者。例如，Kamenica（2012）总结系列文献得出结论，如果奖金太高，运动员会过于担心因失败而失去奖金，严重的患得患失心理会负面影响其能力的发挥。反之，在处于损失状态时，人们是风险偏好者，倾向于冒险。例如，**在球类比赛临近结束时，比分落后一方往往会进行成功可能性很低的行为，如极远距离的投篮或射门，这被称为"终场孤注一掷（a Hail Mary Pass）"现象。**Grund等（2013）以美国NBA比赛为研究对象，通过计算发现，三分球命中率低，落后方投"三分球"而不是"二分球"，反超的可能性反而下降，除非大比分落后。

第四，小概率被高估或低估，这很大程度上取决于问题被展示的形式。例如，Kahneman和Tversky（1981）以及Almashat和Ayotte（2008）都发现，同样的疾病治疗方案结果，一种用成功率展示，另一种用失败率展示，前者情况下人们选择治疗的比例要显著高于后者。Fuller和Drawer（2004）进一步提出，体育锻炼要主要展示它对于个人健康有更大的益处，如降低冠心病和骨质疏松症的风险，而不宜展示它可能导致的受伤或对健康的不利影响。

17.2.2　心理账户

人们进行各项活动并非单纯为了经济利益，还会考虑各种心理感受。Emrich
等（2014）发现，人们会志愿无偿地参与体育俱乐部的活动，很少考虑机会成本，
这些行为除可以获得人力资本和社会资本提升等经济利益以外，更多是为了获得同
一团体其他成员的感激、认可和尊重。会员与俱乐部的关系主要基于社会规则，而
非市场规则。体育俱乐部除了能够提供比赛本身以外，对于会员还有更大的心理价
值。在这一点上，小型俱乐部表现得尤其明显。

许多人积极参加各项比赛，心理账户是为了挑战自我，而不是排名更高。例
如，Maxcy 等（2019）调查了德国 363 位在 2012 年到 2015 年间参加铁人三项赛
（Triathlon）的业余选手。这些选手在正式比赛前平均需要准备 8.6 个月，其间每周
平均训练 14.6 小时。选手们平均月收入为 2 984 欧元，属于中等偏上水平，参与这
项赛事的机会成本很大。作者询问了这些选手在比赛数周后对参与赛事的幸福感，
发现准备过程中想放弃念头的数量以及准备或比赛时受到的心理伤害程度与幸福感
负相关。但是，比赛排名与幸福感没有显著关系。这意味着，参与铁人三项赛训练
并完成比赛的选手们，完成比赛要比超越对手的幸福感更高。

17.2.3　沉没成本误区

一些球队耗费较大成本引入球员后，往往会陷入沉没成本误区。例如，Staw
和 Hoang（1995）研究了球队在 NBA 选秀球员位次与这些球员加入球队未来几年
比赛时间的关系，结果发现，选秀位次排名较高的球员，即使竞技水平与其他球员
相同甚至更差，其比赛时间也更多，如图 17-1 所示，选透位次每提高 1 位，球员
在第 2 个赛季比赛时间要比竞技水平相同球员多出 22.77 分钟，即使在第 5 个赛季，
也要多出 13.77 分钟。原因就在于球队不想浪费。

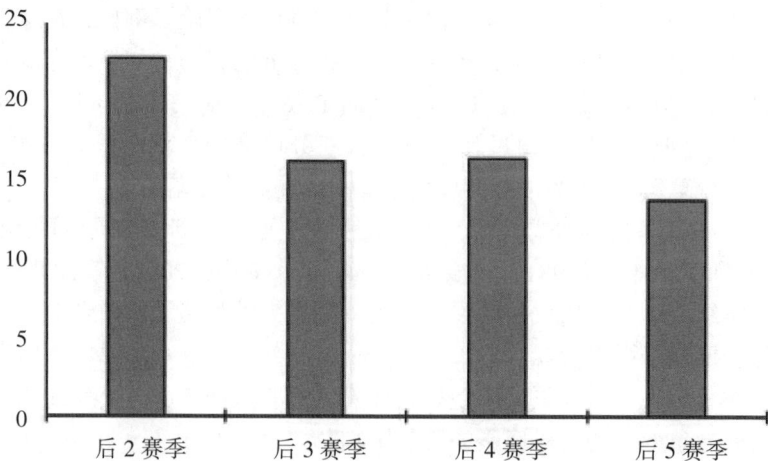

图17-1　NBA选秀球员位次与其此后赛季比赛时间的关系

Camerer 和 Weber（1999）进一步完善了 Staw 和 Hoang（1995）的方法，剔除了6项可能的原因，其中一些甚至是强词夺理，如为了获得未来选秀优先权而恶意使用球员以使球队战绩更差等，结果仍然发现上述现象。Keefer（2018）发现类似情况也出现在美国 NFL（职业橄榄球联赛）当中。

不过，Hackinger（2019）研究了德国甲级联赛的足球运动员转会费与他们比赛时间的关系。结果却发现，当球员表现不如预期出色时，教练以及管理者会忽略之前为之付出的高昂转会费，进而减少他们的比赛时间。这意味着，德甲联赛的教练或管理者没有受到沉没成本误区的影响。

17.2.4 过度自信

本教材第8章列举了许多因过度自信导致的非理性行为，但是在体育领域，过度自信有时反而会带来正面效果。例如，Zavertiaeva 等（2018）考察了2010年到2014年的俄罗斯足球超级联赛，各球队教练是否过度自信与所执教球队的场均得分、进球数和失球数的关系。结果发现，剔除如球队实力和球员身价等其他因素后，被媒体认为过度自信的教练，其球队场均得分显著更高。过度自信这一变量在4个计量方程的系数平均值为0.0236，以俄超每支球队每赛季30场比赛计算。由过度自信教练所执教的球队比其他条件相同的球队总积分高0.707，这对于排名较低尤其是保级球队是至关重要的。作者还发现，教练是否过度自信，对球队的进球或失球数没有显著的影响。这意味着，自信的教练并没有采取更冒险的战略。作者的解释是：（1）过度自信并不意味着偏好风险；（2）过度自信可能只是影响比赛结果，而不会影响球队的战术。这说明，过度自信的作用主要体现在对球员的激励作用之上。

过度自信的一个重要表现是控制幻觉，它在体育领域一个重要表现是<u>运动员迷信（Sport Superstition），这是指运动员在比赛前或比赛过程中，采取习惯性的特定仪式以希望提升运动成绩</u>，如本教材第8章引例中阿根廷足球队更衣室里摆放多个神像。Schippers 和 Van Lange（2006）探讨了迷信活动对高水平赛事运动员的心理益处。作者调查了荷兰足球、排球和冰球俱乐部的197位顶级运动员，发现他们中有158位（80.3%）在比赛前会进行至少一项迷信活动，其中最流行的是吃某种特定食物。结果发现，比赛结果的不确定性更高，以及比赛更加重要时，迷信活动的正面效果更大。作者认为，迷信活动的主要功能是缓解运动员的紧张心理。例如，篮球巨星乔丹在比赛时经常穿着两条短裤，里面那条短裤是他大学时期学校球队的球裤，他认为穿大学球队短裤可以让自己保持无限的体力。

17.2.5 羊群效应

<u>各类体育比赛都有长期而稳定的主场效应现象，即主队获胜的可能性更大</u>，这应与裁判陷入羊群效应有关。Nevill 等（2002）研究了观众呐喊声（Crowd Noise）与体育比赛主场优势的关系。作者邀请了40位裁判观看1998/1999赛季利物浦主场

对莱斯特城的一场英超比赛的录像。作者将裁判分成两组，一组录像有声音而另一组静音。裁判们被要求判定这场比赛47个对抗是否犯规，以及如果犯规是哪一方犯规。结果如图17-2所示，有声组与当值裁判的实际判罚非常接近，同时这两者与静音组有明显差别，且都有利于主队。这项研究还发现，观众呐喊声会显著减少裁判对主队的犯规判罚，但并不增加裁判对客队的判罚。

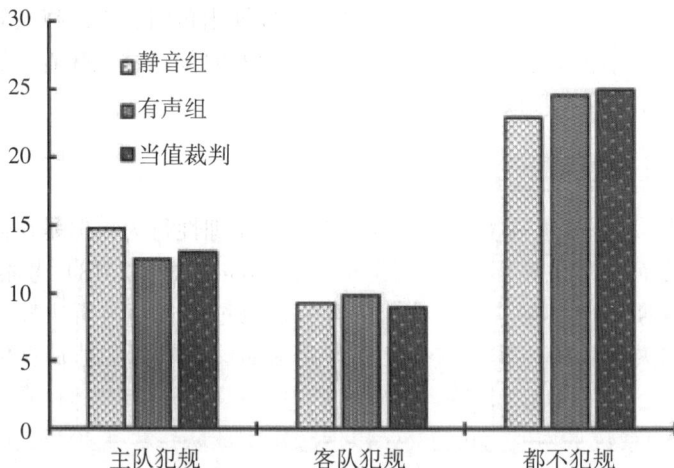

图17-2　当值裁判受现场观众有偏颇呐喊声的影响

Downward 和 Jones（2014）同样发现了类似的现象。他们分析了1996年至2002年等6个赛季英国"足总杯"（the FA Cup）的875场比赛中，主队或客队黄牌数与现场观众数的关系。结果发现，客队黄牌数明显偏高，而主队黄牌数与现场观众数负相关，即随着观众数增加，主队得到的黄牌数下降。不过如果观众数量过高，主队黄牌数量反而上升。背后原因在于，现场观众数多时，客队球迷数也多。

视频17

体育领域认知偏差

两篇文章的作者都将上述现象解释为如下两个原因：（1）裁判会受到现场观众有"偏颇"的呐喊声影响陷入启发式偏差，进而错判；（2）裁判会屈从现场观众的压力，通过有意地采取有利于主队的判罚来安抚他们，避免其不满。并且，主队观众数量越多，他们越可能这样做。

17.3 体育领域市场异象

17.3.1 体育赛事的本土偏好

本教材第10章中谈到金融市场存在本土偏差，即投资者倾向于把大部分资产投资于本国、本地区或所就职公司的证券上。体育被赋予了很多内涵，大家普遍喜欢本国、本地区或本人所喜爱的队伍获胜，这就是体育赛事的本土偏好。需说明的是，我们并不认为这是一种非理性表现，因此未使用本土偏差一词。

当地时间2025年2月20日晚，"四国冰球赛"美国队主场迎战加拿大队的决赛在波士顿进行。美国总统特朗普赛前在社交媒体称，他将与美国冰球队通话："激励他们今晚战胜加拿大，也许很快，它（加拿大）将成为我们珍视且非常重要的第51个州。"这使得此场比赛充满了紧张气氛。加拿大队同仇敌忾，以3：2战胜美国队。赛后，加拿大时任总理特鲁多在社交媒体上回敬道："你无法夺走我们的国家，也无法夺走我们的比赛。"

重大体育比赛具有国家利益（National Interest），几乎没有其他事件能在短时间内使一个国家大部分人口有巨大的情绪波动。这就为经济学者提供了一个机会，即通过比赛结果来捕捉投资者情绪变化对市场的影响。Edmans（2007）考察了1973年至2004年的世界杯以及各洲杯赛（欧洲杯、美洲杯和亚洲杯）的预选赛、小组赛和淘汰赛的国家队比赛结果与随后所在国股票市场表现的关系，涉及39个国家1 162场比赛。如图17-3所示，国家队输球以后股票市场显著下降。特别是重大赛事，如世界杯或各洲杯的淘汰赛，下降程度更大；各洲杯赛小组赛或任何赛事预选赛，虽然下降但不显著。不过，任何赛事获胜结果对于股票市场都没有显著影响。作者还考察了其他赛事如篮球、冰球、橄榄球和板球赛事的情况，发现同样存在类似现象，但程度相对足球比赛要小。

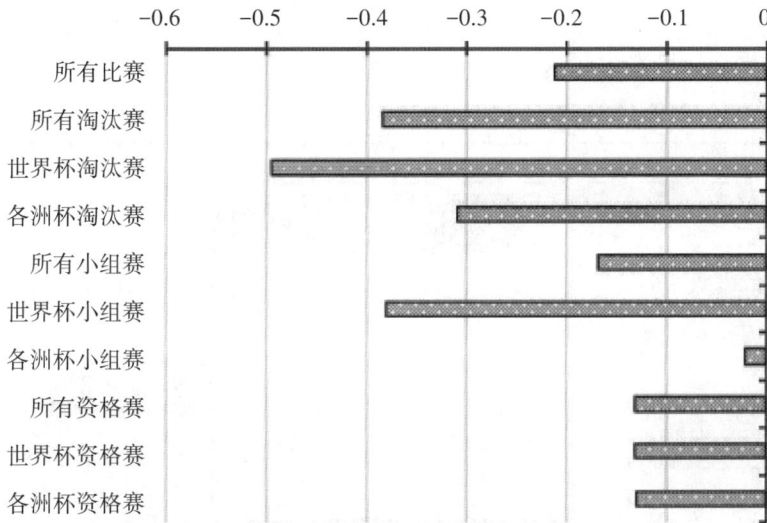

图17-3　国家足球队失利后所在国股票市场的表现

17.3.2　投资者对比赛结果反应过度

股票市场当中有足球俱乐部上市公司，见表17-1，其中一些还是欧洲豪门球队。如本教材第1章所述，股票价格是企业未来收益现金流的贴现值。这样，单纯一场比赛的结果，并不应当对球队股票价格有太多的影响。但现实中，比赛结果会导致球队股票大幅波动，也即投资者对比赛结果反应过度。即使是"百年俱乐部"，也同样如此。

表17-1　　　　　　　　　　　　代表性上市足球俱乐部

球队所在国	球队名称	成立时间	球队上市市场	上市时间	股票代码
英国	曼联	1878-01-01	美国纽约证券交易所	2012-08-10	MANU
	凯尔特人	1887-11-06	英国伦敦证券交易所	2005-12-22	CCP
意大利	尤文图斯	1897-11-01	意大利米兰证券交易所	2001-12-17	JUVE
	拉齐奥	1900-01-09	意大利米兰证券交易所	1998-04-28	LAZI
德国	多特蒙德	1909-12-19	德国法兰克福证券交易所	2000-10-27	BVB
荷兰	阿贾克斯	1900-03-18	荷兰阿姆斯特丹泛欧交易所	1998-05-06	AJAX

2018/2019赛季欧冠联赛，在2019年4月17日举行的四分之一决赛次回合比赛中，尤文图斯主场遭阿贾克斯逆转。结果，如图17-4所示，尤文图斯股票当日暴跌，最低至9.57欧元，收盘价10.35欧元，相比前一天下降17.25%；另一方面，阿贾克斯股票暴涨，最高至19.1欧元，收盘价18.7欧元，相比前一天上涨9.04%。不过，到了5月9日半决赛次回合比赛，阿贾克斯主场遭热刺逆转，结果阿贾克斯股票当日暴跌，最低价18.4欧元，收盘价18.8欧元，相比前一天下降20%。热刺队股票曾在1983年上市，是英国最早上市的足球俱乐部，不过在2004年退市，否则当天股票价格必然暴涨。

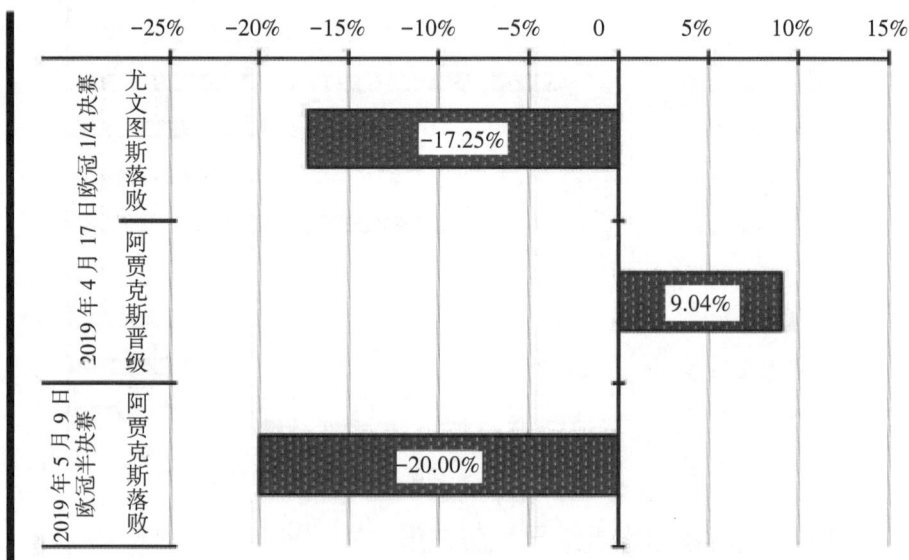

图17-4　2019年欧冠两场比赛结果对相关球队股票价格的影响

17.3.3　足球球员转会费与市场泡沫

1893年，英国足球运动员威利·格罗夫斯以100英镑的价格，从西布朗队转会至拉斯顿维拉队，足球转会市场由此诞生。此后100多年来，足球运动员的转会费不断增长。1973年荷兰人克鲁伊夫以200万美元的转会费从阿贾克斯队转会至巴塞罗那队，1982年阿根廷人马拉多纳以900万美元的转会费从博卡青年队转会至巴塞罗那队，1992年法国人帕潘以1 000万美元的转会费从马赛队转会至AC米兰队，这是足球转会费首次突破1 000万美元关口。

进入21世纪以后，随着大量资本的涌入、新媒体的蓬勃发展，以及跨界合作的不断加深，足球球员转会费大幅度增加。2001年法国人齐达内以7 750万欧元的转会费从尤文图斯队转会至皇家马德里队，2009年葡萄牙人C罗以9 400万欧元的转会费从曼联队转会至皇家马德里队，2013年威尔士人贝尔以1.01亿欧元的转会费从热刺队转会至皇家马德里队。截至2025年4月，巴西人内马尔转会三次，2013年从桑托斯队转会至巴塞罗那队转会费为8 800万欧元，2017年转会至巴黎圣日耳曼队转会费为2.22亿欧元，2023年转会至利雅得新月队转会费为9 000万欧元。

德国转会市场（Transfermarkt，简称"德转"）是一家总部位于德国的足球资讯和数据平台，是目前国际认可的最权威和最完整的足球数据网站。上海师范大学金融学专业硕士刘学泰同学收集整理了这家网站从2005年至2024年20年间共21 646笔足球球员转会相关数据。如图17-5所示，足球球员年均转会费在2005年为285.41万欧元，2019年升至656.65万欧元，2020年和2021年这两年有所下降，2022年又升至616.58万欧元，2024年为629.14万欧元，相对2005年间增长了120.44%。在这一期间，足球球员身价也同步增长。进一步，设置"溢价率"指标研究球员身价。**"溢价率"指标为当年转会球员的平均转会费/平均德转身价-1**。该指标历年波动性较大，2005年和2006年分别为-16.34%和-15.56%，2014年至2018年的5年间都超过10%，最大值在2017年为35.09%，不过此后开始下降，2019年至2024年的6年间都在±10%之间。

英超、西甲、意甲、德甲和法甲是竞技水平最高的足球联赛，它们被统称为"五大联赛"。这样，足球球员转会，分为四种情况：（1）五大联赛之间；（2）其他联赛转至五大联赛；（3）五大联赛转至其他联赛；（4）其他联赛之间。

如图17-6所示，第一，转会费方面，五大联赛之间最高，从其他联赛转至五大联赛次高，五大联赛转至其他联赛次低，其他联赛之间最低。第二，转会年龄方面，五大联赛之间和其他联赛之间，两者相近且历年稳定；五大联赛转至其他联赛最大，且历年间有一定的波动性；其他联赛转至五大联赛最小，并且还呈现进一步减小的趋势，该指标2005年为24.56岁，2024年为22.51岁。第三，溢价率方面，各类转会基本呈同步状态，五大联赛之间和其他联赛之间，两者相近；其他联赛转至五大联赛最大，历年溢价率基本都大于0；五大联赛转至其他联赛最小，历年溢价率基本都小于0。综上所述，五大联赛球队为提升球队战绩，积极发现优秀年轻球员并以相对其身价更高的转会费将其引入。一些此前在五大联赛效力球员，随着年龄增大，会主动或被动地转会至其他联赛，转会费也因此降低。

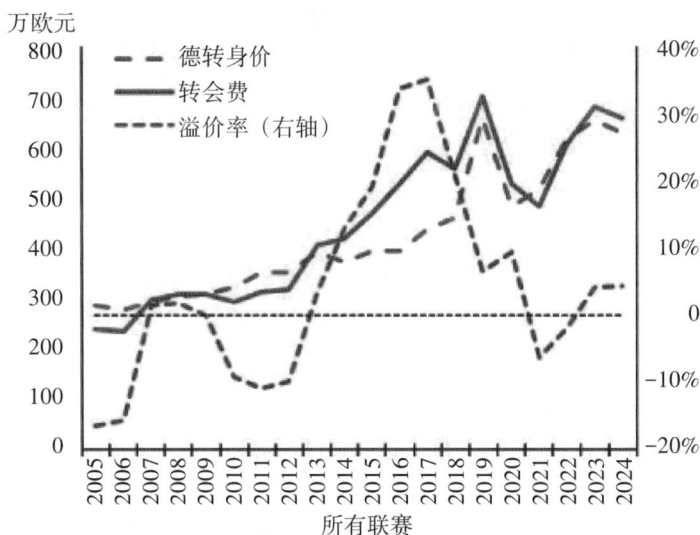

图17-5　历年足球转会球员的德转身价、转会费和溢价率

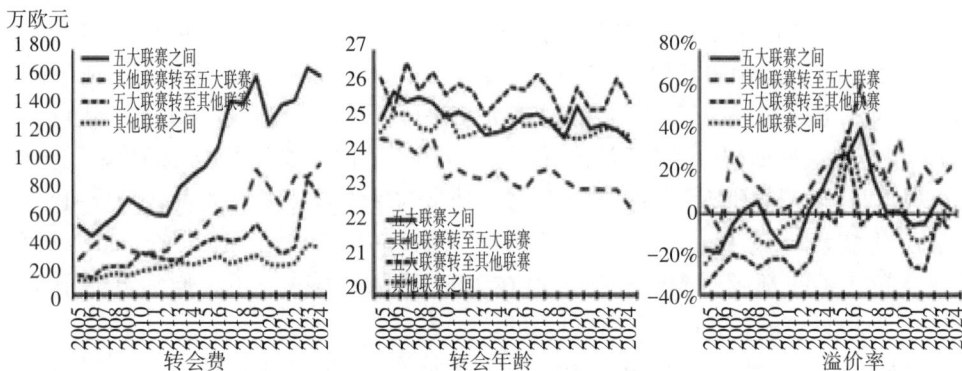

图17-6　历年各类转会的转会费、转会年龄和溢价率对比

本教材第13章提出，市场泡沫有两个要件：一是市场价格远高于正常价格；二是购买者交易目的主要是"短期高价卖出"而不是"长期持有或自己使用"。根据上述分析，第一，球员转会费与其身价基本一致；第二，俱乐部购入球员主要目的是提升战绩，而非以更高价格转售。特别是，相对于2014年至2018年，2019年至2024年各类转会的溢价率都有大幅下降，且除了其他联赛转至五大联赛之外，其他类转会的溢价率在6年间都在±10%之间。因此，尽管球员转会费呈不断上升趋势，但是国际足球转会市场尚不存在明显的市场泡沫。

17.3.4　俱乐部财务问题与庞氏骗局

本章的现实事例提到，由于巴塞罗那队面临财务问题，欧洲杯金靴奖得主一度在2025年1月面临无球可踢的风险。实际上，由于高额的球队工资、转会费和其他运营成本，巴塞罗那队长期面临财务问题，在2021年3月底债务累计13.5亿欧元，正因如此，2021年夏季梅西未能与球队续约而转投其他球队。2022/2023赛季前，球队采取一系列财务操作，如在 2022 年 6 月底，以 2.075 亿欧元出售未来 25 年 10%的比赛转播收入，7 月初又以 3.15 亿欧元出售另外 15%的转播收入，由此引入了莱万多夫斯基等球员，获得了当赛季西甲冠军。但这些都是寅吃卯粮的行为，并不能从根本上解决财务问题。特别是，巴塞罗那队在之前已经将未来 10 年 90%的转播收入抵押给高盛以借款 59.5 亿欧元，第二次出售收入是用于还债，并且未来 10 年巴塞罗那队不能再出售转播收入了。2025 年初，巴塞罗那队又采取一系列操作，如通过出售 475 个贵宾席位未来 30 年的使用权来获得 1 亿欧元。

巴塞罗那队的财务问题引起了广泛关注。2025 年 1 月，西班牙科贝电台主持人胡安马·卡斯塔尼奥在电视节目中认为："这是一场系统性、结构化的连环谎言，完全按照庞氏骗局的模式展开。这是一场由政府高层到最底层精心设计的庞氏骗局。"上海师范大学 2024 级金融学专业硕士刘学泰同学对此则持相反观点，经其同意，其观点整理如下：

本教材第 14 章介绍了庞氏骗局有 7 个特征，在此依次分析：第一，巴塞罗那队的收入来源包括赞助、门票、商业合作等，属于体育产业的正常经营模式，虽然资金周转出现问题，但并非完全依赖新投资者填补亏空，不符合"缺乏实业支撑"特征。第二，巴塞罗那队管理者曾欺骗球迷和俱乐部可以留下梅西，过度高估球队未来成绩并忽视经营风险，这部分符合"违背投资规律"特征。第三，巴塞罗那队财务问题广为人知，其采取的补救方案也被西甲审核通过并向社会公开，这不符合"渲染神秘色彩"特征。第四，巴塞罗那队的财务支出主要用于球员工资、转会和运营成本，虽曾被怀疑向裁判行贿，但当地法院撤销了这一指控，不符合"挥霍骗取资金特征"。第五，巴塞罗那队通过出售资产未来收益权和续约赞助合同来弥补财政缺口，这些是合法商业操作，但利用后续者的钱来弥补资金短缺，部分符合"资金腾挪回补"特征。第六，巴塞罗那队是会员制，截至 2024 年 6 月全球有 13.32万名会员，由资深会员组成的委员会投票决定俱乐部重大事项，不符合"金字塔式结构"特征。第七，巴塞罗那队成立于 1899 年 11 月 29 日，已有 120 多年历史，尽管面临财务危机，但一直有较为稳定和长期的收入来源，不符合"难以长期维持"特征。总结起来，对于庞氏骗局的 7 项特征，目前，巴塞罗那队有 6 项不符合，只有 1 项部分符合，因此，不能称其为"庞氏骗局"。

17.4 体育赛事与体育博彩

17.4.1 体育赛事与体育博彩的关系

体育博彩，是指以体育赛事为投注对象并以体育赛事结果确定中奖结果的博彩。古今中外，体育与博彩都密切相关。早在 2 300 多年前的战国时代，田忌就采用孙膑的计策，赛马获胜，赢了齐威王千金，就是成语田忌赛马所讲的故事。相对于其他形式博彩，体育博彩的管制相对宽松。例如，在中国唐代，《唐律疏义·杂律·博戏赌财物》规定："弓射既习武艺，虽赌物，亦无罪名。余戏计赃得罪，重于杖一百者。"在古罗马，一项长老院决议为："禁止在玩乐时以金钱为注，除非他们是竞赛投掷长矛标枪、赛跑、跳远、混斗或者拳击，因为这是力量的竞赛。"可见，在中国唐代和西方古罗马，虽然规定都禁止各类其他形式的博彩，但体育博彩却是例外。

体育博彩对体育赛事同时存在正面和负面的影响。体育赛事运营者可以与博彩组织者合作，或者自身直接成为博彩组织者，获得体育博彩的部分收益。相对于其他人群，体育赛事爱好者更倾向于体育博彩，体育产业会带动体育博彩。但是，球员和裁判对于体育赛事结果有很大的影响，其他相关人员也可能通过影响球员、裁判或比赛环境来间接控制赛事结果。在巨大经济利益的刺激下，各主体有通过体育赛事作弊来获得不当博彩收益的可能。

民众对于体育博彩的需求是长期和客观存在的，将其完全禁止并不现实，甚至如果方式不当还可能引发更大的问题。例如，在1936年2月底，英国足球协会采取一项极端手段，即撤回已发布的比赛赛程，改为在比赛前两天才公布对阵球队，初衷是使体育博彩庄家没有时间编制投注清单和印制投注单据。但实际上，一方面体育博彩庄家可以通过一些手段提前获得比赛赛程，另一方面这给足球俱乐部和球迷带来极大损害。因此，这一举措在当年3月10日就被废止。因此，越来越多的国家或地区采取务实的措施，在"民众博彩需求"与"赛事舞弊危害"之间合理权衡，且适时调整，一方面加强打击非法体育博彩和赛事舞弊的力度，另一方面也为民众提供满足正常需求的合法渠道。

17.4.2　体育博彩市场的有效性

1.体育博彩公司的运营机理

本教材第16章谈到，竞猜对象为数字的各类博彩游戏，在抽奖不作弊的情况下，各个数字出现的概率完全相同。这样，即使存在购彩者有意择号的行为，这些博彩也是市场弱有效的。体育赛事各种结果的出现概率并不相同，并且会受到各种情况变化的实时影响。以足球比赛为例，强队获胜概率高，弱队获胜概率低；如果一位主力球员在赛前忽然受伤不能比赛，那这支队伍获胜的概率就会相应下降。

博彩公司和保险公司的运营机理有不少一致之处。第一，产品设计方面，两者都通过数学模型预测各种结果出现的概率，保险公司以此确定各类险种的保费，博彩公司以此确定比赛各种结果的赔率，并且两者都会根据客观环境和需求方心理的变化，相应调整保费或赔率。第二，盈利模式方面，两者都通过大数定律来获利。保险公司的保费收入要大于理赔金额。同样，博彩公司要使各种结果的投注金额与其对应的发生概率相一致，并且各种结果奖金与对应发生概率之积加总，也即期望奖金，少于投注额，进而获得稳定的收益。第三，客观效果方面，保险公司需求方即投保人是回避风险的；博彩公司需求方即购彩者是追求风险的，但两者需求方都是多数人支付少量资金、少数人获得大额资金。

这样，对于购彩者来说，热门结果的发生概率高、赔率小；冷门结果的发生概率低、赔率大，但各项结果发生概率与赔率之积小于1，也即预期收益率小于0。例如，2024/2025赛季英超联赛第26轮（2025年2月22日举行）埃弗顿主场与曼联的比赛，某家博彩公司开出主队的胜平负赔率分别为2.39、2.92和2.73。主队获胜概率的分子为其获胜赔率倒数，分母为胜平负赔率的调和平均数，即"1/2.39/（1/2.39+1/2.92+1/2.73）×100%=37.12%"，采用同样方法，算得平的概率为30.28%，负的概率为32.50%。这样，用1元不论投注任何结果，相应结果发生时，获得的奖金都是0.8872，都小于1，两者的差值为0.1128，这就是博彩公司的收益率。

2.体育博彩的有限套利

不同博彩公司对比赛结果的判断不一致，由此开出的赔率有些差别。因此，在理论上，投注者可以在不同博彩公司间通过套利来取得大于0的无风险收益率。同样以上述比赛为例，各家主流博彩公司对主队胜平负开出的最高赔率分别为2.97、3.44和2.73。如果一位购彩者基于这些赔率对胜平负分别投注0.3388元、0.2926元和0.3686元，总投注金额1元。那么不论发生何种结果，这位购彩者都将固定地获得1.0063元奖金，收益率为0.63%。但是，在现实中，如本教材3.4.3部分指出，套利行为本身也有不小的成本，如果扣除套利成本，那么收益率就小于0了。

对于一些发生概率很低的冷门结果，博彩公司为此开出的赔率与其概率之积（也即预期返奖率）远小于1。例如，2014年世界杯德国对巴西的半决赛，比分为7：1的概率为0.0032%，返奖率为100%的赔率应为31 240，返奖率95%应为29 678。但实际赔率是6 500，返奖率仅为20.81%。

进一步，博彩公司还对于一些根本不会发生的结果开出较高的赔率，吸引购彩者投注。例如，2019年上半年，英超曼联球队的技术总监一直没有确定人选，当年5月，一家博彩公司对刚刚辞职的前首相特丽莎·梅出任这一职务开出了500倍的赔率。尽管这一结果并未发生也不可能发生，但公司在社交媒体发布消息："我们刚刚接到有人投注5英镑，我们决定给他派奖！他拿到了2 500镑，好好享受吧。"博彩公司这样做，应当是为了提升知名度、吸引更多购彩者投注的营销策略。

因此，与其他博彩市场一样，体育博彩市场也是有效的，至少是弱有效的。反过来想，如果体育博彩市场不是有效的，那么就不会存在博彩公司了。

17.4.3　体育竞猜的伪智力性

体育博彩与其他博彩一样，本质上都是机会性游戏，并不包括智力因素。但是，相对于其他人群，体育赛事爱好者受控制幻觉影响，往往主观错误地认为自己对比赛结果预测更准确，这就是体育竞猜的伪智力性。

Ayton等让英国和土耳其学生来预测1994/1995赛季年英国足总杯第3轮32场比赛的结果。作者发现，相对于英国学生，土耳其学生的主观确定性虽然偏低，但客观准确性却不相上下，甚至在预测"半场进球数"方面更准确。原因在于，英国学生知道的信息更多，但其中有很多是对预测比赛结果没有价值的无用信息，他们受到了这些无用信息的干扰。其研究成果于2011年正式发表。

现实生活中，一些购彩者往往是在非正常或者失误情况下投注了冷门结果，而且冷门真的发生了，从而获得了超高收益。例如，对于 2014 年世界杯德国对巴西的半决赛，一位 45 岁的荷兰男性以 200 欧元投注了 7：1 比分的结果，获得 130 万欧元奖金。但事后被问及为何如此投注时，他的回答是"因为当时喝多了"。再如，中国足球彩票胜负彩第 2001005 期，当时一个唐姓彩民，因其外婆误将曼联队的结果"3（胜）"搞成了"0（负）"，买错了他让其购买的号码。结果曼联队爆冷输球，这位购彩者仅用 48 元中得 5 注一等奖，每注奖金 117.5116 万元，总奖金为 587.5580 万元。[①]

17.4.4 代表性国家体育博彩业现状

民众对体育博彩需求是客观存在的，如果没有合法渠道来满足，并且缺乏有效的管制手段，就会滋生非法博彩，导致的问题更为严重。20 世纪以来，越来越多的国家或地区开始对体育博彩采取相对务实的态度，即允许其存在，但采取多种严格举措将其限制在可控范围内。

1. 英国

英国在 18 世纪初出现赛马博彩，在 19 世纪末出现足球博彩，两者是英国最主要的体育博彩。1960 年，英国推出《投注与博彩法案》（Betting and Gaming Act），旨在打击非法博彩，使博彩处于受监管的范围，为购彩者创造更安全的环境。目前，英国各类体育博彩都由英国文化、媒体和体育部下设的博彩委员会（Gambling Commission）监管。根据该机构披露的数据，如图 17-7 所示，2023/2024 财年，英国体育博彩投注额为 313.60 亿英镑，其中赛马博彩 117.69 亿英镑，占 37.53%，足球博彩 112.56 亿英镑，占比 35.89%，两者合计占 73.42%。

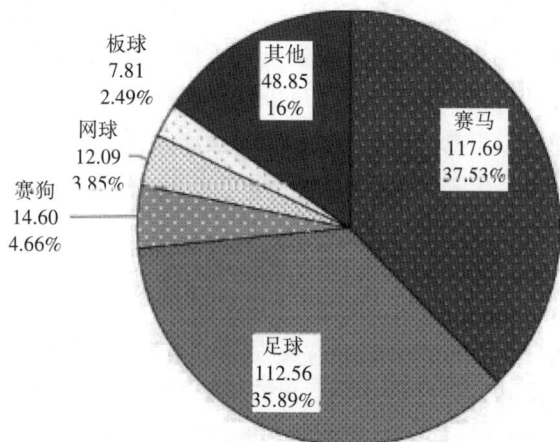

图17-7 2023/2024财年英国各类体育博彩投注额（单位：亿英镑）

2012 年 3 月，欧洲法院判定，足球赛程不受版权保护，这样英国足球联赛不能

---

① 胡克群.老婆婆眼花报错号码，中奖五百万［N］.新民体育报，2001-12-04.

再直接从博彩公司获取收益。不过，英国多家足球俱乐部得到博彩公司赞助，每年有近亿英镑。2023年4月，为防控博彩成瘾，英超决定从2026/2027赛季起，禁止博彩公司在球队球衣胸口处做广告，但可以在球衣袖或LED广告牌处做广告。2024/2025赛季，英超20支球队中仍有多达11支球队的球衣胸口处印有博彩公司广告宣传。后续如何，待本教材第5版分解。

英国足球管理机构规定，足球参与者（包括球员和球队其他人员）不能在世界任何地方举办的任何足球比赛进行投注[①]，但不时有球员违规。例如，2023年5月，当时英超布伦特福德队前锋伊万·托尼因违规被禁止参加足球活动8个月，外加5万英镑罚款。又如，2024年7月，刚刚升入英超的伊普斯威奇队装备管理员James Pullen因违规被禁止参加所有足球及与足球相关活动3个月，外加750英镑罚款。

2.美国

1992年出台的美国联邦法律《职业与业余体育运动保护法案》（Professional and Amateur Sports Protection Act，PASPA）规定，除4个此前已有相关业务的州以外，其他各州都不能开展体育博彩，主要原因是该国各项体育赛事联盟担心赛事舞弊，但这一法案并未遏制反而在一定程度上助长了当地非法体育博彩。

2011年，时任美国新泽西州州长提出允许在新泽西州开展体育博彩，被州立法机构批准。随后，北美四大赛事联盟及NCAA向美国联邦法院提起诉讼，新泽西州败诉。新泽西州将此案一路上诉至美国最高法院。2018年5月起，美国最高法院判定，PASPA违反美国宪法，这样美国各地可自主决定是否开展体育博彩。截至2024年12月，美国已有33个州加哥伦比亚特区开展了合法体育博彩。根据美国网站"www.legalsportsreport.com"的不完全统计，如图17-8所示，2018年美国体育博彩投注额只有46.19亿美元，而2024年达到了1 352.55亿美元，增长了28.28倍。

亿美元

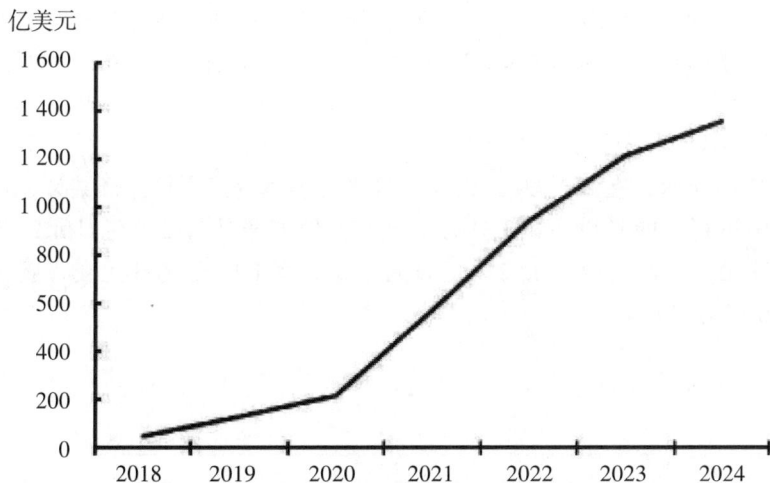

图17-8 近年美国体育博彩投注额

---

① 英文原文：no participant can bet on any football match or competition that takes place anywhere in the world.https://www.solegal.co.uk/insights/sports-law-gambling-and-insider-trading-english-football.

在讨论体育博彩是否合法化阶段，NBA等体育联盟曾要求博彩公司支付投注额1%的版权费，后来又降至0.25%。但是，美国体育博彩正式合法化以后，解禁体育博彩的各州并未支付费用。不过，越来越多的博彩公司开始在美国体育赛事联盟的比赛中进行广告宣传。例如，2022年2月，一家体育博彩公司的广告出现在美国超级碗比赛当中。2023年11月，三家美国体育联盟联手制作了旨在推广责任博彩的30秒公益广告，提醒购彩者理性投注和设置投注限额。

关于是否可以投注体育博彩，美国各体育赛事联盟对自身的球员或其他相关人员的要求不同，但底线都是这类人员不能投注本联盟的赛事。NFL规定，球员不能投注NFL赛事，其他人员的限制更多，包括美国其他职业体育赛事、NCAA以及国际体育赛事，如世界杯和奥运会等。[①] NBA相对宽松，球员或其他人员不能投注NBA相关赛事，但如果身处体育博彩合法的地区，可以投注其他体育赛事。[②] 2024年3月，NBA多伦多猛龙队球员琼泰·波特（Jontay Porter）对"自己比赛表现"投注8万美元，如果在当月20日比赛当中，他表现不佳，将获得110万美元奖金。比赛刚打了3分钟，波特就声称不适而退场。他的异常表现引起博彩公司注意，冻结了相应奖金，并向NBA报告。后续调查中，他还被发现在当年1至3月的比赛，他曾投注13次，总投注额5.4万美元，获得奖金7.6万美元。2024年4月17日，波特被NBA终身禁赛。2025年1月，迈阿密热火队球员特里·罗齐尔（Terry Rozier）也被发现有类似行为。后续结果如何，待本教材第5版分解。

3. 日本

本教材第16章介绍了日本以足球赛事为投注对象的"体育彩票"，除此之外，日本体育博彩还有另外四类体育博彩，当地称之为"公营竞技"，投注对象包括赛马（1860年推出，1923年正式合法）、自行车（1948年推出）、摩托车（1950年推出）和赛艇（1952年推出）。其中，赛马又分为中央赛马和地方赛马。这些体育博彩的监管部门不同，赛马归农林水产省，赛艇归国土交通省，自行车和摩托车归经济产业省。各类博彩投注资金，除奖金和赛事运营费用之外，其余用于养老、道路维修等公益事业，以及兴办各项社区活动。

如图17-9所示，在2023/2024财年，日本各类体育博彩投注额共计8.37万亿日元，其中中央赛马博彩投注额3.31万亿日元，地方赛马1.12万亿日元，两者合计4.43万亿日元，自行车博彩2.52万亿日元，摩托车1.19万亿日元，赛艇0.11万亿日元，足球0.12万亿日元。

---

① 英文原文：All NFL Personnel other than Players are further prohibited from placing, soliciting, or facilitating bets on any other professional (e.g., NBA, MLB, NHL, PGA, USTA, MLS), college (e.g., NCAA basketball), international (e.g., World Baseball Classic, World Cup), or Olympic sports competition, tournament or event.

② 英文原文：Players, teams and league employees can't bet on NBA or any of its properties (WNBA, G-League, summer league, etc.). If sports betting is legal in their area, players and employees are allowed to bet on other sports.

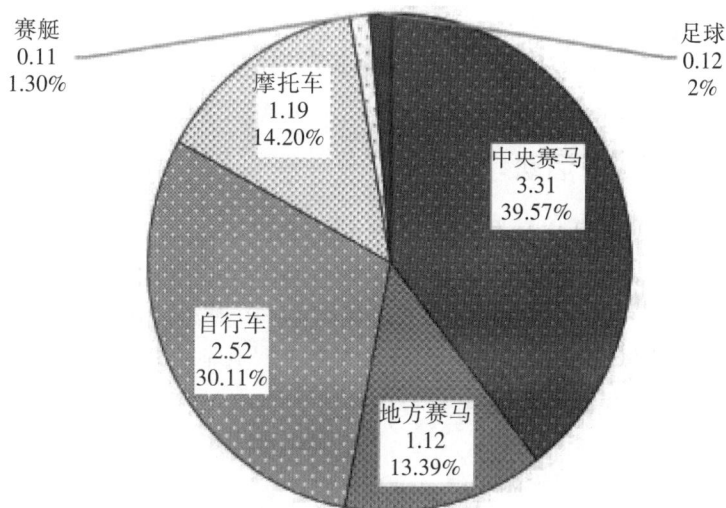

图17-9　2023/2024财年日本各类体育博彩投注额（单位：万亿日元）

日本相关法律规定，如下人员都不能购买体育彩票：参与体育彩票相关业务的政府官员；日本体育振兴中心工作人员；日本各类足球球队的球员、教练和裁判以及工作人员。日本体育彩票以"随机式"玩法为主，投注结果由电脑随机决定，因此相关人员缺乏作弊动机。

不过，日本其他体育博彩不时曝出相关人员作弊的丑闻。例如，2020年6月，日本岐阜县警方发现当地笠松赛马场的1名驯马师和3名骑手涉嫌非法投注当地赛马博彩。后续调查发现，从2012年至2020年，还有多名驯马师或骑手也被怀疑有类似行为，他们在多次比赛前就商定好比赛结果，并以他人名义投注相应结果，从中获利约2亿日元。2021年3月，上述4位人员被岐阜县简易法院处以30万至40万日元的罚款，同年4月被岐阜县地方赛马协会禁止参加赛马比赛，其他人员也受到暂停参赛或降低薪水等处罚，笠松赛马场比赛在当年也关停了8个月。

此外，还有日本运动员参与非法博彩的情况。例如，2011年2月，日本警方发现，3名相扑选手比赛作弊，并涉嫌参与非法博彩，琴光喜被日本相扑协会除名，另外两名受到降级处理。又如，2025年1月29日，日本千叶县警方发现，里约奥运会乒乓球男团银牌以及东京奥运会男团铜牌获得者丹羽孝希在2023年夏季通过互联网博彩网站，使用虚拟货币对体育赛事非法投注，金额达数千万日元。第二天，他所效力的日本乒乓球联赛冈山铆钉队将其解约。2月20日，丹羽孝希被千叶检察院以赌博罪作出简易起诉，同日，千叶简易法院对其罚款10万日元。此后，冈山铆钉队又宣布，将尽最大努力支持他继续效力球队。2025年4月20日，日本乒乓球协会对丹羽孝希作出禁赛6个月的处罚决定，并表示将进一步加强定期的合规培训教育，以防止类似事件再次发生，并履行作为公益法人的社会责任。

17.5 行为金融学与中国体育事业

17.5.1 全民健身活动

美国前总统奥巴马的夫人米歇尔在2010年2月9日发起"让我们动起来"活动（Let's Move Campaign），旨在鼓励儿童参加更多的体育运动、解决一代人的肥胖问题。根据美国国家卫生统计中心的数据，如图17-10所示，相对于活动前的2009年至2010年，在2011年至2012年，除白人女孩外，其他类儿童肥胖率都有不同程度的下降，特别是黑人儿童下降程度最大。

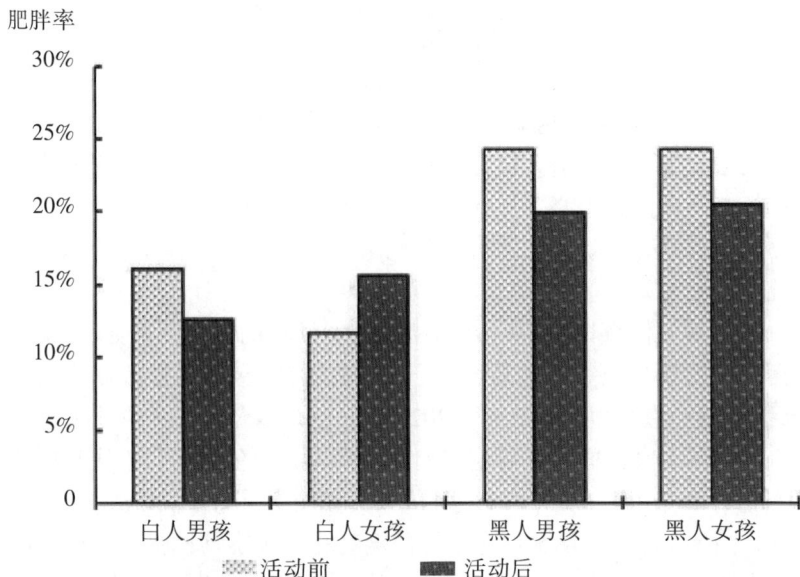

图17-10 美国"我们动起来"活动的效果

中国民众身体健康情况也需重视，青少年肥胖率和近视率都逐年攀高。相对于很多发达国家，中国人居住更集中，各类社交媒体更加普及。形象出众且具有影响力的公众人物如果成为某项健身活动代言人，参与人群将更广泛，影响效果也会更显著，对提升全民身体素质将有很大助推作用。

17.5.2 场馆建设维护

一些为大型赛事而兴建的体育场馆在赛事结束后往往陷入使用率低、维护成本高的困境，这被称为体育场馆白象效应。例如，希腊为举办2004年雅典奥运会，兴建了30个体育场馆，但奥运会结束后，许多场馆使用效率低，收益不足以支付维护和运营成本，从经济角度考虑，应当将其关闭。但政府迫于压力继续开放这些场馆，在随后几年承担了巨大财政负担。2009年，希腊政府还发生了债务危机。

又如，2014年和2016年，巴西分别举办了世界杯和奥运会两大体育赛事，仅奥运会就投资46亿美元用于基础设施建设。但赛事结束后，相关场馆同样面临巨额的维护和运营成本。

21世纪20年代，中国举办了一系列重大国际体育赛事，如2022年北京-张家口冬季奥运会、2021年成都世界大学生运动会（2023年举办）、2022年杭州亚运会（2023年举办）、2025年哈尔滨亚冬会等。这体现了中国的综合国力，增加了中国民众的归属感和凝聚力。不过，这些赛事举办后，其场馆后续得到有效利用。其他大型国际体育赛事的准备、举办以及善后，还需要克服规划谬误和走出沉没成本误区。

17.5.3 球队持久运营

21世纪的第二个10年间，中国足球超级联赛一度被认为是世界第六大联赛，曾以远高出正常行情的薪资吸引过多位世界足球巨星加入，一些在国外顶级联赛连替补都轮不上的国内球员，转会价格也超过数亿元。个别当时资金雄厚的俱乐部喊出要"打造百年俱乐部"的口号。从2019年起，形势逆转，当年16支中超球队，到2025年，有10支解散；16支中甲球队，11支解散。

2017年本教材第1版中的第5章曾列举了一个事例。2015年10月25日，中超联赛广州恒大淘宝队最后一个主场的最高票价为500元，同年11月21日亚冠决赛最低票价为600元且低价票数量很少。但这并未引起球迷很大反感，原因在于球队使球迷分别建立了中超和亚冠两个心理账户。亚冠决赛水平较高，价格也更高。

为促进中国体育事业尤其是足球事业的进一步发展，"要从娃娃抓起"。相关管理和运营者在打造坚实基业的过程中，要摆脱"视野短浅"效应带来的弊端，真正做好长远考虑而非只图短期利益。

17.5.4 体育领域研究

总体上，中国人和外国人在认知行为和决策基本上是一致的，但在部分方面则有一定差异，少数方面差异巨大。例如，2001年杨晨在德国法兰克福球队带伤坚持训练，而不是主动退赛疗伤。他在队内训练时被队友"不留情面"地冲撞，教练也因其表现不佳而发火。背后原因可能是，中国人将受伤和健康置于两个不同心理账户，需要差别对待，而德国人则认为只是上场甚至训练就要归为同一心理账户。再如，姚明不惜冒着断送职业生涯的风险，带伤参加2008年北京奥运会，这是中华民族"明知不可为而为之"伟大精神的体现，一些西方人士对此难以理解。因此，为了更有效地将行为金融学应用于中国体育领域，还需要对相关理论和方法针对一些中国现实情况加以调整。

例如，Budzinski和Pawlowski（2017）发现，一些国家的体育比赛，受锚定效应和风险规避两个因素影响，主队获胜概率与到场观众人数呈U形关系。作者的解释是，主队获胜概率高，意味着更可能目睹到心仪球队获胜，观赛效用大；主队获胜概率很低，意味着对方球队更可能有超级巨星，看到这些巨星比赛，观赛效用也同样大。但 Humphreys and Zhou（2015）却发现两者呈倒 U 形关系，作者的解释是，球迷更喜欢观看悬念大的比赛。根据我们的统计，如图 17-11 所示，在 2016 年至 2019 年的 5 个赛季，中超联赛现场观众人数与主队获胜概率呈正向相关，原因可能是此时目睹心仪球队获胜的效用更大；在 2023 年和 2024 年两个赛季，则呈倒 U 形关系，原因可能是此时观看悬念大的比赛的效用更大。我们就此向数位研究中国足球的权威人士咨询，对方都未给出明确回复。真实原因如何，以及未来赛季中超联赛现场观众人数和主队获胜概率的关系如何，待本教材第 5 版分解。

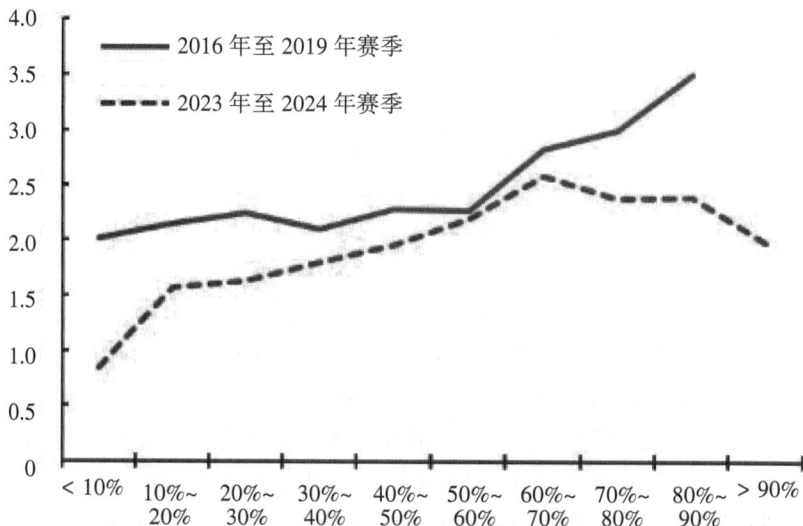

图17-11　中超联赛现场观众数量与主队获胜概率的关系

说明：2020 年至 2022 年三个赛季中超联赛绝大部分场次没有现场观众，故不做统计。

如本教材第 1 章所述，行为金融学在经济学领域中属于一个新的分支，尚未进入成熟阶段，结构和理论框架还需要进一步完善。相较于西方国家，中国体育领域日新月异，总是出现新的事物和新的挑战。中国体育领域还同时空地并存着在西方国家不同时代才有的现象。这些宝贵、天然和理想的实验场，为中国体育领域研究提供了巨大的空间和学术宝藏。中国研究者们应当对这些问题深入分析，在理论中取得更重大的突破，在实践中提出更有效的建议，助力中国体育事业的更高发展，并且为行为金融学理论贡献智慧。

思政课堂 ✅

临时摇人创造中国网球新历史

【思政元素】机会只留给有准备的人。

2024 年 7 月 30 日，中国选手张之臻即将参加巴黎奥运会网球混双比赛，他的原定搭档因之前的比赛体力不支而无法参赛，此时距离比赛开始不足两个小时。按照规则，这时可以换搭档，但中国网球女队选手基本都结束比赛返程了。张之臻找了一圈人，发现女队员王欣瑜还在巴黎，而且就在赛场附近做理疗，球拍还在身上，能参加比赛，但是没带打红土的鞋，只穿了打硬地的鞋。最终，她和张之臻一起走上赛场。此前他们从未在任何混双正式比赛中合作过，但凭借各自的经验，两人快速完成了从磨合到配合的过程。最终，尽管决赛惜败给对手，但获得的银牌依旧创造了中国网球奥运参赛史上新的突破，展示了青春的巨大活力和无限可能。机会总是只留给有准备的人，来都来了，那就上吧，梦想万一实现了呢？结果还真的实现了！

资料来源：陈华.临时摇人差点摇出奇迹，张之臻、王欣瑜斩获奥运混双银牌，创造中国网球新历史［EB/OL］．［2024-08-03］．https：//export.shobserver.com/baijiahao/html/779788.html.

本章小结 ✔ --●

体育领域与行为金融学关系密切，一方面，体育领域研究采用行为金融学的理论和方法，结果更准确，结论更细致，建议更实用；另一方面，以体育领域某一方面为对象的研究成果，也能够丰富和完善行为金融学理论体系。

前景理论4项要点，评价取决于参考点、损失感觉更强烈、收益和损失时风险态度反转和小概率被错估，在体育领域都有生动体现。会员与体育俱乐部的关系主要基于社会规则，而非市场规则。俱乐部除了能够提供比赛本身以外，对于会员还有更大的心理价值。许多人积极参加各项比赛，心理账户是为了挑战自我，而不是排名更高。一些球队高价引入球员后，往往会陷入沉没成本误区，即使相应球员表现不佳，但比赛时间仍较多，但也有研究发现相反情况。在体育领域，过度自信有时会带来正面效果，如激励运动员士气。控制幻觉会导致运动员迷信，这有助于缓解其紧张心理。各类体育比赛都有长期而稳定的主场效应现象，即主队获胜的可能性更大，这与裁判陷入羊群效应有关。

体育被赋予了很多内涵，大家都喜欢自己本国、本地区或所心爱的队伍获胜，即体育赛事本土偏好。投资者对体育比赛结果反应过度，导致相关股票价格异常波动。尽管足球球员转会费呈不断上升趋势，但俱乐部购入球员主要目的是提升战绩，而非以更高价格转售，因此足球转会市场尚不存在明显的市场泡沫。一些陷入财务压力的体育机构，会通过透支未来收益方式来为当下获取资金，这与庞氏骗局有部分类似之处，但并不具备更多的后者典型特征。

体育与博彩密切相关。赛事运营方可从体育博彩取得收益，但也面临比赛作弊或被操控的风险。越来越多的国家或地区采取"务实"的措施，在"民众博彩需求"与"赛事舞弊危害"之间，达到合理权衡，且适时调整。体育博彩公司通过数学模型预测各种结果出现的概率设定赔率，通过大数定律来获利。体育博彩与其他博彩一样，本质上都是机会性游戏，并不包括智力因素。与其他博彩市场一样，体育博彩市场也是有效的，至少是弱有效的。

行为金融学相关理论，对于中国体育领域的全民健身活动、场馆建设维护和球队持久运营等方面有很高的应用价值。为了更有效地将行为金融学应用于中国体育领域，还需要对相关理论和方法针对一些中国现实情况加以调整。中国体育领域，为深入开展行为金融学理论研究，提供了宝贵、天然和理想的实验场。

推荐阅读 ✓ --- ●

［1］EDMANS A，et al．Sports sentiment and stock returns ［J］．The Journal of Finance，2007，62（4）：1967-1998.

［2］MILLS，et al．The Ultimatum Game in the College Football Rivalry Context ［J］．Journal of Sport Management，2018，32（1）：11-23.

［3］NEVILL A M，et al．The influence of crowd noise and experience upon refereeing decisions in football ［J］．Psychology of Sport and Exercise，2002，3（4）：261-272.

［4］李刚．行为经济学理论在体育领域的意义与应用 ［J］．中国体育科技，2023，59（7）：3-9.

［5］帕拉西奥斯-韦尔塔．梅西会射向哪一边？当足球遇见经济学 ［M］．三喵，译．上海：格致出版社，2018.